JN441645

예배인간 욥記

엎드려 부흥을 비는 이 사람 이야기

예배인간 호모베네라분두스의 예배방정식
SPRx−C//E=0

예배인간 욥記

엎드려 부흥을 비는 이 사람 이야기

지은이 조은석

초판인쇄 2012년11월20일
초판발행 2012년11월30일

발행처 제라서원
편집인 유재복
등 록 315-2011-000051

서울 강서구 화곡동 351-89(중앙2-1006)
Tel. 02-2603-5601
Fax. 031-970-1146
E.mail zer201@daum.net

성심디자인
총판 일오삼 02-964-6993 Fax 02-2208-0153

책값은 뒤 표지에 있습니다.
ISBN 978-89-967420-2-9(93230)

예배인간 욥記

엎드려 부흥을 비는 이 사람 이야기

예배인간 호모베네라분두스의 예배방정식
SPRx−C//E=0

조은석

제라서원

예수님의 십자가 보혈로써 내 더러운 모든 죄를 용서하시고
성령님 감화 감동하심으로써 거듭나서 참 기쁘게 예배드릴 수 있게 하신
하나님 아버지 감사합니다.
나라와 권세와 영광이 아버지께 영원히 있습니다.

땅아
너는 내 피를 숨길 수 없다.
너희 인생아, 나의 울부짖는 이 자리에서 모두 썩 비켜나라.
보라, 내 증인이 하늘에 계시고
내 관찰자가 저 높은 데 계시거늘!
욥기 16:18-19, 사역

예배인간 아버지 조종희 목사님(1919-)과
어머니 김필규 사모님(1926-2007)께

사랑하는 아내 정림과 아들 명인에게

차례

머리말

● 교회 부흥을 꿈꾸다

교회 부흥을 꿈꾼다. 이 시대 하나님의 집의 부흥을 기도한다. 예배드리는 기쁨과 감격을 꿈꾼다. 온세상이 교회로 나오는 부흥을 꿈꾼다. 아프리카 르완다 산언덕부터 콜롬비아 산간 마을까지, 중국과 러시아의 교회당마다, 한국의 거리와 샌프란시스코의 금문교회까지, 나는 모든 교회가 부흥하기를 기도한다.

욥의 예배는 부흥이었다. 그는 처음부터 예배였다. 그 곁에 사람들이 모였다. 그들은 욥과 함께 예배드렸다.

고난의 때도 예배였다. 모두 떠나고 난 후에도 홀로 예배를 드렸다. 친구들이 원수로 돌변하고, 온 세상이 캄캄하게 된 때도, 그는 공격의 화살을 맞아가면서 예배드렸다.

드디어 그에게 다시 부흥이 왔다. 그가 하나님 앞에 엎드려 꿈 꾼 것처럼 그에게 부흥의 때가 왔다. 원수가 친구로 바뀌었고, 떠났던 아내가 집으로 왔다. 외면했던 친척들이 모여들어 축복하고 축하했다. 모든 자녀를 잃고 슬픔에 잠겼던 그에게 새로운 아이들이 태어났다. 고통스러운 과거에 매이지 않게 된 것이다. 잃었던 재산이 두 배가 되어 돌아왔다. 이 모든 것은 하나님께서 예배인간 욥(x)에게 허락하신 진정한 부흥이었다. 그 부흥의 비결은 예배, 예배였다. 그 부흥의 물결을 앞장서서 이끌어간 사람은 예배인간 x, 바로 욥이었다.

● 엎드려 교회 부흥을 꿈꾸는 예배인간 욥과 욥기

> 부흥과 관련하여 특이하게 하나님께 쓰임을 받았던 사람이 누구든지 그 사람의 삶의 이야기를 읽어 보십시오. 그러면 그 사람은 자기를 시험했고 자신에게 경성한 사람인 것을 발견할 것입니다. 그것이 하나님을 바라보게 했고, 또 하나님께 기도하게 했습니다. 언제나 그러했습니다--자신을 보고 깜짝 놀라고서 말입니다.
>
> 마틴 로이드 존스, 〈부흥〉(1988):111

마틴 로이드 존스 목사가 말하는 "그 사람의 삶의 이야기"가 반드시 "욥기"일리는 없다. 그러나 나는 부흥과 관련하여 하나님께서 특별하게 사용하신 사람의 이야기로 욥기를 읽는다.

● **아프리카, 아프리카**

섬뜩하게 낯선 새 몇 마리가 어둠 내리는 호수, 저녁마다 낮고 긴 목소리로 끊어지는 울음 우는 적막한 나라, 거기서 오히려 나는 죽음 뚫고 일어나는 부흥을 보았다. 아프리카 부흥의 진원지는 르완다였다. 높은 산으로 둘러싸인 무하지 호숫가 그 언덕으로 사람들은 모여들었다. 르완다 전역은 물론, 콩고에서, 탄자니아에서, 우간다에서... 사람들은 금식했으며, 예배의 그 기쁨을 이겨내지 못했다.

이정림, "르완다 가히니 크루세이드"

2012년 6월 22일 금요일 르완다 가히니 산언덕에서 열린 크루세이드. 내 설교를 난민출신 아폴리네리 목사가 통역한 이 예배에 4천명이 모였다

주의 말씀 받은 그날 참 기쁘고 복되도다
이 기쁜 맘 못 이겨서 온 세상에 전하노라
기쁜 날 기쁜 날 주 나의 죄 다 씻은 날
늘 깨어서 기도하고 늘 기쁘게 살아가리
기쁜 날 기쁜 날 주 나의 죄 다 씻은 날

찬송가 285장 1절

기쁨을 이기지 못하는 사람들이 예배인간이었다. 그들은 죄를 고백했다. 죄가 더 이상 그들을 주장할 수 없음을 깨달았기 때문이었다. 죄를 내놓음으로써 그들은 사죄의 기쁨을 누렸다. 누구도 억제할 수 없는, 성령님께서 주신 기쁨이었다. 르

완다는 내전의 참상으로 절망했다. 그러나 부흥의 기쁨으로 회복했다. 나는 2012년 6월의 증인이었다. 산 언덕에 모여든 예배인간은 각각 주님 앞에 불꽃으로 피어난 떨기나무(참고. 출애굽기 3:2)였다.

● 콜롬비아, 콜롬비아

안데스 산맥에 걸쳐 흘러내리는 교회의 부흥을 나는 보고 또 보았다. 교회가 세워지고, 사람들이 모여들었다. 생명을 찾아 헤매는 무서운 생명력이 사람에게 있다. 그 사람들을 정확하게 이끌어 들이며 바른 길로 인도하는 것은 성령님의 역사하심이었다.

아름다운 산하를 붉게 물들이는 것은 성령님의 은혜였다. 온통 붉게 물들어 가는 아름다운 역사가 콜롬비아 산줄기에서 강줄기 되어 흘러내렸다. 콜롬비아를 사랑하시는 여호와 하나님을 다시 만난 2012년 여름의 끝, 8월이었다.

● SPR

올해 2012년 2월, 〈SPR. 창조//출애굽 다이내믹스〉를 쿰란출판사가 냈다. 창세기는 출애굽 공동체의 역사책이며, 따라서 창조와 출애굽이 다이니믹한 관계라는 것, 창조와 출애굽의 공통분모가 각각 S, P, R이라는 것, 예배를 위해 창조되고 구원 받은 인간을 예배인간 즉 호모 베네라분두스(Homo Venerabundus)라고 부른다는 것, 그리고 주 동행 방정식이 SPRx=C//E라는 것 등은 〈SPR〉가 소개한 전혀 새로운 이론이다. SPR은 모세오경 내 창조사건과 출애굽 사건 기술에 공히 사용된 원리다. 아니, SPR은 하나님께서 세상을 창조하시고 이스라엘을 출애굽시키실 때 모두 적용하신 방법이다. 영적으로 풀면 S, P, R은 각각 성별, 파송, 안식이다. 이것은 모세오경 이후 신구약 성경 모든 기록에 성령님께서 영감을 주신 원리기도 하다. 성경을 중심으로 살아가는 성도의 신앙원리이기도 하다.

● 부흥을 꿈꾸는 예배인간 욥記

이번에는 〈예배인간 욥記〉를 제라서원을 통해 세상에 내보낸다. 이 책은 〈SPR〉의 연장선상에 있다.

2003년 〈Asia Journal of Theology〉를 통해 욥기 3장 주석을 50여 페이지 영문 논문으로 발표했다. 그해 태평양지역 목회자 수련회에서 4박5일 동안 아침부터 저녁까지 욥기를 강의했다. 그때 나눈 페이퍼가 거의 이 책 분량이다. 그 외에 그때부터 9년 동안 욥기를 본문으로 한 신학교 강의와 특강, 사경회가 많았다. 그중에 콜롬비아 후사신학교의 강의가 있다. 그때 어간에 욥처럼 그 땅에 엎드린 한센병 시인 첼리타 할머니를 만났다. 그의 스페인어 시집을 영어와 한국어로 번역했고, 금문교회 출판부 여호와닛시가 출간했다. 그가 드린 기도는 욥기와 많이 닮았다. 생각해 보니 아주 오래 전부터 나는 특별히 욥기 읽기가 기뻤다.

욥기처럼 사랑을 많이 받은 책이 성경에 또 있을까? "세계문학의 고전"이다. 로버트 프로스트(Robert Frost)와 엘리 위젤(Elie Wiesel) 같은 작가들에게 끊임없는 영감의 원천이었다(참고. Collins 2004:505). 이 세상은 고난의 연속이다. 그 이유를 알 수 없는 게 대부분이다. 그래서 의로운 사람 욥이 받는 고난에 동감하는 사람이 많다. "당신이 바로 그 욥입니다!" 대부분 이 순간 눈물을 감추지 못한다. 바로 욥기가 쉽다는 얘기다. 복잡하고 어려운 말에 눈물 흘리는 사람은 없다.

욥기를 사랑하는 사람들은 다시 일어나기를 원한다. 실망한 자리에서 벌떡 일어나 하나님을 뵙고 싶다. 병든 몸이 낫고 싶다. 무너진 가정이 회복되고 싶다. 텅 빈 교회가 감격의 예배로 변화되기를 바란다. 부흥이다. 부흥을 꿈꾸면서 우리는 욥기를 읽었고, 그래서 예배인간 욥을 사랑했다.

● 어려운 욥기

다른 한편 욥기처럼 어려운 책도 없다.

첫째, 전체 본문의 90% 이상이 시문(詩文)이다. 시가 어렵다는 건 누구나 인정한다. 그런데 욥기의 시문은 훨씬 더 지극히 난해하다.

둘째, 욥이라는 인물이 그림이 그려지지 않는다. 어떻게 자타가 공인하는(특히, 하나님께서!) 예배인간 욥이 하나님을 "원수"로 여기며 죽음을 바리케이트 삼고 그분 앞에 "자기 의"라는 사제 폭발물을 던지는가? 메시야의 의로운 대속을 기다린다는 그가 어떻게 자기 죄를 고백하지 않는가? (나중에야 겨우!)

셋째, 언어가 어렵다. 구약 전체에서 몇 번 사용되지 않은 단어가 꽤 많다. 그런 단어는 성경 내의 용례를 비교해서 그 뜻을 알아내기란 거의 불가능하다. 그러면 고대근동언어를 읽어야 한다. 나는 이 책에서 욥기 3장을 개인 번역해 첨가했다. 독자는 새번역을 개역개정과 비교해서 읽으며 히브리어 욥기가 다른 해석이 얼마든지 가능한 어려운 책이라는 것을 알게 될 것이다.

넷째, 구성이 어렵다. 독자/관객을 이끌고 천상과 지상을 오르락내리락 하는데 정말 보통 어지러운 게 아니다.

다섯째, 사탄과 엘리후 같은 등장인물을 이해하기가 어렵다. 여기 사탄은 전통적인 의미에서 하나님의 대적자인가, 천사처럼 하나님의 심부름꾼인가? 왜 사탄은 결론 부분에는 나타나지 않는가? 엘리후는 어떤 사람인가? 그는 욥의 친구인가, 아니면 적인가? 욥기에서 "적-친구"로 편 가르기 할 때 그의 소속은 어딘가? 중간지대인가? 그는 왜 예고도 없이 등장했다가 인사도 없이 사라지고 마는가?

여섯째, 욥기 말미에 등장하는 "회복"이 이해가 가지 않는다. 양과 소 같은 짐승이 다시 생긴 건 좋지만, 기왕에 죽은 자식들은 결코 돌아오지 않았다. 그런데 왜 떠난 자식들을 위한 애가(哀歌)조차 없는가? 욥의 딸들이 예쁘다고 칭찬이 높다. 욥을 지혜문학으로 분류할 때, 인간이 예쁜 것이 그게 지혜와 무슨 상관인가? 오히려 "고운 것도 거짓되고 아름다운 것도 헛되나, 오직 여호와를 경외하는 여자는 칭찬을 받을 것이라"(잠언 31:30)고 했다. 그러면 그의 딸들이 아버지를 본받아 여호와를 경외하는 예배인간이 되었다든가 해야 하지 않을까? 욥의 아내는 어떻게 되었는가? 새장가 들었다는 말이 없으니, 집으로 돌아온 것일 게다. 그 아내와 사이에 다시 열 명의 자녀가 났다는 말인데, 적어도 그 전에 최소한 하나님께 "용서"를 구해야 하고, 남편에게 "미안"하다는 말은 내야 하는 것 아닌가?

일곱째, 적용이 어렵다. 욥기를 읽고 난 후 오늘 우리의 예배는 어떻게 달라져야 할 것인가? 대안이 제시되지 않았다.

여덟째, 욥은 분명히 "순종하면 복을 받는다"는 신명기 28장 같은 성경 말씀 앞에 의문부호를 갖다 붙인다. 인과율에 똘똘 뭉친 친구들과 마주서서, "악인이 꼭 벌을 받지는 않으니, 의인도 반드시 벌을 받는 것은 아니라"는 게 욥의 논리다. 이렇게 허약한 "패자의 논리"를 계속 지켜주는 욥기는 대체 어떤 책인가?

아홉째, 한마디로 욥기는 "정답"을 쉽게 내주는 책이 아니다. 욥기가 내는 대답은 누구에게도 정확한 의미를 주지 않는다(참고. Collins 2004:505). 그런데도 다들 좋아하니, 그게 정말 난해한 문제다. 어쩌면 사람들은 "정답"이 필요하지 않을지 모른다. 인생이란 대개 묻기는 묻지만 대답을 오히려 회피하는 건 아닐까? 그래서 욥기를 차라리 눈감고 읽는 것인가!

오늘 내가 이런 난해한 책을 주석해서 내는 이유는 무엇인가? 사실은 무엇보다도 부흥이 목적이다. 내 오랜 욥기읽기를 되새김질하게 한 부흥. 욥기를 새롭게 읽어 부흥의 힘을 얻고 싶었던 것이다. 그토록 욥기를 사랑하는 이 세상 사람들을 위해서다. 나도 그렇지만 참 불쌍한 사람이 세상에는 많은 것이다. 내가 다닌 선교지만 아니라 여기 미국도 한국도 참 불쌍하다. 이 책 저술의 동기는 이런 불쌍함이다. 불쌍한 우리는 동정보다 부흥을 원한다.

하지만, 이 책이 또 하나의 양파껍질이어서 독자가 이것부터 벗겨내야 하는 수고를 해야 할까? 아니다. 정말 그렇게 되지 않기를 진심으로 바란다. 그래서 세상에서 가장 간단한 "방정식"을 풀기로 했다. "예배방정식"이다. 누구든지 십자가 앞에 엎드리기만 하면 그의 인생을 예수님께서 책임 져 주신다. 누구든지 자기 자신을 하나님의 창조와 구원의 손길에 맡기기만 하면, 모든 은혜가 그를 덮어버릴 것이다. 이처럼 쉬운 방정식이 또 있을까?

당신의 인생을 쳐다보시면서 당신을 불쌍히 여기신 예수님을 생각하라. 그분께서 흘리신 눈물을 기억하라. 당신의 성경이 눈물로 젖을 것을 것이다.

● **감사**

햇볕이 좋다. 샌프란시스코 베이 언덕 금문교회의 뜰 물 뿌린 식물 위에서 뿜어져 올라온 햇살이 귀하다.

18년 넘도록 한결같은 마음으로 주님을 사랑하며 신앙생활 해온 모든 금문인 여러분(특히 †강주한 장로, †김인성 장로, 오승택 장로, 김윤식 장로, 이창보 장로, 신동은 장로, 조은택 장로)에게 감사드린다. 담임목사의 오랜 공부와 지속적인 해외 교육선교를 오히려 사명으로 알아 기쁨으로 지원해 온 여러분은 복 있다. 여러분의 기도로 올해 멕시코, 아프리카, 콜롬비아에서 가르칠 수 있었다.

함께 자란 정으로 조건 없이 나를 뒷바라지 한 형제들에게 진 빚은 무엇으로 어떻게 갚을까.

생각이 깊은 박형철 화백과 은혜가 깊은 신수전 화백에게 감사드린다. 아프리카 선교 경험을 따라 사진을 제작한 김지웅 집사와 강석윤 집사에게 감사한다. 여러분의 기도가 이 책 여기저기 스며들었다. 출판 결정 이래 세심한 배려로 투박한 원고를 좋은 책으로 만들어 준 제라서원이 감사하다. 문서선교의 사명을 묵묵히 실천하는 여러분에게 주님의 축복을 빈다.

강의며 특강이며 사경회 자리를 마련해 준 여러 목회자와 선교사, 날카로운 질문의 화살을 날려준 빛나는 눈동자의 내 학생들, 모두에게 감사한다. 아프리카 형제자매들이 고맙다. 어려운 이메일로 지금도 SPR 성경읽기 단상을 보내주는 그들의 눈동자가 햇살처럼 귀하다. 콜롬비아 식구들의 웃음이 소중하다. 여러분의 격려가 큰 힘이다.

죄인 중의 죄인인 내가 귀한 말씀을 붙들게 해 주시고, 거룩한 선교의 땅으로 나아갈 수 있게 해 주신 내 주 예수님께 엎드려 감사드린다.

내 마음이 샌프란시스코에서 날아올라 멕시코, 러시아, 중국, 아프리카, 남미, 그리고 끝내는 북한에도 전달되면 좋겠다. 나는 SPR 말씀개혁으로 한반도가 통일 되는 그날을 꿈꾸며 기다린다.

2012년 10월 31일 종교개혁 주일에
금문교회 서고 “다바르”에서
조은석

가. 목록: 약어 및 다이어그램

■ **약어**

AJT 〈Asia Journal of Theology〉

BDB 〈The Brown–Driver Briggs Hebrew and English Lexicon〉, 히브리어–영어 사전

BHS 〈Biblia Hebraica Stuttgartensia〉, 히브리어 구약성경

LXX Septuaginta, 칠십인역

SPR Separation, Placement, Rest

■ **다이어그램 #**

1 모세오경과 "성경으로 성경읽기"(intertextuality)

2 "안식일 계명비교"

3 "구약 컨텍스트"

4 "무대장치"

5 "SPR 창조 "

6 "SPR 출애굽 "

7 "창조//출애굽 다이내믹스와 십계명 비교"

8 "사면초가 1"

9 "사면초가 2"

10 "사면초가 3

11 "욥기 3:3–9"

12 "창조, 수직대구"

13 "욥기 3:23–26"

14 "수평 다이얼로그"

15 "빌닷→욥 1"

나. 들어가면서

● **의인의 고난?**

–왜 내가?

–왜 오늘?

–왜 내 주 하나님께서 침묵을?

–왜 아무도?

이게 당신의 가슴에서 터져나는가?

살려면, 살아나려면 그 질문을 잘라내 버려야 한다.

욥기읽기가 도와줄 것이다. 욥기를 읽되 깊어야 한다. 그리고 넓어야 한다. 〈예배인간 욥記〉는 당신의 욥기독서를 도와줄 것이다.

–당신은 욥과 일치하는가?

–"욥" 대신 당신의 이름을 넣어서 읽을 수 있는가?

그렇다면 당신은 커피 한 잔 놓은 테이블에 앉아 〈예배인간 욥記〉 첫 페이지를 넘기는 것이 좋다.

나는 누구에게도 이 책의 추천사를 부탁하지 않는다. 저자인 내가 당신에게 이 책을 추천한다.

–여호와 하나님은 어디 계신가?

–여호와 하나님은 정말 나를 버리셨는가?

당신보다 더 큰 고난을 당하신 분, 당신보다 더 큰 질문을 품으신 분, 예수님이시다.

—엘리, 엘리, 라마 사박다니? (나의 하나님, 나의 하나님, 어찌하여 나를 버리셨나이까?)

십자가에 달리신 예수님을 구주로 믿는 당신에게, 나는 누구인지, 내가 왜 어떻게 이 책을 쓰게 되었는지 간단히 밝힌다.

● 아프리카에서

2012년 6월 4일부터 28일까지 아내와 나는 중동부 아프리카에 머물렀다. 바람에 흔들리는 바나나 숲과 황토 빛 흙길이 인상적인 르완다와 우간다였다. 우리는 르완다의 아프리카신학대학원(ATS)에서, 우간다의 KBBA 성경대학에서 성경을 강의했다.

르완다는 1994년 내전의 고통 흔적이 아직 남아 있었다. 그해 4월부터 7월까지 거의 100일 동안 백만 명 이상 살해되었고, 오십만 이상의 여성이 강간당했다. 원수는 도리어 가까이 있었다. 이웃집 아저씨가, 학교 교사가, 교회 집사가 돌변했다. 욥처럼, 그들은 친구와 아내도 원수로 만나야 했다. 익숙한 얼굴이 일그러질 때, 사랑하던 입에서 욕이 튀어 나올 때, 그때는 상처가 훨씬 깊다. 그들이 손에 들었던 건 살상용 무기가 아니었다. 오히려 살림도구, 농기구, 거리에 나뒹굴던 돌과 나무였다. 그래서 뼛속 깊은 데까지 내려가는 고통이었다. 꺾어진 시체가 골짜기를 메웠고, 형체를 알아볼 수 없는 얼굴에서 흘러내린 피가 강물을 물들였다. 욥처럼, 그들은 원수가 된 친구와 아내를 용서해야 했다.

르완다 내전의 뿌리는 1994년 이전으로 거슬러 올라간다. 크고 작은 내전이 발생했는데, 이번에 만난 어떤 아낙은 1950년대 내전 때 이웃나라 난민캠프에서 태어났다. 부모의 고향으로 돌아왔지만, 언어소통이 어려웠다. 르완다에는 상처 없는 사람이 없다.

르완다는 종족구별이 큰 의미가 없다. 예를 들어 이웃 우간다는 소통이 가능하지 않은 적어도 70개의 토속 언어가 공존하지만, 르완다는 한 언어의 나라다. 그런데 벨기에 같은 식민 통치자들은 르완다를 인위적으로 갈랐다. 소위 "분리하여 통치함"이다. 이 "분리–통치"(divide and conquer)는 동서고금을 막론하고 사용된 전략이다. 이건 동네 골목에서 아이들 사이에서나 일어나는 치사한 행위였다. 그러나 인간의 역사는 치사했다. 르완다가 나뉜 것은 소수계 투치(Tutsi)와 다수계 후투(Hutu)였다. 본래 투치와 후투는 부룬디와 콩고민주공화국 같은 중앙아프리카 지역의 종족 이름이다. 그러나 르완다의 경우 정치적으로 구분된 것이다. 구분 조건은 코의 각도 같은 외양적 생김새나 소 세 마리 이상 같은 재산이었다. 심지어 형제들 사이에도 종족이 갈렸다. 지배자들은 투치에 특혜를 주었다. 지배자들은 투치를 지배하면서 투치가 후투를 지배하게 만들었다. 그러다 투치가 반항하는 기미가 보이면 후투의 손을 들어주었다. 후투는 투치를 압박했다.

그렇지만, 이것 보라. 천지를 뒤덮은 풀과 꽃처럼, 세상은 새로 태어난 아이들의 웃음소리에 묻혀버린 것 같았다. 피울음 소리는 일부러 들으려 하지 않으면 들리지 않았고, 순식간에 눈물 돋는 상처는 일부러 보려 하지 않으면 보이지 않았다. 누구도 그쪽으로 눈길을 주지 않았다. 물 한 모금 문 병아리처럼 하늘만 바라보았다. 누구도 입을 열지 않았다. 그냥 두 손을 가슴께까지 올리고 웃었다.

● "북쪽에서 동쪽까지 비틀거리며"(아모스서 8:12b)

학생들은 대부분 현역 목회자였다. 평균 35세. 르완다 전국에서 모였다. 이웃나라 우간다에서도 왔다. 우간다의 수도캄팔라까지는 교외버스로 거의 쉼 없이 달려도 열 두 시간 가깝다. 말씀을 사모하는 그들은 들길을 달렸고 산을 넘었다. 르완다는 전역이 산으로 덮였다. 물론 버스길도 편안하지 않았다. 그러나 버스가 크게 흔들릴 때마다 시야를 사로잡는 산야는 절경이다. 창조주 하나님을 찬양하는 온 세상이다. 말씀을 사모하는 하나님의 종들에게 주님께서는 곳곳에 안식의 기쁨을 마련해 두셨다.

강의실은 우리 숙소에서 숨이 턱에 닿도록 걸으면 십오 분 만에 닿는 언덕이다. 황토 흙길을 먼지 속에 걸었다. 마음이 즐거웠다. 땅 아래로 내려왔던 작은 새들이 곧 무리를 지어 언적 저편으로 떠났다. 지천에 깔린 풀숲에서 곧 피었다가 지는 꽃들이 고개를 내밀었다. 신기하게도 공기는 언제나 젖은 나무 타는 냄새를 포함했다.

고난의 땅, 눈물과 한숨이 말라붙은 땅에서 우리는 성경을 읽었다. 아내는 로마서를, 나는 대예언서와 소예언서를 강의했다.

● 예배인간

주말마다 전도집회를 열었다. 산 속에 숨어있던 마을이 골짜기로 모여들었다. 마을사람들이 모두 나왔다. 손뼉 치며 예배드렸다. 춤추며 찬양했다. 집안은 모두 텅텅 비었을 것이다. 어두운 집안보다는 사람들 모인 거리가 더 즐거울 터였다.

이정림, “가히니 마을 교회의 주일학교”

나무그늘에 모여앉아 우리를 구원하신 예수님을 찬양했다.

이쯤해서 문명이 참된 예배에 오히려 방해물이라는 생각에 미쳤다. 하나님을 떠나 동쪽으로 간 사람들이 도시를 건설했다. 가인이 그 예다(참고. 창세기 4장). 에서의 나라 에돔도 도성건설이 탁월했다(참고. 창세기36장). 동편 시날 땅의 바벨탑도 모두 모일 수 있는 거대한 도성이었다.

그들은 하나님 대신 인간의 이름을 높였다. 소돔성처럼 교만했고 불친절했다. 진정한 희생제물 있는 예배 없이 인간이 구원받을 길이 없다. 인간은 죄인이기 때문이다. 구원의 길에서 비껴선 인간의 모든 행위는 자승자박이다. 오늘 교회 예배가 영상과 음향, 컴퓨터 음악 등 첨단문화에 지나치게 의존하는 것은 아닐까, 그런 고민에 잠시 잠겼다.

예배인간은 맨발이어도 좋다. 예배인간은 고단한 황톳길을 걸어 올라가도 좋다. 예배인간은 집에 두고 온 것이 없으므로 예배에 집중한다. 예수님 생각이 전부다. 그래서 웃음이 맑고 깊다. 뻗어 올린 두 손이 하늘에 닿는다. 아, 내가 아프리카에서 만난 예배인간은 그 웃음이 좋았다. 하나님께서 사랑하실, 하얗게 빛나는 그 웃음이다.

● 가히니 크루세이드

슬픔이 하늘에 닿았다. 원망이 가슴에 사무쳤다. 눈물이 강물을 이뤘다. 혼자 있어야 할 시간이다. 혼자 가슴을 치다가 스스로 걸어 들어가 좌절의 끝으로 추락해야 했다. 그런데도 사람들은 모였다. 찬양 소리 때문이었다. 예수님! 그 그리운 이름 소리 때문이었다. 설교를 들으며 울었고, 말씀을 가슴에 담으면서 부르짖었다.

슬픔의 땅 르완다가 부흥운동의 물꼬를 텄다. 아프리카를 휘저으며 사망권세를 휘두르는 사탄과의 영적 전쟁이다. 수많은 얇은 나무가 하늘에 닿은, 짧은 푸른 풀이 잔디보다 푹신한, 천연의 야외예배당이다. 수만 명까지 모이는 야트막한 언덕이다. 사람들이 모였다. 탄자니아, 우간다, 그리고 콩고에서도 모여들었다. 그들은 찬양했다. 기도하고 말씀에 울었다. 내전으로 가족을 잃은 사람들이 은혜를 갈구했다. 마른 땅에서 아름다운 꽃을 피워내시는 여호와 하나님을 뵈었다.

–회개하라!

어떤 설교자가 외쳤다. 성령님께서 모든 이의 가슴을 쳤다. 사람들이 앞으로 몰려나와 죄를 회개했다. 등에 아기를 업은 어떤 여자가 달려 나오다가 폭삭 고꾸라졌다.

–하나님. 내 죄를 용서해 주시옵소서. 내가 간음죄를 범했나이다. 이 아이 아비는 다른 남자입니다. 하나님, 나를 용서하옵소서.

그 이야기를 전해 듣는 순간 가슴이 무너져 내렸다. 저런! 저렇게 공개해 버리면 아이의 인생은 누가 책임질까! 그러나 바로 다른 마음이 덮었다. 숨기며 살다가, 한평생 거짓으로 살다가는 간음죄 사슬에서 결코 벗어날 수 없을 텐데, 오늘 사랑하는 예수님께서 그의 죄를 씻어 자유하게 하시는구나!

예배가 살아있다. 대개는 자기 마음의 감동을 성령님의 역사로 착각하지 않는가? 보통은 심리적 카타르시스를 주님 만난 경험으로 치지 않는가? 그런데 보라. 여기는 하나님의 성령님께서 친히 역사하신다. 부끄러움을 무릅쓰고 예수 그리스도의 보혈의 능력으로 죄를 회개한다. 죄가 주장하지 못한다. 여기는 사탄이 아니라 하나님께서 주인이시다. 이 땅은, 이 산하는 성령님께서 역사하신다. 마귀는 그들을 한번 넘어뜨릴 수 있었지만, 사랑의 하나님께서 그들을 곧바로 일으켜 세우고 계셨다.

● 윌리엄

윌리엄은 스물다섯 대가족에서 살아남은 유일한 생존자다. 나는 그가 살던 마을을 방문했다. 마을사람들은 거의 되돌아왔다. 발걸음을 멈추고 서서 풀숲 우거진 집터를 지적했다. 그의 형네 집이다. 모두 그 집 안에서 습격당해 살해되었다. 길 건너 천 개도 넘을 열매를 단 아보카도 나무가 하늘을 가리고 있었다.

그는 교회를 개척했고, 지금 수천 명이 모이는 교회 담임목사다. 강단에 선 그는 설교하는 예배인간이었다.

나는 금문교회가 도울 다섯 명의 아이들 추천을 그에게 부탁했다. 그중에 조용한 미소를 품은 올리버가 있었다.

● 올리버

1994년 내전 때 두 살이었다. 부모를 모두 잃었다. 할머니 손에 자랐다.

두 번째 르완다 방문 때 만났는데, 크고 마른 할머니가 동행했다. 중학교를 겨우 마친 게 전부다. 인생은 막혔는데 얼굴에 평안이 흘렀다.

찬양이 아름다웠다. 크고 긴 그의 손바닥을 두드려 드리는 하나님 찬양을 듣다가 예수님 말씀이 떠올랐다. "너희에게 평강이 있을지어다"(요한복음 20:19c, 21b, 26d). 생각한다. 내 설교 예배 교회 찬양대 중에서도 그를 보았다. 검은 복장 가슴에 붉은 리본 달아 맨 그들은 천상 찬양하는 아프리카 예배인간이었다.

● 존 하키지마나

자전거를 끌고 다니는 존은 2012년 6월 10일, 아내가 설교한 교회에서 예배드렸다. 내가 설교한 교회 아이들과도 어울렸다. 의사가 되어 아픈 사람을 고치고 싶다고 했다. 그날 오후 전도집회 때도 그의 녹슨 자전거가 보였다. 아내에게 말했다.

–다시 꼭 와 주세요.
–왜?
–사랑하니까요.

아내가 그의 대답 한 자락에 끝내 눈물을 보였다. 사랑하니까요.

흙바닥을 두드리며 찬양하는 그 많은 어린 아이들의 눈빛을 나는 다 읽을 수 있었다. 예수님을 사랑하고, 예수님 말씀 전하는 주의 종들을 사랑하는 아이들의 모든 손을 다 잡아 줄 수 없었다. 예배의 기억을 아프게 간직하는 내 이유다.

김지웅, "얘들아, 얘들아"

● 탄자니아 소녀

십자군전도집회 때 탄자니아 찬양팀이 특히 눈길을 끌었다. 그들 맨 앞에서 워십댄스를 이끄는 머리 짧은 소녀는 일곱 살은 되었을까. 걷고 뛰고 팔 감아 돌아서는 모든 동작이 한 마리 나비 같았다.

풀숲에 모여든 수천 명의 예배인간 앞에서 하늘 아버지를 찬양하는 그 아이의 목소리는 기억나지 않는다. 그러나 가볍게 날아오른 몸짓으로 아이가 무엇을 그분께 말씀드리려 하는지 그건 내가 다 알 수 있었다.

● 아폴리네리

아폴리네리 목사는 난민촌 출신이다. 내전 때 한 눈을 잃었다. 그의 몸은 작지만 설교는 사자처럼 위엄이 있다. 2012년 6월, 설교대회 대상을 수상했다. 나는 그가 강단에서 얼마나 즐거워하는지 알 수 있다. 그의 즐거움은 하나님 사랑이다.

신학생들 식사를 맡아 섬기던 그의 아내, 예배 때는 언제나 가장 앞자리에 앉아서 가장 큰 은혜를 받는다. 이 세상에 그 두 사람만 있으면 어디나 좋을 것이다.

● 예배인간의 땅

나는 믿는다. 땅의 소유권은 하나님께서 허락하신다. 예배인간은 그 땅을 소유한다. 법적 등기기록은 없어도 그 땅은 예배인간의 땅이다.

온유한 자는 복이 있나니, 그들이 땅을 기업으로 받을 것임이요.

마태복음 5:5

예수님의 음성에서 나는 저들에게 주신 확신을 들었다. 맨발로 황토 흙바닥을 차며 마음껏 찬양하는 예배인간에게서 나는 모든 것을 주고 그 땅을 사버린(참고. 마태복음 13:44) 진정한 소유자의 기쁨을 보았다. 아프리카는 그들의 땅이 맞다. 그러므로 모든 침략세력은 그 땅을 떠나야 옳다.

이제 생각한다. 욥이 큰 부자가 된 것(욥기 1:3)과 그가 예배인간이라는 사실은 상관관계가 있다. 땅에서 유리하는 예배 없는 자들과 달리(참고. 창세기 4:10-12) 땅을 기업으로 받은 예배인간은 번성한다. 원수의 땅에서도 오히려 풍성했던 아브라함이 그랬고, 파는 곳마다 물이 솟아난 이삭이 그랬다. 시기와 질투의 폭풍우 중에도 큰 무리를 이룬 야곱이 그랬다. 예배인간의 자녀는 미래가 있다.

내가 어려서부터 늙기까지 의인이 버림을 당하거나 그의 자손이 걸식함을 보지 못하였도다. 시편 37:25

하나님의 손에서, 그분의 뜻이라면, 나는 예배인간이 이 땅에서도 잘됨을 믿는다. 그 풍성함이 하나님 나라의 한 모습 밝히는 데 소용된다면.

● 붉은 꽃 1

콜롬비아 한센병 시인 첼리타는 손 없는 손으로
자신을 하나의 장미꽃으로 주님께 바친다.
피 흐르는 그 손으로 원망, 분노, 그리고 슬픔
같은 육신의 모든 가시를 떼어내어.

아프리카에서 만난 붉은 꽃은 여호와 하나님께만 예배드리는 예배인간이었다. 전쟁과 기근, 질병과 가난의 땅에서 오히려 찬란하게 피어난 아름다운 그 꽃은 내가 욥기에서 만난 예배인간이었다.

예배드릴 수 없는 땅을 출애굽 하여, 주님께서 약속하신 그 축복의 땅에 피어난 붉은 꽃. 그것은 모세가 호렙산에서 만난 떨기나무 불꽃처럼, 오늘도 타오르되 사라지지 않는 불꽃으로 우리 마음에 피어나고 있다.

● 우간다

우간다로 건너갔다. 새벽 네 시에 일어나 어둠 속에 출발한 버스길이 한낮을 지나서 국경을 넘었다. 비자를 받았는데 점심때였다. 바나나 한 덩어리를 샀다. 꿀처럼 달디 단 바나나를 다 먹었다. 껍질을 들고 쓰레기통을 찾았다. 턱으로 가리킨 곳은 "아무데"였다. 슬그머니 내려놓고 버스에 올랐다. 아프리카에 큰 죄를 진 것 같았다. 우리는 오후가 되어서야 캄팔라 터미널에 내렸다. 르완다보다 더 많은 사람들, 더 큰 도로, 더 복잡한, 그러나 훨씬 더 열악해 보이는 시장 거리였다. 바닥은 물이 고였고, 함석조각 문들은 한눈에도 삐걱거렸다.

주일예배 교회는 널빤지 벽과 구멍 난 함석지붕, 그리고 흙바닥이었다. 자리 깔고 앉은 아낙네들과 두 팔 흔드는 아기들. 성도들은 주일학교부터 노년이 모두 모였는데, 영적소통은 전혀 문제가 없었다. (문득 한국과 미국의 주일학교와 중고등부, 청년부와 장년부 예배가 제각각인 교회가 지나치게 편의를 도모한, 인간 중심의 집회가 아닌가, 생각했다. 우리의 예배도 활기가 넘쳐나야 했다. 부흥이 일어나야 한다.) 모두 일어나 흙바닥 위에서 찬양했다. 장마 비가 함석지붕 아래로 떨어져 내렸다. 나는 젖은 몸을 피했지만 모두는 춤추며 찬양하는 데 지장이 없다. 함석지붕 판자 벽 때리는 빗소리도 찬양보다 오히려 작았다. 70여 개의 언어가 있는 나라 우간다의 한 작은 마을에서 예배의 아름다움이 새로웠다.

● 평화의 씨앗 붉은 꽃

우리는 컨퍼런스 센터 "평화의 씨앗"(Seeds of Peace) 게스트 하우스에 머물렀다. 평화의 씨앗에서 두해 전 2010년 나는 르완다와 탄자니아 출신 백여 명

목회자를 위한 세미나를 인도한 바 있다. 나흘 동안 나는 르완다어와 스와힐리어 등 두 명의 통역자의 도움을 받았다. 그런데 놀랍게도 소통은 차라리 영적인 문제였다. 성령님께서 역사하시면 막히는 것이 없었다.

맑고 길게 누운 호수를 끼고 펼쳐진 아름다움에 매일 놀랐다. 불꽃처럼 피어 일어나는 아름다운 붉은 꽃을 만났다. 내게 붉은 꽃은 호렙산 불붙은 떨기나무였고, 하나님 한 분만 섬기는 하나님의 자녀였다.

● 너도 몸을 가졌은즉

그 여름 어느 새벽, 르완다 무하지 호숫가에서 뇌리를 스치는 말씀이 들렸다.

> 너희도 함께 갇힌 것 같이 갇힌 자를 생각하고
> 너희도 몸을 가졌은즉 학대 받는 자를 생각하라. 히브리서 13:3

그건 하나님의 음성이었다. 이스라엘을 학대받는 땅 애굽에서 이끌어내신, 사랑하시는, 불쌍히 여기시는, 전능하신 하나님의 음성이었다. 우리가 몸을 느낄 때마다 몸의 학대를 견디는 많은 사람들을 생각하라는 말씀이다. 내 하나님은 그들의 하나님도 되신다.

욥기를 펼칠 때마다 예배인간 그의 몸에 내린 재앙을 생각한다. 육신에만 아니다. 모든 자식들을 잃고 아내마저 떠난 자리에 오히려 엎드려 예배드리는 욥. 그의 깊디깊은 고독을 생각한다.

● 2012년, 콜롬비아에서

콜롬비아가 달라졌다. 10년 전에 음울하던 콜롬비아가 이제는 정말 다른 세상이 되었다. 교회가 세워지고 기도하는 사람들이 늘었다. 부흥이다. 교회의 부흥이 콜롬비아의 부흥이 되었다.

놀랍도록 충만한 성령님의 역사를 오늘 여기 콜롬비아에서 발견하고 놀란다. 놀람과 기쁨을 견딜 수가 없어서 나는 오늘 이 글을 여기 적는다.

● 오늘 세상의 모든 고난당하는 욥들에게 소망을

나는 말한다. 오늘 고난 중인 세상의 모든 욥들에게, 하나님께서 욥기를 허락하셨다. 욥을 만나셨던 하나님께서 오늘 당신을 만나주신다. 욥의 예배를 받으신 하나님께서 오늘 당신의 예배를 받으신다.

머리를 밀고 옷을 찢으며 먼지를 뒤집어쓰고 엎드려 오히려 예배드리는 당신 곁에 당신을 사랑하시는 하나님께서 계시다.

하나님의 아들 예수 그리스도를 증인으로, 중보자로, 구속자로 기다리는 당신, 당신의 예배는 거룩하다. 거룩한 당신의 예배에서 당신의 모든 죄는 사함 받았다. 보라! 당신에게 내리는 하나님의 생명의 양식은 성경말씀이다.

● 욥기읽기

많은 예배인간 중에 나는 욥을 사랑했다. 그의 좌절을 사랑했다. 그의 항변을 사랑했다. 무엇보다 그의 인내를 사랑했다. 읽고 또 읽으면서 욥을 만났다. 그를 만나주신 여호와 하나님을 뵈었다.

예일대 신학부 시절, 윌슨(Robert R. Wilson, 1942-) 교수의 "히브리어 욥기" 과목을 수강했다. 욥기의 세계를 고대근동의 언어로 진지하게 만났던 한 학기였다. GTU의 PhD 종합시험 때 욥기 3장으로 주석시험을 치렀다. 열흘 동안 정신없이 써 낸 것이 후에 AJT 2003년 4월호에 실렸다. 이때부터 욥기는 내게 일종의 부담이 되었다.

그 부담은 태평양지역 장로교 목회자 계속교육(시애틀, 후레즈노), 콜롬비아 후사신학교 강의, 요시야성경대학 강의 등으로 이어갔다. 이후 여러 선교지 신학교 강의 때마다 결실이 더해갔다. 마침내 2012년 3월에 열린 후레즈노한인장로교회의 사경회 직후 출판을 결심했다. 나와 함께 때로는 감출 수 없는 눈물, 때로는 터져나는 웃음으로 욥기를 읽어간 여러 목회자 신학생 성도 여러분께 감사하며 기억한다.

● **모세오경과 욥기 1**

욥기를 모세오경과 연결해 읽는 내 근거는 SPR 이론이다. SPR 이론은 2012년 쿰란출판사를 통해 나온 〈SPR, 창조//출애굽 다이내믹스〉에서 처음 소개했다. SPR은 모세오경을 창조//출애굽 "다이내믹스"의 맥락에서 읽는다. 이렇게 읽은 모세오경은 "성경으로 성경읽기"(intertextuality) 맥락에서 구약의 나머지 책들 읽기의 신학적 바탕을 제공한다.

모세오경의 컨텍스트에서 십계명은 "헌법"(constitute)이며 나머지 법 조항은 "주석법"(commentary law)이다. 주석법은 헌법을 컨텍스트에 따라 주석한 법이다. 말하자면 주석법의 각 조항은 헌법 열 가지 중 어떤 조항에 포함되는 것이다. (굳이 613가지 율법조항 이론을 선택하자면, 헌법은 10개 조항, 주석법은 603개 조항인 셈이다.) 헌법과 주석법을 포함하여 "정언법"으로 부른다. (정언법은 "하라"와 "하지 마라"로 구분된다.) 모세오경 내의 "이야기"는 모두 판례법(case law) 기능을 담당한다. (판례법은 구체적 지시가 없지만 포괄적 적용이 가능하다.) 조금 더 넓게 보면 모세오경을 하나의 "정언법"으로, 그 외 구약의 다른 모든 책들을 "판례법"으로 볼 수 있다. 이렇다면 욥기도 "하나의 법"으로서 "판례법"이다.

욥기를 "하나의 판례법"으로 읽게 된 것은 2011년부터 해 온 영미법 공부의 열매다. 미국법 전문가 조한상 집사가 멘토였다. 그는 새벽예배의 아름다움을 아는 겸손한 사람이다. 최근에 그는 하나님 뒤로 물러서는 영적 체험 중이다.

● **모세오경과 욥기 2**

모세오경은 구약의 다른 모든 책의 샘물 근원이다. 신약도 모세오경을 바탕 삼고 있다. 이 점에서 욥기도 예외가 아니다.

욥기를 언제 누가 기록했을까? 혹자는 모세가 기자라고 했다. 그러나 확실하지 않다(참고, Calvin 1990:48). 다만 주로 포수기 바벨론에서 활동했던 에스겔이 욥을 노아와 다니엘과 더불어 언급했던 점을 미루어(참고, 에스겔 14:14) 욥은 이미 그 전부터 이스라엘 사회에 널리 알려진 인물이었다. 적어도 욥 이야기는 구전으로 오랫동안 전해 내려왔다.

나는 욥기 기록은 포수 이후라고 생각한다. 욥이라는 인물이 아브라함, 이삭, 그리고 야곱과 같은 "족장"의 이미지로 묘사된 것은 욥기가 모세오경에 뿌리를 두었다는 주장의 여러 근거 중 하나다. 여기서 욥이 아브람, 이삭, 혹은 야곱과 어떤 "친분관계"를 맺었는가를 추적하는 것은 전혀 성경적이지 않다. 성경은 어디서도 그런 가능성을 제기하지 않는다. 다만 세 족장처럼 S, P, 그리고 R을 실천한, 소위 "+SPR의 예배인간"이었다는 점을 주목하라. 세 족장이 성경 내 모든 +SPR인간의 전형(典型, prototype)이라는 점, 적어도 욥기에서 묘사되는 욥이 바로 그 +SPR의 예배인간이라는 점, 그래서 욥이 족장 중 하나처럼 그려졌다는 점을 주목할 필요가 있다(참고. 다이어그램 1, "모세오경과 '성경으로 성경읽기'").

● **욥기는 어떤 책인가?**

욥기를 학문적으로 읽을 때 어떤 유익이 있는가? 학문적이지 않은 접근은 가능한가?

이런 질문을 욥기 자체가 대답한다. 우선 욥기는 대단히 학문적인 책이다. 충분한 언어훈련(히브리어와 고대 근동언어)이 있어야 깊이 있는 독서가 가능하다. 난해한 단어와 구절이 많고, 구성 자체도 굉장히 까다롭다. 욥기라는 책에서 어떤 통전적인 의미를 찾아내기 위해서는 정말 많은 학문적인 고민을 거쳐야 한다.

그러나 욥기라는 책 자체는 학문적 접근방법만으로는 열리지 않는다. 책 자체가 그렇게 말한다. 우선 이 책의 주인공 욥은 논리적인 인간이 아니다. 오히려 그를 상대하는 세 친구의 논리가 탁월하다. 게다가 갑자기 나타났다가 사라지는 엘리후는 세 친구를 능가한다. 그런데 욥기는 그들의 주장에 무게를 실어주지 않는다. 구체적으로, 욥기가 소개하는 여호와 하나님께서는 논리적인 다른 누구 대신 비논리적인 욥을 오히려 상대하신다.

그래서 상상력이 필요하다. 학문적 훈련이 없는 사람일지라도 욥과 나눌 수 있는 중요한 점이 있다면 우리는 그의 목소리에 귀 기울여야 한다. 그 중요한 점을 나는 "예배"라고 본다. 그래서 이 책 욥기는 교회의 책이다. 예배인간이 읽어야 하고 예배인간이 의미를 찾아내야 하는 교회의 책이다.

학문적 훈련이 욥기 읽기에 도움이 된다. 적어도 "본문"을 정확하게 현대어로 번역하는 일부터 시작하여, 본문의 배경이 되는 사회-경제적 그리고 역사적 배경을 알아가는 일에 학문이 필요하다. 오늘날 같은 시대를 살아가는 언어들간의 번역도 오역이 많다. 하물며 욥기처럼 성경을 통틀어 단 한 차례만 쓰인 히브리어 단어가 많고 겨우 서너 차례만 사용된 단어도 여기저기 발견되며 숨을 턱턱 막히도록 오르내리는 언어의 조탁(彫琢)이 현란한, 높디높은 수준의 히브리어 책이 수천 년을 지나 오늘의 언어로 적절하게 소개됨은 거의 신기에 가깝다. 열여덟에 성경을 통독하다 말씀을 가르치는 목회자로 부르심 받은 이래 오랫동안 구약학의 세계에서 살았다. 그 세계에서 학자들이 무엇을 어떻게 공부하는 데 시간을 쓰는지 모르지 않는다. 욥기가 어떤 책인가, 어떻게 읽어야 하는가, 오늘 우리가 바로 아는 일에 그들 학자들은 틀림없이 큰 공헌을 하고 있다.

그러나 교회의 울타리를 벗어나는 순간 그들이 묘사하는 욥기는 뜬구름이 되어 바람에 사라져 버린다. 욥기의 기자가 오늘 교회에서 드리는 예배를 목적으로 그 책을 기록했기 때문이다. 나는 학자들의 그런 뜬구름 같은 토론에 정말 많은 시간을 들일 시간이 없다. 내 나이 벌써 오십을 넘었다.

● 이 책 〈예배인간 욥記〉는 어떤 책인가?

욥기에서 우리는 하나님의 마음을 읽어야 옳다. 어떤 원리를 찾아낼 뿐, 하나님 뵙기를 실패한다면, 우리는 또 다른 세 친구다.

하나님께서 욥기를 통해 오늘 말씀하시는 것은 무엇인가? 이 질문을 가슴에 안고 이 책을 쓴다. 나는 욥기에 대하여 소위 "학문적 주석"이 필요하다고 생각한다. 그러나 나는 여기서 그런 시도를 하지 않는다. 물론 이 책은 충분히 "학문적"이다. 최근의 학문적 시도들을 다양하게 이해했고, 그 바탕 위에 내가 섰으니 이 책은 분명히 학문적 성과물이다.

그러나 나는 교회를 생각한다. 학자들의 전유물이 거의 되어버린 주석을 반복하는 대신, 교회의 현장에서 읽을 수 있는 책이 필요하다고 생각한다. 이 책은 신학생들과 목회자들이 그들의 목회 현장에서 적용할 수 있을 것이다. 당신도 관객으로 무대를 내려 보거나, 독자로 책장을 넘길 수 있다. 이 책은 모두를 위한다.

● **히브리어 원본 및 한글 번역본**

이 책에서 사용한 히브리어 원본은 1983년에 Deutsche Bibelgesellschaft Stuttgart가 발행한 〈Biblia Hebraica Stuttgartensia〉다. 한글번역은 대한성서공회의 〈개역개정성경〉을 주로 인용했다. 개인번역은 따로 표기한다.

● **용어해설**

∨ **구속(救贖, Redemption) 혹은 대속(代贖, Atonement).**

"구원하여 속량함"의 뜻인 구속은 "대신 속량함"의 대속과 결국 동의어다. 이 책에서 창조의 하나님인 "창조주"와 나란히 출애굽의 하나님으로서 "구속주"(구원주)라고 쓴다. "대속자"는 욥기에서 자기의 죄를 속량하고 의를 보장해 주시는 그리스도를 칭한다.

∨ **다이얼로그(Dialogue)**

대화. 욥기 내에 두 종류의 대화가 있다. 하나는 "수평 대화"로(수평 다이얼로그, 욥기 4:1–27:23), 세 사이클(#1–3)이 있다. 다른 하나는 "수직 대화"(수직 다이얼로그, 욥기 38:1–41:6)로서, 하나님 → 욥, 욥 → 하나님, 하나님 → 욥, 욥 → 하나님 등으로 구성되었다.

∨ **모놀로그(Monologue)**

독백. 두 개의 욥 독백(욥 모놀로그 1, 3:1–26; 욥 모놀로그 2, 28:1–31:40)과 엘리후 독백(엘리후 모놀로그, 32:1–37:24) 등 모두 세 개다. 욥 독백은 그 암시된 상대는 여호와 하나님이시다. 엘리후 독백은 욥이 상대자로 암시되어 있다. 특기할 것은 욥 독백과 엘리후 독백 모두 암시된 상대의 침묵이다. 상대편은 침묵으로 응대하는 바로 이 점에서 이들의 말을 독백, 곧 모놀로그라고 정의했다.

∨ **모세오경(Pentateuch)**

히브리어로 "토라"(Torah)다. 모세가 기록한 다섯 권의 책, 곧 창세기, 출애굽기, 레위기, 민수기, 그리고 신명기를 말한다. 다섯 권의 책이라는 뜻의 펜타튜크(Pentateuch), 혹은 그 내용을 지적하는 율법서(the Law)로도 쓴다.

모세오경을 크게 보면 창세기는 역사책, 출애굽기부터 민수기는 출애굽 제1세대를 위한 기록, 신명기는 출애굽 제2세대를 위한 기록이다.

∨ **부흥**

영어로 "리바이벌"(revival)이다. 옛날로 돌아감이 아니라 새로운 것이 일어남이다. 죽음의 길을 벗어나서 생명의 길로 들어섬이다. 혼자에서 둘과 셋이 걷는 길이다. 부흥은 물결이다. 파도처럼 오고 또 온다. 악한 영의 세력을 무너뜨리고 또 무너뜨린다. 오늘도 이기고 내일도 분명히 이긴다.

욥기는 부흥의 책이다. 그러므로 독자는 욥이 다시 일어서듯 당신의 예배도 부흥할 것을 분명히 보게 될 것이다.

∨ **사이클(Cycle)**

세 친구의 말과 각각 그에 대응하는 욥의 말로 구성된 여섯 조각 스피치(speech)의 흐름. 수평 다이얼로그 안에 사이클 세 개가 있다. 세 번째 사이클은 미완성이다.

∨ **성경으로 성경읽기(Intertextuality)**

성경 안에서 하나의 본문이 다른 본문에서 해석되는 패턴을 연구한다.

∨ **수직 다이얼로그(Vertical Dialogue)**

하나님과 인간의 대화. 하나님은 하늘에 계시고 인간은 땅에 있다. 하나님께서 말씀하시고 인간은 그분께 응답한다. 본문은 욥기 38:1-42:6이다.

∨ **수평 다이얼로그**(Horizontal Dialogue)

인간끼리의 대화. 수평의 차원에서 주고받는 대화다. 구체적으로는 세 친구와 욥의 다이얼로그다. 본문은 4:1-27:23이다. 여기는 세 개의 사이클이 있다. 각각 수평 다이얼로그 사이클 1(4:1-14:22), 수평 다이얼로그 사이클 2(15:1-21:34), 수평 다이얼로그 사이클 3(22:1-27:23)으로 구분한다. 물론 수평 다이얼로그에서 욥은 수직 다이얼로그를 시도한다. 기도다. 곧, 기도로써 욥은 하나님과 대화하기를 원한다. 그러나 그 시도는 번번이 무산된다. 첫째 이유는 하나님의 침묵이다. 둘째는 친구들이 가만 놓아주지 않는다. 그들은 사이클로 돌아가면서 욥을 수평 다이얼로그 차원에 묶어두려 한다.

∨ **에필로그**(Epilogue)

닫는 이야기. 욥기 1:1-2:13로서, 산문(散文)이다.

∨ **역사**(History)

역사는 "현재가 될 수 있는 과거로서, 오늘 우리 기억의 내용"이다. 모세오경에서 창세기는 출애굽 세대에게 역사다.

∨ **예배인간 (호모 베네라분두스**, Homo Venerabundus)

〈SPR. 창조//출애굽 다이내믹스〉 (쿰란출판사, 2012)에서 처음 소개한 전문용어다. 하나님의 창조와 출애굽(구원)의 목적은 인간으로 하나님께 예배드리게 하심이다. 창조와 출애굽을 경험한 인간으로서 예배를 드리는 인간을 예배인간으로 부른다. 이것은 하나님의 "목적"에 근거한 인간과, 인간의 순종의 "결과"에 근거한 인간 두 면을 모두 포함한 용어다. 이것은 알렉산더 쉬메만(Alexander Schmemann, 1921-1983)의 "호모 아도란스"(Homo Adorans)와 차별화된다. 에스토니아 출신의 동방정교회 신부였던 쉬메만은 자기 저서 〈For the Life of the World〉 (1973)에서 이 용어를 처음 사용했다. 그의 호모 아도란스는 "예배를 선택한 사람"이다. 감히 예배를 선택하다니! 어불성설이다! 기억하라: 예배는 선택사항이 아니라 필수다. 살기 위해서는 예배를 드려야 한다.

"호모 베네라분두스"(Homo Venerabundus)에서 호모는 "인간," 베네라분두스는 "경외함"(떨며 섬김)이다. 하나님을 경외하는 그가 예배인간이다. 예배를 위해 지음 받았고, 예배를 위해 구원 받은 인간, 그가 예배인간이다.

∨ **창조패턴**(Pattern)

창조패턴은 크게 두 가지다. 하나는 SPR 패턴이다. 이것은 왼쪽이 S, 오른쪽이 P, 중앙하단이 R이다. 다른 하나는 제1–6일 창조패턴이다. 이 패턴은 욥기 3장에 두 차례 사용되었다(참고. Cho 2003:31–35). 왼쪽 상단에서 하단으로 이동하고, 오른쪽 상단에서 하단으로 이동한다.

∨ **컨텍스트**(Context)

상황. 욥기 기록의 역사적 종교적 배경상황이다.

∨ **텍스트**(Text)

본문. 욥기의 히브리어 혹은 번역 본문을 지칭한다.

∨ **프롤로그**(Prologue)

여는 이야기. 욥기 42:7–17로서, 산문이다.

∨ C//E

창조(Creation)와 출애굽(Exodus)의 다이내믹스다. 곧 창조//출애굽이다. 모세오경에서 났다. 창세기는 출애굽 이스라엘 공동체의 역사책이다. 따라서 창조는 출애굽 컨텍스트에서 제시된 역사적 사건이다. 곧, 창조주 하나님께서 구원주가 되신다. 〈SPR〉에서 처음 소개했다. 모세오경의 창조는 출애굽의 빛에서 본 창조다. 모세는 출애굽 이스라엘에게 창조 이야기를 전했다. 창조하신 방법으로 출애굽 시키실 것이라는 하나님의 의지다. 출애굽의 방법으로 창조하셨다는 선포다.

∨ // ("다이내믹스")

두 개의 사선(//)은 좌측과 우측의 관계를 "다이내믹스"로 정리한다. 1. 좌측과 우측은 각각 같은 요인으로 구성되어 있다. 2. 좌측은 우측을 위한 역사다. 3. 우측의 컨텍스트는 좌측의 원리가 실현되어야 할 당위성이 있다. //를 중심으로 마주보는 양쪽 관계는 다이내믹하다. 왼쪽은 텍스트, 오른쪽은 컨텍스트다.

∨ SPR

Separation(성별), Placement(파송), 그리고 Rest(안식) 이 세 가지가 SPR이다. 창조의 원리요 출애굽의 원리다. 성별은 "거룩," 파송은 "축복," 그리고 안식은 "예배"의 뜻으로도 읽는다. 하나님의 정의는 특히 창조 사건에 드러나 있다. 욥은 창조를 우선 주목했다. 그런데 출애굽이 복선이다. 우리가 욥기를 읽는 중요한 틀은 창조//출애굽 다이내믹스인 SPR이다. 〈SPR〉에서 처음 소개했다.

∨ SPRx−C//E=0

예배인간 x의 예배방정식이다. 〈SPR〉에서 처음 소개했다.

∨ SPRx=C//E

예배인간 x의 주 동행 방정식이다. 〈SPR〉에서 처음 소개했다.

∨ x

예배방정식과 주 동행 방정식에서 예배인간이다.

다. 구약과 욥기

● **구약**

구약은 신약과 함께하여 완성되는 하나님의 계시 말씀이다. 구약은 예수그리스도를 증거한다. 신구약 성경은 성삼위일체 하나님의 말씀으로, 예수 그리스도의 오심과 죽으심, 부활과 재림에 대한 성령님의 증언이다(참고. 누가복음 24:27).

구약은 모세오경과 역사서, 예언서, 지혜서, 예배서, 그리고 묵시서 등으로 구성되었다.

모세오경(5권)		창세기, 출애굽기, 레위기, 민수기, 신명기
역사서(12권)		
	예언적 역사서	여호수아기, 사사기, 룻기, 사무엘기상, 사무엘기하, 열왕기상, 열왕기하
	제사적 역사서	역대지상, 역대지하, 에스라서
	제2성전 역사서	느헤미야서, 에스더기
예언서(15권)		
	대예언서	이사야서, 예레미야서, 에스겔서
	소예언서	호세아서, 요엘서, 아모스서, 오바댜서, 요나서, 미가서, 나훔서, 하박국서, 스바냐서, 학개서, 스가랴서, 말라기서
예배서(3권)		시편, 아가, 예레미야애가
지혜서(3권)		욥기, 잠언, 전도서
묵시서(1권)		다니엘서

● **여호와 하나님**

"여호와"는 모세에게 처음 계시하신 신명(神名)이다. 모세는 출애굽의 사명으로 부르심 받았다. 이 사명을 가지고 애굽에 들어갔을 때 이스라엘이 물을 하나님의 이름으로 "여호와"를 제시하셨다.

> 에흐예 아쉘 에흐예.
> 나는 스스로 있는 자니라. 출애굽기 3:14b

여기서 "에흐예"는 히브리어의 "be 동사"에서 나온 바, "나는 ...이다" 내지 "나는 ...이 될 것이다" 라는 뜻이다. 개역개정은 "스스로 있는 자"라고 번역했다. 창조주 하나님 여호와께서 세상에 모든 존재를 존재케 하셨다.

> 에흐예 쉘라카니 알레이켐.
> 스스로 있는 자가 나를 너희에게 보내셨다. 출애굽기 3:14d

바로 여기 "에흐예"에서 "여호와"가 나왔다. 따라서 출애굽 사명을 주시면서 비로소 드러내신 신명 "여호와"에는 이스라엘의 출애굽, 곧 "구원"(혹은, 구속/대속)의 하나님 성품이 강하게 배어있다. 창조주께서 구원하신다. 스스로 계시며 만물을 있게 만드시는 창조주 하나님께서 이스라엘을 구원하셨다.

● 구약 안의 욥기

모든 구약이 그렇듯, 욥기는 예수 그리스도의 구속의 역사 안에서 읽어야 옳다. 예배인간을 구원하시는 "여호와 하나님"의 모습을 주목하라.

그리스도의 구속은 예배현실이다. 욥은 예배인간, 그는 예수 그리스도의 구속을 간절히 기다린 예배인간이었다. 오늘 우리는 그분의 십자가를 기억하며 거기 흘린 십자가 보혈로 죄 씻음의 예배를 드린다.

욥기는 욥기 이전의 모세오경에 근거가 있다. 즉, 욥기 기자는 모세오경을 읽고 그 바탕에서 욥기를 기록했다. 모세오경은 창조와 출애굽이라는 두 개의 신학적 기둥이 있다.

★ 다이어그램 1, "모세오경과 성경으로 성경읽기(intertextuality)"

P1	P2	P3	P4	P5	P6	P7	P8	P9
모세오경	모세오경							
	예언적 역사서	예언적 역사서						
		제사적 역사서	제사적 역사서					
			제2성전 역사서	제2성전 역사서				
				예언서	예언서			
					지혜서	지혜서		
						예배서	예배서	
							묵시서	묵시서

여기서 P는 Pentateuch, 곧 모세오경이다. P에 이어 붙은 숫자(1-9)는 모세오경이 텍스트로 사용된 컨텍스트의 세대를 나타낸다. 그 수는 컨텍스트의 세대의 수다. 그러나 P1부터 P-9까지의 흐름은 일방적이라기보다는 다방적이다. 서로 겹치거나 돌아 흐르는 물결처럼 소급되기도 한다. 그러나 이것은 어쨌거나 "내리흐름"이다.

모세오경은 창세기부터 신명기까지다. 예언적 역사는 여호수아기부터 열왕기하까지 일곱권이다. 제사적역사는 역대지상하와 에스라서다. 예언서는 모두 열다섯 권으로, 대예언서 세 권은 이사야서, 예레미야서, 에스겔서, 소예언서 열두 권은 호세아서부터 말라기서까지다. 지혜서는 욥기, 잠언, 그리고 전도서다. 예배서는 시편과 아가서, 그리고 예레미야애가 등이다. 묵시서는 다니엘서다.

이 그림을 통해 욥기를 구약의 전체 구도 속에서 볼 수 있다. 모세오경은 예언적 역사서를 비롯한 모든 구약과 신약의 근거다. 예언적 역사서는 모세오경을 바탕으로 삼을 뿐 아니라 그 스스로 이후에 기록된 제사적 역사서와 예언서, 지혜서, 예배서, 묵시서, 그리고 신약의 바탕을 제공한다. 이런 식으로 물이 위에서 아래로 흘러내리듯, 모세오경으로 시작한 말씀의 물줄기는 신약까지 흘러가는 것이다. 이 흐름 중에 우리의 책 욥기가 있다.

물론 이 흐름은 모세오경이 첫 번째 물줄기라는 것과 신약이 구약 이후에 기록되었다는 큰 그림을 제외하면 일방적이라기보다는 "다방적"이다. 그래서

"inter-text-uality"로 표기한다. 예언서의 대부분이 제사적 역사 이전에 기록되었고, 지혜서는 예언적 역사와 비슷한 시기에 기록되었다. 예배서는 모세 때부터 기록되기 시작했는데, 그는 시편 90편의 기자다.

● 모세오경와 여호와 유일신앙

일부 고등비평 학자들은 모세오경을 네 가지 문서(J, E, D, P)로 구성되었다고 주장했다. 근거 중 하나가 두 가지 신명, 즉 "하나님"과 "여호와"의 구분이다. 하나님을 쓰는 문서는 E(Elohim에서 났다), 여호와를 쓰는 문서는 J(독일어로 Jehovah--영어로는 Yahweh--에서 났다)라는 것이다.

내 생각은 다르다. 모세오경은 단일기자 모세의 손에서 났다. 성경의 다른 모든 책과 마찬가지로 성령님의 영감으로 기록되었다. 하나님께서 모세를 만나주셨을 때 "여호와"라는 신명을 드러내셨다(참고. 출애굽기 6). 모세는 구원주 여호와 하나님께서 이미 창조주 여호와 하나님도 되심을 알았다. 그래서 그가 모세오경 중에 가장 먼저 기록한 창세기에서 하나님을 "여호와 하나님"으로 썼다. 이어지는 출애굽기부터 신명기까지도 마찬가지다. 모세이후 구약의 모든 기자들은 모세의 전통에 서서, 구원의 하나님을 경험하는 "새 출애굽"의 자리에서 "새 창조의 하나님"을 바라보았다. 그중에 여호수아를 주목한다: "오직 나와 내 집은 여호와를 섬기겠노라"(여호수아 24:15d). 오늘 우리가 읽는 욥기도 그런 책이다.

특히 욥기에서 여호와 유일신앙을 견지하는 까닭은 욥은 달리 찾아갈 신이 따로 없는 것이다! 그가 그 극심한 고난 중에도, 창조주시며 구원주신 여호와 하나님 앞에 내내 서 있다. 이유가 불분명한 고난을 당하는 중에도 끝내 하나님을 떠나지 않는다. 여호와 하나님 외에 다른 신이 없다! 그렇게 믿는 이가 SPR에 대입된 예배인간이다(SPRx). 그에게서 창조//출애굽 다이내믹스를 빼면 아무것도 남지 않는다: SPRx-C//E=0. 예배인간, 그의 예배는 언제나 태우고 하나도 남기지 않는 온전한 번제(燔祭)다.

● **창조 SPR**

나를 지으신 이는 하나님이시다. 거룩한 하나님께서 나를 거룩하게 지어내셨다(S). 오늘 나에게 요구하시는 것은 거룩함이다(S).

주님께서 나를 파송하셨다(P). 거기는 주님께서 다스리시는 자리. 모든 것을 예비하셨다. 내게 사명을 주신 주님, 그분의 명령을 따르는 길이다.

창조주 하나님께서 안식하셨다(R). 내게도 그분 안에 거하는 안식을 허락해 주셨다(R).

● **출애굽 SPR**

죽음의 자리에서 당신을 이끌어 내신 분은 하나님이시다(S). 예배드릴 수 없는 곳에서 예배의 자리로 인도하신 분은 하나님이시다(SP).

인간의 명령을 따라야 하는 평생 노예의 삶을 던져버리게 하신 분이 하나님이시다. 매일 일용할 양식을 기다리게 하시고, 매일 약속하신 그 양식을 새롭게 주심으로써 비굴한 노예근성을 벗어버리게 하신 분은 하나님이시다. 거짓된 안정을 버리고 참된 불안을 주신 분은 하나님이시다. 거짓된 신들의 문명을 박차고 나와 참되신 하나님을 만나 뵙는 광야에 서게 하신 분이 하나님이시다(SP).

오늘 당신은 약속의 땅에 섰다(P). 영적인 거룩함을 회복하고(S), 은혜의 길 위에 섰다(P). 오늘 드리는 예배에 집중하라(R). 예배 외에 더 기쁨이 없다. 다른 기쁨을 그리워하지 말라. 예배에 집중하라(SPR).

● **말씀x와 구원//율법순종 다이내믹스**

"말씀x"는 "하나님의 말씀에 순종하는 이스라엘(x)"이다. 하나님께서는 먼저 이스라엘을 구원하시고 율법을 주셔서 그 구원의 테두리 안에 거하게 하셨다. 따라서 "말씀x=구원//율법순종"이라는 다이내믹스가 가능하다.

● **정언법//판례법 다이내믹스**

이스라엘은 율법을 순종하도록 부르심 받았다. 이스라엘의 율법은 정언법과 판례법 두 가지다. 정언법은 헌법(십계명)과 주석법을 포함한다. 정언법의 두 가지 패턴은 "하라"와 "하지 마라"다. 판례법은 정언법을 컨텍스트에 따라 해석한 판례다. 기본적으로 판례법은 "불문법"이다. 판례의 범위가 무제한이기 때문이다. 사사, 제사장, 예언자 등 지도자들의 해석 여지가 있다. 해석을 내릴 때는 저들이 하나님 앞에 거룩해야 하는 절대조건이(S) 있다. 정언법이나 판례법이나 법은 모두 절대 순종해야 한다는 점에서 다르지 않다. 판례법 안에 정언법적 내용인 "하라"와 "하지 마라"가 포함된다. 다만 판례법은 "하라"와 "하지 마라"의 "이유"가 역사적으로 설명되어 있다는 점이 특이하다.

정언법의 일차적 근거는 창조, 판례법 일차적 근거는 출애굽이다. 십계명을 예로 들자. 그중 제4계명, 즉 "안식일 계명"을 비교한다.

★ 다이어그램 2, "안식일 계명 비교"

	출애굽기 20:8-11	신명기 5:12-15
계명	안식일을 기억하여 거룩하게 지키라. 엿새 동안은 힘써 네 모든 일을 행할 것이나, 일곱째 날은 네 하나님 여호와의 안식일인즉, 너나 네 아들이나 네 딸이나 네 남종이나 네 여종이나 네 가축이나 네 문안에 머무는 객이라도 아무 일도 하지 말라.	네 하나님 여호와가 네게 명령한 대로 안식일을 지켜 거룩하게 하라. 엿새 동안은 힘써 네 모든 일을 행할 것이나, 일곱째 날은 네 하나님 여호와의 안식일인즉, 너나 네 아들이나 네 딸이나 네 남종이나 네 여종이나 네 소나 네 나귀나 네 모든 가축이나 네 문 안에 유하는 객이라도 아무 일도 하지 못하게 하고, 네 남종이나 네 여종에게 너 같이 안식하게 할지니라.
근거	이는 엿새 동안에 나 여호와가 하늘과 땅과 바다와 그 가운데 모든 것을 만들고, 일곱째 날에 쉬었음이라. 그러므로 나 여호와가 안식일을 복되게 하여 그 날을 거룩하게 하였느니라.	너는 기억하라. 네가 애굽 땅에서 종이 되었더니, 네 하나님 여호와가 강한 손과 편 팔로 거기서 너를 인도하여 내었나니, 그러므로 네 하나님 여호와가 네게 명령하여 안식일을 지키라 하느니라.

출애굽기 제4계명의 근거는 창조다. 하나님의 창조질서는 이 세상 모든 인간에게 해당한다. 따라서 창조주 하나님께서 인간에게 내린 안식명령은 절대다. 이 때의 법은 정언법이다.

그런데 신명기 제4계명의 근거는 출애굽이다. 애굽에서 이스라엘이라는 소수민족을 구원하신 하나님의 은혜는 "하나의" 은혜 근거 구원 판례다.

출애굽기와 신명기 등 두 개의 십계명을 나란히 놓으면 창조//출애굽 다이내믹스다. 모세오경은 하나님께서 선택하신 이스라엘에게 주신 정언법//판례법 다이내믹스다. 같은 조건이라면 같은 법적용이다: 오늘도 하나님은 억울함을 푸시는 구원자시다.

● 율법으로서의 모세오경

모세오경은 율법이다. 창세기부터 신명기까지 모두 율법이다. 정언법과 판례법의 다이내믹한 조합이 창조//출애굽의 다이내믹스의 구도 내에서 애굽을 떠나 시내산을 거쳐 모압에 이르는 여정 중에 계시되었다.

모세오경은 당대 함무라비 법전 등과 구원//율법순종 다이내믹스라는 점에서 분명히 차별화된다. 고대근동에, 아니 당대 세계 어디서도, 아니 역사 이래로, 구원//율법순종 다이내믹스로 정의되는 법령은 없다.

이런 점에서 모세오경의 기본은 "불문법"이다. 역사/관습 속에서 법전이 나왔다. 모세보다 아브라함이 먼저다. 아브라함의 법은 은혜의 법이다.은혜로 구원 받았다. 모세의 법은 은혜의 법을 보충하는 성격이 강하다. 실제로 모세의 법이라고 해도 그 자체가 성문법이라기보다는 "출애굽 사건"을 통해서 나온 불문법이다.

이것이 영미법의 근간이 되었다.

● 모세오경과 불문법

모세오경은 "기록된 불문법"이다. 성경은 영감으로 기록된 범위가 있다. 정경(canon)이다.

정경 외의 판례는(예를 들면, 교회사 내의 교회 결정들) 정경 내의 판례와 다르다. 정경의 빛에 비추어 계속 해석되어야 하는 판례다. 모세오경은 그 자체로 성경 내의 기록된 불문법으로 모든 법의 기준이다.

● 모세오경과 욥기 기록

욥기 기록의 근거는 모세오경 안에 있는 창조//출애굽 다이내믹스다.

욥기 기자는 모세오경에서 "논리"가 아니라 "경험"을 추출해 낸다. 이 경험을 바탕으로, 유죄 여부를 따지는 "법정"에서 욥을 심문한다. 예배를 최고의 가치로 여기는 기자는 예배인간 욥을 대하여 "무죄"를 선언한다.

욥기 기록은 그 당시 절망을 호흡하던 백성에게 내리시는 하나님의 은혜였다. 나는 이 책에서 "욥기를 끌어안고 하나님의 은혜를 감사하는 이름없는 그 사람들, 예배인간" 그 사람들을 그려본다

● 예배인간의 인생은 예배방정식으로 푼다

예배인간 당신은 당신 스스로 몰랐던 미지수 "x"다.
예배인간은 신령과 진정의 예배를 드린다.
이것은 곧 S(성별), P(파송), 안식(R)에 대입함이다: SPRx.
SPRx는 창조//출애굽 다이내믹스다: SPRx=C//E.

그러므로 SPRx−C//E=0다.
예배인간의 예배에서 하나님의 창조//출애굽 다이내믹스를 빼면 제로다.
이것은 거룩한 산 제사다. 재도 남기지 않는 번제다.

예배인간 욥은 제로다.
그래서 그는 누구에게도 이해되지 않는다.
그렇지만 그는
그래서 그는 모두에게 이해된다.

예배를 사랑하는 이 세상 모든 예배인간에게
욥은 이미 그 다른 누가 아닌 것이다!

당신이 예배인간이라면

예배인간 욥記에서
우리 예배를 기뻐 받으시는
여호와 하나님을 만나 뵐 것이다.

땅은 당신의 피를 가리지 못한다.
당신의 부르짖음은 쉴 자리를 찾지 못한다.
가장 낮은 곳에 엎드려 예배드릴 때
지금 당신의 증인이 하늘에 계시고
당신의 중보자가 높은 데 계시기 때문이다(참고. 욥기 16:18-19).

● 욥기 읽기

오늘 우리가 읽는 욥기는 구약성경 39권 중에 하나다. 말하자면 "책"이다. 책을 읽는 우리는 "독자"다.

그러나 제2성전시기, 즉 페르시아 통치시기에 욥기가 처음 등장한 일차적 컨텍스트는 "무대"였을 것이다. 예배의 일부분으로서 욥기를 연극 무대에 올렸을 것이다.

콜롬비아 한센병 환자촌 아구아 데 디오스(Agua de Dios)에서 12년 동안 담임목회 한 미겔 페르난데스 목사는 버클리 ABSW에서 내 지도로 DMin 논문을 쓰고 있다. 다음과 같은 질문이 그의 주제다: 욥기를 아구아 데 디오스에서 어떻게 새롭게 읽어야 할까? 욥기읽기를 매년 정기 축복과 찬양의 성극축제로 승화시킬 수 없을까? 죽음과 절망을 찬양과 예배로 바꾸는 은혜를 그는 욥기에서 읽고 있다.

● SPR 욥기 읽기 1

SPR은 창조//출애굽 다이내믹스다. 창조(Creation)를 C, 출애굽(Exodus)을 E로 표기한다면, SPRx=C//E다. 여기 x는 SPR에 대입된 예배인간이다.

SPR은 욥이 먼지를 뒤집어쓰고 울부짖는 대지에서 하나님 계신 하늘에 이르는 대로(大路)다.

● SPR 욥기 읽기 2

SPR 욥기 읽기는 우선 창조만 아니라 출애굽까지 함께, 그리고 이 둘의 관계를 "다이내믹스로" 읽어간다는 점이 특징이다.

그동안 학문의 장에서 성경학자들은 욥기에서 "창조"를 읽어내는 데 주력했다. 나도 2003년에 〈Asia Journal of Theology〉에 낸 소논문 작성 때도 욥기에서 창조 외에 출애굽을 읽어내지 못했다.

그런데 지금 나는 "창조//출애굽 다이내믹스"를 욥기 읽기에 적용한다. 목회와 교육선교의 세월을 통과하면서 주님께서 내게 지혜를 주셨다.

● SPR 욥기 읽기 3, 예배인간 x

우리는 SPR로 욥기 읽기를 시작한다. 욥을 x로 자리매김할 수 있다. 욥을 만나는 우리도, 예배의 자리에 선 예배인간 x다.

SPR은 창조//출애굽 다이내믹스다. 창조는 출애굽 컨텍스트에서 제시된 하나님의 사역이다. 창조주 하나님께서 이스라엘을 구원하실 것이다. 창조의 방법이 출애굽에 그대로 사용될 것이다.

● SPR 욥기 읽기 4, 친구들

욥은 출애굽 없이 창조를 강조하는 친구들에 둘러싸였다. 구원주 하나님을 경험하지 못한 그들은 창조의 "질서 논리"에 사로잡혔다. 그들이 이해하는 하나님은 스스로 만드신 창조질서에 갇힌, 무기력한 분이시다.

그러나 욥은 구원주 하나님을 경험했다. 예배 중에 만나뵈었다. 그가 만나고자 한 하나님의 아들, "증인," "대속자"의 피로써 거룩하게 되었다. 욥 스스로는 의가 없으나 하나님께서 그를 의롭다 인정하셨다. 따라서 욥이 만난 하나님은 친구들의 하나님과 같지 않았다. 친구들의 하나님은 기껏 차가운 논리였다.

하나님을 인격으로 뵙지 못한 사람은 논리라는 창끝을 가지는 법이다.

이것은 남을 찌르고 자기도 찌른다.

● SPR 욥기 읽기 5

이 책<예배인간 욥記>는 내가 2012년 2월에 쿰란출판사를 통해 낸 <SPR. 창조//출애굽 다이내믹스>의 신학적 기초 위에 썼다.

● 욥과 오늘의 예배인간

무엇보다 욥은 개인적으로 나의 삶을 되돌아보게 하는 놀라운 인물이다. 수시로 성경을 꺼내 읽었다. 대개는 처음부터 끝까지 속독했다. 때로 그림처럼 한 눈으로 읽어가기도 했다. 어떤 때는 운전하거나 걸을 때 눈앞에 가상 페이지를 넘겼다.

이 시대, 우리가 세상에서 만나는 욥은 누구일까?
우리 자신이다. 우리가 만나는 성도다. 고통의 문제를 피하지 않으면서 하나님을 뵙고자 하는 사람, 그가 욥이다.

> 그러므로 내 심령이 속에서 상하며, 내 마음이 내 속에서 참담하니이다. 내가 옛날을 기억하고, 주의 모든 행하신 것을 읊조리며, 주의 손이 행하는 일을 생각하고, 주를 향하여 손을 펴고, 내 영혼이 마른 땅같이 주를 사모하나이다.
>
> 시편 143:4-6

● 고통의 멍에 벗으려고

고통의 멍에 벗으려고, 죄의 짐을 벗으려고, 낭패와 실망 당한 뒤에, 죽음의 길을 벗어나서 예수님께로 나아가는(참고. 찬송가 272장) 모든 거룩한 무리 중에 욥이 들었다. 욥기를 읽는 우리도 그 예배인간 무리에 들었다.

이 책을 통해 욥을 만나주신 하나님을 뵐 예배인간을 생각한다. 우리는 모두 함께 이 혼돈과 공허, 흑암이 깊음 위에 있는 현대를 새롭게 창조해 주시는 한 분 하나님께 예배드리며 살아가야 할 예배인간이다.

● **방법론 1, 필요한 훈련**

성경이 특정 개인이나 단체의 이데올로기로 오용되는 수가 있다. 노예제도를 정당화한 창세기 9–10장 읽기가 한 예다. 세상의 모든 읽기가 그렇듯 우리의 성경읽기도 반드시 좋은 어떤 방법론이 있어야 한다.

좋은 방법론을 얻기 위해 충분한 훈련이 필요하다.

● **방법론 2, "경전이해"와 "성경으로 성경읽기"**

이 책에 내가 주로 참고한 방법론은 차일즈 교수(Brevard S. Childs, 1926–2007)의 "경전이해"와 휘시베인(M. Fishbane)과 크리스텐센(D. Christensen)의 "성경으로 성경읽기"(intertextuality)다.

"경전이해"는 성경기록의 과정보다는 완성되어 교회의 경전으로 사용된 성경자체의 목소리를 청종한다. 차일즈의 글에 자주 울리는 메아리가 있다: "전체는 부분의 총합 이상이다." 성경은 경전으로 완성되기 이전의 전승들을 모은 것 이상의 뜻이 있다. 성경은 그 자체로 살아계신 하나님의 말씀이다. 생명을 주는 능력이다.

"성경으로 성경읽기"는 먼저 기록된 본문이 후대에 기록된 본문에 의해 인용되고 해석되는 모습을 살핀다. 이때 살펴서 얻은 해석학 패러다임을 오늘 우리 해석의 틀로 삼는다.

● **방법론 3, SPR 성경읽기**

나는 경전이해와 성경으로 성경읽기를 품지만, 기본적으로 내 방법론은 SPR 이론이다. SPR은 창조//출애굽 다이내믹스의 바탕이다. 하나님께서 창조하신 방법으로 이스라엘을 출애굽시키셨다. 창조//출애굽 다이내믹스는 구약성경의 맥이다. 맥을 짚어가는 방법이 SPR 성경읽기다.

● **욥기와 "성경으로 성경읽기"(Intertextuality)**

오늘 우리가 읽는 욥기는 어떤 책인가? 이 질문은 중요하다. 바른 대답을 얻기 위해서 물어야 할 것이 있다: 구약 안에서 욥기는 어떤 위치에 있는가?

예레미야서와 욥기가 닮았다. 예레미야애가도 물론 그렇다. 어떤 점에서 그런가? 욥기 기록은 포수 이후다. 그러면 예레미야의 탄식을 막연하게 기억하는 사람들에게 새로운 영적 도전을 줄 것이다.

포수 이후 기록된 시편(예, 시편 137) 중에도 욥기 같은 탄식이 있다. 저들은 예배드릴 때마다 자기의 죄를 회개하며 죄를 크게 슬퍼했다. 주님의 도우심을 간절히 구했다.

신약에서 우리는 여러 탄식소리를 듣는다. 사도 바울의 울부짖는 기도소리가 로마서 5-7장에서 들린다.

● **욥, 이방인 예배인간**

욥기의 욥은 경건한 이스라엘이라는 주장이 있다(예, Driver). 고난 중인 히브리 민족으로 보는 주장도 있다(예, Ewald). 과연 그런가? 우스가 이방인의 땅이며 욥을 포함한 등장인물들이 모두 이방인이라는 사실을 무시하지 말아야 한다.

하나님께서 무명의 기자를 사용하셔서 예배인간 이스라엘이 욥을 주목하게 하셨다. 이방 땅에서도 예배드리는 욥이다. 온 세상 어디에서도 어떤 상황에서도 하나님께 예배드리는 예배인간을 볼 수 있어야 한다. 하나님께서는 끝내 예배인간을 회복시키신다. 어린양의 보혈로써 죄를 씻어 주시고, 모든 잃어버린 것을 회복시키신다. 이것이 진정한 복음이다.

따라서 욥기는 이스라엘을 대변하는 예배인간 욥을 제시하는 것이 아니라, 일어나 빛을 발하는 이스라엘이(참고. 이사야서 60:1-3) 땅 끝까지 복음을 전파한 결과, 궁극적으로 땅 끝 어떤 곳에서 진정한 예배를 드리는 예배인간을 제시한 것이다. 말하자면 욥기는 이스라엘의 현실은 물론 미래까지도 포함하는 예배비전이다.

● **모세와 모세오경**

모세오경의 기자는 모세다. 여기서 "기자"라 함은 "성령님"의 감화감동으로 "기록"한 사람이기 때문이다.

그러면 언제인가? 누구를 위해서 기록했을까? 그의 생애를 40년 단위로 구분한다면 처음 40년은 애굽이다. 그때 썼다면 애굽인이 독자였을 것이다. 다음 40년은 미디안 광야다. 당연히 미디안 사람들이 독자다. 마지막 40년은 하나님의 부르심을 받고 애굽에 들어가 이스라엘을 이끌고 나와 호렙산을 거쳐 모압까지 이른 여정이다. 나는 마지막 40년이 그 때요, 출애굽 이스라엘이 처음 독자라고 생각한다.

모세오경은 이후 역사서와 예언서, 그리고 성문서 등에 영향을 끼쳤다. 그 영향 중에 우리가 주목하는 것은 모세오경 내에 존재하는 해석학적 다이내믹스다.

● 모세오경의 해석학적 다이내믹스

모세오경 다섯 권 중에 창세기의 위치는 독특하다. 창세기는 "역사책"이다. 모든 역사는 현재화를 전제한다. 창세기 기록의 현재는 출애굽이다. 이스라엘이 애굽에서 나와야 하고, 그 광야길로 가나안까지 가야 한다. 거기서 정복과 분배까지 모두 창세기의 마땅한 현재다.

이렇게 제시된 "역사기록"으로서의 창세기는 "창조"만 들어있는 것은 아니다. 창조, 불순종, 족장 등 세 덩어리다. 그러나 "창조"가 중심이다. 창조에 들어있는 S, P, R 요소가 불순종과 족장 이야기에 해석의 원리로 등장하기 때문이다.

창세기의 SPR은 출애굽 컨텍스트에서 애굽으로부터의 성별(S), 가나안 땅으로 진입과 정복(P), 그리고 거룩한 제사 드림으로써의 안식(R)의 현실화를 이끄는 다이내믹스다.

모세오경의 다이내믹스는 나머지 부분 구약성경과 신약에까지 이르는 거대한 움직임으로 이어간다. 호수 위에 던져진 돌멩이 하나가 첫 동심원을 그리고, 그 동심원이 다음 동심원을 밀어내고, 이 동력은 끝없이 이어간다.

정경으로서의 성경 이후 시대는 "교회사"다. 교회사는 "교회를 위한 성경해석의 역사"로도 이해 가능하다. 우리는 교회사에서 모세오경으로부터 시작한 해석학적 다이내믹스의 파장의 맥을 찾아 읽어낼 수 있다.

오늘 이 시대의 교회가 성경을 어떻게 읽을 것인가? 우리는 이 거대한 물결의 역학구도 안에 있다. 이 첫 번째 역사를 이루신 분도, 이후 모든 다이내믹스의 흐름을 이끄신 분도, 오늘 교회를 세우시고 성도들의 예배를 받으시는 분도 모두 거룩하신 하나님이시다.

● 구약의 컨텍스트 1, 족장시대

욥을 족장시대 인물로 보는 학자들이 있다. 그러나 창세기 12-50장과 욥기는 상당히 다르다(참고. Alter 2010:4-5).

욥이 족장시대 사람이라면, 아브라함, 이삭, 야곱 중에 누구와 동시대인인가? 욥이 그처럼 신실한 사람이라면 그의 후손들도 틀림없이 예배인간으로 살았을 것이다. 그런데 어떻게 해서 욥의 후손들은 족장들의 후손들과 달리 성경에 기록이 없을까? 오늘 우리에게서 난 질문을 붙들고 성경을 읽는 것은 바람직하다. 그러나 한계가 있다. 성경이 침묵하는 것을 캐고 들어가는 것은 지혜롭지 않다. 하나님께서는 어떤 목적이 있어서 아브라함과 이삭과 야곱을 통해 이스라엘을 창조하셨다. 욥과 그의 식구는 포수 이후 컨텍스트에 이렇게 욥기를 통해 잠시 등장하는 것으로 그 사명을 다하는 것이다. 밤하늘에 명멸하는 수많은 별들 모두가 다 우리에게 의미 있는 것은 아니다.

하나님께서 오늘 우리가 만나게 해 주시는 그 제한된 수의 사람들이 소중하다. 그들을 사랑함으로써 우리는 하나님을 사랑하는 법을 실천한다. 오늘 우리가 읽는 욥기에서 만나는 욥, 그가 소중한 사람이다. 그를 바르게 만남으로써 오늘 우리는 바른 예배를 배운다.

● 구약의 컨텍스트 3, 구원의 역사

하나님의 구원의 역사라는 관점에서 구약을 새롭게 읽는다.

욥이 드린 예배가 예수 그리스도를 기다리는 사람들의 바른 자세였다.

포수이후 이스라엘은 예배공동체를 건설하는 과제가 있다. 성전을 중심으로 이스라엘 공동체가 재건되어야 했다. 이것은 출애굽 이후 왕조가 들어서기 전까지 "지파 공동체"로 존재했던 이스라엘과 맥이 닿는다.

적어도 왕조를 경험했던 이스라엘에게 이런 "과거로 돌아가는 과제"가 어떻게 가능할 것인가? 그런데 이것은 단순히 과거회귀 이상의 뜻이 있다. 요시야의 개혁(622)으로 이스라엘은 역사 속에서 "이미" 그 실험을 마쳤다.

● 구약의 컨텍스트 4, 요시야 개혁

요시야 개혁 때 붙든 "여호와 유일신앙"(Mono-Yahwism)은 더 이상 국가의 이데올로기가 아니었다. 국가의 존립 자체나 체제유지라는 목적을 버리고도 선택해야 하는 절대신앙이었다. 실제로 요시야는 개혁을 위해 정치-경제적, 외교적, 군사적 무리수를 두었다. 그 결과 그의 급작스런 죽음(609) 이후 이스라엘은 겨우 22년 만에 멸망하고 말았다(587).

따라서 많은 학자들은 그의 개혁을 "실패" 내지 "미완성"으로 규정했다. 그러나 나는 평가가 다르다. 요시야의 개혁은 왕조의 체제유지에는 도움이 되지 못했지만, 이후 국가조직이 없는 상태에서도 예배공동체로 살아남을 수 있는 절대적 영적 기반을 제공한 것이다. 이것은 요시야 개혁이 모세-여호수아로 시작한 "예배공동체"와 이후 왕조 직전까지 이어간 "지파공동체"를 이상적 모델로 삼았다는 사실을 지적한다. 곧, 모세-여호수아의 "여호와 유일신앙"을 바탕으로 요시야는 SPR 개혁을 과감하게 실시했다.

요시야의 SPR 개혁의 원동력은 "창조//출애굽 다이내믹스"다. 이 다이내믹스의 가장 극적인 예가 두 개의 십계명 비교다. 출애굽 제1세대를 위한 첫 번째 십계명은 출애굽기 20장이다. 출애굽 제2세대를 위한 두 번째 십계명은 신명기 5장이다. 제1세대에서 제2세대로 전환하는 다이내믹스는 창조//출애굽이다.

● 구약의 컨텍스트 5, 욥기와 창조//출애굽 다이내믹스

욥기 안에 창조//출애굽 다이내믹스를 읽는다. 욥기가 창조주 하나님이 강력하게 드러낸다는 것은 주지의 사실이다. 그러나 욥기 안에 출애굽이 있다. 이것은 욥의 기도다. 부르짖음이다. 이스라엘은 애굽에서 하나님께 부르짖었다.

> 여러 해 후에 애굽 왕은 죽었고, 이스라엘 자손은 고된 노동으로 말미암아 탄식하며 부르짖으니, 출애굽기 2:23a

이 부르짖음을 하나님께서 들으셨다.

> 그 고된 노동으로 말미암아 부르짖는 소리가 하나님께 상달된지라. 하나님이 그들의 고통 소리를 들으시고, 출애굽기 2:23b-24a

하나님께서는 기왕에 당신께서 이스라엘의 조상들과 세우신 언약을 기억하셨다.

> 하나님이 아브라함과 이삭과 야곱에게 세운 그의 언약을 기억하사, 하나님이 이스라엘 자손을 돌보셨고, 하나님이 그들을 기억하셨더라. 출애굽기 2:24b-25

욥기에서 욥은 하나님께 부르짖는다. 결정적으로 그는 하나님께서 대답하시도록 요청했다. 욥기의 문학구조가 연극무대 혹은 법정과 같은 관계로, 욥은 자필 서명과 함께 정식 서류를 제출했다. 영어로 표현하면 소위 페티션(petition)을 쓴 것이다.

> 누구든지 나의 변명을 들어다오. 나의 서명이 여기 있으니, 전능자가 내게 대답하시기를 바라노라. 나를 고발하는 자가 있다면 그에게 고소장을 쓰게 하라.
> 욥기 31:35

구약의 컨텍스트 속에서 욥기는 창조//출애굽 다이내믹스를 바탕에 깔고, 모세-여호수아의 여호와 유일신 신앙을 동력을 삼은 요시야 개혁의 연속선상에 있다.

● 구약의 컨텍스트 6, 에스겔서 14장

에스겔은 노아, 다니엘, 그리고 욥 이 세 사람을 "의인"의 대표로 언급한다.

> 비록 노아, 다니엘, 욥, 이 세 사람이 거기 있을지라도, 그들은 자기의 공의로 자기의 생명만 건지리라. 나 주 여호와의 말이니라.
>
> 에스겔 14:14(참고. 에스겔서 14:20)

이들의 공통점은 예배인간이라는 데 있다. 이들을 언급한 에스겔의 의도는 구원은 개별적이라는 점을 강조하려는 것이다. 예배는 모든 인간을 "단독자"(참고. 키에르케고르)로 하나님 앞에 서게 한다. 개인예배는 언제 어디서나 가능하다. 회중예배는 이렇게 홀로 거룩한 자리에 선 개인이 모인 예배다. 누구도 적당히 군중 틈에 끼는 식으로 예배드릴 수 없다. 예수님께서는 예복 없는 자를 골라내시는 화 난 주인을 말씀하셨다(참고. 마태복음 22:12-13). 거룩한 예배인간 욥은 홀로 남았으나 예배를 그치지 않았다. 결국 그는 모든 원수 되었던 자, 비방하던 자, 그리고 떠났던 자를 모아 예배를 인도했다.

나는 이 시대에 고독한 개척교회 목회자 욥을 발견한다. 실패에 실패를 거듭하면서도 예배를 최우선 순위에 두는 성도의 눈에서 욥을 읽는다. 결국 그들에게 사람이 모일 것이다. 인간은 본래 예배 없이는 살 수가 없기 때문이다. 기다려라, 예배 중에. 사람은 반드시 당신에게 돌아올 것이다. 이것이 부흥이다. 병이 낫는 부흥, 슬픔을 이기는 부흥, 얼굴이 편안해지는 부흥, 깨진 관계가 회복되는 부흥, 기쁨을 이기지 못해 찬양 드리는 부흥, 여호와 하나님께서 기뻐하시는 부흥, 이 부흥의 때가 당신 예배의 응답으로 반드시 하늘로부터 올 것이다.

★ 다이어그램 3, "구약 컨텍스트"

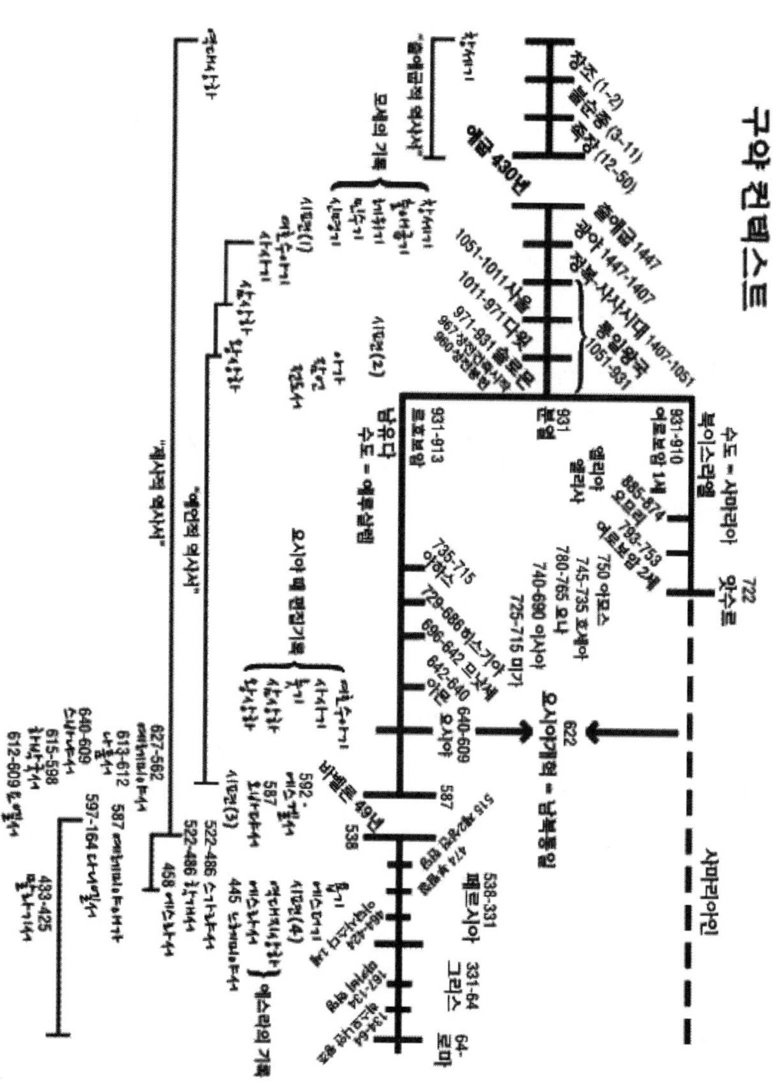

● 구약의 컨텍스트 7, 에스라-느헤미야 개혁

아울러 동시대의 에스라-느헤미야 개혁과도 맞물린다. 에스라-느헤미야도 욥기처럼 창조//출애굽 다이내믹스를 바탕 삼는다. 모세-여호수아의 여호와 유일신 신앙에 기초한 요시야 개혁의 응용이다. 그러면 욥기는 에스라-느헤미야와 어떤 관계가 있는가?

에스라-느헤미야가 이스라엘 내부개혁에 초점을 두어 이스라엘이 진정한 예배인간으로 거듭나기를 기도했다면, 욥기는 예배인간 이스라엘이 궁극적으로 땅끝까지 복음을 전파하여, 우스 땅 한 구석에서도 욥 같은 진정한 예배인간이 날 수 있는 소망을 품은 것이다. 즉, 에스라-느헤미야가 내연(in-tension)이라면, 욥기는 외연(ex-tension)이다. 포수이후 이스라엘에서 이 둘이 하나의 신학적 다이내믹 구조를 형성했다. 이것은 불타 공중에 사라져 버린 것 같은 요시야의 개혁이 있었기 때문에 맺을 수 있었던 열매다.

● 신약의 컨텍스트 1, 구원의 역사

하나님의 구원약속이 예수 그리스도를 통해 이루어짐을 확인할 수 있다. 교회를 통해 온 세상에 전파되는 예수 그리스도의 복음을 읽는다.

● 신약의 컨텍스트 2, 예배

욥의 예배는 신약에서 "기억"의 예배였다. 동시에 그것은 재림하실 예수님을 "기다림"의 예배이기도 했다.

예수님께서는 진정한 예배인간의 모델을 당대 종교지도자에게서가 아니라 "죄인"이나 "세리"와 "창기" 혹은 "이방인"에게서 찾으셨다.

> 세리는 멀리 서서, 감히 눈을 들어 하늘을 쳐다보지도 못하고, 다만 가슴을 치며 이르되, 하나님이여 불쌍히 여기소서. 나는 죄인이로소이다, 하였느니라. 네가 너희에게 이르노니, 이에 저 바리새인이 아니고 이 사람이 의롭다 하심을 받고 그의 집으로 내려갔느니라. 무릇 자기를 높이는 자는 낮아지고, 자기를 낮추는

자는 높아지리라. 누가복음 18:13-14

이르시되, 내가 참으로 너희에게 말하노니, 이 가난한 과부가 다른 모든 사람보다 많이 넣었도다. 저들은 그 풍족한 중에서 헌금을 넣었거니와, 이 과부는 그 가난한 중에서 자기가 가지고 있는 생활비 전부를 넣었느니라.

누가복음 21:3-4

예수께서 대답하여 이르시되, 열 사람이 다 깨끗함을 받지 아니하였느냐? 그 아홉은 어디 있느냐? 이 이방인 외에는 하나님께 영광을 돌리러 돌아온 자가 없느냐? 누가복음 17:17-18

욥기는 신령과 진정의 바른 예배의 길을 제시한다.

● 문화와 선교 1, 교회사 새로 쓰기

유럽과 미국의 기독교문명 시대가 저물고 있다. 오히려 기독교문화 변방이었던 중국과 아프리카, 남미와 러시아가 주목 받고 있다. 성령님 역사가 뜨거운 해외 선교지 예배현장을 방문해 보라. 선교지가 교회사를 새로 쓰고 있다.

● 문화와 선교 2, 예배인간

유럽과 미국의 교회는 쇠퇴하나, 기독교 문화가 있다. 기독교적 윤리가 사회의 기강이다. 미국은 동성애를 찬성하는 비성경적인 교단이나 표심에 휘둘려 동성애와 낙태를 공개 지지하는 대통령이 있는 나라지만, 그래도 아직은 교회가 영적 영향력을 행사하여 사회문화적 제동장치 역할을 맡고 있다.

그런데 빛은 어둠을 동반한다. 아프리카에서 발견한 것은 심각한 인권문제다. 아프리카는 교회가 부흥하나 저변에 깔린 반인륜적 행태는 심각하다. 어린 여자아이와 성관계 하면 몸이 좋아진다는 미신이 파다하다. 그래서 여자 아이들을 생산하는 일종의 '공장'이 있다는 것이다! 인간은 죄인이다. 생각한대로 그대로 행동으로 옮긴다. 복음이 뿌려져야 하고, 사람이 바뀌어야 한다. 예배인간 아니면 소망이 없다. 아직 서구와 한국 선교사가 할 일이 있는 것이다.

여기서 예배로 변화되는 예배인간을 꿈꾼다. 예배인간이 세상을 바꿀 것이다. 하나님의 사랑과 예수 그리스도의 은혜, 그리고 성령님의 능력으로써!

● 문화와 선교 3, 아프리카에서 배우다

그래서 우리는 아프리카에서 배운다. 진정한 예배가 살아있는 땅, 거기서 우리는 세속화 되어버린 교회를 새롭게 할 비전을 배운다. 예배가 귀하면 사회윤리 문제는 결국 치유된다. 그 반대 방향은 아니다. 하나님께서 오늘 우리 발걸음을 선교지로 향하게 하심은 훈련이다. 보고 배우고, 돌아서서 참된 예배를 드려야 한다.

나는 아프리카에서 돌아오는 비행기에서 "샌프란시스코 리바이벌"의 비전을 꿈꾸고 또 꿈꾸었다. 잠들어도 잠들지 못하는 깊디깊은 은혜의 시간이었다.

● 욥과 지혜인간

욥은 누구인가? 내가 성경을 펼친다고 할 때, 욥은 나와 어떤 관계가 있는가? 욥을 나와 동일시하고 읽어 가면 오늘 내가 어떻게 예배를 드릴 것인가를 알 수 있다.

욥은 지혜인간이다. 그의 지혜는 예배에서 왔다. 그의 예배는 상황을 묻지 않는다. 지혜인간은 하나님의 말씀을, 언제나 하나님의 뜻을 추구한다.

● 고난과 말씀공부

> 고난당한 것이 내게 유익이라. 이로 말미암아 내가 주의 율례들을 배우게 되었나이다. 시편 119:71

욥은 친구들과 달리 여호와 하나님을 눈으로만 뵌 것이 아니다. 그는 하나님을 얼굴로 뵈었다.

내가 주께 대하여 귀로 듣기만 하였사오나, 이제는 눈으로 주를 뵈옵나이다.

욥기 42:5

고난의 끝에 서서 예배 중에 비로소 가능한 은혜였다.

● 주님 뵙기와 회개

그러므로 내가 스스로 거두어들이고, 티끌과 재 가운데에서 회개하나이다.

욥기 42:6

죽을 수밖에 없는 죄인이 거룩하신 여호와 앞에 서는 은혜를 입은 후, 그가 할 수 있는 일은 한 가지뿐이다: 회개다. 은혜 앞에 우리의 회개는 언제나 때가 늦은 법이다. 그러나 회개는 주님과 동행에 필수다.

● 지혜

욥기는 지혜서다. 욥기가 추구하는 본질이 지혜라는 말이다. 지혜는 무엇인가? 하나님을 두려워하는 것이다. 하나님 두려운 줄 아는 인간이다.

살아계신 하나님의 손에 빠져 들어가는 것이 무서울진저! 히브리서 10:31

히브리서는 대제사장이신 예수 그리스도를 집중 조명한다. 히브리서는 예수 그리스도의 피로써 구속함 받은 예배인간을 그려낸다. 기억하라. 예배인간이 지혜인간이다.

● 지혜서

지혜는 성경 안 모든 곳에서 발견할 수 있다. 시편에 지혜시편으로 분류가능한 시가 있다. 그러나 "지혜서"로 구분하는 책은 욥기, 잠언, 그리고 전도서다. 이중 욥기는 특별하다.

고대근동의 지혜는 사변적 사색이 별로 없다. 실용적이다(참고. Alter 2010:xvi). 성경의 지혜는 기본적으로 "하나님을 경외함"이다. 이런 점에서 이 지혜는 신학이다. 특별히 욥기의 지혜는 철학적이라기보다는 신학적이다; 세 권의 지혜서 중에 전도서가 꽤 철학적이다(참고. Alter 2010:xvi). 잠언은 그 중간쯤 되겠다.

욥기는 창조//출애굽 다이내믹스가 극적으로 표현되었다. 욥의 고난 경험을 통해 예배인간으로서 살아가는 진정한 모습이 참된 지혜임을 전한다. 잠언을 통해 우리는 창조주 하나님을 두려워함이 지혜의 근본임을 안다. 전도서는 창조주 하나님 밖에 선 세상의 허무함을 일깨운다.

이제까지 학자들의 생각은 성경의 지혜문학의 발전은 하나님의 창조에서 시작하여 구원에까지 이른다고 보았다. 초기 지혜문학은 하나님의 창조에 집중하는데 반하여(참고. Perdue 1994), 후기에 이르면 출애굽에 드러난 하나님의 구원에서 그 뿌리를 찾는다. 외경 〈솔로몬의 지혜서〉는 출애굽 사건에 드러난 하나님의 뜻을 아는 것이 지혜의 근본임을 드러낸다고 주장한다(참고. Cheon 1997).

내 생각은 다르다. 구약의 처음 부분인 모세오경에 "이미" 창조와 더불어 출애굽의 지혜가 들어 있다. 지혜는 이미 모세오경 안에도 다양하게 깔려있는데, 역사서와 예언서는 물론 예배서에도 지혜의 요소가 즐비하다. 〈솔로몬의 지혜서〉의 "출애굽"은 창조//출애굽에서 났다. 지혜도 창조//출애굽 다이내믹스가 뿌리다.

● 세 가지 지혜

지혜는 크게 세 가지다. 물질의 지혜는 불과 물을 사용하거나 금전 같은 물질관리의 지혜다. 정신적 지혜는 인간관계에 집중한다. 영적 지혜는 하나님과의 관계에서 난다.

이 세 가지는 서로 관계가 있다. 영의 지혜를 품으면 정신과 물질의 지혜도 얻을 수 있다. 물질의 지혜는 창조주 하나님께로서 난다. 세상만물의 이치다. 정신의 지혜는 인간관계다. 하나님께서 주신 마음을 따라야 한다. 창조다. 영적 지혜는 구원주 하나님을 뵐 때야 획득한다. 그가 만나야 할 분은 의롭다고 인정해 주시는 하나님이시다.

● 창조주의 지혜

> 지혜로 하늘을 지으신 이에게 감사하라. 그 인자하심이 영원함이로다.
>
> 시편 136:5

세상의 이치를 가만 보면 창조주의 지혜가 신비롭다.

● 구원주의 지혜

하나님은 당신의 창조원리에 속박당하지 않으신다. 자기의 덫에 자기가 걸리는 것은 지혜가 아니다. 다리오 왕은 자기가 찍은 어인을 어쩌지 못해 "심히 근심하며" "마음을 쓰며" "힘을 다하는"(다니엘서 6:14) 어리석은 자였다.

> 내 나라 관할 아래에 있는 사람들은 다 다니엘의 하나님 앞에서 떨며 두 려 워 할 지니, 그는 살아 계시는 하나님이시오, 영원히 변하지 아니하실 이시며, 그의 나라는 멸망하지 아니할 것이요, 그의 권세는 무궁할 것이며, 그는 구원도 하시며 건져내기도 하시며, 하늘에서든지 땅에서든지 이적과 기사를 행하시는 이로서, 다니엘을 구원하여 사자의 입에서 벗어나게 하셨음이라. 다니엘서 6:26b-27

그러나 창조주 하나님은 절대자유를 누리신다. 당신의 뜻에 따라 세상을 지어내신 것처럼, 당신의 뜻으로 이 세상을 주관하신다. 따라서 자연의 이치로 하나님을 미루어 알 수는 있지만 그 깨달음은 하나님의 제한된 면만 보여줄 따름이다. 성경 말씀을 통해 하나님을 직접 뵙는 길이 최선이다.

● 참된 지혜

참된 지혜는 여호와 하나님께서 창조주이시며 동시에 구원주이심을 기억할 때 얻는다.

> 너는 청년의 때에 너의 창조주를 기억하라. 전도서 1:1a

> 내가 새벽날개를 치며 바다 끝에 가서 거주할지라도, 거기서도 주의 손이 나를 인도하시며, 주의 오른손이 나를 붙드시리이다. 시편 139:10

말하자면 창조//출애굽 다이내믹스 안에서 살아계신 하나님을 기억하는 사람이다. 이 사람은 떨림을 경험한다.

● 대속자

동물은 다리 하나 잃고도, 시력을 상실하고도 끝끝내 살아남는다. 인간은 지나고 보면 사소한 불행인데 죽음을 꿈꾼다. 남이 해치기 전에 자기 손에 목숨을 버린다. 들으라. 사람은 누구나 기도가 필요하다.

> 누군가 널 위하여 누군가 기도하네.

아, 그렇다. 사람은 죄인이다. 죄인은 생각하는 모든 악을 얼마든지 저지를 수 있다. 아니, 생각도 못한 짓을 사탄의 손에 붙들리면 짧은 시간에도 해치울 수 있다. 아우슈비츠에서 살아남은 어떤 유태인의 말이다.

> 우리가 어떻게 그처럼 무력하게 죽음의 길을 갔는지!
> 사람의 머리카락으로 만든 베개와 이불로 어떻게 잠을 잘 수 있는지
> 사람의 기름을 짠 비누로 샤워하고 거리에 나설 수 있는지
> 우리는 믿으려고 하지 않았습니다.
> 우리는 사람의 인간성을 믿었습니다.
> 설마 인간이 그럴 수 있을까?
> 그러나 그것이 잘못이었음을 나중에, 너무 늦은 나중에 알았습니다.
> 나는 사람 속에 역사하는 악마를 직접 보았습니다.

사람은 누구나 다르지 않다. 분노로, 질투로, 자격지심으로, 슬픔으로, 상처로, 오해로, 사람은 무슨 짓이든 저지를 수 있다.

이런 인간은 거룩하신 하나님을 뵈올 수 없다. 사람은 누구도 직접 하나님 앞에 설 수 없다. 그래서 대속자가 필요하다.

> 내가 알기에는 나의 대속자가 살아 계시니, 마침내 그가 땅 위에 서실 것이라. 내 가죽이 벗김을 당한 뒤에도 내가 육체 밖에서 하나님을 보리라. 욥기 19:25–26

이 대속자는 누구인가? 예수 그리스도시다.

그러면, 이 대속자 예수 그리스도는 누구신가? 하나님의 아들이시다. 우리는 삼위일체 하나님을 믿는다. 예수 그리스도는 곧 하나님이시다. 그러므로 욥기 읽기에서 대속자를 만날 때 그분을 하나님과 대립하는 존재로 보아서는 안 된다.

● 자기의 의

친구들은 욥이 참회하지 않고 스스로 의로움을 주장하는 것을 견디지 못한다. 욥의 자기 의는 어디서 왔는가?

> 그러나 내가 가는 길을 그가 아시나니, 그가 나를 단련하신 후에는 내가 순금 같이 되어 나오리라. 욥기 23:10

예배인간이 가지는 영적 자존감이다.

> 주 여호와는 나의 힘이시라. 나의 발을 사슴과 같게 하사, 나를 나의 높은 곳에 다니게 하시리로다. 하박국서 3:19a

죄 사함 받은 자의 영적 자존감이다.

라. 욥기 해석

● 욥기 해석

모세오경처럼 욥기 해석의 근거도 창조//출애굽 다이내믹스다.

창조//출애굽 다이내믹스의 현실에서 욥기를 읽어야 한다. 아니면 그건 세상에 수많은 문학작품의 하나다.

오늘 날마다 하나님을 의지해야 비로소 살 수 있는 이 자리에서 내가 눈물을 닦으면서 욥기를 읽는다. 욥을 만나주신 하나님께서 오늘 나와 함께 계시다.

● 욥기가 또 하나의 율법인가?

그런데 욥기 자체가 구약 내 욥기 이후에 기록된 다른 성경들과 신약에게 "또 하나의 창조//출애굽 다이내믹스"를 제공한다.

"경험"을 바탕으로 삼은 욥기가 이후에 기록된 구약과 신약의 모든 책들에게 "또 하나의 경험"을 제공한다.

그러므로 욥기 이후 어떤 예배인간도 고난이라는 결과물로만 그의 유죄 여부를 따지는 어리석음은 면할 수 있었다. 새로운 컨텍스트에서 창조//출애굽 다이내믹스 성경읽기로 새롭게 취득한, 그러나 본래 살아계신 하나님의 뜻이었던 바로 그 지혜가 조명된 것이다.

● 성경으로 성경읽기 1

시편은 모세 때부터 기록이 시작되어(90편) 다윗과 솔로몬, 그리고 포수기를 거쳐 포수이후 페르시아 시대에 완성되었다.

각각 "창조 시편," "출애굽 시편," 그리고 "창조//출애굽 시편"으로 분류가 가능하다. 예를 들자. 147편은 "창조//출애굽 시편"이다.

1　할렐루야! 우리 하나님을 찬양하는 일이 선함이여, 찬송하는 일이 아름답고 마땅하도다.

– 하나님께 찬송을 드려야 한다. 하나님께서 인간에게 행하신 모든 일은 선하다. 인간은 마땅히 매일 찬송 드려야 한다.

2　여호와께서 예루살렘을 세우시며, 이스라엘의 흩어진 자들을 모으시며,
3　상심한 자들을 고치시며, 그들의 상처를 싸매시는도다.

– 이스라엘의 회복이다. 구체적으로는 바벨론의 파괴로 무너진 예루살렘을 다시 세우시고, 포수로 사방에 흩어졌던 이스라엘을 불러 모으신다. 사랑하는 사람을 잃고 상처 난 마음을 다스리신다.

4　그가 별들의 수효를 세시고, 그것들을 다 이름대로 부르시는도다.

– 여호와께서 창조주 하나님이심 선포다.

5　우리 주는 위대하시며 능력이 많으시며, 그의 지혜가 무궁하시도다.

– 하나님의 구원과 창조에 드러난 능력과 지혜다.

6　여호와께서 겸손한 자들은 붙드시고, 악인들은 땅에 엎드러뜨리시는도다.

– 출애굽 사건이다. 겸손하게 부르짖은 이스라엘을 구원하셨고, 목이 곧은 바로와 애굽은 땅에 던지셨다.

7　감사함으로 여호와께 노래하며, 수금으로 하나님께 찬양할지어다.

– 여호와 하나님께 감사로 노래하며, 악기를 동원하여 찬양 드려야 한다. 출애굽기 15장에 모세와 미리암을 따라 이스라엘이 드린 찬양을 드렸다.

8　그가 구름으로 하늘을 덮으시며, 땅을 위하여 비를 준비하시며, 산에 풀이 자라게 하시며
9　들짐승과 우는 까마귀 새끼에게 먹을 것을 주시는도다.

– 세상을 창조하신 하나님께서 우주만물을 다스리신다. 구름과 비를 주관하신다. 풀이 자라게 하신다. 들짐승과 까마귀 새끼를 먹이신다. 예수님께서 들의 백합화와 공중의 새를 하나님께서 기르신다고 하셨다(마태복음 5:26–30).

10 여호와는 말의 힘이 세다 하여 기뻐하지 아니하시며, 사람의 다리가 억세
다 하여 기뻐하지 아니하시고,
11 여호와는 자기를 경외하는 자들과 그의 인자하심을 바라는 자들을 기뻐하
시는도다.

– 하나님께서 기뻐하시는 것은 피조물의 강함이 아니다. 오히려 하나님을 두려워함과, 그분의 사랑을 기다림이다. 곧 예배다. 하나님께서는 온전한 예배인간을 기뻐하셔서 찾으신다(참고. 요한복음 4:23).

12 예루살렘아, 여호와를 찬송할지어다. 시온아, 네 하나님을 찬양할지어다.
13 그가 네 문빗장을 견고히 하시고, 네 가운데에 있는 너의 자녀들에게 복을
주셨으며
14 네 경내를 평안하게 하시고, 아름다운 밀로 너를 배불리시며,
15 그의 명령을 땅에 보내시니, 그의 말씀이 속히 달리는도다.

– 예루살렘과 시온은 여호와를 찬송하고 찬양해야 한다. 그분께서는 성을 안전하게 지키시고, 자녀들을 복주시고, 집안을 평강으로 지키신다. 먹을 음식을 주시고, 말씀을 늘 주셔서 응답이 빠르게 하신다.

16 눈을 양털 같이 내리시며, 서리를 재 같이 흩으시며,
17 우박을 떡 부스러기 같이 뿌리시나니, 누가 능히 그의 추위를 감당하리요?
18 그의 말씀을 보내사, 그것들을 녹이시고 바람을 불게 하신즉, 물이 흐르는
도다.

– 출애굽 사건이다. 주님께서 열 가지 재앙으로 애굽을 치시고, 이스라엘에게 말씀을 주셨다. 바다를 갈라내시고 길을 내셨다.

19 그가 그의 말씀을 야곱에게 보이시며, 그의 율례와 규례를 이스라엘에게

보이시는도다.

– 시내산에서 모세를 통해 십계명을 주셨다. 율례와 규례를 주셔서 구원 받은 자로서 거룩하게 살게 하셨다. 하나님의 성소 건설을 위한 청사진을 베푸셨고, 하나님을 섬기고 이웃을 사랑하는 길을 알리셨다.

20 그는 어느 민족에게도 이와 같이 행하지 아니하셨나니, 그들은 그의 법도를 알지 못하였도다. 할렐루야!

– 하나님의 이스라엘 구원은 하나님의 택하심이었다. 왜 하필 이스라엘을? 그것은 하나님의 이유다. 그러므로 그것은 "하나의" 판례다. 놀라운 것은, 이 "하나의 판례"는 "모든 이들을 위한 판례법"이 된다. 하나님은 긍휼히 여길 자를 긍휼히 여기신다(참고. 출애굽기 9:16, 33:19; 로마서 9:14-18). 예수 그리스도 안에서 모든 민족을 불쌍히 여기셔서 구원하시기를 원하신다(참고. 디모데전서 2:4).

● 욥기와 시편 147편의 컨텍스트

시편 147편의 컨텍스트는 포수이후다. 욥기와 동시대다. 둘 다 신학적 구도는 창조//출애굽의 다니내믹스다. 둘 다 "지혜"가 주제다.

하나님의 지혜는 창조에만 국한되지 않는다. 출애굽 사건에 비춘 창조에 하나님의 지혜가 들어 있다.

● 성경으로 성경읽기 2

그런데 욥기에 드러난 지혜를 터득하지 못한 사람들이 있다. 그 지혜 없이 지도자의 위치에 선 자들이 있다. 예수님 당시의 종교지도자들이었다. 그들은 세 친구의 관점으로 예수님과 그 따르는 무리들을 판단했다.

복음서 기자들은 달랐다. 바울은 달랐다. 공동서신 기자들은 달랐다. 그들은 모두 모세를 만나주신 하나님, "아브라함과 이삭과 야곱의 하나님"께서 천지를 지으신 그대로 이스라엘을 당신의 손으로 빚어 만들어 주실 것을 알았다.

● 교회사와 말씀댓글 역사

성경 해석의 역사가 교회사다. 교회사는 성경주석의 역사다. 성경주석은 일종의 "성경에 댓글달기"다. 지난 2천년 동안의 교회역사에서 하나님의 종들은 말씀의 행간에 말씀의 빛으로 비춘 당대의 삶을 댓글로 기록했다.

어거스틴과 토마스 아퀴나스, 칼빈과 마틴 로이드 존스가 각각 저들의 컨텍스트에서 말씀에 응답했다. 하나님을 깊이 아는 저들의 댓글은 소중한 교회의 자산이 되었다.

● 성경과 영미법

창조//출애굽 다이내믹스가 성경기록의 원리다. 그리고 성경해석의 원리다.

성경 해석의 원리가 세속의 입법과 법해석에도 적용된 예가 많다. 영미법(英美法, Anglo-American law)이 그 하나다. 영미법은 영국이 출발지다. 이 법 체계를 영어권의 많은 나라와 영국 식민지 국가가 채택했다. "보통법"(common law)이라고 부르기도 한다. 속성 상 "판례법"이다.

헌법은 물론 판례 자체가 법의 내용을 이룬다. 미국법을 예로 들면, 헌법 수정법안, 그리고 판례가 모두 "법"을 구성한다. 대륙법과 비교하면 쉽게 이해된다. 대륙법은 판례를 법의 내용으로 인정하지 않는다.

미국 법률가 올리버 홈즈(Oliver W. Homes, Jr, 1841–1935)는 "법의 생명은 논리에 있는 것이 아니라 경험에 있다"고 말했다. 그는 인생이 경험이듯이 미국 헌법도 경험이라고 했다. 그처럼 영미법은 "사건 속에서 보편적인 법 원칙을 발견"하는 경험원리를 따른다.

영미법은 판례법이다. 판례가 법이 되다니! 놀랍다. 판례는 일종의 "댓글달기"다. 법에 댓글을 달았는데, 그 댓글이 법이 되는 원리! 이것이 영미법이다. 그런데 이것은 바로 성경에서 났다. 역사서는 모세오경에 대한 "역사적" 댓글이다. 예언서는 모세오경에 대한 "예언적" 댓글이다. 지혜서는 모세오경에 대한 "지혜적" 댓글이다. 신약은 모세오경을 중심으로 구성된 구약에 대한 "기독론적" 댓글이다.

● 영미법 1, 알프레드 대왕

스물한 살 때 앙드레 모로아(André Maurois, 1885-1967)의 〈Histoire d'Angleterre (History of England)〉를 읽었다. 이번 〈예배인간 욥記〉 출판을 준비하면서 다시 읽었다. 영국법의 성격과 생성배경을 알고 싶었다.

영국의 국내법은 보통법(普通法, common law)이다. 알프레드 대왕(Alfred the Great, 849-899)은 당시 국민이 받아들이고 있던 사회생활의 여러 규율, 즉 모세의 십계명으로부터 앵글로 색슨 왕들의 법률에 이르기까지 모든 것을 종합하여 법전을 편찬했다(모로아, 1981:55).

● 영미법 2, 윌리엄 1세

노르망디 공국의 윌리엄(William I "The Conqueror," 1066-1087)은 1066년에 영국을 침략했다. 헤이스팅스(Hastings) 전투에서 승리, 노르망 왕조를 열었다. 노르망 왕조는 지중해에도 진출하여 시칠리아 왕국을 세웠다.

윌리엄 이후의 노르망 왕조는 사법권을 중앙 집권화했다. 고대부터 내려오는 판례를 기초로 삼고, 왕국 공통의 판례법을 제정했다. 생각해 보라. 5천명 밖에 되지 않는 소수 정복자가 과거 수 세기 동안 내려온 관습을 포기하라고 명령하거나 강제할 수는 없는 것이다(참고. 모로아 1981: 73).

> 색슨왕의 후계자로 자처하던 정복왕 윌리엄은 오히려 자진해서 그들의 법률과 재판을 관장했다. 그는 자신의 계획에 유리한 모든 색슨의 제도를 보존했다.
>
> 모로아 1981:73

> 사실 중세 영국 사회는 비교적 안정된 편이었다. 귀족은 왕과 협조했고, 왕은 귀족 중에서 관리를 선임했으며, 이때부터 영국사회에서는 귀족계급이 중앙관서와 지방행정에서 활동하게 되었고, 이러한 사정은 오늘날까지 계속되고 있다.
>
> 모로아 1981:74

판례법을 보완하는 법령이 있다. 평형법정(Equity Court)이다(참고. 모로아 1981:104).

● 영미법 3, 판례법 vs. 평형법정

평형법정(Equity Court)은 판례법을 보완한다. 판례가 부족하거나 부당하다고 판단될 때, 판례법의 경직상태를 타개한다(참고. 모로아 1981:104). 평형법정에서 다룬 판례는 다른 경우에 판례법의 근거로 사용될 수 없다.

● 영미법 3, 판례법

판례법은 그 성격상 "판사가 만드는 법"(judge-made law)이다. 영국은 13세기 이래 "판례집"을 수집해서 보통법전으로 삼고 있다. 그 역사적 근거는 "순회법관제도"다.

> 봉건적이며 대중적인 순회법관은 각 지방의 판례를 따라 재판했으므로, 주를 이동하는 법관은 최선의 판례를 채택하는 경향이 있기 때문에 지방관습이 파괴된 것이 아니라 관법이라는 용광로 안에서 용해되었던 것이다. 중앙법정은 여러 선례를 기록하고 있었으므로, 이러한 앞선 재판의 기록에 따라서 영국에서는 일찍부터 많은 판례를 포함하는 전국적인 법제가 형성되었다. 모로아 1981:104

영국 헌법을 한마디로 하자면, "봉건제도와 관습법이 낳은 딸이다"(모로아 1981:117). 소수가 다수를 지배하면서 기존의 지역 통치자들과 연합, 전통을 그대로 살려나가는 관습법을 채택하여 체제의 안정을 꾀한 것이다.

노르망은 동으로 진출, 슬라부족을 정복했다. 아울러 노르망은 아이슬랜드, 그린랜드는 물론 북아메리카도 영향권 아래 두었다. 노르웨이, 스웨덴, 그리고 덴마크도 노르망의 손에서 건설되었다. 노르망의 정복은 소수가 다수를 지배하는 방식으로, 언제나 기존의 관습과 질서를 존중하는 방식을 택했다. 이 패턴은 중국사에서 몽골제국(원)과 만주제국(청)의 비교에서도 읽을 수 있다. 중국의 사회체계와 문화를 무시한 몽골과 달리 만주는 중국의 기존 질서를 최대한 활용했다. 오늘 중국의 사회체계는 모택동의 공산혁명이라기보다는 청나라의 통치방식을 근간으로 건설된 것이다.

미국 대륙까지 닿은 노르망의 정치적 진출 범위는 그 법적 영향력 진출 범위와 대개 일치한다. 영국법이 미국법의 기초가 된 역사적 배경이다.

● 영미법 4, 판례법 2

영미법의 근간인 판례법의 속성을 단 한 문장으로 요약해 보자:

모든 판결에 있어 선례(先例)가 후례(後例)를 구속한다.

이 말은 기계적 정언이 아니다. "모든" 선례가 "모든" 후례를 구속할 수 없다. 각 시대의 컨텍스트가 변수다. 법관은 해석자의 자격이 있다. 각 시대의 컨텍스트에 충실하게 적응해야 한다. 이는 "역사적 탄력"이다.

법관의 해석의 자유는 보편타당성에 근거한다. 곧 영국법은 보통법(common law)이라는 전제다. 이 보편타당성은 영국인이 신뢰하는 보편적 진리, 곧 성경에 그 뿌리를 둔다. 무슨 말인가? 영국사를 기독교 선교사로 번역해 볼 때, 영국이 주도한 판례법은 각 시대에 역사하시는 하나님의 섭리를 믿은 데 근거한다. 법관들은 성경을 판례의 근간으로 삼았다.

● 판례법의 근거

–도대체 과거의 특정한 판례가 오늘 나와 무슨 상관이 있다는 말인가?

이 질문은 중요하다. 이 질문에 대한 대답은 "인간 보편성"에 근거한다. 인간 보편성은 판례법이 법으로서 기능하는 결정적인 근거다.

● **성경 판례법의 근거**

날 사랑하심. 성경에 써있네.

이것도 판례법의 근거로 말할 수 있다.

그러나 더 중요한 것이 있다. SPRx라는 "대입"이다. 그리스도인이 성경을 읽을 때 자기를 성별, 파송, 안식에 대입하는 길이다. 그렇게 대입한 "예배인간"은 성경의 모든 판례를 "자기에게 해당하는 근거"로 삼는 것이다.

● **정경과 정경해석**

성경 내 선례 판례가 후례를 구속하는 범위가 있다. "정경"(正經, canon)이다.

구약 39권과 신약 27권 정경이 완성된 이후에는 교회사 시대다. 교회사 내에 발생한 모든 판례는 "성경해석"이다. 이것은 교회의 전통을 형성했다. 고맙게도 교회전통은 각 시대의 교회를 바르게 이끌어가는 역할을 맡았다. 이단을 분별하고 교회침투를 방지하는 역할도 있었다.

그러나 교회사 시대의 판결은 성경을 구속하지 못한다. 이것이 종교개혁의 정신이다. 개혁교회의 정신이다. 아니, 성경 자체의 정신이다.

> 내가 이 두루마리 예언의 말씀을 듣는 모든 사람에게 증언하노니, 만일 누구든지 이것들 외에 더하면 하나님이 이 두루마리에 기록한 재앙들을 그에게 더하실 것이요 요한계시록 22:18

정경은 법의 범위를 한정한다.

● **참고판례**

경전 이후의 판례들은 참고판례다.

참고판례는 결정적 근거가 아니다. 다만 참고할 뿐이다.

경전 이후의 교사들은 경전 내의 예언자나 제사장들과 같을 수 없다. 경전으로서의 "권위"를 인정한다.

칼 바르트가 스스로 그어놓고 넘어가지 않은 선이 있다: 기록된 말씀이다. 오늘 상당수의 과격한 진보 신학자들은 이 경계를 허물고 있다.

● "모세의 율법과 선지자의 글과 시편"(누가복음 24:44)

유대인들은 전통적으로 구약을 모세의 율법(토라, Torah), 선지자의 글(네비임, Neviim), 그리고 성문서(케투빔, Ketubim) 등으로 구분했다. 토라에서 T를, 네비임에서 N을, 그리고 케투빔에서 K를 뽑아내어 TNK라고 부른다. 자음 사이에 모음 "a"를 넣어 TaNaK, 혹은 TANAK로 쓴다.

넓게 보면 네비임은 토라에 대한 판례다. 케투빔은 토라에 대한 또 다른 판례다. 구약을 둘로 구분하기도 하는데 "모세와 선지자"(누가복음 16:29)다. 말하자면 "케투빔"이 생략되었다. 정경화의 순서상 맨 뒤에 오기 때문일 수도 있다. 그러나 여기서 "모세와 선지자" 곧 "토라와 네비임"은 "성문서"(케투빔)를 배제한 일부분이 아니다. 오히려 "구약 전체"를 대표하는 표현이다.

구약을 "법" 혹은 "율법"이라고 부르기도 한다. 여기서 선지자의 글(네비임)과 성문서(케투빔)을 제외함이 아니다. "토라"가 구약을 대표하는 말이다. 이 대표성의 근거는 무엇인가?

토라 이후의 구약 서른네 권은 "판례"다.

판례로서의 구약 서른네 권은 그 정경적 권위가 손상되지 않는다. 결코 따로 떼어놓을 수 없는 "정경의 중요한 일부"다.

● 모세오경의 판례로서의 욥기

역사서를 참고하자: 예언적 관점으로 모세오경에 근거한 판례집이 "예언적 역사서"(여호수아기, 사사기, 룻기, 사무엘기상하, 열왕기상하)다. 제사적 관

점으로 모세오경에 근거한 판례집이 "제사적 역사서"(역대지상하, 에스라서)다.

욥기는 포수이후라는 특수 컨텍스트에서 모세오경을 읽은 판례다. 모세오경의 판례로서의 욥기는 "이미" 구약 안에서 "정경"이 되었다. 신약은 욥기를 정경의 일부로 읽었고, 지난 이천년의 교회사는 욥기를 성경전서의 일부로 읽었다.

오늘 우리가 만나는 욥은 신문이나 인터넷 뉴스에서 접하는 인물의 하나가 아니다. 욥기를 공부하며 읽어야 하는 이유는, 욥기가 "하나의 판례"가 아니라 "새로운 판례가 의지해야 하는 법"이기 때문이다.

우리의 욥기 해석은 성경 밖을 살아가는 오늘 이 시대의 모든 동시대인에게 중요한 판례가 될 것이다. 이는 "법적 구속력이 없는" 판례다. 그러나 그리스도 예수 안에서 기쁘고 즐겁게 살아가는 동시대 예배인간의 하나됨에 크게 기여하는 판례다.

● 족장들처럼 욥을

욥기의 시대를 족장시대로 읽는다. 그러면 아브라함과 욥은 관계가 있는가? 서로 만나 대화를 했을까? 나쁜 질문이다. 이 질문은 추측만 그 답으로 얻을 수 있기 때문이다. 추측은 어떤 영적 지혜도 제공하지 않는다.

족장들을 판례로 읽을 때, 우리는 욥도 판례로 읽을 수 있다. 우리는 아브라함과 이삭과 야곱을 읽을 때처럼, 욥을 대하면서 하나의 중요한 판례를 제공하신 하나님의 뜻을 깨닫는다.

여기서 "성경읽기의 다이내믹스"를 배운다. 모세오경은 그 자체로 "성경해석 다이내믹스"의 길을 열었다. 이제 모세오경과 관계하는 성경 내 모든 책들은 새로운 "성경해석 다이내믹스"의 영적 구도 아래서 서로 관계한다(intertextuality).

● 율법서

바로 이런 점에서 욥기는 또 다른 "율법서"가 되는 것이다. 좁은 의미에서 율법서는 모세오경이다. 조금 범위를 넓히면 구약성경이다. 가장 확대한 율법서는 신약을 포함한 성경 전체다.

성경 내에서 달리 표현하는 "율법"은 말씀, 진리, 도, 규범, 길, 등이다.

● 십계명 → "613계명" → 모세오경 → 구약성경 → 신약성경

욥기도 모세오경처럼 하나의 율법서다.

모세오경 안에서 율법의 범위는 처음에 십계명이었다. 이 열 가지 계명을 중심으로 상세한 계명들이 생겨나, 그 수가 거의 셀 수가 없게 되었다. 모세오경의 법조항을 613라고 주장하는 유대인들이 있다. 그 특정한 숫자와 일치시키는 근거는 동의하기 어렵다. 나도 몇 차례 모세오경 내의 계명 가짓수를 세어 보았는데, 확실히 613개를 넘어섰다. 그러나 열 가지 계명이 수백 가지로 확대된 흐름을 이해하는 노력을 기울임은 유익하다.

그 "613 계명"이 점차 "모세오경 전체"로 확대되었다.

–아니, 무슨 이야기가 율법이 됩니까?

–그건 그때 일 아닙니까?

–나는 근동지역은 가 본 일도 없다구요.

–얼굴도 못 본 욥과 내가 무슨 상관이 있습니까?

그러나! 바로 여기서부터 "판례법"이 적용된다. (지금 나는 성경 해석학 이야기를 하는 셈이다.) 구체적인 법률조항은 아니지만 "이야기" 속에 들어있는 판례가 하나의 법적 기능을 담당하게 된 것이다. 이어서 율법은 예언서까지 확대되었고, 욥기를 포함하는 "성문서"까지 법으로 인정되었다. (유대인 전통은 성경을 모세오경, 예언서, 그리고 성문서 등 셋으로 구분한다.) 결국 모든 구약성경이 하나의 법전이 된 것이다.

이렇게 구약이 하나의 법전으로 자리를 잡았는데, 신약은 그 구약의 흐름 중에 있어, 구약을 인용하면서 구약의 예언의 성취를 선포했다. 이렇게 해서 신약까지 하나의 법전이 된 것이다. 성경이 법전이다. 오늘 영미법에서 확실히 살아있는 판례법 전통이 성경에 근거한 것이다. 성경 위에 손을 얹고 선서하는 전통도 여기서 났다.

● 예배와 예배인간에 대한 법

욥기가 하나의 법으로 읽을 수 있다면, 오늘 우리는 예배와 예배인간에 대한 구체적인 지침을 여기서 얻는 것이다.

법이며 지침. 그러나 이것은 살아있는 계명이지 죽은 원리나 자명한 공식이 아니다. 하나님의 절대주권에서 난 참 사랑과 은혜의 법이다. 이 법 안에서 우리 모두는 자유하다. 모든 인간적인 매임에서 풀려나 참다운 사랑 안에서 자유하다. 이러므로 우리는 예수님의 선포를 믿는다.

> 너희가 내 말에 거하면 참으로 내 제자가 되고, 진리를 알지니, 진리가 너희를 자유롭게 하리라. 요한복음 8:31b–32

묻는다. 이 "진리"는 무엇인가? 원칙인가? 공식인가? 아니다.

> 그러므로 아들이 너희를 자유롭게 하면 너희가 참으로 자유로우리라.
> 요한복음 8:36

우리가 믿고 섬기는 분, 하나님의 아들 예수 그리스도시다. 우리를 위해 죽으신 하나님의 어린양이시다. 이 진리는 차가운 인과의 원칙이 아니다. 그것은 인간의 구원을 위해 당신의 아들을 십자가에서 죽게 하신 하나님의 참 사랑 원리다.

● 오늘, 여기서, 왜, 우리는 욥기를 읽는가?

묻는다. 오늘 우리는 왜 욥기를 읽는가? 인터넷의 시대, 핵무기로 여러 개의 지구를 한꺼번에 파괴시킬 수 있는 힘을 가진 인간이?

영적으로 말해, 인간은 욥의 시대이후 한 치도 진보하지 못했다. 죄의 문제, 죽음의 문제, 하나님과의 관계의 문제, 인간끼리의 문제, 이 모든 영적인 문제는 그대로다. 하나님의 사랑을 필요로 한다는 것과, 하나님께서 친히 보내주신 예수 그리스도의 보혈의 공로 아니고는 어떤 인간도 구원 얻을 수 없다는 점에서 욥기 시대와 오늘의 시대는 완벽하게 똑같다.

인간의 지혜로 풀 수 있는 인생이 아니다. 하나님의 지혜가 필요하다. 성경의 지혜서 세 권 가운데, 예배지혜를 제시하는 욥기를 추천한다. 욥기를 기록하게 하시고, 욥기를 통해 말씀하시는 하나님을 만나 뵙는 길이 오늘 여기 지혜에 가장 좋다.

교회가 위기다. 핍박이 없는데 교회가 텅 비어간다. 영혼의 양식을 갈구하던 사람들이 실망을 안고 떠난다. 세상 기준으로 보더라도 그리스도인이 전혀 다를 바 없다. 절망하는 사람, 술 마시는 사람, 이혼하는 사람, 자살하는 사람, 그 통계가 그리스도인에게서 전혀 다르지 않다. 그래서 교회가 관심이 없다. 교회 건물이 팔려나간다. 십자가가 제거된다. 이건 아니다.

교회는 다시 일어서야 한다. 예배 외에 부흥은 없다. 그래서 오늘 우리는 욥기를 읽는다. 예배인간 욥을 일으켜 세워주신 여호와 하나님을 뵙는 간절함이다.

● 어떻게 욥기를 읽는가?

오늘 욥기 읽기를 통해 만나는 욥은 예배인간이다. 창조주 하나님께서 우리를 예배인간으로 지으셨다. 구원주 하나님께서는 예배를 목적으로 우리에게 새 생명 주셨다. 하나님께서는 우리가 진정한 예배인간으로서 날마다 하나님께 온전히 드려지기를 바라신다.

욥기는 상황이 아니라 예배가 중심이 되는 삶을 제시한다. 오늘 우리가 배워야 할 것은 "참된 예배를 어떻게 드리는가?"다. 먹고 살기 위해 배워야 할 것이 많지만, 예배를 바로 배우는 것이 궁극적인 소망이다. 인간은 영원을 생각해야 옳다.

천국에 들어가서 우리는 영원히 예배를 드린다. 그렇다면 이 세상에서 참된 예배를 드리면서 천국을 사모해야 한다. 순간적인 가치밖에 지니지 못하는 세상일에 집착함은 바르지 않다. 오늘 여기서 우리는 영원을 사모하며 욥기를 읽는다.

● 욥기에서 우리는

욥기에서 우리는 "원칙"으로서의 "법"이 아니라 "판례"로서의 "법"을 읽는 것이다. 세 친구는 화석화(化石化) 한, 컨텍스트 고려가 전혀 없는, 살아계신 성령님의 역사하심을 의존하지 않는, 지극히 인간적인 판결을 내리고 있다. 법관이라면 이들은 교육이 잘못 된 법관이다.

욥기 읽기는 "주 동행 경험"을 요구한다. 무릎을 치는 이 "경험" 없이 욥기 읽기는 혼란을 가중할 뿐이다. 그래서 오늘날 "엘리후" 같은 독자층이 그렇게 두꺼운 것이다. 더구나 지금은 익명성이 보장된 댓글달기 사회다. 당신은 엘리후를 넘어 폭풍우 중에 이 땅에 내려오시는 여호와 하나님을 뵈어야 한다.

● 오늘의 욥은 누구인가?

모든 예배인간이다. 북한 땅에서 신음하는 동포다. 아프리카에서 날마다 좌절하는 사람들이다. 풍요한 나라 미국에서 오히려 억압당하는 인생이다. 중국 변방에서 독립을 요구하며 부르짖는 소수민족이다.

나는 하나님을 만나야 비로소 소망이 있는 모든 사람들을 예배의 자리로 초청한다. 예배 외에 달리 나는 그들에게 이야기할 소망이 없는 까닭이다.

● 욥기라는 책

성경 안에서 욥기가 차지하는 위치는 독특하다. 구약성경 39권 중 하나다. 더 구체적으로 소위 "지혜문학서" 세 권 중에 든다.

욥기는 "지혜"라는 관점에서 읽어야 한다. 그렇지 않고 어떤 "논리"를 얻으려고 한다면 오해다. 원칙을 찾아내려는 노력도 바람직하지 않다.

지혜의 근본은 "하나님을 경외함"(잠언 1:7)이다. 하나님 앞에 두려워하는 사람은 예배인간이다. 참된 지혜는 예배인간의 지혜다. 욥기는 결국 예배의 책이다. 예배를 통해 부흥하는 어떤 사람의 이야기다. 이 이야기는 부흥을 비는 당신의 이야기가 되어야 한다.

● "여호와의 집에 올라가자"

사람이 내게 말하기를, 여호와의 집에 올라가자, 할 때에 내가 기뻐하였도다.

시편 122:1

다윗은 예배인간의 전형이다. 바로 이 점에서 그는 메시야의 전형이다. 메시야는 예배의 주님이시다. 히브리서에 따르면 메시야는 대제사장이시며, 동시에 어린양이시다. 요한복음에 따르면 예수님은 목자시며 동시에 하나님의 어린양이시다. 다윗은 예루살렘에 예배를 완성했다. 다윗 이래로 "케렘"(전멸/전적인 헌신) 명령은 사라졌다.

시편 122편의 표제는 "다윗의 시, 곧 성전에 올라가는 노래"다. 다윗은 공이 많지만 과도 큰 사람이다. 그러나 하나님께서 그를 사랑하신 가장 큰 이유는 그가 예배인간이었다는 데 있다. 사람이 그에게 "여호와의 집에 올라가자" 할 때, 그는 기뻐했다.

● 성전에 올라가는 노래

시편 120편부터 134편까지 모두 열다섯 편이 "성전에 올라가는 노래"다. 이 노래의 주제는 예배인간의 기쁨이다.

성전을 사모하고, 성전을 향한 발걸음이 기쁜 것은, 내 어린 시절의 교회가기였다. 그때는 산과 들을 넘고 건너는 묵중한 종소리가 그렇게 좋았다.

아프리카에서 경험한 것은, 가장 아름다운 옷을 차려입은 식구들이 줄레줄레 교회를 향해 걷는 발걸음이었다. 곁에 피어난 이름 모를 붉은 꽃보다 더 아름답고 예뻤다. 우리 하나님께서 아프리카를 그렇게 사랑하시는 이유를 알았다.

당신이 우울증과, 당신의 인간관계 고통과, 당신의 절망을 모두 송두리째 불태워 없애버릴 영적 번제단이 교회에 있다. 교회를 사랑하라. 예수님께서 당신의 피로 친히 세우신 교회를 사랑하라.

● **어떤 교회 어떤 성도**

–저는 모든 것을 가진 사람입니다.
–그러나 모든 것을 잃은 사람이기도 합니다.
–교회봉사 아니었으면 저는 죽었을 것입니다.
–예배가 저를 살렸습니다.

누구에게나 교회가 대안이다. 이 시대 모든 절망의 대안은 교회와 그 예배다.

● **다윗의 춤**

다윗은 예배드릴 때, 기쁜 나머지 춤추다 옷이 벗겨지는 것도 몰랐다. 그러나 그는 부끄러워하지 않았다. 그의 아내 미갈은 달랐다. 예배의 기쁨에 한참 비껴서 있는 이 여자의 말을 들어보라. 비웃음이 흘러넘치는 얼굴이 낸 말이다:

> 이스라엘의 왕이 오늘 어떻게 영화로우신지! 방탕한 자가 염치없이 자기의 몸을 드러내는 것처럼, 오늘 그의 신복의 계집종의 눈앞에서 몸을 드러내셨도다.
>
> 사무엘기하 6:20b

신하의 여종들에게까지 부끄러운 짓을 했다는 지적이다. 그런데 미갈은 남편이 그토록 사랑한 성전 예루살렘에, 법궤가 들어오는 특별한 예배 때도 들어가지 않았다. "예루살렘에 올라가자"고 다윗이 말했을 것이다. 거듭거듭 요청했을 것이다. 그러나 미갈은 그냥 집에 있었다. 다음은 정색을 하고 아내에게 한 다윗의 말이다:

> 이는 여호와 앞에서 한 것이니라. 그가 네 아버지와 그의 온 집을 버리시고 나를 택하사, 나를 여호와의 백성 이스라엘의 주권자로 삼으셨으니, 내가 여호와 앞에서 뛰놀리라. 내가 이보다 더 낮아져서 스스로 천하게 보일지라도, 네가 말한 바 계집종에게는 내가 높임을 받으리라. 사무엘기하 6:21-22

다윗은 하나님을 위하여 더 낮아져서 스스로 천하게 보일지라도 좋다. 우리의 예배는 사람을 위함이 아니다. 스스로 만족함도 아니다. 하나님을 위함이다.

> 그러므로 사울의 딸 미갈이 죽는 날까지 그에게 자식이 없으니라.
> 사무엘기하 6:23

다윗에게 "예루살렘에 올라가자" 했다면 미갈의 인생은 크게 달라졌을 것이다.

● 요나의 서원

> 내가 말하기를, 내가 주의 목전에서 쫓겨났을지라도, 다시 주의 성전을 바라보겠다, 하였나이다. 요나서 2:4

물고기 배속에서 드린 기도다. 그는 무덤으로 비유된 물고기 배속에서 육지로 토해졌다. 사명을 회복했다. 바다 깊은 곳에서 성전으로 통하는 큰 길이 열린 것이다. 하나님께서 그렇게 응답해 주셨다.

● "우리 교회 가자우!"

내 아버지가 평안북도 순천에서 스무 살 나던 어느 주일 아침, 손잡이 긴 호미로 서서 김을 매고 있었다.

손짓하며 밭 가운데로 들어선 이는 두 살 더 먹은 같은 마을 청년집사 김순종이었다.

–우리 교회 가자우!

–아, 형님, 이 밭을 보시라요. 상–기두 멀었시요.

김순종 집사는 아버지를 밭고랑에서 교회로 이끌었다. 밭고랑에서 교회로!

아버지는 일평생 김순종 집사를 형님으로 모셨다. 수년 전 먼저 하나님 나라로 돌아간 그를 말할 때마다 아버지는 그때 그 주일을 기억했다. "우리 교회 가자우." 그게 아버지에게는 일평생 품고 산 기쁨이었다. 누구를 만나도 그 기쁨을 나눴다. 사람은 자기가 기쁘면 남도 기쁜 줄 아는 법이다.

● 예배인간, 호모 베네라분두스

교회는 생명문화를 주도하며 이끌어가야 한다. 우리에게 말씀이 있다. 우리가 믿는 하나님은 창조주시오, 구원주시다. 행사(event)가 아니라 말씀이, 감정이 아니라 성령님(Spirit)께서 이끌어 가시는 예배가 궁극적 대안이다. 아니, 대안(代案)이라는 말은 예배를 수식할 자격이 없다. 예배를 위하여 인간은 지음 받았으며, 예배를 위하여 인간은 그 죄에서 구속함을 입었다. 창조//출애굽 다이내믹스의 이유는 "예배"다.

> 그러므로 형제들아, 내가 하나님의 모든 자비하심으로 너희를 권하노니, 너희 몸을 하나님이 기뻐하시는 거룩한 산 제물로 드리라. 이는 너희가 드릴 영적 예배니라. 로마서 12:1

이렇게 하나님의 뜻대로 부르심 받은 예배인간을 우리는 하나님 앞에 떠는 예배인간이다. 하나님을 두려워함이 예배의 본질이다. 예배인간은 이 세상에서 거룩하다. 세상을 떠나 하나님 편에 선다.

> 너희는 이 세대를 본받지 말고, 오직 마음을 새롭게 함으로 변화를 받아, 하나님의 선하시고 기뻐하시고, 온전하신 뜻이 무엇인지 분별하도록 하라. 로마서 12:2

진정한 분별은 말씀의 빛에서만 가능하다.

> 주의 말씀은 내 발에 등이요, 내 길에 빛이니이다. 시편 119:105

> 주의 말씀을 열면 빛이 비치어 우둔한 사람들을 깨닫게 하나이다. 시편 119:130

이 시대, 혼돈과 공허의 때에, 흑암이 깊음 위에 있는 이 날에, 우리가 천지를 지으시고 이스라엘을 애굽에서 이끌어내신 하나님의 말씀을 읽는 것은 마땅한 일이다. 우리의 욥기 공부는 벌써부터 축복이다.

마. 욥기 컨텍스트

● 컨텍스트 1, 무대배경

욥은 족장시대 사람이다. 그러면 아브라함과 이삭, 그리고 야곱 때다. 그런데 그가 이들 세 사람들과 어떤 관계가 있었는지 모세오경이나 욥기에 전혀 암시가 없다. 구약 다른 어디에도 없다. 욥이 족장시대 사람이라는 것은 욥기의 구전 내용에 근거한 것이다. 족장시대 누군가 욥을 구전하기 시작했는지도 확실하지 않다. 욥기에 드러난 바 "욥이라는 인물"은 족장시대의 족장들과 비슷하게 살았던 사람이었다.

그런데 그는 소위 "이스라엘 사람"이 아니다. 그의 출신지는 에돔이다. 에돔의 조상은 야곱의 형 에서다. 그렇다면 욥을 에서의 후손 중에서 찾아야 할까? 어쩌면 에서보다 먼저 에돔 지역에 살았던 족장일 수도 있다. 이것도 확실하지 않은, 추측에 불과하다.

족장시대를 배경으로 욥이라는 인물이 그려졌다. 그러면 욥이라는 인물을 무대에 올린, 실제 관객들이 살던 시대는 언제일까?

★ 다이어그램 4, "무대장치"

	-하늘- 하나님	
천사 vs 사탄		
-제단- 욥, 자녀 아내	-무대- 욥 vs 세친구	-제단- 욥 & 세 친구 아내, 자녀
종들	-객석- 엘리후 & 독자/관객	종들
양, 낙타, 소 암나귀		양, 나귀, 소 암나귀

● **컨텍스트 2, 기록-공연 배경**

욥기를 기록한 시기, 곧 오늘 우리가 읽는 욥기가 나온 때는 언제였을까? 욥기를 읽거나 무대에 올려 관람했던 시대는 언제였을까? 여러 학자들은 바벨론 포로에서 돌아온, 페르시아 통치 시기였다는 데 동의한다.

바벨로 포수이후 이스라엘은 독립국가가 아니다. 제사공동체(Priestly Union)였다. 이스라엘은 페르시아의 구체적인 지배를 받았다. 바벨론을 멸망시키고 바벨론의 지경을 접수한 페르시아는 바벨론에 잡혀 와 있던 포로들 대부분을 석방했다.

물론 팔레스타인의 모든 유대인들이 바벨론에 끌려갔던 것은 아니다. 바벨론 멸망 당시 포로로 잡혀가지 않았던 유대인들이 있었다. 그들의 삶은 베일에 가려져 있다. 바벨론 포로 때는 물론, 페르시아 시기에도 그들의 모습은 선명하지 않다.

바벨론으로부터 귀환은 크게 세 차례였다. 첫째로, 스룹바벨-여호수아와 함께 돌아와 성전재건을 완성한 그룹이다. 두 번째 그룹은 에스라가 지도자였다. 세 번째 그룹의 지도자는 느헤미야였다.(참고. 본서 55페이지, 다이어램 3)

욥기 컨텍스트는 느헤미야 이후다. 초기의 제2성전 건축의 열정도 사라지고, 느헤미야 때 드러난 바 이스라엘 내부에 가진 자와 못 가진 자의 구분이 뚜렷한 때다. 동족 사이에 빚에 쪼들려 노예가 되는 경우가 많았다. 욥기의 표면 배경에는 드러나지 않지만, 깔려있는 바탕에 느헤미야 이후의 상황을 엿볼 수 있다. 어쩌면 말라기와 비슷한 시기가 아니었을까?

● **컨텍스트 3, 시대적 배경**

욥은 훨씬 이전의 사람이다. 대략 아브라함과 이삭 같은 족장시대로 추정한다. 그렇지만 욥기가 기록된 배경은 포수이후다. 욥기를 히브리어 문학으로 읽을 때, 주전 6세기 이전으로 잡기 어렵다(참고. Collins 2004:507). 대략 에스라가 "제사적 역사서"를 기록할 때다. 요시야의 종교개혁(622) 이후, 하나님께서 이스라엘에게 사마리아를 포함하고 앗시리아와 이집트는 물론 온 세상을 품는 선교의 비전을 주셨다. 개혁 이후 구체적으로 꿈꾸며 기다리게 된 메시야는 한 분 하나님을 섬기는 이스라엘을 하나로 묶어 온 세계를 향한 선교의 길을 걸어가는 하나님의 아들이다.

선교는 예배의 자리 확장이다. 포수 이후 이스라엘은 이방인의 땅 우스(Uz)에서 예배드리는 한 예배인간 욥을 주목했다. 욥을 알면 알수록 오늘 이 땅 이스라엘에서 바른 예배를 드릴 수 있었던 것이다.

● 욥기 기자

욥기 기자는 무명이다. 이름은 없지만 그는 "지혜인간"이었다. 구약시대 지도자 중에는 왕과 관리 등 정치 지도자가 있었고, 제사장과 예언자 등 종교 지도자가 있었다. "지혜교사"도 있었는데, 그의 사회적 위치는 종교 지도자에 들었을 것이다. 그 이상 알 수 없다.

욥기를 기록하게 된 것은 무슨 이유였을까? 당시에 "의인이 받는 고난"에 대한 논쟁이 있었을까? 말라기 당시에는 제사가 부패했다. 부정한 제물을 드리던 제사장들과 이스라엘에 대한 경고가 들었을까? 그러나 이상하다. 말라기서 같은 예언서는 논리가 단순 명쾌하다. 그러나 욥기는 복잡다단하다. 이런 것을 읽고 소화해 낼 수 있는 독자는 어떤 사람인가?

● 욥기 독자/관객

누가 욥기를 처음 읽었을까? 이것은 읽기 위한 책이었을까? 아니면 무대에 올린 연극대본이었을까? 이 이야기는 어떤 사람의 마음을 시원하게 해 주었을까?

포수 이후에, 포수에서 돌아온, 소위 "새 출애굽" 경험을 가진 사람들에게는 창조주 하나님을 저들의 출애굽 경험을 통해 만나려는 경향이 강했다. 그런데 초기 새출애굽의 흥분이 사라지고, 이제 점점 기존의 사회–종교생활에서 권태기에 접어들었다. 기강이 해이해지고, 오히려 바벨론 포로 시절을 그리워하는 사람들이 늘어났다. 고난을 설명하는 인과율 논리는 그 힘을 상실했다. 예배를 통해 얻는 것이 무엇인가? 그 효력을 의심하는 사람이 늘었다.

예배는 조건이 없다. 어떤 상황에도 예배드리는 것이다. 그들은 족장시대 때의 욥을 다시 만나야 했다. 이럴 때 하나님께서 무명의 어떤 지혜인간을 불러내셨다. 그는 기존의 창조지혜를 출애굽지혜의 렌즈로 재조명하는 사명을 품었다. 그래야 했다. 바벨론에서 나게 해 주신 하나님께서는 이스라엘을 예배공동체로 세우셨던 것이다! 그런데 이제 이스라엘은 예배가 거룩하지 않다. 이전에 침입자의 손으로 파괴되었던 이스라엘은 이제 스스로 무너지고 있다. 예배다. 예배가 살아나야 한다.

바. 욥기 구조

● 용어

프롤로그(prologue), 모놀로그(monologue), 다이얼로그(dialogue), 그리고 에필로그(epilogue) 같이 영어 표현을 이 책에 직접 쓰는 이유는 무엇인가? 욥기 구조 자체가 "소통"(로그, logue)이라는 형식을 특색으로 지녔기 때문이다. 한국어로 각각 서론, 독백, 대화, 그리고 결론 등으로 번역하면 일관성 있는 형식적 특색을 잃어버린다. 따라서 처음에 조금 노력하면 전체적인 흐름을 이해하는 데 도움이 되리라 여겨, 영어를 원음대로 한글표기하여 쓰기로 한다.

● 욥기 구조 설명

욥기는 불완전이 완전을 이끌어내는 구조다.

1:1–2:13	프롤로그
3:1–26	욥 모놀로그 1
4:1–27:23	수평 다이얼로그 사이클 1–3
4:1–14:22	수평 다이얼로그 사이클 1
15:1–21:34	수평 다이얼로그 사이클 2
22:1–27:23	수평 다이얼로그 사이클 3
28:1–31:40	욥 모놀로그 2
32:1–37:24	엘리후 모놀로그
38:1–42:6	수직 다이얼로그
42:7–17	에필로그

프롤로그와 에필로그가 불균형이다. 프롤로그의 주요 등장인물인 사탄은 에필로그 시야에서 사라졌다. 사탄만큼 흥미를 돋구는 인물인 욥의 아내가 언급조차 없

다. 욥이 자녀들을 다시 낳았다는 설명은 아내의 재등장과 긍정적 역할을 암시하지만, 따지고 보면 이미 극적 긴장이 상실되었다. 말하자면 김이 새 버린 사이다와 같다.

다이얼로그 사이클 구성이 불완전하다. 특히 수평 다이얼로그 사이클 3은 제3회전인 "소발 → 욥"이 생략되었다. 수직 다이얼로그는 수평 다이얼로그 1–3과 달리 하나님께서 욥의 상대다. 어떤 점에서 수평 다이얼로그는 수직 다이얼로그를 위한 예선전이다.

세 차례의 모놀로그가 마련되었다. 욥이 두 개, 하나는 엘리후다. 세 개의 모놀로그 모두 의외의 상황에서 예상하지 못한 상황에서 시작된다.

● 프롤로그

불안하다. 어떻게 사탄이 하나님 천상회의 자리에 올라갔는지, 이런 식으로 늘상 사탄이 하나님 앞에 설 수 있는지, 앞뒤 설명이 없다.

● 욥 모놀로그 1

제3장에 나타난 욥은 불완전하다. 창조주 하나님을 정면으로 거역한다. 차라리 스올로 내려가는 편이 낫다는 불평이다. 누구나 묻는다: 이런 사람이 어떻게 하나님께 예배드리는 예배인간이라는 말인가?

● 수평 다이얼로그 사이클 1

욥은 수세에 몰려 있다. 자연법에 근거한 완벽한 논리로 무장한 세 친구다. 욥의 항변은 차라리 초라한 패자의 울부짖음에 지나지 않아 보인다.

● 수평 다이얼로그 사이클 2

친구들의 공격은 거세다. 그들의 공격은 당차다. 하나님 편에 선 그들은 의롭고 하나님께 항변하는 욥은 불의하다. 욥의 우유부단해 보이는 성품으로 제풀에 쓰러지고 말 것 같다.

● 수평 다이얼로그 사이클 3

역전극이 펼쳐진다. 세 친구는 제풀에 쓰러진다. 욥이 역전할 수 있던 까닭은 무엇인가? 지혜다. 쓰러졌던 욥이 이제 자리를 차고 선다. 욥은 지혜인간이다. 지혜는 땅을 달리는 동물이나 하늘을 나는 새가 만날 수 없다. 바다도 죽음의 물결도 알지 못한다.

대역전이다. 욥이 갑자기 "지혜인간"이 되었다. 묻는다. 그의 지혜는 어디서 나왔는가? 당연히 예배다. 예배인간은 지혜인간이다.

● 욥 모놀로그 2

다이얼로그 사이클 3의 파격 틈새로 욥이 전면에 등장한다. 그는 욥기의 주제인 지혜에 대하여 설파한다. 물론 그의 지혜관은 욥 모놀로그 2에서 하나님의 지혜 아래 무릎을 꿇지만.

● 엘리후 모놀로그

젊은 엘리후가 갑자기 등장한다. 이전의 어떤 페이지에서도 예고가 없다. 도대체 그는 누구인가? 하나님 편인가, 욥의 편인가, 친구들과 입장은 같은가? 그의 항변은 누구를 겨냥한 것인가? 그의 연설은 열매를 거두고 있는가?

● 수직 다이얼로그

하나님께서는 욥에게 말씀하시는데, 욥의 질문은 일부러 대답하지 않으신다. 왜 그러셨을까? 오히려 "무지한 말로 생각을 어둡게 하는 자가 누구냐?" 물으신 후, 세 가지 창조와 관련된 질문을 던지신다:

–네가 어디 있었느냐?
–너는 아느냐?
–너는 할 수 있느냐?

하나님께서는 욥의 질문을 거부하신 것인가? 아니다. 이는 질문으로 대답하는 방식이다. 욥기를 지혜서라고 한다면, 바로 이 점에서다: 하나님께서는 어떤 질문은 질문으로 대답해야 함을 가르쳐 주신 것이다.

● 에필로그

프롤로그가 에필로그로 엮어져 하나의 문학-신학적 덩어리가 되기 위해서는 모놀로그 ⇄ 다이얼로그 과정이 필요하다. 독자는 등장인물의 무대 앞에 앉아 그들의 속에서 우러나는 말에 귀를 기울여야 한다.

사. 욥기 신학

● 놀라운 책, 욥기

네 가지 점에서 욥기는 놀라운 책이다.

첫째는, 기존의 인과율을 철저하게 부정한다. 사실 성경에서 보편적으로 발견할 수 있는 것은 인과율 신학이다. 어떤 조건이 제시되고, 그 조건을 충족시키는 경우 보상이 주어진다. 예를 들면, 행위로 구원을 얻는 것은 아니지만, 믿음이 구원의 조건이다. 의인은 축복을 받고, 악인은 저주를 피할 수 없다. 그런데 욥기는 이런 원인–결과 패턴을 철저하게 의심한다.

둘째로, 창조주 하나님 창조질서를 거역한다. 사람은 사명을 위하여 났고, 살기 위해 애써야 한다. 그런데 욥은 차라리 죽음을 동경한다. 이것은 예배인간으로서 마땅한 태도가 아니다.

셋째로, 욥기의 문학적 구조는 파격이다. 프롤로그(1:1–2:13)와 에필로그(42:7–17)는 산문이다. 나머지는 모두 시문이다. 그런데 여기 산문과 시문이 서로 제대로 들어맞지가 않는다. 시문을 읽어보면 산문이 전제되어 있는 것 같지 않다. 산문에서 보여준 욥은 시문의 욥과 달라도 너무 다르다. 학자들은 이 둘이 서로 다른 글인데 후대에 억지로 합성된 것으로 의심했다. 더욱이 욥의 지혜론(28:1–28)과 엘리후 이야기(32:1–37:24)는 전체 흐름을 어색하게 만든다. 이들은 분명히 어디선가 삽입된 것처럼 보인다(참고. Alter 2010:133). 다시 말하면 욥기를 문학 구조의 틀에서 볼 때 대단히 엉성하다.

넷째로, 욥기를 "믿음"에 대한 "보상"이라는 차원에서 읽을 때(그도 그럴 것이, 42장 후반부는 욥에게 내린 보상이다) 과연 두 배의 물질이 그가 보낸 고난의 세월을 충분히 보상할 것인가, 의문을 버릴 수 없다. 결국 물질 이야기였다는 말인가? 더욱이 잃어버린 자녀들 생각에 이르면, 새로 얻은 자녀들이 결코 대신할 수 없는 마음자리가 있음을 누구나 짚어낼 것이다!

● **신명기신학과 욥기신학**

흔히 욥기신학을 신명기신학의 반대편에 섰다고 말한다. 욥의 친구들이 신명기신학에 가깝고, 욥은 그 반대라는 말이다. 사실인가? 그렇다면 욥기가 반영하는 어떤 신학이 있다는 말이고, 그 신학은 성경 안에서 신명기신학과 대립각을 세운다는 뜻이겠다.

이런 상충되는 신학이 성경 내에 공존한다는 발상 자체가 안타깝다.

● **신명기신학 1**

신명기신학과 욥기신학은 이상과 같은 맥락에서라면 서로 엮일 관계가 아니다. 도리어 신명기신학과 욥기신학은 창조//출애굽 다이내믹스를 공유하는 점에서 공통점이 있다.

● **신명기신학 2**

그러면 신명기신학은 무엇인가? 보통 사람들이 이해하는 신명기신학의 핵심은 인과론(因果論)이다. 말하자면 말씀을 순종하면 복을 받고, 불순종하면 저주를 받는다는 것이다. 예외가 없다. 과연 그런가?

● **신명기신학 3**

신명기신학은 그렇게 간단하지 않다. 신명기에 가난한 자들을 돌보라는 명령이 있다(참고. 신명기 15:1-11). 부귀가 하나님 말씀의 순종에서 났다면, 가난은 불순종의 결과다. 따라서 가난한 사람은 불순종했을 터다. 불순종해서 자업자득으로 가난이 왔다면 재물을 나누어주어 그를 돕기보다 그를 징계해서라도 가르쳐서 스스로 복 받는 사람으로 만들어야 옳다. 따라서 재물 나누기는 말씀 가르치기와 별개로 실시되어선 안 되는 것이다. 그런데 신명기는 재물 나누기를 구체적으로 명령한다. 따라서 신명기가 "부자=순종자," 그리고 "빈자=불순종자 "같은 등식을 택하지 않는 것이 분명하다.

신명기가 가난한 자들을 돌보라는 것은 이스라엘의 출애굽 기억에 근거한다. 애굽에서 그들은 나그네였고, 가난한 자였다. 따라서 신명기 내에 창조//출애굽 다이내믹스가 신명기 신학의 원동력이다.

신명기 28장에서 복과 저주라는 이원법적 정의가 오랫동안 오해되었다. 생각하라. 신명기 28장은 "기억명령"과 "순종명령"이라는 신명기의 두 개 기둥 중에 후자에 속한다. 이 "순종명령"은 "기억명령"과 다이내믹스 관계다. 따라서 이스라엘이 가난한 자를 돌보아야 하는 것은 창조와 출애굽이라는 역사적 사건과 그 기억을 바탕으로 난 명령이다. 이것을 기계적 인과율로 이해하는 것은 이스라엘 법령에서 "기억" 부분을 제거한, 대단히 지혜롭지 못한 처사다.

● 욥기신학

욥기신학은 한마디로 예배신학이다.

예배신학이 따로 있다. 어떤 상황에서도 사람은 예배드려야 한다. 신령과 진정으로 예배드리는 한 사람의 모든 죄는 용서받는다. 욥의 의로움은 그가 예배인간이었기 때문이었다. 예배 외의 어떤 행위가 그의 의로움을 보장하지 않았다.

예배에서 우리 인간이 경험하는 것은 하나님의 은혜다.

● 예배신학

모든 예배가 하나님께서 받으시는 것은 아니다. 아벨의 제사는 받으셨지만 가인은 거부하셨다. 신령과 진정으로 예배하는 자들을 하나님께서 찾으신다(요한복음 4:23). 가인의 제사는 몇 가지 점에서 불합격이었다. 히브리서는 가인이 믿음 없는 제사를 드렸다고 지적했다. 믿음 없이는 기쁘시게 하지 못한다. 요한일서는 가인이 하나님께 속하지 않고 오히려 악한 자, 곧 사탄에게 속한 자라고 지적한다.

참된 예배는 하나님께 속한 자가 하나님께 드리는 것이다. 유다서는 가인이 이성 없이 본능을 따라 망한 사람들, 곧 고라와 발람 등과 같은 범주에 둔다. 참된 예배를 통해 우리는 죄 사함을 받는다.

● **예배**

예배는 구원받은 성도들이 마땅히 드려야 할 헌신이다.

구약에서 예배는 출애굽 사건에서 그 뿌리를 찾는다. 출애굽 이전의 역사, 곧 창세기가 그리는 역사 속에 예배가 있지만, 창세기는 출애굽 이스라엘에게 제시한 "역사책"이라는 점을 고려하자. 그러면 창세기에 나타나는 예배는 출애굽 컨텍스트의 예배가 상당히 반영된 것임을 알 수 있다.

여호와 하나님이라는 신명(神名)의 기원은 무엇인가? 이 기원을 알면 왜 내가 출애굽 컨텍스트의 예배에 중점을 두는지 이해가 될 것이다. 여호와 하나님께서는 당신의 이름, 곧 "여호와"라는 신명을 역사상 모세에게 처음 드러내셨다.

> 하나님이 모세에게 말씀하여 이르시되, 나는 여호와이니라. 내가 아브라함과 이삭과 야곱에게 전능의 하나님으로 나타났으나, 나의 이름을 여호와로는 그들에게 알리지 아니하였고, 가나안 땅 곳 그들이 거류하는 땅을 그들에게 주기로 그들과 언약하였더니 출애굽기 6:2-4

> 내가 아브라함과 이삭과 야곱에게 주기로 맹세한 땅으로 너희를 인도하고 그 땅을 너희에게 주어 기업을 삼게 하리라. 나는 여호와라 하셨다, 하라.
> 출애굽기 6:8

그러나 창세기에 "여호와"라는 이름이 등장한다. 어떻게 된 일인가?

모세에게 처음 여호와라는 당신의 이름을 계시하신 하나님을 만난 모세는, 창세기를 기록하면서 자연스럽게 그 하나님을 여호와로 썼다. 그래서 우리가 창세기에서 하나님을 여호와로 읽는 것이다.

여호와 하나님은 "출애굽의 하나님"이시다. 이스라엘의 신음소리를 들으시고 구원하기로 결심하사, 모세를 불러내신 하나님, 그분이 곧 여호와시다. 그런데 바로 그 여호와 하나님께서 천지를 창조하신 신이시며, 아브라함과 이삭과 야곱의 하나님이시다! 여호와 하나님은 이스라엘을 출애굽 시키실 목적을 "예배"에 두셨다. 이스라엘은 애굽 땅이 아니라 가나안 땅, 곧 아브라함과 이삭과 야곱에게 약속하신 땅으로 가서 예배를 드려야 할, 여호와 하나님의 백성인 것이다.

바로 이 점에서 내가 이스라엘의 예배가 출애굽 컨텍스트에 그 뿌리를 찾을 수 있다고 말한 것이다. 당연히 "여호와" 하나님께 드리는 예배는 출애굽 이전에도, 적어도 아벨의 제사를 포함하는 고대에 이르는 때에도 발견할 수 있다. 그러나 문제는 출애굽 이전의 제사는 출애굽의 하나님 여호와를 아직 만나 뵙기 이전이다. 아브라함과 이삭과 야곱의 경우, 그들은 그들의 후손이 수백 년 후에 이방인의 땅을 벗어나 가나안으로 돌아와 예배드릴 것을 약속으로 받았다(참고. 창세기 15장). 그렇지만 그것은 아직 실현되지 않은, 하나의 약속이었다.

따라서 전능하신 여호와 하나님의 능력으로, 어린양의 피를 통해 궁극적으로 애굽과 구별되어, 출애굽을 경험한 이스라엘이 만난 여호와 하나님, 그분께 드리는 예배는 출애굽 이스라엘이 드린 예배가 그 뿌리다.

● **욥의 예배**

욥의 예배는 이런 점에서 구원주 하나님 경험에서 시작된다.

그런데 세 친구는 그 구원을 알지 못한다. 세 친구의 창조 이해는 중요한 점이 빠졌다. 곧 창조//출애굽 다이내믹스 내에서 창조 이해가 자리매김 되어야 했는데, 그들은 "창조"만 알았다. 출애굽 없는 창조를 통해서는 하나님을 창조의 질서 안에만 계신 분으로 이해하게 되는 것이다. 아끼는 다니엘을 사자 굴에 보낼 수밖에 없는 다리오 왕처럼, 세 친구에게 있어 하나님께서는 당신의 창조질서를 결코 거스를 수 없는, 나약한 신이다.

그러나 욥은 출발점이 달랐다. 구원이었다. 의롭지 않은 자를 의롭다 인정하시고, 죄인을 용서하시며, 약한 자를 강하게 하시는 여호와 하나님을 만나뵙는 욥은, 그분께서 창조주이심을 이해할 때, 선하심과 긍휼히 여기심과 사랑의 하나님을 뵙는 것이다. 죄의 짐을 지고 죽음의 길 가는 인생을 불러 세우시고, 그를 빚어 전혀 새로운 인생으로 만들어내신, 하나님의 손길을 경험하는 것이다.

이러므로 욥은 그의 예배를 통해서 죄를 사하시는 하나님, 하나님의 자녀로 새롭게 태어나게 하신 하나님을 만난 것이다. 바로 이 점에서 욥은 세 친구와 다르다. 이것은 대단히 큰 차별이다.

● 이스라엘 역사 속에서 출애굽과 우리의 예배

출애굽 이후, 이스라엘은 많은 제2, 제3의 출애굽을 경험했다. 바벨론 포수에서의 귀환과 로마 통치로부터의 자유 희망이다. 이럴 때마다 예배 인도자들은 창조주 하나님을 선포했다. 물론 이 때의 창조주 하나님은 자연 질서에 갇힌 하나님이 아니다. 오히려 구원의 하나님, 사랑의 하나님, 이스라엘을 새롭게 만드시는 하나님이시다.

묻는다. 오늘 죄의 길을 벗어나는 길에, 고난의 자리를 털고 일어서는 날마다, 슬픔의 눈물을 주먹으로 닦아내는 매일의 삶 속에서, 우리가 만나 뵙는 창조주 하나님은 누구신가?

● 하나님의 영광

하나님을 사랑하는 사람들은 하나님께로부터 보상을 받기 때문 아닌가? 하나님께서 받으시는 영광은 결국 인간의 자발적인 데서 우러난 것이 아니라 하나님께서 조성하신 조건에 대한 반응 아닌가? 사탄이 도전한 것처럼, 사람을 치면 하나님께서 스스로 자랑스럽게 여기시는 영광이 물거품 되고 말 일 아닌가? 그러나 욥기는 이런 의심구도 자체를 허용하지 않는다.

● 하나님의 정의

정의란 무엇인가? 이 시대의 화두다.

이 시대를 사는 어떤 사람들은 하나님의 정의를 의심한다. 하나님이 옳으시다면 의인이 왜 고난 받는가? 하나님의 정의는 보편성을 상실한 것이 아닌가? 보편성 잃은 정의는 공의가 아니다. 사람들은 욥기를 읽을 때 이 질문을 미리 품는다.

대답부터 하자. 하나님의 정의는 공의다. 성경이 증거한다. 사람의 증명이 필요하지 않다. 그러나 필요한 사람은 그 증명을 얻을 수 있다. 진실한 성경읽기를 통해서.

★ 다이어그램 5, "SPR 창조"

S	P
제1일 빛(낮) vs 어둠(밤) 제2일 궁창 vs 물 제3일 육지 vs 바다	제4일 해 & 달/별 제5일 새 & 물고기 제6일 동물/사람
R	
제7일 안식	

★ 다이어그램 6, "SPR 출애굽"

S	P
애굽에서 나오다	가나안 땅으로 들어가다
R	
예배로써 안식하다	

제1-3일 창조(성별)와 애굽에서 나옴은 다이내믹스 관계다. 제4-6일 창조(파송)와 가나안 땅으로 들어감은 다이내믹스 관계다. 제7일의 안식과 가나안 땅에서 예배로써 안식함은 다이내믹스 관계다. 결국 SPR 창조와 SPR 출애굽은 다이내믹스 관계다: SPR Creation//SPR Exodus.

● C//E: 창조//출애굽 다이내믹스

창조는 출애굽 공동체에게 보이신 하나님의 권능이다. 그것은 약속이다. 창조하신 그대로 이스라엘을 구원하실 것이다.

창세기는 1-2장의 창조 외에 3-11장의 불순종, 12-50장의 족장 이야기를 포함한다. 크게 이 세 덩어리는 모두 출애굽 공동체의 현재와 미래, 곧 애굽을 떠나(S) 가나안으로 이동하여(P) 하나님께 제사를 드림으로써 안식해야 할(R) 비전을 미리 보여주심이다.

창세기 3-11장은 창조 이전으로 돌아간 인간 이야기 네 편이다(참고. 조은석 2012:258,276).

3:1–24	아담과 하와
4:1–5:32	가인
6:1–10:32	홍수 때 사람들
11:1–32	바벨탑 사람들

이들 이야기는 창조//출애굽 다이내믹스 안에서 구성된 것이다. 출애굽 공동체가 배워야 할 교훈인데, 창조주 하나님의 말씀에 순종하지 않은 사람들의 현재와 미래다.

창세기 12–50장은 세 명의 족장, 곧 아브라함, 이삭, 그리고 야곱의 이야기다(참고. 조은석 2012: 258, 276).

12:1–25:10	아브라함
21:1–27:46	이삭
28:1–50:26	야곱

세 족장 이야기는 각각 겹치는 부분이 있다. 이 족장 이야기도 창조//출애굽 다이내믹스 안에서 구성되었다. 곧, 출애굽 공동체에게 주신 "역사책"의 중요한 부분이다. 조상들의 개인의 삶에 이미 보여주신 출애굽 비전이 오늘 이스라엘이 출애굽에서 성취되어야 할 예언적 예표다.

● 창세기: 출애굽 공동체의 역사책

창세기는 출애굽 공동체에게 주신 역사책이다(참고. 조은석 2012:131). 무릇 역사기록은 현재의 필요와 관계가 있다. 키에르케고르의 말이다: "현재가 될 수 없는 과거는 기억할가치가 없다." 창세기는 출애굽 공동체에게 현재가 된 과거기록이다. 그것은, 창조의 방법으로 출애굽 시키실 것이라는 하나님 약속의 실현이다. 구체적으로, S(성별), P(파송), 그리고 R(안식)의 방법으로 창조하신 것처럼, 바로 그대로 이스라엘을 애굽에서 성별해 내시고(S), 가나안 땅으로 파송하셔서 (P), 거기서 진정한 예배로써 안식하게 하실 것이다(R).

★ 다이어그램 7, "창조//출애굽 다이내믹스와 십계명 비교"

	출애굽기 20:	신명기 5:
도입부		1-5b. 모세가 온 이스라엘을 불러 그들에게 이르되, 이스라엘아 오늘 내가 너희의 귀에 말하는 규례와 법도를 듣고 그것을 배우며 지켜 행하라. 우리 하나님 여호와께서 호렙 산에서 우리와 언약을 세우셨나니, 이 언약은 여호와께서 우리 조상들과 세우신 것이 아니요, 오늘 여기 살아있는 우리, 곧 우리와 세우신 것이라. 여호와께서 산 위 불 가운데에서 너희와 대면하여 말씀하시매, 그 때에 너희가 불을 두려워하여 산에 오르지 못하므로, 내가 여호와와 너희 중간에 서서 여호와의 말씀을 너희에게 전하였노라.
하나님/여호와	1. 하나님이 이 모든 말씀으로 말씀하여 이르시되,	5c. 여호와께서 이르시되,
여호와 하나님	2. 나는 너를 애굽 땅, 종 되었던 집에서 인도하여 낸 네 하나님 여호와니라.	6. 나는 너를 애굽 땅, 종 되었던 집에서 인도하여 낸 네 하나님 여호와라.
제4계명	9-10. 안식일을 기억하여 거룩하게 지키라. 엿새 동안은 힘써 네 모든 일을 행할 것이나, 일곱째 날은 네 하나님 여호와의 안식일인즉, 너나 네 아들이나 네 딸이나 네 남종이나 네 여종이나 네 가축이나 네 문 안에 거하는 객이라도 아무 일도 하지 말라.	12-14. 네 하나님 여호와가 네게 명령한 대로 안식일을 지켜 거룩하게 하라. 엿새 동안은 힘써 네 모든 일을 행할 것이나, 일곱째 날은 네 하나님 여호와의 안식일인즉, 너나 네 아들이나 네 딸이나 네 남종이나 네 여종이나 네 소나 네 나귀나 네 모든 가축이나 네 문 안에 유하는 객이라도 아무 일도 하지 못하게 하고, 네 남종이나 네 여종에게 너 같이 안식하게 할지니라.
제4계명 근거	11. 이는 엿새 동안에 나 여호와가 하늘과 땅과 바다와 그 가운데 모든 것을 만들고 일곱째 날에 쉬었음이라. 그러므로 나 여호와가 안식일을 복되게 하여 그 날을 거룩하게 하였느니라.	15. 너는 기억하라. 네가 애굽 땅에서 종이 되었더니, 네 하나님 여호와가 강한 손과 편 팔로 거기서 너를 인도하여 내었나니, 그러므로 네 하나님 여호와가 네게 명령하여 안식일을 지키라. 하느니라.

출애굽 제1세대에게 주신 십계명(출애굽기 20:1-17)과 제2세대에게 주신 십계명

(신명기 5:1–15)은 "다이내믹스" 관계가 있다.

첫째, 출애굽기에 없는 "도입부"가 신명기에 있다. 도입부는 출애굽 제2세대가 호렙산에 있었고, 거기서 하나님께서 "우리, 곧 여기 살아있는 우리"와 계약을 맺으셨다고 했다. "우리 조상들"과 맺은 것이 아니다! 사실 그 계약은 하나님께서 출애굽 제1세대, 곧 "출애굽 제2세대의 조상들"과 맺으신 것이다. 그런데 어떻게 해서 하나님께서는 "그들이 아니라 곧 너희들"이라고 말하는가? 여기서 "계약의 현재화"라는 주제가 드러난다.

둘째, 출애굽기의 십계명은 십계명을 주시는 하나님을 "하나님"으로 드러내시는 데 반하여(출애굽기 20:1) 신명기의 십계명은 "여호와"로 드러내신다(신명기 5:5c). 참고로 "여호와"라는 신명은 하나님께서 모세에게 처음 드러내셨다(참고. 출애굽기 6:2–8).

셋째, 출애굽기의 십계명은 하나님께서 직접 주시는 데 반하여, 신명기의 십계명은 중개자로서의 모세의 역할이 분명하다. 신명기 십계명에서 계명의 흐름을 보라.

넷째, 출애굽기의 제4계명은 그 근거가 "창조"다. 그러나 신명기의 제4계명 근거는 "출애굽"이다. 이 명백한 차이는, 출애굽 제1세대는 창조를 기억의 내용으로 삼은데 반하여, 출애굽 제2세대는 출애굽 제2세대가 경험한 출애굽 자체를 기억의 내용으로 삼았음을 말한다. 기억의 내용은 곧 "안식일을 지키기 위함"이다. 하나님께서는 안식일 준수의 근거로 이스라엘에게 기억을 요구하셨는데, 그 기억의 내용이 하나는 창조, 다른 하나는 출애굽이다. 바로 여기서 우리는 "창조//출애굽 다이내믹스"의 전형을 본다. 곧, 창조는 출애굽의 컨텍스트에서 기억의 내용으로 제시된 것이다. 달리 말하면, 구원의 하나님께서(출애굽) 이스라엘을 출애굽시키시면서 당신께서 창조주 하나님 되심을 선포하신 것이다.

다섯째, 신명기의 제4계명은 "네 하나님 여호와가 명령한대로"(5:12a) 등의 "추가"된 내용이 있다. 이는 세대를 넘어 기왕에 주신 내용을 "강화"하기 위한 장치다. 곧, 처음 주신 계명을 다음 세대를 위하여 하나님 스스로 새롭게 해석해 주신 것이다. 무게중심이 다음 세대로 계속 이동하고 있는 다이내믹스다.

● 욥기와 창조//출애굽 다이내믹스

성경 66권을 SPR 신학구도로 읽을 수 있다(참고. 조은석 2012). 우리는 여기서 욥기를 그 각도로 읽는다. 세 친구는 창조주 하나님만 알았다. 욥은 그 창조주 하나님을 출애굽 컨텍스트를 통해 읽은 예배인간 이스라엘과 같은 위치에 서 있다. 따라서 욥은 구원하시는 주님을 통해서 창조하신 하나님을 뵈었다.

세 친구가 본 창조는 일종의 율법이다. 구체적으로 자연법칙, 곧 인과율이다. 놀랍게도 이 질서는 창조주 하나님께서도 어쩔 수 없는, 그 자체로 절대성을 지녔다. 이 규칙은 차갑다. 규칙을 말하는 입에서는 언제나 비판의 칼날이 나온다. 그러므로 그들에게 있어 창조는 냉정한 원칙이다.

그러나 욥이 본 창조는 따뜻한 사랑으로 구원하신 하나님의 능력이다. 욥이 발견한 창조는 날마다 새롭다. 죄인 인간을 낮추셔서 새로 빚어 만드심이다. 그러므로 창조는 죄를 사하시는 하나님의 능력이다.

● 주 동행 방정식: SPRx=C//E

SPR=C다. 다른 한편 SPR=E다. 그러나 SPR≠C//E다. 왜냐하면 "C//E"는 각각의 C와 E 이상이기 때문이다. SPRx=C//E라는 방정식은 다음과 같은 뜻이 있다.

–성별, 파송, 안식을 누리는 예배인간 x의 삶은 창조(E)와 출애굽(E)의 다이내믹스와 같다.

–거룩하고(S) 복이 있는(P) 사람으로서 예배를 드리는(R) 예배인간은 날마다 새 창조(C)와 새 출애굽(E)을 경험한다.

이 방정식의 x는 성경을 읽는 개인, 가정, 혹은 교회다. 누구라도 SPR에 x를 대입하면 하나님의 창조와 출애굽의 다이내믹스를 얻는다.

SPR에 대입된 성경독자는 창조와 출애굽 다이내믹스 안에서 자기를 발견할 수 있다.

● **예배방정식**

SPRx−C//E=0

주 동행 방정식과 사실상 같다. 다만 "C//E"를 "=" 왼편으로 이동시킨 것이 다르다. 예배는 주 동행자의 삶이다. 여기서 남는 것은 제로(0)다.

번제다. 새창조와 새출애굽의 다이내믹스를 빼고 나면 아무것도 남기지 않는, 온전한 예배다. 오히려 재도 남기지 않는 번제(燔祭)다. 옥합을 깨뜨린 여인처럼, 생활비 전부를 드린 과부처럼, 네오내오없이 교회로 가져간 초대교회처럼, 다 드리는 온전한 헌신이다.

욥기 읽기를 통해 독자는 하나님 앞에 엎드린, 모든 것을 다 드리고 재도 남기지 않는 예배인간 욥을 발견한다. 이 욥은 결국 예배인간 독자의 자아상이다.

● **예배인간**

SPR에 대입된 x를 "예배인간"으로 부른다.

하나님께 예배하는 사람, 곧 예배인간은 왜 언제나 고난 중인가? 슬피 부르짖는 건 왜 예배인간의 몫인가?

욥은 세 친구들과 대비하여 예배인간의 진면목을 보인다. 우선 그는 "기도드리는 사람"이다. 예배인간은 하나님께로 향한다. 언제 어떤 상황에서도 예배드린다.

● **예배인간, 인간적인 계산을 버리다**

예배인간은 요시야처럼, 세례요한처럼, 뒷일을 생각하지 않는다. 제도를 확립하려는 계산을 버린다. 지금 이 순간을 산다. 차라리 불꽃같은 산화(散花)다.

● **예배인간 요시야(Josiah, 640-609)의 개혁**

요시야는 진정한 예배를 위해 정치적, 경제적, 외교적 무리수(無理數)를 두었다. 강대국 틈에 낀 약소국이 생존을 바랬다면 "파당공존"이라는 포석을 두어야 했다. 그러나 그는 오직 여호와 하나님만 섬기는, 그래서 다른 모든 우상을 깨뜨리고 산당을 제거해 버리는 초강수를 두었다. 그에게 개혁은 예배였다.

이것은 국내와 국제 정세를 바르게 읽은 행위가 아니었다. 고려를 창건한 왕건처럼, 요시야가 집권할 때의 유다는, 그리고 개혁 이전까지의 18년 동안의 요시야의 유다는 지방 토호세력과 중앙정부의 적절한 절충을 기반 삼고 서 있었다. 그 모든 인간관계를 하나님을 위해 버렸다. "예배적 개혁"이다.

● 예배인간 세례요한의 선포

세례요한은 회개의 세례를 베풀면서 신령과 진정의 참된 예배를 인도하실 예수님을 기다렸다. 예수 그리스도의 사역으로 성취되는 하나님의 나라를 선포하면서 세례요한은 당대 권력자들과 합의하지 않았다. 그것은 그들과 대립각을 세웠다는 말이다. 스스로 원수를 자처했다. 그들을 "독사의 자식들"(마태복음 3:7; 누가 3:7)이라고 불러 세웠다. 세례요한의 이 표현을 예수님께서도 사용하셨다(마태복음 12:34). 그의 예배는 곧바로 급진적 현실이 되었다.

● 예수님과 참된 예배

예수님은 하늘의 반차를 따른 대제사장이시다(히브리서 7:17b). 예수님은 세상 죄를 지고 가는 하나님의 어린양(요한복음 1:29b)이시다. 신령과 진정으로 예배드리는(요한복음 4:23) 참된 예배인간에게 요구하신 것이 있다: 우상을 버리고 한 하나님을 섬기라고 하셨다. 성전을 청결하셨다. 사마리아까지 품으심으로써 이스라엘 열 두 지파를 묶으셨다. 이 세 가지는 요시야의 "세 하나 개혁"과 일맥상통한다.

● 땅 끝에 선 예배인간 욥

욥이 이방인의 땅 우스에 살았다는 말은, 하나님께 예배드리는 예배인간은 "이미" 땅 끝 여기저기에 서기 시작했다는 뜻이다.

● 지금 땅 끝에서는

거룩하신 하나님 앞에 거룩한 산 제사를 드리는 예배인간들이 거리를 메우고, 예배당을 메우고 있다.

● 좋은 질문 vs 나쁜 질문

예배인간은 나쁜 질문을 버리고 좋은 질문을 품는다. 사탄이 주는 질문은 나쁘다. 그는 사람을 쓰러뜨릴 목적이다. 죽음으로 몰아갈 목적이다.

> 하나님이 참으로 너희더러 동산 모든 나무의 열매를 먹지 말라 하시더냐?
>
> 창세기 3:1b

나쁜 질문은 잘라내 버려야 한다. 나쁜 질문을 가지고 오는 사탄을 물리쳐야 한다. 성령님의 불로써 태우고, 성령님의 물로 씻어내야 한다. 말씀의 권능이다.

> 사탄아 물러가라. 기록되었으되, 주 너의 하나님께 경배하고, 다만 그를 섬기라, 하였느니라.
>
> 마태복음 4:10b

> 이에 마귀는 예수를 떠나고 천사들이 나아와서 수종드니라. 마태복음 4:11

예수님의 가르치심에도 나쁜 질문 잘라내기가 있다.

> 모세는 율법에 이러한 여자를 돌로 치라, 명하였거니와 선생은 어떻게 말하겠나이까? 그들이 이렇게 말함은 고발할 조건을 얻고자 하여 예수를 시험함이러라. 예수께서 몸을 굽히사 손가락으로 땅에 쓰시니, 그들이 묻기를 마지 아니 하는지라. 이에 일어나 이르시되, "너희 중에 죄 없는 자가 먼저 돌로 치라." 하시고, 다시 몸을 굽혀 손가락으로 땅에 쓰시니
>
> 요한복음 8:5–8

예수님을 만나는 사람들은 누구나 품고 살던 나쁜 질문을 버리게 되는 것이다.

● 좋은 질문 품기

예배인간은 예배를 드리고 나오며 좋은 질문을 가슴에 품는다. 좋은 질문은 하나님께서 주신다.

내가 누구를 보내며, 누가 우리를 위하여 갈꼬? 이사야서 6:8b

인자야, 이 뼈들이 능히 살 수 있겠느냐? 에스겔서 37:3b

좋은 질문은 품어야 한다. 날마다 곱씹으며 묵상해야 한다. 당장 이루어드리지 못해도 가슴에 품은 좋은 질문, 그것은 그의 사명이다.

내게 주신 모든 은혜를 내가 여호와께 무엇으로 보답할까? 시편 116:12

이런 사람의 길은 하나님께서 인정하신다(참고. 시편 1:6). 의로운 자의 의로운 길이기 때문이다.

● 의인

시편 같은 성경은 어째서 의인이라면서 고난 중에 부르짖는 경우가 그렇게 많은가? 왜 하나님께서는 그들을 내버려두시는가? 의인은 예배인간이다.

사람은 죄인이다. 그러나 사람은 예배로써 의롭다 하심을 얻는다. 의인, 그는 예배의 때를 사모하며 예배의 자리로 항상 나아가는, 예배인간이다.

● 예배인간

예배인간은 호모 베네라분두스(Homo Venerabundus)다. "베네라분두스"는 본질이 "하나님 앞에 두려워 떪"이다. 예배인간이라면 두려워하고 떨어야 옳다.

> 여호와께서 이와 같이 말씀하시되, 하늘은 나의 보좌요, 땅의 나의 발판이니, 너희가 나를 위하여 무슨 집을 지으랴? 내가 안식할 처소가 어디랴? 나 여호와가 말하노라. 내 손이 이 모든 것을 지었으므로 그들이 생겼느니라. 무릇 마음이 가난하고 심령에 통회하며 내 말을 듣고 떠는 자, 그 사람은 내가 돌보려니와, 소를 잡아 드리는 것은 살인함과 다름이 없이 하고, 어린 양으로 제사드리는 것은 개의 목을 꺾음과 다름이 없이 하며 드리는 예물은 돼지의 피와 다름이 없이 하고, 분향하는 것은 우상을 찬송함과 다름이 없이 행하는 그들은 자기의 길을 택하며, 그들의 마음은 가증한 것을 기뻐한즉 이사야서 66:1-2

마음이 가난하고, 심령에 통회하며. 이 두 가지는 산상수훈에서 예수님께서 제시하신 "팔복" 중에 처음 두 가지다. "내 말을 듣고 떠는 자." 이것은 팔복에 들어있지 않으나, 마음이 가난하고 심령에 통회하는 자를 달리 말한 것이다. 동시에 팔복 전체에 해당하는 성품이다.

하나님 앞에 서서 그분의 말씀을 이루어드리기 위해 떠는 사람, 그는 복을 받은 사람이다. 그가 예배인간이다. 이스라엘은 예배를 목적으로 지음 받았고 구원 받았다.

● 이스라엘

이스라엘은 의인의 전형(典型)이다. 하나님께서 애굽에서 이끌어내심, 곧 출애굽은 그 목적이 예배였다.

그런데 하나님께서는 이스라엘을 버려두셨다. 왜 그러셨을까? 그들의 범죄 때문이었다. 이스라엘의 범죄가 고난의 모든 이유가 되는가?

우리가 욥기에서 만나는 예배인간 욥은 이스라엘이다. 영적으로 이스라엘은 예배의 자리로 부르심 받은 모든 성도의 모임이다. 엄격히 말해 이스라엘의 예배의 자리, 가나안은 "땅"의 개념이 아니다. 그것은 "부르심"의 개념이다.

● **욥의 거룩(S)**

욥은 아내와 거리를 두었다(S). 하나님을 저주하고 죽으라는 아내의 편에 서지 않았다.

욥은 스스로로부터 떨어졌다(S). 절망하는 자신, 하나님을 거역하는 자신을 내려놓았다.

욥은 친구들과 어떤 거리를 두었다(S). 저들의 주장대로 자신의 의를 땅에 버리고 쓰러지지 않았다. 예배인간으로서의 영적 자존감을 버리지 않았다.

욥은 엘리후의 독설에 굴복하지 않았다.

복 있는 사람은 악인들의 꾀에도, 죄인들의 길에도, 오만한 자들의 자리에도 상관하지 않는다(S).

● **욥의 파송지(P)**

욥은 하나님께서 지시하시는 자리에 섰다(P). 거기는 영적 전쟁터다.

> 나의 반석이신 여호와를 찬송하리로다. 그가 내 손을 가르쳐 싸우게 하시며, 손가락을 가르쳐 전쟁하게 하시는도다. 시편 144:1

하나님께서 약속하신 그 자리에 서서, 주님께서 거룩하게 하심을 지켜내는 전쟁이다. 예배를 방해하는 모든 세력을 물리침이다. 욥이 상대하며 싸워야 할 원수는 예배 방해자다.

● **욥의 안식(R)**

욥은 예배로써 안식을 얻었다(R). 그는 예배로써 하나님과의 관계를 회복했다. 여기서 그는 하나님을 뵈었다.

> 내가 주께 대하여 귀로 듣기만 하였사오나, 이제는 눈으로 주를 뵈옵나이다.
> 욥기 42:5

그는 예배의 자리에서 평안을 회복했다. 평강 주시는 주님의 얼굴을 뵌 것이다.

아. "예배방정식," SPRx-C//E=0

● 주 동행 방정식, SPRx=C//E

욥은 거룩한 사람이었다(S). 그는 언제나 하나님 편에 섰다. 하나님의 지시를 받은 자리에 선 욥은 복 있는 사람이었다(P). 욥은 예배 중에 안식을 누린 사람이었다(S). SPR에 대입된 욥(x)은 하나님의 새 창조와 새 출애굽의 다이내믹스(C//E), 그 이상도 그 이하도 아니었다.

욥기를 읽으며 욥과 동일시하는 그리스도인은 늘 주님과 동행한다. 그의 길은 새 창조와 새 출애굽의 소망으로 충만하다.

● 예배방정식, SPRx-C//E=0

거룩한 사람 욥은 하나님의 편에 서서 늘 제사를 드렸다. 그에게서 하나님의 새 창조와 새 출애굽을 뺀다면, 그는 남는 것이 없다. 곧 "제로"(0)다.

욥처럼 하나님의 편에 서서 진정한 헌신의 삶을 살아가는 모든 그리스도인은 새 창조와 새 출애굽의 다이내믹스를 빼면 아무것도 남기지 않는다. 그는 스스로를 하나님께 드리는 온전한 번제의 제단에 늘 바친다. 욥처럼 그의 가정도 언제나 드림이다. 친구를 위한 기도도 응답되는 거룩한 제사다.

● 욥기를 주 동행 예배방정식으로 풀다

욥기 읽기는 주 동행 예배방정식 풀기다.

이 말이 어떻게 설득력 있는가? 백문이 불여일견이다. 책을 펼쳐들고 읽자.

● 나와 욥을 일치시키다

결국 욥기를 읽는 나는 욥이다. 모든 독자가 다 욥이 되는 것은 아니다.

예배 없는 독자는 욥기에서 "엘리후"와 동일시한다. 그게 욥기읽기의 함정이다. 신령과 진정의 예배인간이 예배인간 욥이 된다.

자. 욥기 텍스트

● 프롤로그

1:1–2:13이다. 주로 산문이다. 그러나 상식을 깨뜨려 버리고, 이 산문의 흐름은 대단히 급하다. 장면이 빠르게 변하다. 어떤 시도 쉽게 표현하기 어려운 추상과 신학적 상상의 세계다. 여기서 객관적 사실을 추적해 내려는 노력은 무위다. 예를 들면 천상회의나 하나님의 고난 허락 같은 것이다.

평화롭던 욥의 가정에 폭풍우가 몰아친다. 천인이 공노(天人共怒)라고 할 수밖에 없는 고난이 연이어, 순식간에 닥친다. 모든 재산을 잃고, 모든 자녀를 잃고, 아내도 떠난다. 아무런 설명도 없이, 욥은 황량한 들판에 내던져진다. 그러나 욥은 예배인으로 남는다. 오히려 그의 예배가 집중 조명된다.

● 모놀로그 ⇄ 다이얼로그

3:1–41:6이다. 모놀로그와 다이얼로그 모두 시문이다. 시는 영적 깊이를 더하는 기도를 포함하는 아름다운 표현이다. 혼자든지(모놀로그) 둘이든지(다이얼로그) 손의 글과 달리 그 입의 말은 시적인 압축과 상징을 품었다.

● 3:1–26, 욥 모놀로그 1

여기서 욥은 창조주 하나님과 대면하기를 바란다. 그러나 하나님은 대답하지 않으신다. 욥은 창조주 하나님 앞에 서서 죽음의 길을 원한다. 그런데 이 소원은 사실 살고자 하는 강력한 마음에서 우러른, 삶에의 의지다. 욥 모놀로그 1이 수평 다이얼로그 사이클 1–3을 이끌어 내는 셈이다.

● 4:1–14:22, 수평 다이얼로그 사이클 1

주제는 예배인간 vs 논리인간이다. 세 친구는 인과율의 논리를 앞세워 욥을 무차별 공격한다. 창조주 하나님은 당신께서 창조 때 세우신 법칙, 곧 인과율의 커튼 뒤에 서는 인간에게 당신의 모습을 보이지 않으신다.

● 15:1-21:34, 수평 다이얼로그 사이클 2

주제는 선인 vs 악인이다. 인과율에 복종하지 않는 욥은 당연히 악하다. 인과율로 전신무장한 세 친구는 당연히 선하다. 선과 악의 싸움이라면 악은 결코 이길 수 없다.

● 22:1-27:23, 수평 다이얼로그 사이클 3

수평 다이얼로그 사이클 3은 미완성 사이클이다. 주제는 "지혜인간 vs 반지혜인간"이다. 미완성은 그 자체로 머물지 않는다. 그래서 새로운 시작을 요구한다. 우리의 삶에 미완성은 아름답다. 그것은 새로운 시작을 열기 때문이다.

욥의 지혜는 예배경험의 지혜다. 백문이 불여일견이다. 욥은 참된 예배로써 하나님을 뵈었다. 하나님을 뵌 욥은 이제도 하나님을 구한다. 그의 복된 날에 함께 계셨던 하나님을, 이제 고난의 날에 구하는 것이다.

세 친구는 물러선다. 할 말을 잃었다. 쏟아지는 폭우에 무너져 내리는 토담처럼, 저들의 차디찬 논리 언어성벽은 수직붕괴하고 있다.

● 28:1-31:40, 욥 모놀로그 2

욥 모놀로그 1(3:1-26)과 비교해 보라. 그의 욥 모놀로그 2는 특히 하나님께 대하여 적극적인 예배인간의 모습을 드러낸다. 특히 30:20-24는 하나님께 드리는 기도다.

여기서 욥 모놀로그 1(3:1-26)의 좌절을 반복하기도 한다. 그러나 가만 보면 이는 3:1-26과 판이하다. 살아계신 하나님, 여호와 하나님께 직접 서명 한 고소장을 제출한다. 이제 하나님께서 말씀 해 주실 차례다.

● 32:1-37:24, 엘리후 모놀로그

객석에 있던 엘리후는 우선 화를 낸다. 그가 입을 열게 된 동기가 분노다. 허술한 논리로 욥을 상대했던 세 친구가 화를 북돋았다. 너무도 분명한 죄를 감추고 교만하게도 하나님 면담을 요청하는 욥이 분통을 터뜨렸다.

엘리후는 관객이었다. 엘리후는 독자였다. 예배경험 없는 사람이라면 누구나 틀림없이 엘리후 편을 들었을 것이다. 엘리후의 목표는 욥을 꺾는 일이다. 세 친구를 물리치고 달려드는 그의 기세는 자못 장엄하기까지 하다.

● 38:1-42:6, 수직 다이얼로그

하늘에서 하나님께서 말씀하신다! 수직 다이얼로그의 서막이다. 이처럼 놀랍고 굉장한 사건이 또 있을까! 주님께서 말씀하시면 그 말씀의 강물을 사막을 바꾼다. 사막에 강물이 흘러가면 거기 길이 난다. 물고기가 뛰놀고 곤충이 모여든다. 새가 하늘 길을 내고 꽃향기 따라 벌과 나비가 모인다. 사람이 모인다. 왁자지껄하고 어린이가 태어난다.

하나님께서 말씀하시면 온 세상이 회복된다. 땅이 혼돈하고 공허하며 흑암이 깊음 위에 있었다. 그러나 이제는 창조의 아침이다.

38장은 창조주 하나님에 대하여 아는가, 주님께서 물으신다. 이어서 하나님의 피조물인 바다, 아침, 바대의 샘, 사망의 문, 땅, 길, 눈 곳간, 우박창고, 광명, 묘성, 별자리, 번개, 사자, 까마귀 등을 열거하시며, 그들에 대하여 욥이 아는 것이 무엇인가 물으신다.

39장은 산 염소, 들나귀, 들소, 타조, 말, 매, 독수리 등을 열거하시면서, 그들에 대하여 욥이 어떤 지혜나 통치력이 있는가 물으신다.

40장은 공의로우신 하나님에 대하여 물으신다. 이어 하나님께서 지어내신 베헤못에 대하여 욥이 무엇을 할 수 있는가 물으신다.

41장은 리워야단이 등장한다. 두렵고 강력한 이 동물을 욥은 알지도 못할 뿐 아니라 다스릴 수 없다. 이것은 하나님의 창조물이다.

욥이 품은 것은 졸장부 질문이었다. 하나님의 도전은 대장부가 됨이다. 졸장부와 대장부를 가르는 것은 질문이다. 나쁜 질문은 졸장부를, 좋은 질문은 대장부를 만든다.

42:1–6은 예배인간 욥의 회개다. 예배인간에게 회개는 오히려 당연하다. 에필로그(7–17절) 직전에 배치된 것으로 보아, 욥 회개는 모놀로그 ⇄다이얼로그(욥기 3:1–42:6)의 클라이막스다.

예배인간은 예배를 통해 변화된다. 그 변화는 회개에서 난다. 삶을 변화시키는 다이내믹한 예배는 회개라는 열매가 있다.

● 42:7–17, 에필로그

1:1–2:13에 이어 다시 산문이다. 수직 다이얼로그 후반부에 있는 욥의 회개(42:1–6)를 곧바로 이어가는 에필로그다. 여기서는 "보상"이 조명된다.

그러나 묻는다. 욥은 정당하게 보상받았는가? 물질은 두 배다. 그러나 식구들은?

바랄 수 없는 것을 바람으로써 불행감을 한층 높이는 방법은 금물이다. 지혜가 아니다. 하나님의 손 안에서 만족하는 법을 배워야 한다.

I. 프롤로그

● 1:1–2:13, 프롤로그

욥기에서 "프롤로그"를 구성하는 1–2장의 구조는 땅과 하늘로 오르락내리락하는 자리이동이 우선 눈에 띈다(참고. Clines 1989:6).

땅	경건한 욥	1:1–5
하늘	첫 번째 천상회의	1:6–12
땅	욥의 재난 1	1:13–22
하늘	두 번째 천상회의	2:1–7a

땅 1	욥의 재난 2	2:7b–10
땅 2	친구들 방문	2:11–13

프롤로그의 구조 자체는, 욥기가 땅에서 일어난 일이 아니라 하늘에서 일어난 일의 연장선상에 있음을 밝혀준다.

● 1:1–22, 프롤로그 A

▶ 1:1a 우스 땅의 욥

1:1a 우스 땅에 욥이라 불리는 사람이 있었는데,

우스(Uz)는 어디인가? 에돔(Edom)일 가능성이 높다. 예루살렘 멸망 직후 예언자 예레미야가 눈물을 삼키며 부르짖은 애가의 한 토막이다.

우스 땅에 사는 딸 에돔아, 즐거워하며 기뻐하라.
잔이 네게도 이를지니, 네가 취하여 벌거벗으리라. 예레미야애가 4:21

"딸"은 "거주민" 등을 표시한 말이다. "우스 땅에 사는 딸 에돔"이라는 표현은 "우스"가 에돔에 있다는 뜻이다. 우스를 에돔과 관계된 특정 지역으로 묘사한 또 다른 유일한 언급도 예레미야의 입에서 났다.

모든 섞여 사는 민족들과 우스 땅의 모든 왕과 블레셋 사람의 땅 모든 왕과
아스글론과 가사와 에그론과 아스돗의 나머지 사람들과 예레미야서 25:20

예레미야 25:15–26의 큰 그림에서 보면 여기 "우스"는 에돔의 한 지역으로 추정이 가능하다. 게다가 에돔의 후손 족보에 우스라는 인명이 등장한다(창세기 36:28=역대상 1:42; 참고. Clines 1989:10). 더욱이 욥의 친구들은 대개 에돔 출신이다(참고. 욥기 2:11).

우스가 에돔 지역이 아니라면 동방의 어떤 막연한 지역일 것이다(Habel 1985:86-87). 적어도 우스는 이스라엘 땅이 아니다. 이렇게 보면 욥은 분명히 이방인이다. 왜 이방인이? 그것도 에돔 출신이? 에돔은 야곱의 형 에서의 후손 나라다. 그들은 야곱에게 임한 축복의 외곽 사람들 아닌가?

● 배타주의와 포용주의

포수이후 유대 배타적인 신학적 흐름이 있다. 제사적 역사(역대지상, 역대지하, 에스라서)와 느헤미야서를 참고하라. 그러나 동시에 포용적인 흐름도 있다. 욥기가 있다.

성경의 배타는 포용과 맞물려 있다. 이 두 가지 경우에 언제나 조명되어야 하는 것은 여호와 하나님은 온 세상의 창조주시며 구원주시라는 사실이다. 그분은 한분이시다.

가나안이 아니라 동방의 우스 땅을 주 무대로 삼은 욥기에서 우리는 모든 인간에게 미치는 하나님의 보편적인 구속의 은혜를 깨닫는 것이다.

▶ 1:1b 예배인간은

1:1b 그 사람은 온전하고, 정직하여, 하나님을 경외하며, 악에서 떠난 자더라.

예배인간 욥에 대한 묘사다. 확실히 욥은 예외적인 사람이다. 하나님을 모르는 이방인의 땅에서 오히려 하나님께 예배를 드렸다. 이 사실은 어떤 시사점이 있다.

등잔 밑이 어둡다. 마태복음 2장을 따르면 오히려 유대 땅이 고요할 때 이방인의 땅 동방에서 지혜인간들이 별을 보고 예수님을 경배하러 왔다. 물론 그들을 맞이한 헤롯도 에돔(이두메)의 후손이라는 것은 아이러니지만! (인종이나 민족이 문제가 아니다. 편견을 버려야 한다. 하나님 앞에 선 개인이 중요하다.)

● **원수 1, 사탄**

히브리어로 "욥"은 그 뜻이 "원수"다. 묻는다. 누가 욥의 원수인가? 우선은 사탄이다. 사탄은 욥이 예배드림을 방해한다.

● **원수 2, 아내**

그녀는 욥에게 악담을 퍼붓는다.

> 당신이 그래도 자기의 온전함을 굳게 지키느냐? 하나님을 욕하고 죽으라!
> 욥기 2:9bc

하나님을 욕함과 그분 앞에서 죽음, 이것은 예배와 정반대되는 행동이다. 욥의 아내가 그에게 요구한 것은 반(反)예배였다.

● **원수 3, 친구들**

그의 친구들이다. 친구들은 위로자로 자처하고 먼 길을 달려왔으나, 어느 순간부터 원수로 돌변했다. 그들이 욥의 원수로 자처하고 나선 순간은 욥이 그런 상황에서도 예배드릴 때였다. 죄인 주제에 감히 예배를?

이런 교만한 생각은 예수님 당시의 바리새인들과 서기관들에게 있었다. 저들은 죄인, 세리, 창녀, 그리고 가난한 사람들이 예수님과 동행하는 것이 못마땅했다. 그들이 감히 성전에 나와 예배드리는 것을 참을 수 없었다.

예수님께서 나귀 타시고 예루살렘에 입성하실 때, 종려나무 가지를 손에 든 사람들은 "호산나!" 외쳤다. 어떤 바리새인들이 외쳤다: "선생이여, 당신의 제자들을 책망하소서"(누가복음 19:39b). 주님께서 말씀하셨다:

> 만일 이 사람들이 침묵하면 돌들이 소리 지르리라. 누가복음 19:40b

예배 찬양하는 입은 누구도 막을 수 없다.

● **원수 4, 하나님**

하나님이시다. 욥은 그가 하나님께 맞는다고 고백한다.

> 내가 주께 부르짖으나 주께서 대답하지 아니하시오며, 내가 섰사오나 주께서 나를 돌아보지 아니하시나이다. 주께서 돌이켜 나를 잔혹하게 하시고, 힘 있는 손으로 나를 대적하시나이다. 내가 아나이다. 주께서 나를 죽게하사 모든 생물을 위하여 정한 집으로 돌려보내시리이다. 욥기 30:20–23

어째서 하나님이 욥의 원수가 되셨을까? 우리는 욥처럼 이 질문을 품고 욥기를 읽는다. 그러나 적어도 욥이 하나님을 원수로 이해한 것은 그의 죄 때문이다. 그는 고백한다.

> 보소서. 나는 비천하오니, 무엇이라 주께 대답하리이까? 손으로 내 입을 가릴 뿐이로소이다. 내가 한 번 말하였사온즉, 다시는 더 대답하지 아니하겠나이다.
> 욥기 40:4–5

하나님은 욥의 예배를 방해하시는 분이 아니다. 욥의 예배를 받으시는 분이시다. 진정한 예배를 위하여 욥에게 무언가 버려야 할 것이 있는 것이다. 하나님께서 원수로서 마주서시는 대상은 아직 버려야 할 것이 있는, 불완전한 사람이다.

그런데 기억할 것은, 하나님께서 사탄에게 고난을 허락하신 것이다. 따라서 하나님은 적어도 "직접적인" 원수는 아니시다. 그런데 다이얼로그 중에서 욥은 사탄의 존재를 알지 못한다. 심지어 프롤로그에서도 욥에게 사탄은 숨겨진 존재다. 오로지 기자와 독자/관객에게만 알려졌을 뿐이다. 따라서 욥의 원망은 하나님의 허락을 주장하며 나서는 친구들과 모든 가상의 적들을 겨냥한다. 그들을 하루속히 제어하지 않으시는 하나님께 대한 원망이다. 그런데 하나님께서 그들을 버려두심은 곧 의인이 고난 받음과 악인이 잘되는 데서 나는 것처럼 인간의 지혜로써는 결코 알 수 없는 영역이라는 것을 욥 자신도 알고 있다. 예배인간 욥이 이럴 때 할 수 있는 가장 잘하는 것은 "인내"다.

● **원수 5**

시편에 등장하는 수많은 "원수"의 실체는 무엇인가? 그들은 하나님의 원수이거나(혹은, 동시에!) 내 원수다.

> 하나님이여 침묵하지 마소서. 하나님이여 잠잠하지 마시고, 조용하지 마소서. 무릇 주의 원수들이 떠들며 주를 미워하는 자들이 머리를 들었나이다.
>
> 시편 83:1-2

> 내가 밤을 새우니, 지붕 위의 외로운 참새 같으니이다. 내 원수들이 종일 나를 비방하며, 내게 대항하여 미칠 듯이 날뛰는 자들이 나를 가리켜 맹세하나이다.
>
> 시편 102:7-8

이들은 공통적으로 "예배를 방해하는 세력"이다. 그렇다면 욥의 원수와 시편의 원수가 같은가? 그렇게 볼 수 있다. 욥은 예배인간이다. 원수는 끊임없이 예배를 방해한다.

사탄과 친구들은 그렇다고 치자. 그러면 하나님께서도 욥의 예배를 방해하시나? 그런 아니다. 그런데 어떻게 욥은 하나님을 원수로 여기는가? 이 문제는 우리가 욥기를 마지막 장까지 읽어가야 풀 수 있다.

▶ **1:2, 욥의 가정**

> 1:2 그에게 아들 일곱과 딸 셋이 태어나니라.

아들 일곱과 딸 셋을 포함하면, 욥의 식구는 열 두 명이다.

▶ **1:3, 욥의 경제**

> 1:3 그의 소유물은 양이 칠천 마리요, 낙타가 삼천 마리요, 소가 오백 겨리요,

암나귀가 오백 마리이며, 종도 많이 있었으니, 이 사람은 동방 사람 중에
가장 훌륭한 자라.

우선 욥은 재산이 남다르다. 과연 사탄이 눈여겨 볼만한 부자였다.

무엇보다 기자는 그를 "동방 사람 중에 가장 훌륭한 자"라고 평가했다. 이 훌륭함은 재산 이외에 다른 무엇이 있는가? 아무래도 그와 하나님의 관계를 주목해야 할 것이다.

● **소유물과 훌륭함**

이 모든 소유물은 하나님께서 주신 것이다. 게다가 욥은 훌륭하다. 인격은 소유물로 평가되지 않는다. 인격이 훌륭한 사람은 풍성한 소유물에도 불구하고 교만하지 않는다.

그의 소유물 때문에 훌륭하다는 평가가 아니다. 그가 훌륭하기 때문에 소유물을 맡기셨다. 그러므로 "동방 사람 중에 가장 훌륭한 자"라는 평가는 소유물과 무관하다.

▶ **1:4, 형제우애**

1:4 그의 아들들이 자기 생일에 각각 자기의 집에서 잔치를 베풀고, 그의 누이 세 명도 청하여 함께 먹고 마시더라.

욥의 자녀들의 형제우애가 특별하다. 아버지의 각별한 가정교육이 큰 동기가 되었을 터. 아버지와 함께 자녀들도 예배인간이었다. 하나님과 화목이 형제사랑으로 이어가는 것은 차라리 당연하다. 물은 아래로 흐르는 법이다.

▶ **1:5, 예배인간**

1:5a 그들이 차례대로 잔치를 끝내면, 욥이 그들을 불러다가 성결하게 하되,

아침에 일어나서 그들의 명수대로 번제를 드렸으니,

욥은 잔치 때도 잔치가 끝나기를 기다렸다. 더 중요한 일이 있기 때문이다: 예배다. 그는 자녀들의 명수를 따라 번제를 드렸다. 매번 열 차례다.

1:5b 이는 욥이 말하기를, 혹시 내 아들들이 죄를 범하여 마음으로 하나님을 욕되게 하였을까, 함이라.

혹시라도 마음으로 하나님을 슬프게 해 드리지 않았을까? 하나님은 중심을 보시는 분이시니!

하나님을 욕되게. "저주"라는 말이 완곡어법(婉曲語法, euphemism)으로 사용되었다. 여기 쓰인 히브리어 단어는 "축복"이다. 이것은 12절에서 사탄도 사용했다. 어떤 경우에도 하나님 앞에 저주라는 말이 사용되는 것을 꺼린 탓이다(참고. Alter 2010:12).

▶ 1:5c, **항상성 1**

1:5c 욥의 행위가 항상 이러하였더라.

항상성, 이것은 예배인간의 진면목이다. "항상 기뻐하라"(살전 5:16).

● 자녀를 위한 예배

예배인간의 항상성은 자렬 위한 예배에서 집중 조명된다. 욥기 전체를 통해서 그가 마음속으로라도 죄를 지었을 가능성을 염두에 두며 제사 드린 사실은 여기서 지적한다.

자녀를 위해 예배를 드려야 한다. 자녀를 육신으로 낳지만 마음으로야 낳는가?

겉으로 낳지 속으로야 낳느냐?

내 어머니 말이다. 그래서 미덥지만 늘 걱정을 떨칠 수 없다.

● 자녀를 위한 예배 2

그러나 자녀가 빗나가는 수가 있다. 부모의 눈에 비친 자녀는 언제나 불안하다. 그 불안이 현실로 드러나도 예배인간 부모는 언제나 예배다. 예배를 그만두는 때는 없다.

▶ 1:6, 첫 번째 천상회의

1:6 하루는 하나님의 아들들이 와서 여호와 앞에 섰고, 사탄도 그들 가운데에 온지라.

궁금하다. 하늘 어디에 하나님의 아들들 외에 사탄이 참석하는 이런 회의가 열릴까? 성경은 욥기 말고 다른 천상회의를 소개하는가? 있다. 시편 82편이다.

● 사탄

사탄은 누구인가? UC 버클리 교수 알터(Robert Alter)는 "기능"이지 "이름"이 아니라고 한다(Alter 2010:12). 그 근거는 정관사 "하"다. 히브리어 정관사 "하"가 사탄 앞에 붙어 "하사탄"이 되었다는 말은, 사탄이 "고유명사"가 아니라 "보통명사"라는 점을 지적한다.

알터와 달리 나는 "사탄"이 "고유명사"일 가능성을 제기한다. 물론 "기능"을 포함한 고유명사다. 욥기 컨텍스트에서 지금 사탄은 어떤 역할을 맡고 있는 어떤 존재인 것이다!

나는 이 존재 자체를 욥이 몰랐다는 점을 주목한다. 욥기 기자는 독자/관객도 모르는 것을 전제하고 있다. 따라서 천상회의 장면은 독자/관객에게 암시를 주는 것으로 충분하다.

그러면 "이 사탄의 존재는 무엇인가?" 라는 꽤 오래된 질문은(참고. Delitzsch 1982:27-29) 한쪽으로 물릴 수 있다. 욥기 컨텍스트 안에서 욥이 상대하는 것은 사탄이 아니다. 그는 내내 하나님 앞에 섰다. 우리가 사탄이라는 존재를 붙들고 씨름하다가 정작 욥기 본문읽기에 들어가지 못한다면 정말 안타까운 일이다. 오히려 사탄이 바로 그것을 노리는 것은 아닐까!

분명한 것은 예수 그리스도께서 사탄을 물리치신 분이시라는 사실이다(참고. 마태복음 4:11a). 그러므로 욥기 컨텍스트에서 사탄이 계략이 끝내 무산되고 마는 것은, 예배인간 욥이 메시아이신 살아계신 "대속자"께 호소했기 때문이다(참고. 욥기 19:25-26).

● 꾀는 영

"하사탄"일까? 천상회의에서 하나님께 제안하는 존재가 있다.

> 미가야가 이르되, 그런즉, 왕은 여호와의 말씀을 들으소서. 내가 보니, 여호와께서 그의 보좌에 앉으셨고, 하늘의 만군이 그의 좌우편에 모시고 서 있는데, 여호와께서 말씀하시기를, 누가 아합을 꾀어 그를 길르앗라못에 올라가서 죽게 할꼬? 하시니, 하나는 이렇게 하겠다 하고, 또 하나는 저렇게 하겠다 하였는데, 한 명이 나아와 여호와 앞에 서서 말하되, 내가 그를 꾀겠나이다. 여호와께서 그에게 이르시되, 어떻게 하겠느냐? 이르되, 내가 나가서 거짓말 하는 영이 되어 그의 모든 선지자들의 입에 있겠나이다. 여호와께서 이르시되, 너는 꾀겠고, 또 이루리라. 나가서 그리하라, 하셨은즉 열왕기상 22:19-22

여기서 여호와 앞에 선 "한 명"은 "거짓말 하는 영"이다. 천사는 거짓말 하지 않는다. 그렇다면 이것은 사탄이다. 그러나 그의 거짓말은 결코 이루어지지 않는다.

● 천상회의 1

하나님께서 말씀하실 때 "우리가" 라는 표현이 가끔 있다. 이것이 삼위일체 하나님의 "회의"의 한 근거가 될까? 대답은 "예/아니오"다. 하나님께서는 삼위일체시지만 스스로의 말씀을 "우리가"로 시작하실 이유는 없다. 대부분의 경우에 그 표현이 없다.

● **천상회의 2**

그러나 욥기는 천상이나 그 회의의 성격에 대해 본문 외에 어떤 상세한 설명도 달지 않는다. 그냥 하늘에서 회의가 열렸고, 거기 사탄도 그들 중에 있다. 주목 받아야 할 것은 욥에 대한 하나님의 태도다.

묻는다. 우리 독자들은 천상회의에 대하여 무엇을 알아야 하는가? 사탄이 어떻게 그 거룩한 자리에 설 수 있을까? 사탄이 하나님을 시험해도 되는가? 하나님은 왜 사탄에게 그런 위험한 기회를 주셨을까?

다시 묻는다. 욥기 안에 있는 욥은 천상회의에 대하여 얼마나 알고 있을까? 그가 "하나님께서 나를 치셨다"고 말할 때, 그는 이미 하늘 위에서 어떤 일이 일어난 것인지 알고 하는 말인가? 내 생각이다. 욥기 안에 있는 욥은 천상회의에 대하여 전혀 알지 못한다. 그렇다면 욥기의 기자는 독자들에게 무엇을 기대하는가? 욥의 입장에서 천상회의에 대하여 전혀 모른 채로 욥기의 메시지에 집중하기를 바라는가? 아니면 욥과는 달리 천상회의에 대한 기록을 읽을 수 있으니, 그것을 염두에 두기를 바라는가?

내 생각이다: 욥기가 지혜서라는 점에서 시작해야 한다. 천상회의에 대하여 우리가 깊이 생각하지 않는 것이 욥기 읽기에 필요한 몇 가지 중요한 지혜 중 하나라고 생각한다. 1. 욥 자신이 천상회의를 알지 못한다. 우리는 욥기를 읽으면서 여러 등장인물 중에 욥과 동일시(同一視)한다. 그런데 욥이 모르는 것을 우리가 아는 것으로 여기면 욥과 거리를 둘 수밖에 없다. 2. 성경 전체를 놓고 볼 때, 천상회의에 대한 언급은 욥기가 유일하다. 욥기 읽기에서 얻은 나름대로의 천상회의에 대한 이해를 다른 성경 어떤 본문에도 적용할 수가 없다.

따라서 욥기 1-2장의 천상회의는 하나님 나라의 어떤 모습을 구체적으로 보여주려는 목적이 아닌 다른 무엇이 있는 것이다. 그것이 무엇일까? 의인이 고난당하는 것은 하나님께서 원하시는 바가 아니라는 것 아닐까? 현재 본문 안의 욥이 그렇듯이 누구든지 하나님을 전적으로 의지하고 믿으며 그 예배의 삶을 계속한다면 하나님께서 마땅한 은혜를 베풀어주시리라는 강력한 메시지가 아닐까? 욥기의 서두에 천상회의 장면을 배치시킨 것은, 독자를 위한 배려다. 독자는 욥기의 난해한 다이얼로그 과정에서 맥을 놓치지 않고 끝까지 완독할 수 있다.

그러나 욥기 1–2장의 천상회의를 통해 하나님 나라의 일면을 보이려는 목적도 배제할 수가 없다. 다만 이런 맥락에서라면 우리는 확실한 무엇을 말할 수 없다. 우리의 욥기 읽기는 성경의 다른 책과 마찬가지로 뚜렷한 맥을 찾아나가야 한다.

▶ 1:7, 사탄의 존재와 일

1:7a 여호와께서 사탄에게 이르시되, 네가 어디서 왔느냐?

전지전능하신 하나님께서 이제 전후사정을 전혀 모르시는 것처럼 물으신다. 이것은 독자에게 어떤 과정을 강조하여 설명하는 구약성경 기술의 독특한 표현이다.

1:7b 사탄이 여호와께 대답하여 이르되, 땅을 두루 돌아 여기저기 다녀왔나이다.

사탄도 하나님께 대답을 바로 드리지 않는다. 그냥 "여기저기" 다녀왔다. 이것은 천상회의 장면이 희뿌옇게 처리되어 있다는 뜻이다.

▶ 1:8, 하나님의 평가 1

1:8a 여호와께서 사탄에게 이르시되, 네가 내 종 욥을 주의하여 보았느냐?

하나님은 사람을 평가하신다. "주의하여" 보신다. 사람과 달리 여호와 하나님은 중심을 보신다(참고. 사무엘기상 16:7b).

1:8b 그와 같이 온전하고 정직하여, 하나님을 경외하며 악에서 떠난 자는 세상
에 없느니라.

하나님의 평가는 기자의 평가(1:1)와 정확하게 일치한다. 욥은 온전하고, 정직하여, 하나님을 경외하며, 악에서 떠났다. 하나님은 예배인간 욥을 신뢰하셨다. 그러나 사탄은 하나님의 종 욥을 "주의하여" 보지 않았다. 그것이 그의 결정적인 실수였다.

▶ 1:9-10, 사탄의 논리 1: 인과율

1:9 사탄이 여호와께 대답하여 이르되, 욥이 어찌 까닭 없이 하나님을 경외하리
이까?
1:10 주께서 그와 그의 집과 그의 모든 소유물을 울타리로 두르심 때문이 아니
니이까? 주께서 그의 손으로 하는 바를 복되게 하사, 그의 소유물이 땅에 넘치게
하셨음이니이다.

사탄의 논리는 기계적인 인과율이다. 하나님 경외는 까닭이 있다는 말이다. 하나님께서 물질의 축복을 주셨기 때문에 욥이 하나님을 경외하게 되었다는 논리다. 다시 말하면 욥에게는 아무런 의로움이 없고, 하나님께서도 그렇게 좋아하실 일이 아니라는 뜻이다. 바로 이런 점에서 사탄이야말로 "인과율"의 대표자다. 이것은 물론 사탄의 오해다. 사탄이 예배인간의 속성을 알 리 없다. 욥의 하나님 경외 비결은 그에게 비밀이다.

이렇게 보면 세 가지 사이클에 드러난 욥의 친구들이 선 자리는 사탄이 마땅히 서야 할 자리다. 그들은 하나님을 빙자하고 있으나 사탄을 대변하고 있는 것이다!

● **인과율, 순종 vs 불순종**

묻는다. 그러면 인과율은 하나님의 논리가 아닌가? 하나님의 논리다. 천지를 지으셨을 때 세우신 하나님의 뜻이다.

그러나 하나님께서는 당신의 뜻을 새롭게 하실 수 있는 전능자 하나님이시다. 그리고 하나님께서는 사랑의 하나님이시다. 마음을 돌이켜 용서하시고 구원하실 수 있으시다. 사탄은 바로 이 용서와 구원을 태생적으로 알지 못하는 존재다. 하나님과 분명히 다른 점이다.

인간이 순종하면 복을 받는다. 불순종하면 벌을 피할 수 없다.

> 네가 먹는 날에는 반드시 죽으리라. 창세기 2:17b

이것이 하나님께서 일차적으로 인간에게 주신 계명의 원리다. 그러나 여기에 십자가의 은혜가 있다. 인간은 모두 불순종하여 죽을 수밖에 없었으나, 예수 그리스도의 은혜로 구원을 받았다.

> 우리가 아직 죄인 되었을 때에 그리스도께서 우리를 위하여 죽으심으로 하나님께서 우리에 대한 자기의 사랑을 확증하셨느니라. 로마서 5:8

하나님께서 세우신 인과율을 하나님 당신께서 스스로 깨뜨리신 것이다!

그러나 예수 그리스도를 믿어야 한다. 믿으면 구원 받는다. 다시 인과율이 적용된다.

> 하나님이 세상을 이처럼 사랑하사 독생자를 주셨으니, 이는 그를 믿는 자마다 멸망하지 않고 영생을 얻게 하려 하심이라. 요한복음 3:16

이때의 인과율은 차갑지 않다. 물론 처음의 인과율도 결코 차갑지 않았다.

▶ **1:11, 사탄의 계략 1**

1:11 이제 주의 손을 펴서 그의 모든 소유물을 치소서. 그리하시면 틀림없이 주를 향하여 욕하지 않겠나이까?

사탄은 지금 하나님께 도전하는 것이다. 본래 사탄은 "하나님의 대적자"다. 인간을 손아귀에 넣을 때도 궁극적 목적은 하나님 대적이다. 우리가 사탄을 대적할 때 하나님의 아들 예수 그리스도의 이름을 사용해야 할 이유가 여기 있다. 사탄은 우리의 원수 이전에 하나님의 원수다.

"틀림없이." 이것은 사탄의 확신이다. 사탄은 자기논리가 있다. 예배 없는 인간이 스스로의 논리에 취하듯.

▶ 1:12, 하나님의 허락 1

1:12a 여호와께서 사탄에게 이르시되, 내가 그의 소유물을 다 네 손에 맡기노라.

하나님께서 왜 사탄에게 욥의 고난을 허락하셨을까? 예배인간의 경외는 물질과 상관이 없다는 것을 세상에 알리고 싶으셨다. 그 외에 다른 목적이 있으셨을까?

하나님께서는 당신에게 도전하는 사탄에게 당신이 받으시는 참된 영광의 본질을 알리고 싶었다. 그 길이 사탄을 완전히 물리치는 길이었기 때문이다.

1:12b 다만 그의 몸에는 네 손을 대지 말지니라. 사탄이 곧 여호와 앞에서 물러가니라.

그러나 하나님께서 허락하시는 고난은 분명히 한계가 있다. 지금 금 그어 두신 한계는 소유물까지다. 몸은 안 된다.

▶ 1:13, 폭풍전야

1:13 하루는 욥의 자녀들이 그 맏아들의 집에서 음식을 먹으며 포도주를 마실 때에

상황은 이랬다. 욥의 자녀들이 맏아들의 집에 모두 모였다. 욥은 (아내와 함께?) 홀로 남았다. 폭풍 전야처럼 고요하다. 오히려 평화롭다.

그러나 불길하다. 그런 징조가 보인다. 그의 자녀들이 모두 모여 있는 것이다.

▶ 1:14–15, 첫 번째 고난 보고

1:14 사환이 욥에게 와서 아뢰되, 소는 밭을 갈고 나귀는 그 곁에서 풀을 먹는데,
1:15 스바 사람이 갑자기 이르러 그것들을 빼앗고 칼로 종들을 죽였나이다. 나만 홀로 피하였으므로 주인께 아뢰러 왔나이다.

첫 번째 보고자 등장한다. 그는 소와 나귀를 돌보던 사람이었다. 그가 보고한 공격자는 스바 사람이다. 그들이 갑자기 이르러, 소와 나귀를 빼앗고 칼로 종들을 죽였다고 했다.

스바 사람(Sabeans)은 누구인가? 아마 셰바(Sheba) 거주인일 것이다. 셰바는 아라비아 남서쪽 도시다(참고. 열왕기상 10:1; 이사야서 60:6; 예레미야서 6:20). 오늘날 예멘(Yemen)의 마립(Marib)으로 추정. 우스(Uz)가 북아라비아로 보면(참고. 욥기 1:1), 이들은 1,000마일이나 북쪽으로 달려가서 욥의 재산을 공격한 셈이다. 그것도 "갑자기!"

▶ 1:16, 두 번째 재난 보고

1:16 그가 아직 말하는 동안에 또 한 사람이 와서 아뢰되, "하나님의 불이 하늘에서 떨어져서 양과 종들을 살라 버렸나이다. 나만 홀로 피하였으므로 주인께

아뢰러 왔나이다."

두 번째 보고자 등장한다. 그는 양과 종들을 맡던 자 중 하나다. 이번에는 하나님의 불이 떨어졌다. 하늘에서 떨어진 불이 양과 종들을 살라버렸다.

하늘에서 떨어지는 불은 소돔과 고모라를 연상시킨다. 욥의 재난에는 어떤 판단 근거까지 제공하는 셈이다.

▶ 1:17, 세 번째 재난보고

1:17 그가 아직 말하는 동안에 또 한 사람이 와서 아뢰되, "갈대아 사람이 세 무리를 지어 갑자기 낙타에게 달려들어, 그것을 빼앗으며, 칼로 종들을 죽 였 나 이 다. 나만 홀로 피하였으므로 주인께 아뢰러 왔나이다."

세 번째 보고자가 등장한다. 낙타와 종들이 죽었다. 이번에는 갈대아 사람의 공격이다. 그들은 세 무리를 지어, 갑자기 낙타에게 달려들었다. 그것을 빼앗고, 칼로 종들을 죽였다.

갈대아 사람(Caldeans)의 출신지는 메소포타미아다. 바벨론 때와 달리 이 때는 북쪽이었다.

▶ 1:18-19, 네 번째 재난보고

1:18 그가 아직 말하는 동안에 또 한 사람이 와서 아뢰되, "주인의 자녀들이 그들의 맏아들의 집에서 음식을 먹으며 포도주를 마시는데,
1:19 거친 들에서 큰 바람이 와서 집 네 모퉁이를 치매 그 청년들 위에 무너지므로 그들이 죽었나이다. 나만 홀로 피하였으므로 주인께 아뢰러 왔나이다." 한지라.

네 번째 보고자가 등장한다. 이번에는 욥의 자녀들이 타깃이다. 공격자

는 거친 들에서 나온 큰 바람이다. 그 큰 바람이 집 네 모퉁이를 쳤다. 욥의 젊은 청년들, 곧 자녀들이 사망했다.

● 사면초가

스바 사람은 남쪽에서, 갈대아 사람은 북쪽에서 욥을 공격했다. 하늘의 불과 거친 들의 바람이 덮친 것까지 보면, 욥은 강력한 적들에게 사방으로 우겨쌈을 당했다. 이것은 "2+2 구조"다. 사람에게서 두 차례 재난이 왔고, 자연으로부터 두 차례 왔다. 수평적 고난과 수직적 고난이 교차로 달려들었다.

★ 다이어그램 8, "사면초가" 1

수평		수직	
1	스바 사람	2	하늘의 불
3	갈대아 사람	3	거친 들의 바람

또한 이것은 "3+1 구조"다. 세 차례 재물과 종을 상실했고, 마지막으로 자녀를 잃었다. 출애굽 열 가지 재앙 중 열 번째가 결정타였듯, 욥은 네 번째 재앙으로 완전히 땅바닥에 고꾸라졌다.

★ 다이어그램 9, "사면초가" 2

소유물		자녀들	
1	소, 나귀와 종	4	자녀
2	양과 종		
3	낙타와 종		

그리고 여기서 우리는 "1+1+1+1의 파상구도(波狀構圖)"를 볼 수 있다. 멀리 가까이 울리는, 절망의 가속도가 붙은 북소리처럼.

★ 다이어그램 10, "사면초가" 3

1	2	3	4
스바사람	하늘의 불	갈대아 사람	거친 들의 바람
소, 나귀와 종	양과 종	낙타와 종	자녀

욥이 당한 재난은 인간이 능히 피할 수 없는 것이었다. 그것은 치밀했다. 그것은 강력했다. 그것은 모든 이론과 경험, 모든 생각과 느낌을 얼어붙고 마비되게 만드는 불가사의한 파괴력 그 자체였다. 소위 천인공노(天人共怒)였다. 사람이 그를 쳤고, 하늘조차 그를 버렸다.

▶ 1:20a, 욥의 반응 1: 일어나다

1:20a 욥이 일어나

그는 일어났다. 네 가지 소식을 모두 접하고, 얼마간 시간이 지났을 것이다 더 이상 잃을 것이 없는 그는 자리를 털고 일어났다. 처음 소식에 "어이쿠!" 하며 의자에 앉았을지 모른다. 두 번째 소식에 "또?" 하면서 두 손으로 얼굴을 감쌌을지 모른다. 세 번째 소식에 "오, 하나님!" 하면서 주먹으로 자기 가슴을 두드렸을 지도 모른다. 네 번째 소식에 땅바닥에 쓰러지면서 "내 아들들아, 내 딸들아!" 울부짖었을지도 모른다.

그런데 이제는 일어섰다. 일어선 이후부터 그는 예배인간으로 돌아간 것이다. 절망의 땅을 박차고 일어섬, 그것은 예배드리기 위한 예배인간의 첫 번째 준비동작이었다.

▶ 1:20b, 욥의 반응 2: 겉옷을 찢다

1:20b 겉옷을 찢고

그는 겉옷을 찢었다. 먼저 떠난 자식들을 위한 애도(哀悼)였다: "부모는 땅에 묻고 자식은 가슴에 묻는다." 이 말이 욥에게도 해당된다면 그는 겉옷의 가슴께부터 뜯어내었을 것이다.

▶ 1:20c, 욥의 반응 3: 머리털을 밀다

1:20c 머리털을 밀고

욥은 머리털을 밀었다. 여자에게 머리털은 자존심이겠지만, 남자에게는 명예다. 머리털을 밀었다는 것은 그가 모든 것을 잃은 자로서, 이름도 빛도 모두 상실한 존재가 되고 말았다는 뜻이다.

머리털 밀기. 이것은 이스라엘의 풍습이 아니다(참고. 레위기 19:27a). 그가 이방인이라는 또 다른 증거다(참고. Alter 2010:14).

▶ 1:20d, 욥의 반응 4: 땅에 엎드리다

1:20d 땅에 엎드려

땅에 엎드렸다. 물은 낮은 곳으로 흐른다. 예배인간은 예배자리로 가장 낮은 곳을 택한다. 예배로써 이방신 제사장들을 물리친 엘리야는 로뎀나무 아래 바싹 엎드렸다(참고. 열왕기상 19장). 로뎀나무는 싸리나무처럼 그 키가 높지 않다.

예배인간을 그의 높은 곳으로 이끄시는 분은 오직 여호와 하나님이시다.

> 주 여호와는 나의 힘이시라. 나의 발을 사슴과 같게 하사 나를 나의 높은 곳으로 다니게 하시리로다. 하박국서 3:19a

이런 고백은 그가 땅바닥에 엎드린 이후 그의 입에서 나왔다.

● 1:20e, 욥의 반응 5: 예배드리다

1:20e 예배하며

나는 개역개정의 "예배하다"를 "예배드리다"로 바꾸어 읽는다. "예배하는" 사람을 "예배자"로, "예배드리는" 사람을 "예배인간"으로 분류하는 까닭이다. 예배는 선택이 아니다. 선택이었으면 예배자였을 것이다.

예배는 창조와 출애굽의 이유다. 하나님의 뜻이다. 그러므로 모든 인간은 예배인간이다. 예배인간은 예배를 하지 않고 드린다. 예배는 스스로 하는 행위가 아니다. 예배를 받으시는 하나님, 예배 받으심을 처음부터 계획하신 하나님, 예배 받으심을 가장 좋아하시는 하나님을 중심으로 모신 일이다. 방주를 설계하시고, 성막의 길이와 높이를 기획하시고, 성전의 청사진을 그리신 하나님께서 예배의 주인이시다. 그래서 인간은 예배를 "그분께" "드려야" 하는 것이다.

● 어떤 상황에도

욥은 과연 예배인간이었다. 이 모든 상황에서도 끝내 예배를 드렸다.

예배인간은 사면초가의 상황을 이긴다. 상황에 밀려다니는 사람은 예배인간이 아니다. 오직 예배가 사람을 강하게 한다. 예배는 이 세상이 하나님과 통하는 길이다.

▶ 1:21a, 찬송 1: 알몸

1:21a 이르되, 내가 모태에서 알몸으로 나왔사온즉, 또한 알몸이 그리로 돌아가올지라.

예배인간은 그의 찬송에서 자신을 낮춘다. 자신이 누구인가를 분명하게 안다. 절망의 자리에서 욥은 그가 알몸으로 이 세상에 나왔음을 기억한다.

"지혜서"로 욥기와 함께 분류된 전도서의 한 토막글이다.

> 그가 모태에서 벌거벗고 나왔은즉 그가 나온 대로 돌아가고, 수고하여 얻은 것을 아무것도 자기 손에 가지고 가지 못하리니 전도서 5:15

이것을 바울이 믿음의 아들 디모데에게 상기시킨다.

> 우리가 세상에 아무것도 가지고 온 것이 없으매 또한 아무것도 가지고 가지 못하리니. 디모데전서 6:7

물질의 노예가 되지 말고, 오직 믿음의 길을 따르라는 권면 중에 나왔다.

▶ 1:21b, 찬송 2: 여호와의 이름

> 1:21b 주신 이도 여호와시요 거두신 이도 여호와시오니, 여호와의 이름이 찬송을 받으실지니이다, 하고

예배인간은 그의 찬송에서 여호와의 이름을 높인다.

모든 슬픔의 눈물을 다 흘릴 수는 없다. 우리는 찬송으로 하늘을 우러러야 한다. 그래야 한다. 창조주 하나님의 손에 난 것들은 하나님의 손으로 거두신다. 우리가 창조를 생각할 때 이 점을 기억해야 한다. 하나님의 손에 거두심은 슬픔이 아니다. 그건 예배를 피할 구실이 아니다. 거두심의 날은 도리어 예배의 때다. 수확의 기쁨으로 찬양해야 하지만 상실의 날도 찬양 드려야 한다.

예배인간은 여호와 하나님의 주권을 믿는다.

▶ 1:22, 예배인간

1:22 이 모든 일에 욥이 범죄 하지 아니하고, 하나님을 향하여 원망하지 아니하니라.

기자는 예배인간 욥의 마땅한 모습을 스케치 한다. 독자가 욥기를 손에 들었다면 이런 사람 예배인간을 만나고 싶었을 것이다. 욥기 기자는 독자를 실망시키지 않았다!

하나님 원망은 범죄다. 예배인간은 입술의 범죄를 허용하지 않는다.

● **항상성 2**

사탄은 상황을 이용해서 예배인간을 시험했다.

진정한 예배인간 욥은 항상성으로 상황의 변화를 무시한다. 물가에 심긴 나무처럼(시편 1:3), 예배인간은 가뭄이나 바람 같은 환경을 탓할 이유가 없다.

● **천상회의 3**

욥기 안의 인물 욥은 천상회의의 내용을 모르고 있다. 그러면 독자는 천상회의의 내용을 알아야 할까? 욥의 편에 서서 욥기를 읽어나가기 위해서는 천상회의의 내용을 몰라야 한다. 그걸 아는 것으로 치면, 욥의 예배와 욥의 삶을 이해할 수 없다. 모르는 지혜. 이것이 욥기 안에 강하게 스며들어 있는 신학이다.

그러면 왜 천상회의의 내용이 기록되었을까? 누가 이해하라고 기록했을까? 천상회의가 하나님의 뜻을 온전히 드러낼까? 하나님께서 과연 사탄에게 기회를 주실까? 우리는 이 부분을 어떻게 읽어야 할까?

이 땅에 사는 우리는 거기 천상에서 어떤 일이 일어나는지 알 도리가 없다. 욥은 사탄과 아무런 대화를 시도하지 않는다. 오로지 욥이 관심하는 것은 하나님이다. 그는 하나님을 뵙고 싶은 것이다.

● **제1장, 예배인간 욥의 예배방정식 SPRx-C//E=0**

욥은 극도의 절망 중에 오히려 구원주 하나님께 예배드렸다. 예배인간 욥이 남긴 것은 하나도 없다.

SPRx-C//E=0

일반 문장으로 풀어 읽어보자: SPR에 대입한 욥(x)은 창조//출애굽 다이내믹스에 드러난 하나님의 은총 외에 아무 소유물이 없다.

내 소유는 이것이니, 곧 주의 법도들을 지킨 것이니이다. 시편 119:56

주님의 법도를 빼면 욥의 소유물은 제로다. 그러면 고난 전에도 그랬는가? 당연하다. 그랬다. 예배인간의 모든 소유물은 "이미" 주님의 제단에 바쳐진 예물, 그 이상도 그 이하도 아니다.

● 2:1-13, 프롤로그 B

▶ 2:1-2, 두 번째 천상회의

2:1 또 하루는 하나님의 아들들이 와서 여호와 앞에 서고, 사탄도 그들 가운데에 와서 여호와 앞에 서니,
2:2 여호와께서 사탄에게 이르시되, 네가 어디서 왔느냐? 사탄이 여호와께 대답하여 이르되, 땅을 두루 돌아 여기 저기 다녀왔나이다.

다시 하늘이다. 하나님의 아들들과 사탄이 여호와 앞에 섰다.

하나님께서는 여전히 아무것도 모르시는 듯 사탄에게 묻는다: 네가 어디서 왔느냐? 사십 일 걸려 당도한 호렙산에서 엘리야에게 던지신 질문을 연상케 한다.

엘리야야, 네가 어찌하여 여기 있느냐? 열왕기상 19:9b(참고. 열왕기상 19:13b)

하나님께서는 예배인간의 선 자리를 확인해 주신다.

▶ 2:3a, 하나님의 평가 2

2:3a 여호와께서 사탄에게 이르시되, 네가 내 종 욥을 주의하여 보았느냐? 그와 같이 온전하고 정직하여 하나님을 경외하며 악에서 떠난 자가 세상에 없느니라.

하나님의 확신은 더욱 분명하다. 이제는 불행 중에도 온전함을 굳게 지키는 욥 아닌가! 하나님께서는 당신의 종을 "주의하여" 보신다. 눈동자처럼 !

▶ 항상성 3

2:3b 네가 나를 충동하여 까닭 없이 그를 치게 하였어도, 그가 여전히 자기의 온전함을 굳게 지켰느니라.

하나님께서 인정하시는 항상성이다.

까닭 없이! 그렇다. 사탄의 공격은 까닭 없다. 바람처럼 지나가고 말 일이다. 미련한 자의 분노처럼 까닭 없다. 한 입김에 사라지고 말 일이다.

▶ 2:4, 사탄의 논리 2: 시장

2:4 사탄이 여호와께 대답하여 이르되, 가죽으로 가죽을 바꾸오니, 사람이 그의 모든 소유물로 자기의 생명을 바꾸올지라.

가죽으로 가죽을 바꾼다. Skin for skin! 많은 사람들이 이 말의 뜻을 어려워한다(참고. Alter 2010:15). 그러나 이 말 자체보다는 그 다음에 나오는 말과 엮어낸 관계에 주목하면 뜻이 통한다.

속담이다. 시장에서는 통하는 상식이다. 사탄은 "상식"으로 하나님께 도전한다. 세 친구들이 상식으로 욥을 시험하듯이. 그런데, 사탄은 틀렸다. 가죽/가죽은 말이 되지만, 소유물/생명은 말이 안 된다. 소유물을 생명처럼 소중하게 여기거나 우상 숭배하는 사람에게만 해당된다. 사탄은 예배인간 욥을 오해한 것이다. 예배인간에게 물질은 예물의 범위를 벗어난 경우 무더기 돌에 불과하다.

사람이 그의 모든 소유물로 자기의 생명을 바꾼다. 사탄의 법칙은 가죽으로 가죽을 바꾼다. 따라서 사람은 자기 생명을 주고 소유물을 바꾼다. 문명의 시대에 그게 통한다. 사탄의 전략이다.

▶ 2:5, 사탄의 계략 2

> 2:5 이제 주의 손을 펴서 그의 뼈와 살을 치소서. 그리하시면 틀림없이 주를 향하여 욕하지 않겠나이까?

이제는 물질이 아니라 뼈와 살이다. 사탄의 생각에 욥은 건강하기 때문에 하나님께 예배드리는 것이다. 스스로 무너지게 하는 "햇볕작전"도 모르는가!

▶ 2:6, 하나님의 허락 2

> 2:6 여호와께서 사탄에게 이르시되, 내가 그를 네 손에 맡기노라. 다만 그의 생명은 해하지 말지니라.

여호와께서는 예배인간이 고난 중에 더 깊은 예배드림을 아신다. 그러므로 그를 사탄의 손에 두셔도 끝내 주님께서는 그를 신뢰하신다.

예배인간의 생명은 하나님께 속한 것이다. 사탄은 죽음의 무기로 인간을 만나지만 하나님은 사랑이다. 인간은 치열한 검증과정을 거쳐 죄를 찾아내지만 하나님께서는 은혜를 드러내신다. 여기 하나님의 자신감이 있다. 들으라! 이 세상 누구도 하나님의 사랑에서 끊을 수 없다(참고. 로마서 8:39).

● 사탄의 계략 3

사탄이 진정으로 바란 것은 예배인간의 예배중단이다. 그를 위하여 사탄은 온갖 계략을 다 꾸몄다.

세 친구는 사탄이 보낸 자들이었다. 그들은 사탄의 계략에 충실했다. 그러나 사탄이 예배중단에 성공하지 못했듯이 세 친구도 실패하고 말았다. 사탄의 계략은 부흥의 불길을 끄자는 것이다. 그것은 하늘의 동서남북의 공격으로도 하늘에서 떨어지는 그 무엇으로도 끌 수 없는 성령님의 불길이었다. 그러므로 사탄의 계략은 반드시 실패하고야 말 것이었다.

예배를 방해하는 인간, 성경은 그를 일컬어 "원수"라고 부른다. 애굽에서 이스라엘은 "출애굽"했다. 가나안에서 이스라엘은 "정복"했다. 애굽은 약속의 땅이 아니므로 나와야했고, 가나안은 약속의 땅이므로 정복해야 했다. 문제는 예배 방해 인간과는 공존할 수 없다는 것이다.

● 사탄의 계략 4

하나님께 엎드린 예배인간은 끝내 사탄의 계략을 무산시켰다. 성령님의 힘으로, 성령님의 지혜로, 성령님의 감화 감동하심으로써.

하나님께서 사탄의 계략을 허락하셨지만 그의 승리까지 보장하신 것은 아니었다. 하나님 앞에 사탄은 마땅히 물러가야 한다. 하나님의 능력을 입은 예배인간도 능히 사탄을 물리칠 수 있음으로 보이신 것이다. 감히 사탄이 하나님 앞에 입을 놀려 수작을 걸다니!

▶ 2:7, 육체의 고난

> 2:7 사탄이 이에 여호와 앞에서 물러가서, 욥을 쳐서 그의 발바닥에서 정수리까지 종기가 나게 한지라.

사람은 자기 몸에 고통이 왔을 때 더욱 견디기 어려운 법이다. 세상에서 가장 큰 고통은 "자기"가 겪는 고통이다. "종기"는 히브리어로 "쉐킨"이다. 광범위한 피부질환을 포함한다(Clines 1989:48-49). "쉐킨"은 "나병"으로 번역하는 히브리어 "차라아트"를 포함한다(참고. 레위기 13:18-23). 따라서 욥이 나병에 걸렸을 가능성이 있다. 그러나 앞뒤 문맥으로 보아 단정할 수는 없다.

어쨌든 욥이 걸린 "쉐킨"은 적어도 제사장에게 보여 진찰 받아야 할 환자였다(참고. 레위기 13:18-19). 그렇다면 그는 일단 "격리환자"로 분류되는 것이다.

▶ 2:8, 재 가운데 앉아서

2:8 욥이 재 가운데 앉아서, 질그릇 조각을 가져다가 몸을 긁고 있더니,

욥은 재 가운데 앉았다. "재"의 히브리어 "에페르"는 "무가치함"을 표현하는 두 개 단어 중 하나다. 다른 하나는 "티끌"(아파르)이다(참고. 창세기 18:28). 자식의 죽음을 탄식하면서 그 위에 앉거나 그것을 머리에 뿌린다(사무엘기하 13:19; 이사야서 61:3).

욥은 질그릇 조각으로 몸을 긁는다. 무서운 피부병 탓이다. 긁기는 고통이다. 고통으로 이겨내야 할 질병은 무엇인가? 그걸 혼자 긁어야 하는 고독은 또 무엇인가?

생각한다. 욥이 재 가운데 앉아서 질그릇 조각으로 몸을 긁는 "자리"는 어디인가? 자기 집인가, 아니면 어떤 격리된 장소인가? 본문은 구체적인 지적이 없다. 다만 그의 아내가 그를 두고 떠났고 식구들이나 종들이 아무도 남아있지 않은 상황이라면, 집에 있다고 해도 이미 격리상태다.

▶ 2:9, 아내

2:9 그의 아내가 그에게 이르되, "당신이 그래도 자기의 온전함을 굳게 지키느냐? 하나님을 욕하고 죽으라."

사람은 아내를 통한 시험을 견디기 어려운 법이다. 오늘 이 세상에 아내를 이기는 남자가 몇이나 있을까! 그것도 이렇게 독설을 직격탄으로 날리는!

▶ 2:10a, 남편

2:10a그가 이르되, "그대의 말이 한 어리석은 여자의 말 같도다. 우리가 하나님께 복을 받았은즉 화도 받지 아니하겠느냐?" 하고,

욥기가 "지혜서"라는 것은, 이런 중요한 고비에 등장하는 "지혜" 때문이다. 욥은 아내의 어리석음(곧, 지혜 없음)에 동의하지 않는 지혜가 있다. 그래서 욥이 이겼다. 비결이 정말 궁금하다.

예배다. 예배를 통해 우리는 하나님께서 창조주이심과 구원주이심을 믿고 고백한다. 복도 화도 모두 하나님의 손에 달렸다. 참 지혜는 여호와 하나님을 두려워함이다(참고. 잠언 1:7). 진정한 예배는 여호와 하나님을 두려워함에서 난다.

이런 남편을 둔 아내는 행복하다. 반석처럼 꿈쩍도 하지 않으면서 엎드린 그 자리에서 예배드리는 남편은 가정의 등불이다. 아내는 남편을 위해 기도해야 한다. 하나님께서 그의 등불을 끄지 않으시도록. 욥의 아내는 행복한 사람이다. 문제는 그 행복을 깨닫지 못한 불행이다.

● **아내를 통한 시험**

사람은 아내를 통한 시험에 대개 넘어간다. 여자는 남자에게 정말 독특한 존재다. 선을 위해서도 독특하고 악을 짓는 데도 독특하다. 사탄이 사용한 작전 중 하나였지만, 어쩌면 거의 결정적인 공격이었다. 남자는 아내가 제일 무섭다. 특히 잔소리가 겁난다.

욥의 아내는 잔소리 화살에 독을 발랐다. 그리고 인정사정없이 그의 심장을 향해 시위를 힘껏 당겼다.

> 당신이 그래도 자기의 온전함을 굳게 지키느냐? 하나님을 욕하고 죽으라!
>
> 욥기 2:9b

성경의 행간에 아내에게 져서 사탄의 노예가 된 남자를 많이 만난다. 저들은 지혜와 용기, 은혜와 기쁨, 믿음과 소망을 모두 반납했다. 아주 간단하게! 아담은 하와를 통해 넘어졌다(참고. 창세기 3:1-7). 롯은 뒤를 돌아보는 아내가 있었다(참고. 창세기 19:23-26). 아합 왕은 하나님을 거역하고 하나님의 종들을 탄압하는 이세벨을 누르지 못했다(참고. 열왕기상 16:29-34). 헤롯은 아내 헤로디아의 간계에 빠져 세례요한을 죽였다(참고. 마가복음 6:14-29).

확실히 사탄이 여자를 사용했다. 아내가 요구한 두 가지, 즉 하나님을 욕하고 죽음이라면 욥이 고통스러운 그 현실을 더 이상 견디지 않아도 되는 것이다. 하나님을 욕함으로써 "의심의 고통"을 던져버릴 수 있고, 죽음으로써 삶을 견뎌야 하는 고통에서 벗어날 수 있다. 이 얼마나 달콤한 시험인가!

● 아내를 위한 예배

욥이 떠나가는 아내를 위한 예배를 드렸다고 상상한다면 지나친 일일까? 두 손 들어 축복기도를 올리는 욥을 상상하는 건 무리일까?

예배인간 욥은 자녀들을 위해 예배를 드렸다. 그는 결론부분에 이르러 엘리바스를 위시한 친구들을 위해 기도했다(욥기 42:1a).

그가 아내를 위한 기도를 생략했을 가능성은 제로다. 과연 그의 아내는 돌아왔고, 그와의 사이에 열 명의 자녀를 새로 낳았다(참고. 욥기 42:13). 사랑 없이 낳은 딸이라면 그렇게 예쁠 수가 없는 것이다(참고. 욥기 42:15).

● 남편을 통한 시험

배우자를 통해 시험이 생긴다. 이 점에서 남편도 예외가 될 수 없다. 신앙생활을 반대하는 남편 때문에 처녀 때의 아름다운 믿음을 꽁꽁 싸 묻어둔 여자가 많다.

남편을 위해 예배의 단을 쌓으라. 남자는 독설보다는 무력이거나 무시다. 그런 자를 위한 예배가 결코 헛되지 않다. 당신이 입증해 보일 수 있다. 당신이 그 증인이 되라.

● 배우자를 위하여

중증 치매 걸린 아내를 위해 마지막 5년 동안 헌신한 어떤 노 목회자 이야기를 들었다. 자녀들도 "양로원"을 제안했을 때 뚝 잘라 한 말이다:

—이제는 내 차례다. 아내의 사랑 빚을 이제 내가 갚을 것이다.

일평생 예배를 인도했던 그는 집에서 아내와 함께 예배드렸다. 알아듣지도 못하고, "할렐루야!"로 응답하지도 못하는 아내 한 명과 함께 살아계신 하나님께 예배를 드렸다.

● 온전함

한 가지 더. 욥의 아내가 도전한 "온전함"은 히브리어 "툼마"다. 영어로 "인테그리티(integrity)"로 번역할 수 있다. 이것은 예배인간의 성품이다. 하나님께서 욥을 평가하실 때 사용하신 단어 네 가지 중 하나다.

네가 내 종 욥을 주의하여 보았느냐? 그와 같이 온전하고 정직하여 하나님을 경

외하며 악에서 떠난 자가 세상에 없느니라. 욥기 2:3b

여기서 "온전함"이 곧 틈마다. 예배인간 욥은 1. 온전하고, 2. 정직하며, 3. 하나님을 경외했으며, 4. 악에서 떠났다. 욥의 아내는 "온전함" 하나로 이 네 가지를 모두 대표했다. 그녀가 제안한 바, "하나님을 저주하고 죽음"은 "온전함"을 버릴 때 가능한 일이다. 하나님을 저주하고 죽는 일은 적어도 하나님을 경외하지 않으며 악에 빠져드는 행위다. "정직"은 아마 "온전"의 또 다른 표현일 것이다.

이즈음해서 나는 영어단어 인테그리티를 주목한다. "온전함"과 동일한 인테그리티는 적어도 욥기 컨텍스트에서 볼 때 모든 예배인간 그리스도인의 가장 아름다운 성품으로 표현된 것이다. 좌우로 치우치지 않고 말씀에 굳게 선, 강하고 담대한 여호수아 같은(참고. 여호수아기 1:1–9; 24:15) 예배인간을 묘사하는 단어다.

● **욥의 지혜**

그러나 욥은 아내를 이겼다. 그는 아내가 아니라 하나님을 두려워한 사람이었다. 아니 그는 아내를 사랑한 사람이었다. 아내에게 가시로 응수하지 않았다. 그는 돌아올 사람이니까! 사람은 살았다면 돌아온다. 반드시 돌아온다. 멈추지 않은 물길이 언젠가 돌아오듯 산 사람은 돌아온다. 이럴 때 기다리는 사람이 이긴다. 끝까지 기다리는 사람이 이긴다. 물론 이기자고 시작한 게임은 아니었겠지만.

욥은 아내를 "한 어리석은 여자"(욥기 2:10a)로 평가했다. 욥기를 "지혜서"로 분류할 때, 욥은 지혜 있는 사람, 그의 아내는 지혜 없는 사람의 대표다. 욥의 아내는 겁도 없이 여호와 하나님을 저주하라고 요구했다. 지혜인간 욥은 하나님을 경외(두려움)했다. 하나님 두려운 줄 아는 사람은 하나님을 저주할 수 없다. 고난 중에 오히려 주님 앞에 엎드린다. 그가 하나님 두려운 줄 아는 사람이요, 그 사람이 지혜인간이다. 욥이 아내를 통한 시험에서 벗어난 것은 지혜가 승리한 좋은 예다.

● 가정의 평화

가정의 "평화"는 언제나 옳은 것만은 아니다. 이 명분은 때로 내려놓아야 한다. 예수님께서 "가정의 불화"의 불을 던지셨다.

> 내가 세상에 화평을 주려고 온 줄로 아느냐? 내가 너희에게 이르노니, 아니라.도리어 분쟁하게 하려 함이로라. 이후부터 한 집에 다섯 사람이 있어 분쟁하되, 셋이 둘과, 둘이 셋과 하리니, 아버지가 아들과, 아들이 아버지와, 어머니가 딸과, 딸이 어머니와, 시어머니가 며느리와, 며느리가 시어머니와 분쟁하리라.
>
> 누가복음 12:51-53

이제 전쟁선포 나팔이 울렸다. 영적 전쟁이다. 가정도 오히려 예외가 아니다.

가정의 평화는 내가 지키는 것이 아니다. 그건 하늘의 하나님께서 주시는 것이다. 선물로, 은사로, 은혜로.

● 마지막에 홀로!

아내가 떠났다!

이것은 욥, 그가 홀로 남았다는 말이다(S). 결혼서약에서 우리는 "죽음이 서로를 갈라놓을 때까지" 동행을 맹세한다. 죽음 이전에 갈라섬은 고통이다.

슬프다. 그러나 욥은 지금 홀로서기를 해야 한다.

● 혼자서 견뎌야 한다

고난을 혼자서도 견뎌야 한다. 누가 좋은 사람이 같이 곁에 있으면 도움이 될 것이다. 그러나 혼자라면 좋은 일도 지루하고 기쁨도 괴로움으로 탈바꿈하는 법이다. 그런데 지금 욥은 혼자다. 이 모든 고통을 그는 혼자서 견뎌야 하는 것이다.

사탄은 이렇게까지 잔인하다. 이런 못된 사탄에게 굴복하는 것은 무슨 뜻인가? 끝까지 싸워 이겨야 할 이유는 자명하다.

● **새로운 만남**

그런데 바른 영적 결단을 통한 이런 떠남은(S) 새로운 만남(P)의 전주곡이다. 아내는 돌아올 것이다(S). 호세아의 아내 고멜이 돌아온 것처럼, 욥의 아내도 가정으로 돌아왔다. 호세아처럼 욥도 거룩한 하나님의 편에 선 사람이기 때문이다.

욥기 컨텍스트에서 욥의 아내는 더 이상 어떤 역할을 맡지 못한다. 마지막 장면에서 새로운 자녀들을 얻었다는 언급에서 넌지시 그의 존재가 암시되었을 뿐이다. 욥기는 지혜와 지혜인간에 집중 조명한다. 욥과 아내의 새로운 만남은 전적으로 거룩하신 하나님의 은혜로, 지혜인간 욥의 온전함을 통해 가능하게 된 사건이다.

● **항상성 4**

욥은 범죄에 빠지지 않았다. 입술로도! 그 비결은 항상성에 있다. 조건은 항상 유동(流動)이다. 사람이 조건을 따진다면 그는 일정할 수 없다. 그러나 항상성은 조건을 이긴다. 하나님께서 명령하신 것은 항상성이다.

> 항상 기뻐하라. 쉬지 말고 기도하라. 범사에 감사하라. 이는 그리스도 예수 안에서 너희를 향하신 하나님의 뜻이니라. 데살로니가전서 5:16-18

항상성이 상황을 이긴다. 상황을 이기는 힘은 항상성에서 나온다. 나는 새벽 네 시면 어김없이 일어난다. 새벽예배를 위해서다. 고백한다. 소소한 문제들은 나타났다가 사라졌다. 제법 큰 문제들도 일정한 예배 앞에서 자취를 감추었다.

▶ **2:10b, 입술의 범죄**

> 이 모든 일에 욥이 입술로 범죄 하지 아니하니라. 2:10b

사람은 입술의 범죄를 구별하는 버릇이 있다. 행위로 옮기지 않았으므로, 상대에게 상처를 입히지는 않았다고 주장한다. 법률에서는 뭐라고 할까? 미수에 그쳤다고 할까? 항상 그런 것은 아닐 것이다. 글로 기록되지 않은 입술의 말이 얼마나 법적인 구속력이 있을까?

인격과 양심의 문제로 보더라도 입술의 말은 분명히 사회적 구속력이 있다. 사람들은 그를 신뢰하지 않을 것이다. 그렇게 되면 확실히 사회-정치적, 경제적 영향을 받는다. 그 모든 것을 떠나서 하나님께 드리는 제사는 입술까지 포함한다.

> 그러므로 우리는 예수로 말미암아 항상 찬송의 제사를 하나님께 드리자. 이는 그 이름을 증언하는 입술의 열매니라. 히브리서 13:15

● **찬송의 제사**

> 그러므로 예수도 자기 피로써 백성을 거룩하게 하려고 성문 밖에서 고난을 받으셨느니라. 그런즉 우리도 그의 치욕을 짊어지고 영문 밖으로 그에게 나아가자. 우리가 여기에는 영구한 도성이 없으므로 장차 올 것을 찾나니, 그러므로 우리는 예수로 말미암아 항상 찬송의 제사를 하나님께 드리자. 이는 그 이름을 증언하는 입술의 열매니라. 히브리서 13:12-15

● **입술의 열매**

> 입술의 열매를 창조하는 자 여호와가 말하노라. 먼 데 있는 자에게든지 가까운 데 있는 자에게든지 평강이 있을지어다, 평강이 있을지어다. 내가 그를 고치리라, 하셨느니라. 그러나 악인은 평온함을 얻지 못하고 그 물이 진흙과 더러운 것을 늘 솟구쳐 내는 요동하는 바다와 같으니라. 내 하나님의 말씀에, 악인에게는 평강이 없다, 하셨느니라. 이사야서 57:19-21

입술이 부정한 사람은 요동하는 바다와 같다. 일정하지 않다. 그는 악인이다. 그는 평강이 없다.

▶ 2:11a, 친구들 1

2:11a 그 때에 욥의 친구 세 사람이 이 모든 재앙이 그에게 내렸다, 함을 듣고, 각각 자기 지역에서부터 이르렀으니,

왔다. 친구들이 왔다. 친구는 환난 때 필요한 것이다. 세 친구는 각가 자기 지역에서 왔다. 먼 곳에서 왔다. 공자(551–479 BC)는 "인생삼락" 중 하나로 "먼 데서 찾아오는 친구의 방문"을 꼽았다. 그러나 그건 "반가운" 친구일 때다.

▶ 2:11b, 친구들 2

2:11b 곧 데만 사람 엘리바스와 수아 사람 빌닷과 나아마 사람 소발이라.

본문에 지역 이름이 세 개다: 데만, 수아, 나아마. 데만(Teman)은 "오른쪽으로," 혹은 "남쪽으로"라는 뜻이다. 창세기 36:15; 42에서 엘리바스(Eliphaz)는 에서의 아들이다.

수아(Shuah)는 그 뜻이 "우울"(depression)이다. 아브라함과 그의 후처 그두라 사이의 아들 수아(창세기 25:2)의 후손에서 난 족속이다.

나아마(Naamah)는 "유쾌한"(pleasant)이라는 뜻이다.

친구들 이름도 세 개다: 엘리바스, 빌닷, 소발.

데만 출신 엘리바스(Eliphaz)는 "하나님은 정금이시다"(God is fine gold)라는 뜻이다.

수아(Shuah) 사람 빌닷(Bildad)은 "벨은 사랑했다"(Bel has loved)라는 뜻이다.

나아마 사람 소발(Zophar)은 그의 이름 뜻이 "지저귐," 혹은 "엿봄"(peep, twitter)이다.

이들 여섯 개의 이름(지역이름 세 개; 개인 이름 세 개)의 몇 개는 에돔과 연관성이 가장 깊다(참고. Clines 1989:56-59, 특히 59). 왜 에돔일까? 혹시 에돔과 "지혜"가 어떤 관계가 있을까? 놀랍지만 있다.

> 에돔에 대한 말씀이라. 만군의 여호와께서 이와 같이 말씀하시되, 데만에 다시는 지혜가 없게 되었느냐? 명철한 자에게 책략이 끊어졌느냐? 그들의 지혜가 없어졌느냐?
>
> 예레미야서 49:7

에돔은 역사에서 오래 살아남았다. 북 이스라엘이 앗시리아의 칼날에 스러졌을 때도, 남 유다와 예루살렘이 바벨론의 말발굽에 처참하게 무너졌을 때도 에돔은 살아남았다. 오히려 사자가 지나간 자리를 즐긴 승냥이 무리처럼, 에돔은 철저하게 이스라엘의 파괴된 성터에서 전리품 부스러기를 챙겼다. 그것도 지혜라면 지혜인가?

욥 자신도 에돔의 한 지역 우스(Uz) 사람이다. 욥의 세 친구와 그들의 출신지도 모두 에돔과 관계가 있다. 그러면 욥기는 그 배경이 에돔이다. 에돔은 야곱의 형 에서의 후손들이다. 에서는 누구인가? 야곱의 형으로서, 축복권에서 벗어난 사람이다. 그런데 이런 자리에 이렇게 거룩한 예배인간이 존재한다는 것은 무슨 뜻인가?

에돔과 관계 없는 지역이 몇 개 있는데, 이들의 거리는 서로 수백 마일 떨어져 있다. 그들이 이렇게 먼 곳에서 소식을 듣고 달려온 사실은 욥이 "동방에서 가장 큰 자"(욥기 1:3)의 평가에 걸맞는 것이다(참고. Alter 2010:17).

지금 기독교 문화권인 유럽과 미국의 교회는 쇠퇴하고 있다. 오히려 역사적으로 다른 종교들이 지배하고 있던 중국과 러시아, 남미와 아프리카가 교회 부흥을 경험하고 있다. 이 무슨 뜻인가? 교회처럼 영적으로 민감한 것은 없다.

▶ 2:11c, 친구들 3

2:11c 그들이 욥을 위문하고 위로하려 하여 서로 약속하고 오더니,

목적은 욥을 위문하고 위로함이다. 서로 약속했고, 길을 떠났다. 그들은 지혜의 고장에서 지혜의 말을 품고 욥을 찾아왔다. 그들의 위로는 물질적인 어떤 도움이 아니다. 지혜교육이다.

▶ 2:12-13a, 친구들 4

2:12 눈을 들어 멀리 보매, 그가 욥인 줄 알기 어렵게 되었으므로, 그들이 일제히 소리 질러 울며, 각각 자기의 겉옷을 찢고, 하늘을 향하여 티끌을 날려 자기 머리에 뿌리고,
2:13a 밤낮 칠 일 동안 그와 함께 땅에 앉았으나,

그들은 친한 친구들이었다. 그러나 그들은 당장에 위로자가 되지 못했다.

이럴 때는 침묵이다. 침묵이 금일 때가 있는데, 바로 지금이 그 때다. 그들은 정말 지혜가 있었다. 최소한 욥을 만난 처음에는!

▶ 2:13b, 친구들 5

2:13b 욥의 고통이 심함을 보므로, 그에게 한마디도 말하는 자가 없었더라.

침묵. 그런데 이것은 이후 쏟아지는 말의 홍수의 전주곡이었다. 말하자면 그들의 이 침묵은 폭풍전야였다.

● 2:1-13, 예배인간 욥의 예배방정식 SPRx-C//E=0

예배인간 욥에게 남은 것은 아무것도 없다. 건강은 사라졌고, 아내도 떠났다. 친구들이 찾아왔으나, 그들은 아무런 도움이 되지 못했다. 곧 원수로 변질되고 말 그들, 살벌한 긴장이 서린 만남뿐이었다. 도움이 절실한 사람은 그것을 안다. 누가 내 도움인지. 곁에 선 사람이 도움이 아니라는 것도 확실하게 알아차린다. 예배인간은 부르짖는다.

> 내가 산을 향하여 눈을 들리라. 나의 도움이 어디서 올까? 나의 도움은 천지를 지으신 여호와에게서로다. 시편 121:1-2

이를 믿지 못했더라면 욥은 영영 망했을 것이다. 사람들에게 구차하게 도움을 청하며, 동정을 구걸했을 것이다. 아니면 영화 "아바타"(Avatar, 2011)의 숲에 누운 젊은이처럼 식물에 몸을 내맡기고 말았을 것이다. 예배인간은 눈을 든다. 예배인간은 그 도움을 천지를 지으신 여호와께로부터 얻는다. 끝내 외친다:

> 엘리에셀! 나의 하나님은 도움이시다! 아멘.

이 시긴 욥이 무너지시 않은 비결은 여기 있다: 주님과 동행함!

> 주와 같이 길 가는 것, 즐거운 일 아닌가!
> 우리 주님 걸어가신 발자취를 밟겠네.
> 한걸음 한걸음 주 예수와 함께
> 날마다 날마다 우리 걸어가리. 찬송가 430장 1절

예배인간, 그는 엎드리나 걷고 있다. 그는 그 자리, 절망과 슬픔이 깃든 그 자리에 얼어붙지 않는다. 대신 그는 이동한다. 이 땅에서 예배드리는 모든 예배인간은 그 발걸음이 천국길이다. 앞서 가신 주님의 발자국에 자기 발을 넣는 세상의 모-든 예배인간에게 복이 있으라!

Ⅱ. 모놀로그 → 다이얼로그

● **시문**

산문(散文)으로 된 프롤로그(1:1-2:13)와 에필로그(42:7-17)와 달리 모놀로그 ⇄ 다이얼로그(3:1-42:6)는 시문(詩文)이다. 시문은 구체적인 전달이 어렵다는 단점이 있지만, 속 깊은 내면을 드러내는 데 이만한 것이 없다.

영성을 말할 때도 산문은 지극히 제한된 기능밖에 더할 수 없다. 따라서 대부분의 예언서가, 찬양과 기도의 시편이, 그리고 지혜가 시문이다.

● **욥 모놀로그 1, 3:1-26**

● **욥 모놀로그 1의 신학**

욥 모놀로그 1(욥 3:1-26)은 그 자체로 중요하다. 이것은 이후에 나타나는 수평 다이얼로그(욥 4:1-27:23)를 결정적으로 이끌어낸 동기다. 위로하러 온 친구들이었다. 욥이 절망하면서 어떤 도움이라도 청했다면 즐겁게 그랬을 것이다. 그러나 욥 모놀로그 1이 모든 걸 바꾸어 버렸다. "세 친구"는 "세 원수"가 되고 말았다. 준비해 온 위로의 말은 독설로 변했다. 수평 다이얼로그는 차라리 설전(舌戰)이다. 욥 모놀로그 1의 무엇이 수평 다이얼로그를 이끌어냈을까?

세 친구들이 입을 열게 된 동기를 보면 답이 나온다. 그들은 서로 같지 않은 논리구조와 대화법이 있지만 공통점은 욥의 계속 되는 예배를 방해함이다. 따라서 욥 모놀로그 1의 특성은 그것이 "예배"라는 것이다. 예배의 어떤 부분인가? 당연히 "기도"다. 그는 모놀로그 1에서 다른 누가 아니라 창조주 여호와 하나님께 아뢰는 것이다. 감히! 죄인 주제에!

창조주 하나님과 마주 서서 그가 제기하는 것은 "자기의 날 저주"다. 창조주께서 만드신 인생과 그 빛을 반박하고 선다. 하나님께서 축복하신 생명을 차라리 거두어 달라고 호소한다. 이의 신학적 근거는 무엇인가? "창조//출애굽 다이내믹스"다. 무슨 말인가? 욥은 자기의 모든 죄에도 불구하고 사죄의 은총을 내리신 여호와 하나님, 곧 구원의 하나님을 믿었다. 바로 그 구원의 자리에 서서 창조를 내다보았다. 이것은 모세가 출애굽 컨텍스트에서 구원(출애굽)의 자리에서 창조를 돌아보며 이스라엘을 역사교육 시킨 일과 정확하게 일치한다. 모세에게 모세오경 기록 배경이 창조//출애굽 다이내믹스였던 것과 마찬가지로, 욥기 기자에게 욥기 기록 근거가 창조//출애굽 다이내믹스였다. 그러므로 여호와 하나님의 구원하심을 간절히 사모하면서 창조주 하나님을 마주 선 태도는 자기 날의 저주였다. 그렇게 함으로써 하나님께서 당신 스스로 창조하신 인간을 향하여 눈길을 주시게 하려는 것이다. 이것은 주인과 눈을 마주침으로써 주인의 불쌍히 여김을 끝내 얻어내고야 마는 어떤 도둑고양이 같은 짐요다.

그러므로 욥 모놀로그 1의 수면 위에 뜨는 탄식과 저주, 불평과 죽음 같은 데 일차적으로 현혹될 필요가 없다. 그 물 밑에 감도는 구원의 갈망을 이해해야 한다. 이 사람은 "부흥"을 꿈꾸는 예배인간이었다. 욥의 아내도 그랬듯, 세 친구가 격분한 것은 욥이 그 상황에서도(!) 예배를 드린 것이다. 아, 예배인간은 예배를 방해하는 사탄의 공세를 피할 수 없는 것이다. 그러나 사탄을 이기는 길도 역시 예배다.

● 욥 모놀로그 1의 구도정리

욥 모놀로그 1을 아래와 같이 세 개의 구도(A와 B, 그리고 C)로 정리해 본다.

A

죽음소망: 3-9 내가 난 날이 멸망하였더라면, 그 밤도 멸망하였더라면

절망전망: 10 내 눈으로 환난을 보는구나!

탄식: 11-12 어찌하여!

죽음소원: 13-16 그랬더라면 더 좋은

스올현실: 17-19 스올은 태평천국

탄식: 20-24 어찌하여!

절망현실: 25 내가 두려워하는 것이 임했다!

죽음현실: 26 내게는 평온이 없고 안일도 없고, 휴식도 없다(-R)

여기 첫 번째 구도에서 마주보는 구도는: 죽음소망 → 죽음현실, 절망 → 절망, 탄식 → 탄식, 죽음소원 → 스올현실. 이 구도로 볼 때 욥은 생명을 저주하고 죽음을 사모했다. 이것은 창조주 하나님께 대한 정면 반박이다. 이 행위를 불신으로 볼 수 있나? 우리는 이 질문을 품고 〈욥기〉를 읽어나갈 것이다.

B

○ 3-9 **죽음소망**

3 낮의 멸망, 밤의 멸망 소원

4 날의 캄캄, 하나님이 위에서 돌아보지 않으셨다면(-라카프), 빛도 그 날을 비추지 않았더라면(-제4일 창조/파송)

5 어둠과 죽음의 그늘이 겹치고(쪼개지지 않음), 구름이 그 위에 덮였다면, 흑암이 그 날을 덮었다면(구름/흑암의 역사)

6 그 밤이 캄캄한 어둠에 잡혔더라면(창조 이전), 해의 날 수와 달의 날 수에 들지 않았더라면(날짜로 계산할 수 없이)

7 그 밤에 자식을 배지 못하였더라면(창조주의 -생명창조), 그 밤에 즐거운 소리가 나지 않았더라면(-생명의 기쁨)

8 날을 저주하는 자들, 곧 리워야단을 격동시키기에 익숙한 자들이 그 밤을 저주하였더라면(-창조주의 역사)

9 그 밤에 새벽 별들이 어두웠더라면(새날이 오지 못함), 그 밤이 광명을 바랄지라도 얻지 못하며, 동틈을 얻지 못하였더라면 좋았을 것을

○ 10 **절망**

이는 내 모태의 문을 닫지 아니하여 내 눈으로 환난을 보는구나. 실제는 내가 태어나 내 눈으로 환난을 보게 되었다.

○ 11–12 탄식

11 어찌하여 내가 태에서 죽어나오지 않았던가! 어찌하여 내 어머니가 해산할 때
에 내가 숨지지 않았던가?
12a 어찌하여 무릎이 나를 받았던가.
12b 어찌하여 내가 젖을 빨았던가?

○ 13–16 죽음소원

13 그렇게 않았더라면 이제는 평안히 누워서 자고 쉬었을 것을!
14 자기를 위해 폐허를 일으킨 세상 임금들과 모사들과 함께 있었을 것을!
15 혹시 금을 가지며 은을 집을 채운 고관들과 함께 있었을 것이며 세상에서 권
력을 누렸던 이들(죽은)과 함께 있었을 것을! 낙태, 영아사망 한 아이들처럼
16 또는 낙태되어 땅에 묻힌 아이처럼 나는 존재하지 않았겠고, 빛을 보지 못한
아이들 같았을 것을!

○ 17–19 스올현실

17 거기서는 악한 자가 소요를 그치며, 거기서는 피곤한 자가 쉼을 얻으며
18 거기서는 갇힌 자가 다 함께 평안히 있어 감독자의 호통소리를 듣지 아니하며
19 거기서는 작은 자와 큰 자가 다 함께 있고, 종이 상전에게서 놓인다.

○ 20–24 어찌하여!

20 어찌하여 고난당하는 자에게 빛을 주셨으며, 마음이 아픈 자에게 생명을 주
셨는고! 고난과 아픔의 사람에게는 죽음이 더 나은 법!
21 이러한 자는 죽기를 바라도 오지 아니하니, 땅을 파고 숨긴 보배를 찾음보다
죽음을 구하는 것을 더하다가
22 무덤을 찾아 얻으면 심히 기뻐하고 즐거워하나니
23 하나님께 둘러싸여 길이 아득한 사람에게 어찌하여 빛을 주셨는고?
하나님과 함께함이 길이 아득하구나!
24 나는 음식 앞에서도 탄식이 나며, 내가 앓는 소리는 물이 쏟아지는 소리
같구나!

○ 25 절망현실

25 내가 두려워하는 그것이 내게 임하고, 내가 무서워하는 그것이 내 몸에 미쳤구나!

○ 26 죽음현실

26 나에게는 평온도 없고 안일도 없고, 휴식도 없고, 다만 불안만이 있구나!

여기 두 번째 구도는 일련의 부정적인 요소들이 징검다리처럼 딛고 건너편으로 넘어간다: 죽음소망 → 절망 → 탄식 → 죽음소원 → 탄식 → 스올현실 → 어찌하여! → 절망현실 → 죽음현실. 죽음소망이 결국 죽음현실로 강화되어간다. 이것은 아이러니칼하게도 욥이 하나님을 대면하려는 의지의 강화와 맞물린다.

C

a. 3-9

b. 10-16

c. 17-19

b'. 20-22

a'. 23-26

이 세 번째 구도는 욥기에 특히 흔한 교차대구법(chiasmus)이다. 내가(Cho 2003) AJT에서 제기했던 것이다. 욥 모놀로그 1에 대한 이하의 해설은 이 세 번째 구도에 근거한 것이다.

이 교차대구법 구도 안에는 평형구도 두 개와(a와 a') 작은 교차대구법 세 개가 들어있다(b, b', 그리고 c).

평형구도는 네 가지 소재를 사방에 펼쳐놓고 서로의 관계를 평형관계 속에 저울질 하는 논리전개다.

교차대구법은 한 가운데 중심 메시지가 들어 있다. 아울러 시계방향으로 돌아 나가는 흐름도 상당히 긴장감 있게 제시되고 있다. 이렇게 보면 가장 나중에 위치한 포인트에 집중조명이 쏟아진다.

a.(3–9)의 평형구도는 아래 "창조패턴 1"에서 정리했고, a'.(23–26)의 평형구도도 "창조패턴 2"에서 정리했다. 각각 평행, 대비, 흐름 등이 똑같은 패턴으로 활용되었다.

b.(10–16)는 교차대구법 구도다.

10(태내에서 죽음)

11–12(출생 즉시 죽음)

13–15(출생 즉시 죽음 소원)

16(태에서 죽어 나옴 소원)

여기서 자연 죽음이 죽음소원의 응답으로 나온다.

b'(20–22)는 또 다른 교차대구법이다.

20(빛과 생명)

21a(죽음 기다림)

21b(죽음을 파묻다)

22(즐거움과 기쁨)

역설적으로 욥은 죽음 자체를 즐거워한다.

c.(17–19)안에 또 다른 교차대구법이 있다.

17a(자유)

17b(안식)

18a(자유)

18b(자유)

19a(안식)

19b(자유)

여기서 자유와 안식은 각각 생명으로부터의 자유와 죽음에서의 안식이다. 이 구도로써 욥은 창조주 하나님과 정면으로 마주 서는 것이다.

● 욥의 독백

욥은 혼잣말을 낸다. 남들 들으라고 하는 말은 아니다. 그러나 욥기 기자는 이것을 기록했다. 결국 독자는 그 내용을 알게 된다.

욥의 독백은 대화다. 욥이 그 엄청난 고통 중에 회복의 길을 얻게 된 것은 그가 소통(疏通)의 사람이었다는 데 있다. 이 시대, 소통보다 더 소중한 가치가 또 있을까! 인터넷 시장이 뜨겁다. 소통의 기능을 강화한 전화기를 누구나 선호한다. 스티브 잡스가 시대의 영웅이 된 건 시대정신 탓이다.

욥을 연구할 이유가 있다. 그는 극도의 고통 중에도 소통을 선택했다. 그런데 그 선택은 생명의 길이었다.

● 하나님과 소통

욥은 하나님과의 소통을 꿈꾸었다. 그의 자학처럼 들리는 비탄소리도 따지고 보면 그가 하나님 앞에 엎드렸기 때문이다. 아니라면 오늘 우리가 그의 목소리에 이처럼 귀 기울일 이유가 없다. 세상에 고통당하는 자들의 소리가 높다.

그러나 모두의 목소리가 다 그처럼 의미로 충만하지는 않다. 하나님을 갈망하는 욥은 영적 소통의 사람이다.

● Ⅱ-1. 욥 모놀로그 1, 3:1-26

● 사역(私譯) 병기

욥기 3장은 내가 히브리어 성경(BHS)을 직접 읽어 번역한 사역(私譯)을 개역개정과 병기했다. 내 영어 사역은 Cho 2003을 참고하라.

▶ 3:1, 생일저주 1

3:1 그 후에 욥이 입을 열어, 자기의 생일을 저주하니라.
사역 그 후 욥은 자기 입을 열어, 그의 날을 저주했다.

저주 대상은 하나님이 아니다. 자기 날(생일)이다.

묻는다. 자기 날 저주는 타당한가? 이것은 예배인간이 품을 수 있는 내용인가? 기다려라. 어떤 대답이라도 지금은 조급하다.

▶ 3:2-5, 생일저주 2

3:2 욥이 입을 열어, 이르되,
사역 욥이 목소리를 높여 말했다.
3:3 내가 난 날이 멸망하였더라면, 사내아이를 배었다 하던 그 밤도 그러하였더라면,
사역 내가 태어난 그 날이 망했더라면! "사내아이를 임신했다"던

바로 그 밤도 망했더라면!

3:4 그 날이 캄캄하였더라면, 하나님이 위에서 돌아보지 않으셨더라면, 빛도 그 날을 비추지 않았더라면,

사역 바로 그 날, 어둠이 있으라 하셨더라면! 하나님께서 높은 곳에서 빛을 찾아내지 않으셨더라면! 어떤 빛도 그 위에 빛나지 말았더라면!

욥은 자기가 열 달이 된 그 날의 출생만 아니라 임신하던 바로 그 때도 지울 수 있기를 바란다. 그날 하나님의 은혜가 없었더라면!

▶ 3:5, 생일저주 3

3:5 어둠과 죽음의 그늘이 그 날을 자기의 것이라 주장하였더라면, 구름이 그 위에 덮였더라면, 흑암이 그 날을 덮었더라면,

사역 어둠과 죽음의 그늘이 그 권리를 주장했어야 했다. 먹구름이 거기 머물렀어야 했다. 한낮의 고통처럼 모든 것이 무섭고 떨리는구나!

개역개정의 "흑암이 그 날을 덮었더라면"의 보다 나은 히브리어 해석은 "한낮의 고통처럼 모든 것이 무섭고 떨리는구나!"다.

지금 욥이 꿈꾸는 세상은 창조 이전 상태다. 창조 이후, 욥의 출생 이후가 이토록 고통스럽다면, 이것은 차라리 창조 이전으로 돌아가는 것이 더 낫다는 판단이다. 말하자면 "창조가 잘못되었다는" 주장이다. 하나님께 항거하는 자세다.

하나님을 저주하는 것은 분명히 아니다. 그러나 자기의 생애를 저주한다. 그것은 창조주 하나님을 저주함 아닌가?

아니다. 왜? 어째서? 구원주 하나님까지 알고 있는 욥이기 때문이다. 창조//출애굽 다이내믹스 구도 안에서 욥의 탄식과 자기저주는 차라리 "기도"다. 독자여 당신이 예배인간이라면 이 경지를 벌써 이해했을 것 아닌가!

● 3:5a, 어둠과 죽음의 그늘이 권리를 주장함

여기 권리를 주장함은 히브리어로 "고엘"이다. 이것은 레위기 25:25나 룻기 2:20의 "기업을 무를 자"다(참고. BDB 3008). 고엘은 의무자이면서 동시에 권리자다. 바로 이 고엘이 욥기 19:25의 "대속자"다.

● "구름" 혹은 "먹구름"

"구름"으로 번역한 히브리어 "아나나"(BDB 778)는 욥기에서 단 한 차례만 사용된 단어, 곧 헤팍스 레고메논(hapax legomenon)이다. 따라서 이런 단어 해석은 고대 근동언어를 참고해야 한다.그러나 BDB는 아무런 고대어를 소개하지 않는다. 비교할 만한 것이 없기 때문이다. 창조와 관련한 고유단어다.

여기서는 이 단어가 다음 문장의 "한낮의 고통"과 대립평행을 이루는 구도다. 한낮의 고통은 뜨거운 햇볕 아닌가? 따라서 비를 잔뜩 머금은 "먹구름"이 적당하겠다.

▶ 3:6-7, 생일저주 4

3:6 그 밤이 캄캄한 어둠에 잡혔더라면, 해의 날 수와 달의 수에 들지 않았더라면,

사역 적어도 그날 밤, 어둠이 장악했어야 했는데! 그 밤이 일 년의 날 수에 들지 못했어야 했는데! 그 밤이 달의 수에 들지 못했어야 했는데!

3:7 그 밤에 자식을 배지 못하였더라면, 그 밤에 즐거운 소리가 나지 않았더라면,

사역 아, 그 밤이 불임이었다면! 그 밤에 어떤 즐거운 목소리도 생겨나지 않았더라면!

욥의 한탄이다: 자기의 출생일이 하나님의 창조에 들지 않았더라면! 하나님께서 전능하신 창조주시라는 것을 의심하지 않는다. 다만 자기가 하나님의

손에 창조되지 않았더라면, 하는 한탄이다. 이건 생일저주다. 밤과 낮이, 달과 해가 도리어 창조 이전으로 회귀했더라면! 욥은 여기서 하나님께서 창조하신 첫째 날과 넷째 날을 되돌릴 수 없는가, 한탄한다.

▶ 3:8, 생일저주 5

3:8 날을 저주하는 자들 곧 리워야단을 격동시키기에 익숙한 자들이 그 밤을 저주하였더라면,

사역 바다를 저주하는 자들이 그 밤을 저주했어야 했다. 그들은 리워야단도 격노해 떨치고 일어나게 자극하는 전문가들 아닌가!

리워야단을 격동시키기에 익숙한 자들은 누구인가? 사람은 물론 아니다. 욥기 41장에 하나님 말씀에서 사람은 누구도 이렇게 할 수 없다. 그러면 누구인가? 하나님의 명령을 받은 하나님의 아들들, 곧 하나님의 천사들이다.

● **리워야단(Leviathan)**

하나님의 말씀(욥기 41:1)에도 등장한다. 욥기 41:1–34에 묘사된 리워야단은 악어 같은 동물이라기보다는 차라리 고대의 신화에 등장하는 가상의 괴물 쪽이다. 그런데 보라. 성경은 고대 신화의 일부가 아니다. 성경에서 리워야단은 하나님의 반대편에 선 사탄의 세력으로서 창조 이전의, 분리되지 않은 물(–S) 세력이 형상화 된 존재다.

▶ 3:9–10, 생일저주 6

3:9 그 밤에 새벽 별들이 어두웠더라면! 그 밤이 광명을 바랄지라도 얻지 못하며 동틈을 보지 못하였더라면 좋았을 것을!

사역 새벽 별빛이 빛을 잃었더라면! 그 새벽이 빛을 꿈꾸었으나 아무것도 얻지 못했더라면! 그가 새벽 여명을 만나지 못했더라면!

욥이 바라는 밤은 창조 이전의 '어둠'이다.

● 3:3-9, 평형구도 1. 죽음소원

욥은 차라리 죽기를 원한다. 여기서 "죽음소원"은 "자살의지"가 아니다. 오히려 욥기 내내 바탕에 깔려있는 "생명의지"다. 생명 주신 하나님께 맞서는 예배태도의 하나다. 따라서 산문(욥기 1:1-2:13; 42:7-17)과 시문(욥기 3:1-42:6)가 서로 다르다는 주장(즉, 산문은 욥의 신실함을 강조하는데, 시문에는 욥의 불신이 숨겨지지 않는다)에 동의할 이유가 없다. 반복한다: 예배인간 욥의 죽음소원은 강력한 생명소원과 다르지 않다.

이 부분은 구성 자체가 이미 메시지다(Cho 2003:32).

★ 다이어그램 11, "욥기 3:3-9"

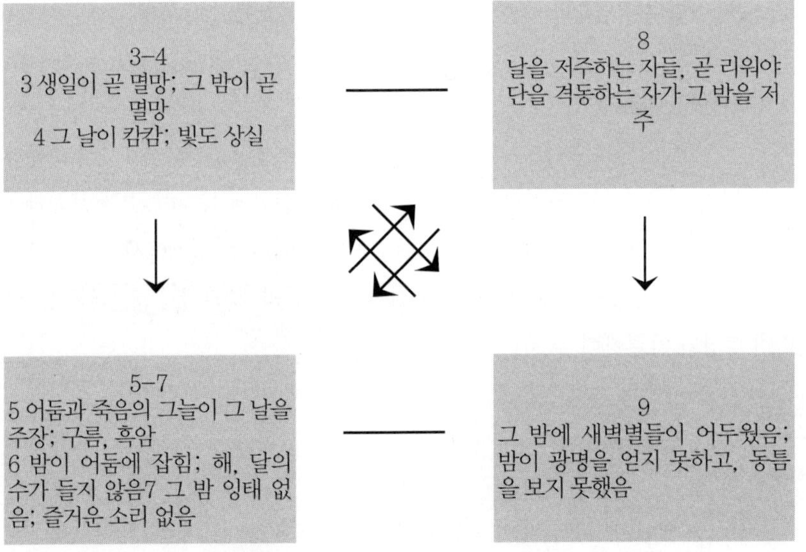

가만 보면 이것은 삼단논법이다.

제1단 3-4절의 소원은 5-7절의 결과를 바라고, 8절의 소원은 9절의 결과를 바란다.
제2단 3-4절의 소원은 9절의 결과를 바라고, 8절의 소원은 5-7절의 소원을 바란다.
제3단 따라서 3-4절의 소원은 결국 8절의 소원과 일치하고, 5-7절의 결과는 9절의 결과와 일치한다.

이렇게 빈틈없이 완벽한 패턴을 사용하여 욥은 죽음을 바란다. 그만큼 고통이 치열하다는 반증이다. 삶의 향한 갈구가 높다는 말이다.

학자들은 이 구성을 구약 안에 빈번하게 사용한 교차대구법(chiasmus)의 일종으로 볼 것이다. 그러나 이것은 교차대구와 사뭇 다르다. 대체로 교차대구의 주된 흐름은 수평이지만, 여기는 수직이 중심이다. 두 개의 수직대구가 마주보는 형국이다. 나는 이것이 창세기 1-2장에 사용된 제1-6일 창조사건 구성에서 났다고 생각한다.

★ 다이어그램 12, "창조, 수직대구"

제1일	제4일
제2일	제5일
제3일	제6일

곧, 왼편 상단에서 하단으로 내려온 후(제1-3일), 오른편 상단에서 시작하여(제4일) 중앙을 거쳐(제5일) 하단으로 내려오는(제6일) 패턴이다. 나는 이것을 "창조패턴"으로 부른다.

이것은 우연의 일치가 아니다. 욥기 3:1-26에 창조가 드러나 있다. 위에 소개한 3:3-9 외에 하나가 더 있다. 곧, 3:23-26이다. 이것은 욥 모놀로그 1이 얼마나 분명하게 "창조적" 신학을 품고 있는가를 드러낸다. 말하자면 욥기 기자는 그 주제만 아니라 기록 형식에 있어서도 모세오경 안에 드러난 창조//출애굽 다이내믹스를 잘 활용한 것이다.

● **3:10-16, 교차대구법**

이제 우리는 욥기 3장 내의 교차대구법 하나로 들어간다.

3

11-12

13-15

16

이 구도에서 생일저주가 태내 사산으로 이어지는 흐름을 주목하라.

▶ 3:10, **생일저주** 7

3:10 이는 내 모태의 문을 닫지 아니하여 내 눈으로 환난을 보게 하였음이로구나.

사역 그가 내 [어머니] 태의 문을 닫아걸지 않았구나! 내 눈이 온갖 고생을 다 보도록 내버려 두었구나!

그 밤이 계속 밤이어서, 결국 모태의 문이 열리지 않았더라면! 욥은 하나님의 창조로써 자기의 생명이 창조되었음을 안다. 자기 생을 돌이키려면 창조를 돌이키는 수밖에 없다.

▶ 3:11-12, **생일저주** 8

3:11 어찌하여 내가 태에서 죽어 나오지 아니하였던가! 어찌하여 내 어머니가 해산할 때에 내가 숨지지 아니하였던가!

사역 왜 내가 태에서 나올 때 죽지 않았던가! 왜 태에서 나올 때 생명이 끝나지 않았던가!

3:12 어찌하여 무릎이 나를 받았던가! 어찌하여 내가 젖을 빨았던가!

사역　　왜 무릎이 나보다 먼저 나갔을까! 왜 내가 젖을 빨고 말았을까!

그의 한탄은 의식의 흐름이 있다: "자기 ⇄ 어머니 ⇄ 무릎 ⇄ 자기." 욥은 이 흐름을 따라가면서 한탄한다.

▶ 3:13-16, 저 세상 사람들과 함께

3:13 그렇지 아니하였던들 이제는 내가 평안히 누워서 자고 쉬었을 것이니,

사역　　지금쯤 나는 자리에 누워 고요하게 되었을 텐데!

3:14 자기를 위하여 폐허를 일으킨 세상 임금들과 모사들과 함께 있었을 것이요,

사역　　이 세상의 왕들과 지혜자들처럼 끝내 자신을 위해 멸망을 만들어내는 일에 성공했을 텐데!

3:15 혹시 금을 가지며 은으로 집을 채운 고관들과 함께 있었을 것이며,

사역　　아니면 금을 가진 왕들 같았을 것 아닌가! 그들은 집에 은을 가득 채웠지.

3:16 또는 낙태되어 땅에 묻힌 아이처럼 나는 존재하지 않았겠고, 빛을 보지 못한 아이들 같았을 것이라.

사역　　어쩌면 사산한 아이처럼 왜 그들은 나를 묻어버리지 않았다는 말인가?
빛을 전혀 본 적이 없는 영아처럼?

죽음의 세상에서 편히 누워 자고 쉬었을 것이라고 주장한다. 창조의 세 번째 단계인 안식(R)을 하나님의 통치 바깥에서 오히려 추구하는 역설이다.

● 3:17-19, 욥기 3장 교차대구법 초점

여기서 우리는 교차대구법 내의 교차대구법을 만난다.

17a

17b

18a

18b

19a

19b

이 교차대구법의 흐름은 안식과 자유, 자유와 안식의 갈구다. 역설적으로 이는 창조주 하나님의 손에서 구원하시는 그 능력을 맛보려는 생명소원이다.

▶ 3:17-19, 거기 스올은

3:17 거기서는 악한 자가 소요를 그치며, 거기서는 피곤한 자가 쉼을 얻으며,
사역 거기는 악한 자들이 난동을 부리지 않는다. 거기는 힘없어 연약한 자들이 도리어 안식한다.
3:18 거기서는 갇힌 자가 다 함께 평안히 있어 감독자의 호통 소리를 듣지 아니하며,
사역 죄수들이 함께 평안을 누린다. 강제노동 감독의 목소리를 들을 일이 없다.
3:19 거기서는 작은 자와 큰 자가 함께 있고, 종이 상전에게서 놓이느니라.
사역 거기는 작은 자나 큰 자나 다 평등하다. 노예가 주인에게서 해방된다.

이 세상과 스올, 곧 지하 세상을 비교한다. 이 세상은 악한 자가 통치하지만, 저 세상은 해방이다.

● 20-22, 또 다른 교차대구법

20-22는 10-16과 아래위로 소통하는 큰 교차대구 구조 내의 작은 교차

대구다.

20

21a

21b

22

교차대구 초점은 죽음 소원과(21a) 죽음을 위한 땅 파기다(21b). 그러나 빛과 생명이 죽음 소원을(20) 거쳐 끝내 즐거움과 기쁨 회복으로 급회전하는(22) 시계방향 흐름이다

▶ 3:20, 하나님 원망? 1

3:20 어찌하여 고난당하는 자에게 빛을 주셨으며, 마음이 아픈 자에게 생명을 주셨는고!

사역 어째서 그분은 가련한 인생에게 빛을 주셨고, 영혼이 고통스러운 자에게 생명을 주셨는가!

하나님의 창조가 도리어 자기에게 불행이라고 지적한다. 그는 고난 중이며, 그는 마음이 아프다.

▶ 3:21-22, 죽기 어려움

3:21 이러한 자는 죽기를 바라도 오지 아니하니, 땅을 파고 숨긴 보배를 찾음보다 죽음을 구하는 것을 더하다가,

사역 그는 죽음으로 사모하지만 오지 않는다. 대신 그들은 보물이나 얻으려고 땅을 파지?

3:22 무덤을 찾아 얻으면 심히 기뻐하고 즐거워하나니,

사역　　즐거워 크게 소리치는 것 좀 봐. 땅 파다가 무덤을 발견하면 기뻐하지.

생명을 사모하는 것과 반대로 죽음을 사모한다. 그러나 이것은 불가능한 사모다. 이것은 역설이다. 이것은 죽음사랑이 아니라 생명사랑이다. 생명을 사랑하는 자 외에 누가 생명을 이렇게 어려워하는가?(참고. Alter 2010:18-19).

▶ 3:23, 하나님 원망? 2

3:23 하나님에게 둘러 싸여 길이 아득한 사람에게 어찌하여 빛을 주셨는고!

사역　　길이 숨겨진 사람이 있다. 어떻게 하나님께서 그를 물처럼 쏟아 버리셨는가!

3:23b에 개역개정의 "어찌하여 빛을 주셨는고!"는 좋은 번역이 아니다. 히브리어 "와야세크"는 "물처럼 쏟아 버리셨다"는 뜻이다(참고. Cho 2003:33). 그냥 버려두지 않으시고 오히려 하나님께서 둘러싸셔서 길을 아득하게 하셨다. 그 결과 그 인생은 물처럼 땅바닥에 쏟아 버려지고 말았다. 3:23은 3:24b와 연결된다. 즉 욥의 앓는 소리는 물이 쏟아지는 소리와 같다. 이것은 결과적으로 예배인간이 땅에 바싹 엎드린 모습과 같다. 이세벨에게 쫓긴 엘리야가 싸리나무 일종인 로뎀나무 아래 엎드린 형국이다(참고. 열왕기상 19:4b). "여호와여, 넉넉하오니 지금 내 생명을 거두시옵소서. 나는 내 조상들보다 낫지 못하니이다"(열왕기상 19:4c).

▶ 3:24, 탄식소리, 물소리

3:24 나는 음식 앞에서도 탄식이 나며, 내가 앓는 소리는 물이 쏟아지는 소리 같구나.

사역　　내 음식이 한숨 쉬는 것처럼, 내 앓는 소리는 물을 쏟아버림처럼 퍼부어지는구나.

고난이다. 탄식소리가 물소리 같다. 나는 가장 낮은 곳을 흐르는 물처럼 지금 더 낮아질 수 없다.

▶ 3:25, 무서운 현실

3:25 내가 두려워하는 그것이 내게 임하고, 내가 무서워하는 그것이 내 몸에 미쳤구나.

사역 내가 휘저어대던 겁나는 일이 내게 와버렸고, 내가 막으려던 일이 내 앞에 있구나.

현재 상태는 고통이며 두려움이다. 죽음을 두려워했고 무서워했는데, 지금 그 세력이 내 앞에 왔다.

▶ 3:26, -SPR?

3:26 나에게는 평온도 없고 안일도 없고 휴식도 없고, 다만 불안만이 있구나.

사역 나는 편하지 않다. 나는 안식이 없다. 평안이 없다. 그저 염려만 잇따라 오는구나!

스스로를 돌아본다. 욥은 가장 불행한 사람이다. 묻는다: 이게 정녕 예배인간의 탄식인가?

● **3:23-26, 평형구도 2, 절망현실**

★ 다이어그램 13, "욥기 3:23-26"

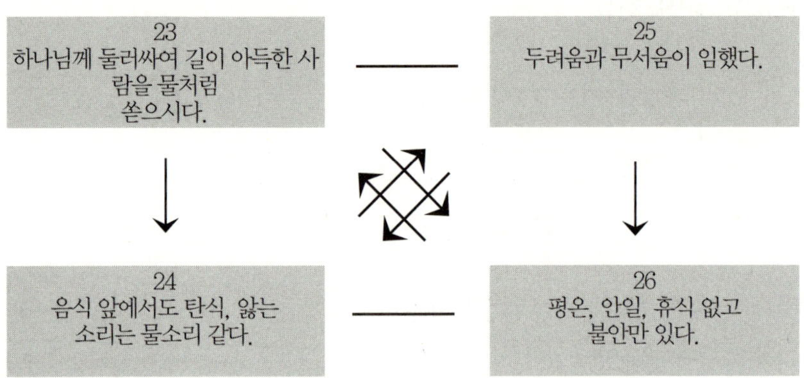

이 패턴은 3단 논법과 유사하다(참고. 3:3-9).

제1단 하나님께 둘러싸여 길이 아득하므로(3:23), 음식 앞에서도 탄식소리가 나며, 앓는 소리는 물소리 같다(3:24).

제2단 두려움과 무서움이 임하였으므로(3:25), 평온과 안일과 휴식이 없고 불안만 있다(3:26).

제3단 하나님께 둘러싸여 길이 아득한 나는(3:23) 평온과 안일과 휴식이 없고 불안만 있다(3:26). 두려움과 무서움이 임하였으므로(3:25), 음식 앞에서도 탄식소리가 나며 앓는 소리는 물소리 같다(3:24).

이 두 개의 창조패턴(3:3-9; 3:23-26)을 사용하여 욥은 그의 모놀로그 1에서 천지를 창조하신 하나님께 호소한다. 죽음의 자리를 박차고 일어나, 엎드려 예배드리는 예배인간이 하늘에 계신 "창조주" 여호와 하나님께 호소한다. 바로 여기서 그는 "구원의 하나님"을 소망하는 것이다. 여기 창조//출애굽 다이내믹스가 있다.

● **제3장, 예배인간 욥의 예배방정식 SPRx-C//E=0**

욥은 죽음을 사모한다. 그러나 이것은 역설이다. 이것은 생명을 위한 갈구다. 예배인간이 모든 것을 내려놓고 드리는 영적 예배, 곧 번제다. 그래서 그는 그의 예배에 아무것도 남기지 않는다.

그는 죽음의 길을 그리지 않는다. 그는 생명길을 원한다. 부흥을 꿈꾼다. 주님께 다 드리면 주님께서 다시 주실 줄 믿는다. 엎드려 간구 드리는 부흥은 한 알의 밀알이 땅으로 떨어지면서 꾸는 꿈이다.

이것은 기도다. 죽기를 각오하고 달려든 기도다. 죽어도 하나님 앞에서 죽으리라는 마음가짐이다. 그가 엎드린 자리는 하나님 앞이다. 수구지심(首丘之心). 언제, 어디서도 하나님께로 향하는 일편단심(一片丹心)이다.

● Ⅱ-2. 수평 다이얼로그, 4:1-27:23

욥과 세 친구의 수평 다이얼로그 사이클은 세 차례(1, 2, 3) 이어진다. 각각 선명한 주제를 가지고 열띤 공방이 벌어진다. 이들은 재판장이 없지만, 독자(혹은 관객)에게 판단을 맡기고 있다. 한 다리 건너(곧, 욥 모놀로그 2 직후) 무대에 올라서는 엘리후는 독자/관객의 대표를 자처한다.

세 친구의 공격은 수평으로 날리는 화살이다. 이 점에서 엘리후도 다르지 않다. 하나님의 권위를 빙자 하지만 그건 번개를 동반하지 못하는 천둥에 불과하다. 반면에 욥의 수평작전은 "방어" 일 뿐이다. 그는 친구들을 공격하지 않는다. 대신 그의 공격은 하늘을 향한다. 하나님과 씨름이다! 그는 수직방향으로 고개를 돌려 하나님께 호소한다. 바로 이 차원이 친구들과 엘리후에게 결여된 것이다. 수평 vs 수직. 이것이 세 친구(그리고, 엘리후)와 욥 대결의 본질이다.

● 4:1-27:23, 수평 다이얼로그 사이클 1-3

★ 다이어그램 14, "수평 다이얼로그"

<table>
<tr><td rowspan="2"></td><td colspan="3">사이클 1
4:1-14:22</td><td colspan="3">사이클 2
15:1-21:34</td><td colspan="3">사이클 3
22:1-27:23</td></tr>
<tr><td colspan="3">논리인간 vs 예배인간</td><td colspan="3">악인 vs 선인</td><td colspan="3">반지혜인간 vs 지혜인간</td></tr>
<tr><td>엘리바스</td><td colspan="2">4-5</td><td>심는대로 거둔다. 하나님께서 때리시고 싸매신다.</td><td colspan="2">15</td><td>네 입이 너를 정죄한다. 행악자의 운명은 일생동안 고통이다.</td><td colspan="2">22</td><td>악주님과 화목을 재촉한다. 평안을 보장하실 것이다.</td></tr>
<tr><td rowspan="3">욥</td><td rowspan="3">6
|
7</td><td>S</td><td>내가 언제 너희에게 무엇을 달라고 했더냐?</td><td rowspan="3">16
|
17</td><td>S</td><td>너희는 재난을 주는 위로자다.</td><td rowspan="3">23
|
24</td><td>S</td><td>내가 어찌하면 하나님을 발견하고 그의 처소에 나아가랴?</td></tr>
<tr><td>P</td><td>나의 의는 건재하다.</td><td>P</td><td>비난 그치라. 하나님께서 치셨다.</td><td>P</td><td>나는 흠이 없다.</td></tr>
<tr><td>R</td><td>7:1-6
나의 날은 베틀의 북보다 빠르니.
7:7-21
나를 놓아주소서.</td><td>R</td><td>16:7-8주님께서 나를 시들게 하셨으니.
17:3-4
내 날이 다 갔다.</td><td>R</td><td>(23:8-10)
단련하시면 순금 같이 나오리라.</td></tr>
<tr><td>빌닷</td><td colspan="2">8</td><td>빌닷의 화법: 책망-병-약-병-약-책망</td><td colspan="2">18</td><td>자신을 찢는다. 욥은 악인이다.</td><td colspan="2">25</td><td>욥은 구더기, 벌레다.</td></tr>
</table>

욥	9-10	S	하나님이 빼앗으시면 누가 막을 수 있으며, 무엇을 하시나이까 하고 누가 물을 수 있으랴?	19-20	S	하나님이 나를 억울하게 하시고, 자기 그물로 에워싸신 줄을 알아야 할지니라.	26-27	S	하나님은 창조주, 지혜의 주시다
		P	나는 의롭다		P	나는 무죄다		P	나는 나의 온전함 버리지 않는다.
		R	9:27-31 주님은 나를 정죄하신다. 10:2-22 주님도 내 무죄를 아신다.		R	(19:23-26) 나의 대속자가 살아계시니, 마침내 땅 위에 서실 것이다		R	(27:5-6) 나의 온전함을 버리지 않으리라. 나의 원수는 악인이 되기를!
소발	11		회개하면 소망있다.	20		악인은 흙에 눕는다.			
욥	12-14	S	지혜와 권능이 하나님께 있고, 계략과 명철도 그에게 속하였나니	21	S	나의원망이 사람을 향하여 하는 것이냐?			
		P	너희들은 내 말을 분명히 들으라		P	나를 용납하여 말하게 하라.			
		R	13:20-28 두 가지 기도 14:1-6 홀로 있게 하소서. 14:13-22 주께서 사람의 희망을 끊으시나이다.		R	(21:19) 악인의 죄를 갚으소서.			

Ⅱ-2-1. 사이클 1, 4:1-27:23

● 수평 다이얼로그 해설

수평 다이얼로그는 세 사이클에 걸친 세 친구의 파상공격에 욥이 맞대응하는 구도다. 사실 욥은 처음부터 수세에 몰려있다. 세 친구는 욥이 아직도 건재한 것에 분노한다. 그쯤하면 무너지고, 좌절하고, 분노하고, 온갖 인간적인 약점을 다 노출해야 옳다. 그런데 욥은 예배인간으로 끝끝내 남는다. 저들 생각에 예배는 온전한 자의 전유물이다. 욥이 예배의 자리에 남아있다는 것은 혐오스러운 일이다. 그러므로 그들의 목표는 욥을 예배의 자리에서 끌어내림에서 일치한다.

그러나 욥은 그들을 이긴다. 본래 욥은 그들을 상대할 마음이 아니다. 예배인간의 마음에는 언제나 하나님이 계시다. 그는 하나님께 호소하며, 하나님의 말씀을 듣는다. 그러므로 곁에 다가와 예배를 방해하는 자는 눈여겨 볼 일도 아니다. 그런 점에서 욥의 대응전략은 첫째로 성별(S)이다. 보라, 욥이 얼마나 뚜렷하게 자기를 차별화하는가! 구덩이에 떨어져 뒹구는 현실이지만 현실의 절망이 그를 사로잡지 못한다. 친구들의 독화살이 수도 없이 그의 가슴을 향해 날아들지만 그 독이 그의 생명을 부수지 못한다. 욥은 그 자리에 엎드렸다. 하나님을 향하여! 이렇게 함으로써 그 절망의 자리를 예배의 자리로 바꾼 것이다(P). 그리고 입을 열어 하나님께 기도한다(R). 응답을 기다리는 기도! 그의 기도 속에 그는 평강을 회복한다(R). 눈에는 눈물이 흐르지만 얼굴에는 미소가 번져나고 있다. 기억하는가? SPR의 근거는 창조//출애굽 다이내믹스다. 하나님은 창조주 하사님이시지만 동시에 구원주 하나님이시다. 창조의 질서를 당신 스스로 깨뜨리실 수 있는 것은 구원의 의지, 곧 불쌍히 여기심이다. 여기서 "기적"이 일어난다. 기적은 자연질서를 넘어섬이다. 세 친구는 끝끝내 이 기적을 인정할 수 없었다.

● 세 친구의 초상화

엘리바스, 빌닷, 소발. 이 세 사람은 각각 다르다. 그러나 이들은 공통적으로 예배를 거부한다. 욥의 예배가 뿌리째 뽑히기를 바란다. 욥이 드리는 예배부흥의 적대자다. 바로 이 공통점을 엘리후가 지녔다.

엘리바스는 욥의 인격보다는 일의 결과를 주목한다. 그는 욥이 하나님께 돌아가기만 하면 죄를 용서받는다고 주장한다(Clines 2006:571). 엘리바스는 욥이 늘 하나님과 마주 대하는 사람, 곧 예배인간이라는 사실을 인정하지 않는다.	빌닷은 차가운 논리의 사람이다. 그는 하나님을 변호하기 위하여 인권을 짓밟는다(참고. Clines 2006:641). 그가 이해하는 하나님은 차갑다. 바리새인들이 장로의 유전을 지키기 위해 하나님의 율법을 범하는 논리와 같다(참고. 마태복음 15:1–9).	소발은 현실성이 없는 이상주의다(참고. Clines 2006:677). 그의 하나님은 현실보다는 이상에 거주한다. 그가 욥에게 제시하는 것은 전혀 실현 가능성이 없다. 스스로도 무슨 말인지 이해하지 못하는 그는 꿈을 꾸고 있는 것이다.

"엘리바스"

"빌닷"

"소발"

● **철학자 세 친구**

하나님 없는 인생철학은 허무하다. 철학은 보편적 인간의 자기성찰을 위해 중요하다. 그러나 철학이 신학을 대체할 때 창조//출애굽 다이내믹스의 예배인간이 설 자리가 없다. 그건 요새 큰 여파를 일으키는 과학도(자연과학이거나 사회과학이거나) 마찬가지다. 굳이 따지자면 철학도 "인문과학" 안에 들어가니, 소위 넓은 의미의 과학이 다 그렇다. 과학이 신학을 대체할 때가 문제다. "삶의 긴장, 관심, 집요함, 그리고 앞으로 좇아 나아가는 부단함, 그리고 그리스도 안에서 예배 중에 경험하는 말로 할 수 없는 기쁨과 영광의 충만"(참고. Martin Lloyd-Jones 1988:204)은 "부흥"을 위한 절대요소다. 이것을 객관적 논리로, 납득이 가능한 설명으로 해소시키자는, 곧 풀어버리자는 동기는 결코 선하지 않다. 소위 "과학"은 검증 가능한 가설 위에 세우는 법인데, 그 검증의 주체가 인간이라는 게 끝내 걸리는 문제다.

예배가 있어야 한다. 우리가 만나고 싶은 사람은 생각하는 사람이 아니라 예배인간, 곧 호모 베네라분두스다.

먼데서 찾아온 세 친구를 비교적 유명한 철학자와 비교해 본다: 데카르트, 헤겔, 흄. 완벽하게 일치하지는 않더라도 상당히 비슷하다.

데카르트 (R. Descartes, 1596–1650)	헤겔 (G. W. F. Hegel, 1770–1831)	흄 (David Hume, 1711–1776)
그는 회의(懷疑)를 존재의 근거로 삼았다. 나는 생각한다. 고로 나는 존재한다. 여기서 그의 생각은 의심이다. 생각의 주체인 그는 실제로 하나님이 필요 없다. 엘리바스는 확신하는 욥에 대항하여 의심으로써 그 견고한 성채를 무너뜨리려고 했다. 예배인간이 이미 하나님 곁에 선 사람임을 몰랐다. 고난 중의 예배를 가증한 행위로 착각했다. 의심에 근거한 논리는 결국 모래성 쌓기인 줄 모르고 그 위에 자기존재감을 한층 높였다. 확실히 욥의 고난은 자기 일이 아니다. 그러나 그는 자기의 회의를 욥의 확신에 대입함으로써 욥이 하나님과 통하는 길을 막았다.	그는 하나님이 필요하다. 그런데 하나님께서 그를 의롭다 인정하심(칭의)은 그의 철학적 관심사가 아니었다. 도리어 칼자루는 그가 쥐었다. 그가 하나님을 어떻게 정의하는가, 그것이 문제였다. 하나님을 추상화했다. 그의 이론으로 설명한 하나님은 "절대정신"이다. 그리고 그뿐이다. 반쯤 꺾인 포스터처럼, 그의 벽에 부착된 그의 하나님 이해는 작은 바람 앞에도 무능력하다. 창조적 긴장이 없고 구원의 기쁨이 상실된 그의 걸음걸이는 결코 예배당으로 향하지 않는다. 하나님을 정신으로 정의한 그는, 하나님과의 인격적 관계에 관심이 없다. 하나님을 정의하고 난 인간은 스스로를 정의할 수 있는 자유가 있다고 믿었다. 과연 그럴까? 정반합. 하나님의 움직이는 법칙이 있다. 하나님은 법칙에 매여 있다. 하나님을 만나는 대신 만물의 법칙을 연구한다. 나는 물고기를 버리고 그물만 챙기는 어부, 인간을 버리고 논리만 건져낸 철학자 헤겔에게서 빌닷을 발견하고 소스라치게 놀란다.	흄이 항상 기대는 것은 자기정의(self-evidence)다. 하나님의 존재는 인정한다. 그러나 하나님은 하나님, 나는 나다. 하나님은 하늘에 계시고, 나는 이 땅에 있다. 내가 나되기 위하여 하나님의 칭의가 필요하지 않다. 소발은 스스로 하나님 앞에 비추어 볼 이유가 없었다. 스스로의 인식이 그렇듯, 욥에 대하여 하늘에 계신 하나님을 강조했다. 그리고 그는 약한 자 앞에서 당당했다. 자기정의가 높은 사람은 하나님을 대신한다.
 조은석, "데카르트"	 조은석, "헤겔"	 조은석, "흄"

● **고뇌의 사람들**

이들 세 사람 대신에 나는 도스토예프스키와 키에르케고르를 돌아본다. 이들은 적어도 한 부분 욥을 닮았다. 그들은 고뇌 중에 하나님 앞에 서기를 간절히 바랬다.

● **도스토예프스키 (P. Dostoyepskii, 1821-1881)**

조은석, "도스토예프스키"

〈죄와 벌〉이나 〈까라마조프가의 형제들〉에서 고뇌하는 인간을 그려낸 도스토예프스키는 하나님 앞에 선 자의 떨림과 공포를 일생의 주제로 삼았다.

적어도 이런 사람이 욥을 이해한다. 함부로 입술을 놀려 정죄하지 않는다. 이런 자의 글은 침묵이 더 무겁다.

● **키에르케고르(S. Kierkegaard, 1813-1855)**

조은석, "키에르케고르"

욥은 오히려 이 사람, 고뇌 중에 하나님 앞에 선 키에르케고르와 닮았다. 하나님을 만나 뵙는 사람은 부조리를 견딘다. "공포와 전율"로 하나님 앞에 "단독자"로 선다. 헤겔이 쥔 칼자루를 하나님께 돌려드렸다. 인간은 전능하신 하나님 앞에 엎드린 예배인간이다. 그뿐이다.

그는 인간에게 소망을 두지 않았다. 하나님께 모든 주권을 돌려드렸다. 하나님의 주권, 그것이 우주만물에 적용되는 법칙이다.

● 세 사이클, 그들의 삼차 파상공격

수평 다이얼로그의 세 가지 사이클을 차례대로 분석해 본다.

첫 번째 사이클의 주제는 논리인간 vs 예배인간이다. 세 친구는 논리를 앞세운다. 그러나 욥은 예배인간으로 대응한다.

두 번째 사이클은 악인 vs 선인 구도다. 세 친구는 욥이 악인이라는 점을 부각한다. 그러나 욥은 스스로의 의를 버리지 않는다.

세 번째 사이클에서 다루는 주제는 반지혜인간 vs 지혜인간이다. 세 친구는 욥에게 지혜가 없다고 판결한다. 그러나 욥은 진정한 지혜란 무엇인가를 설파한다.

말하자면 처음에 그들은 논리를 가지고 욥을 몰아갔다. 이어서 욥을 악인으로 규정했고, 마지막으로 그들은 욥이 지혜가 없는, 어리석기 그지없는 인간이라고 판단했다. 욥기가 "지혜서"라는 점을 고려할 때, 그들이 내린 결론은 치명적이다. 이런 치밀한 삼차 파상공격으로 욥은 사면초가에 몰리는 것처럼 보인다. 이제는 예배를 그만두고 벌떡 일어서야 할 것처럼 보인다. 이제 그에게 부흥은 물 건너 간 일처럼 보인다.

● 욥의 SPR 대응전략

그러나 욥은 차례대로 대응해 나간다. 그가 믿는 것은, 첫째로, 하나님께서 사람들에게 고통을 주실 때는 언제나 그 사람들의 죄의 분량대로 하시는 게 아님을 완전히 확신했다(참고. Calvin 1990:45). 죄를 따라 행동하신다면 하나님께서는 오히려 언제나 사탄의 전략에 휘말려 버리실 것이다. 하나님께서는 창조//출애굽의 다이내믹스, 즉 불쌍히 여기심으로써 구원해 주시는 당신의 길이 있다. 하나님의 전적인 선택이다. 비록 에서와 야곱이 한 태에서 난 쌍둥이였지만 하나님께서는 순전히 당신의 기뻐하심을 따라 야곱을 선택하셨다(참고. 말라기 4:2b; Calvin 1990:49). 놀랍게도 "에서"의 혈통에서 난 우스 사람 욥이지만 하나님께서 그를 선택하셨다. 야곱을 선택하심과 전혀 다르지 않은, 완벽하게 일치하는 하나님의 주권적 선택이다(Calvin 1990:49). 어차피 인간은 모두 죄인이다. 인간을 따져서 하나님을 아는 것은 명백한 한계가 있다. 하나님의 의지가 중요하다. 하나님께서는 인간이 하나님을 알고 예배드리기 원하신다. 하나님께서는 죄인을 예배인간으로 만드신다. 영과 진리로 예배드리는 예배인간을 찾으신다(참고. 요한복음 4:23b). 인간은 선함이 없다. 하나님을 아는 선함도, 하나님께 나아가는 선함도 없다. 그러나 하나님께서는 당신을 사람에게 계시하시고, 인간을 찾아오셨다. 따라서 원수 같은 친구들에게 둘러싸여 있으나, 욥은 그들의 논리에 물들지 않고(S), 끝내 하나님께서 찾아오신다는 확신을 품었다.

둘째로, 친구들의 파상공격을 계속 만나야 하는 수평 다이얼로그 1-3에서 세 친구에 대한 욥의 대응 전략은 SPR이다. 그는 우선 하나님께서 자기를 버리지 않으셨다는 확신을 가졌다(참고. Calvin 1990:45-46). 설명할 수 없는, 예배인간의 확신이다. 어떤 의심의 공격에도 불구하고 그는 하나님 편에 서서 자기를 거룩하게 하시는 그분을 신뢰했다(S). 분명히 그는 급변한 환경에 속하지 않고 오히려 하나님 곁에 섰다. 자신을 친구들로부터 확실하게 떼어놓는다. 친구들의 논리에 휘말리지 않는다. 그들의 분노의 화살을 끊어낸다(S). 그들의 자리에서 그때마다 털고 일어선다(S. 참고. 시편 1:1)). 하나님께 거룩하다(S).

이어서 파송(P)이다. 그는 거룩함으로써 그 고난의 자리를 예배의 자리로 바꾸시는 하나님을 의지한다(P).

예배인간 욥은 그 자리에서 하나님께 엎드린다(R). 여기서 우리는 욥기 전체를 통해 확연히 그려지는 욥의 이미지를 본다. 땅에 엎드려 예배드리는 사람, 곧 예배인간이다. 그는 하나님께 예배를 드린다. 예배의 자리는 장소를 가리지 않는다. 엎드리면 거기가 곧 예배처다. 하나님께 아룀으로써 욥은 거기서 마음의 평강을 회복한다. 이어지는 친구들의 공격을 새롭게 맞을 준비가 끝났다. 아니 이미 전쟁은 끝났다. 전쟁은 하나님께 속한 것이다(참고. 사무엘상 17:47c).

전술한 것처럼, SPR은 창조//출애굽 다이내믹스다. 이 다이내믹스의 폭풍 앞에 선 인간은 예배 외에 달리 사명이 없다. 간단히 말해서 욥의 대응전략은 "예배"였다. 우리가 사탄 마귀를 이기는 전쟁의 시작과 끝은 모두 예배다.

● 예배와 부흥의 불길

부흥의 불길은 누구도 끌 수 없다. 부흥은 하나님께서 하시는 일이기 때문이다. 애굽의 시련이 끝나고 광야의 체험을 겪은 후, 하나님께서는 부흥을 일으키신다. 위기의 절실한 순간에도 하나님께서는 역사하신다(마틴 로이드 존스 〈부흥〉(1988):173). 욥은 완전하신 하나님께 속했다(S). 하나님께서 명하신 그 자리에 서서(P), 끝끝내 예배를 드렸다(R). 부흥을 경험하는 사람은 언제나 하나님 곁에 선다. 얍복강 가에서 야곱이 그랬고(창세기 32:24-32), 가나안 땅 행진에서 하나님의 임재를 갈구하던 모세와 이스라엘이 그랬다(출애굽기 33:1-23). 우리가 욥의 가장 큰 장점을 하나님과 동행으로 꼽는 이유가 여기 있다.

어떤 상황에도 엎드려 예배드리는 예배인간, 그의 예배는 예배방정식으로 풀고, 그의 삶은 주 동행 방정식으로 푼다. 풀지 못하면 언제나 미스테리다. 예배인간도, 그의 예배를 받으시는 여호와 하나님도 모두모두 이해 불가능이다. 그러나 이제 당신은 안다. 무엇보다도 하나님이 어떤 분이신지. 이 앎은 생명이다. "그러나 애굽 땅에 있을 때부터 나는 네 하나님 여호와라. 나 밖에 네가 다른 신을 알지 말 것이라. 나 외에는 구원자가 없느니라"(호세아 13:4).

Ⅱ-2-1-1a 엘리바스 → 욥, 4:1-5:27

▶ 4:1-2, 엘리바스가 욥에게 1

4:1 데만 사람 엘리바스가 대답하여 이르되
4:2 "누가 네게 말하면 네가 싫증을 내겠느냐, 누가 참고 말하지 아니하겠느냐

누군가 네게 말한다면 싫증을 낼 것이냐? 그런대도 할 수 없다. 누구도 참지 못하고 말할 것이다.

▶ 4:3-6, 이중인격?

4:3 보라 전에 네가 여러 사람을 훈계하였고, 손이 늘어진 자를 강하게 하였고,
4:4 넘어지는 자를 말로 붙들어 주었고, 무릎이 약한 자를 강하게 하였거늘,
4:5 이제 이 일이 네게 이르매 네가 힘들어 하고, 이 일이 네게 닥치매, 네가 놀라는구나.
4:6 네 경외함이 네 자랑이 아니냐? 네 소망이 네 온전한 길이 아니냐?

욥이 그동안 "자기 일"이 아니었던 일에 교사로 자처했던 이중성을 지적한다. 말하자면 자기 앞가림도 못하던 인간임이 백일하에 드러났다는 말이다. 예

배인간은 울지도 못하나? 탄식도 못하나? 예배서 시편의 절반 이상이 탄식시임을 모르는가?

▶ 4:7-9, **엘리바스 2. 인과응보**

4:7 생각하여 보라. 죄 없이 망한 자가 누구인가? 정직한 자의 끊어짐이 어디 있는가?
4:8 내가 보건대, 악을 밭 갈고 독을 뿌리는 자는 그대로 거두나니,
4:9 다 하나님의 입 기운에 멸망하고, 그의 콧김에 사라지느니라.

엘리바스의 생각: 하나님은 인과응보의 하나님이다. 원리에 묶여있는 하나님이시다.

그는 인과응보의 원리를 세 가지로 표현한다: 죄 없이는 망하지 않는다. 정직한 자는 끊어지지 않는다. 악을 밭 갈고 독을 뿌리면 그대로 거둔다.

그러나 생각해 보라. 죄 용서는 이 원리의 위반이다. 십자가는 인과응보의 파괴다. 하나님의 사랑은 성립될 수 없는 파격이다. 묻는다. 무엇이 현실인가? 차가운 논리인가, 불붙은 사랑인가?

▶ 4:10-11, **자연현상**

4:10 사자의 우는 소리와 젊은 사자의 소리가 그치고, 어린 사자의 이가 부러지며,
4:11 사자는 사냥한 것이 없어 죽어 가고, 암사자의 새끼는 흩어지느니라.

엘리바스의 생각: 인생은 자연이다. 특별할 것도 없다. 보라. 이는 하나님의 뜻과 역사하심을 무시하는 생각이다.

▶ 4:12-13, **영적 교만 1**

4:12 어떤 말씀이 내게 가만히 이르고, 그 가느다란 소리가 내 귀에 들렸었나니,
4:13 사람이 깊이 잠들 즈음, 내가 그 밤에 본 환상으로 말미암아 생각이 번거로울 때에,

엘리바스의 착각: 나는 환상을 보았다. 자기에게 말씀이 임했단다. 자기가 환상을 보았다는 거다.

▶ 4:14–15, 영적 교만 2

4:14 두려움과 떨림이 내게 이르러서 모든 뼈마디가 흔들렸느니라.
4:15 그 때에 영이 내 앞으로 지나매, 내 몸에 털이 주뼛하였느니라.

그때 나는 영적인 감흥이 일었다. 하나님 앞에 선 예레미야가 "라카프"(떨림)의 전율 경험을 했던 것처럼(참고. 예레미야서 23:9b) 자기가 하나님의 영에 감동되었다는 말이다. 그런데 사람은 생각만으로도 충분히 떨 수 있다.

▶ 4:16, 영적 교만 3

4:16 그 영이 서 있는데, 나는 그 형상을 알아보지는 못하여도 오직 한 형상이 내 눈 앞에 있었느니라. 그 때에 내가 조용한 중에 한 목소리를 들으니,

엘리바스의 착각: 그는 영을 보았다. 그의 소리까지 들었다.

▶ 4:17–21, 창조주와 인생

4:17 사람이 어찌 하나님보다 의롭겠느냐? 사람이 어찌 그 창조하신 이보다 깨끗하겠느냐?
4:18 하나님은 그의 종이라도 그대로 믿지 아니하시며 그의 천사라도 미련하다 하시나니,

사람이 어찌 하나님보다 의롭겠느냐? 하나님께서는 그 지혜로써 인간을 분별해 내신다. 흙덩이에 불과한 인생이 감히 누구 안전이라고!

▶ 4:19-21, 인생이 하나님 앞에서

> 4:19 하물며 흙집에 살며 티끌로 터를 삼고 하루살이 앞에서라도 무너질 자이겠느냐?
> 4:20 아침과 저녁 사이에 부스러져 가루가 되며 영원히 사라지되, 기억하는 자가 없으리라.
> 4:21 장막 줄이 그들에게서 뽑히지 아니하겠느냐? 그들은 지혜가 없이 죽느니라.

그는 욥이 하나님을 상대하고 대적한다고 판단한다. 티끌 같은 인간이 하나님을 거역하다니! 너는 지혜 없는 인간이다.

● 5:1-27, 엘리바스 → 욥 1B

▶ 5:1, 응답 받지 못하는 자

> 5:1 너는 부르짖어 보라. 네게 응답할 자가 있겠느냐? 거룩한 자 중에 네가 누구에게로 향하겠느냐?

엘리바스의 선언: 욥은 하나님께로부터 응답받지 못할 것이다.

참된 예배를 모르는 자는 거룩한 하나님의 사랑과 긍휼을 이해할 수 없다. 잃어버린 양 한 마리를 향해 먼짓길 달려가시는 그 열정을 깨닫지 못한다.

그러나 하나님은 때때로 말씀이 없으시다. 예배인간은 때때로 절망한다. 시편 기자는 선포한다. "주님, 왜 제게 침묵하십니까?"

▶ 5:2, 욥의 분노와 시기

5:2 분노가 미련한 자를 죽이고, 시기가 어리석은 자를 멸하느니라.

엘리바스의 주목: 욥의 동기는 분노와 시기다. 자기들과 전혀 다르지 않게! 그러나 오해다. 예배인간의 분노의 칼끝은 하나님을 향하지 않는다. 예배인간의 시기 근거는 세상의 실패가 아니다.

▶ 5:3, 미련한 자

5:3 내가 미련한 자가 뿌리 내리는 것을 보고, 그의 집을 당장에 저주하였노라.

묻는다: 미련한 자의 집을 당장에(!) 저주하는 이 사람은 누구인가? 하나님의 불쌍히 여기시는 마음이 없는 그 스스로는 지혜로운가?

▶ 5:4-5, 미련과 벌

5:4 그의 자식들은 구원에서 멀고, 성문에서 억눌리나 구하는 자가 없으며,
5:5 그가 추수한 것은 주린 자가 먹되 덫에 걸린 것도 빼앗으며, 올무가 그의
재산을 향하여 입을 벌리느니라.

엘리바스의 판단: 욥은 미련한 자, 저주 받은 자, 자식들이 구원 받지 못한 자, 추수한 것도 먹지 못하는 자, 재산을 잃어버리는 자다.

▶ 5:6-7, 인생철학

5:6 재난은 티끌에서 일어나는 것이 아니며, 고생은 흙에서 나는 것이 아니니
라.
5:7 사람은 고생을 위하여 났으니, 불꽃이 위로 날아가는 것 같으니라.

엘리바스의 말: 재난과 고생은 인생이 피할 수 없다.

고난의 현장에서 한걸음 물러선 사람이 할 수 있는 말이다. 누가 이런 설명이 필요한가? 그의 말에 여기 "사람"은 예배인간이 아니다. 그냥 자연인이다. 그가 예배인간을 알 리가 있는가?

▶ 5:8, 나라면

5:8 나라면 하나님을 찾겠고, 내 일을 하나님께 의탁하리라.

엘리바스의 입장: 나라면!

이것보다 더 교만할 수 없다. 이것보다 더 괴롭힐 수 없다. 누가 입장을 바꾸라고 했나?

▶ 5:9-10, 하나님은 1

5:9 하나님은 헤아릴 수 없이 큰 일을 행하시며, 기이한 일을 셀 수 없이 행하시나니,
5:10 비를 땅에 내리시고 물을 밭에 보내시며,

엘리바스의 신학: 하나님은 창조주시다. 온 세상을 주관하신다.

▶ 5:11-16, 하나님은 2

5:11 낮은 자를 높이 드시고, 애곡하는 자를 일으키사, 구원에 이르게 하시느니라.
5:12 하나님은 교활한 자의 계교를 꺾으사, 그들의 손이 성공하지 못하게 하시며,
5:13 지혜로운 자가 자기의 계략에 빠지게 하시며, 간교한 자의 계략을 무너뜨리시므로,

5:14 그들은 낮에도 어두움을 만나고, 대낮에도 더듬기를 밤과 같이 하느니라.
5:15 하나님은 가난한 자를 강한 자의 칼과 그 입에서, 또한 그들의 손에서
구출하여 주시나니,
5:16 그러므로 가난한 자가 희망이 있고, 악행이 스스로 입을 다무느니라.

엘리바스의 신학: 그는 하나님의 편에 서 있다. 그러므로 한나(사무엘기상 2)와 마리아(누가복음 1)의 기도처럼 하나님의 절대주권을 의심하지 않는 그의 신학은 완벽하다. 욥은 하나님에 대하여 배워야 한다. 하나님을 바로 알지 못한다. 하나님을 찾지 않는다. 예배도 모른다. 우리가 엘리바스에게 묻는다: 이런 판단은 도대체 어디서 왔는가?

▶ 5:17–20, **하나님의 역사**

5:17 볼지어다. 하나님께 징계 받는 자에게는 복이 있나니, 그런즉 너는 전능자
의 징계를 업신여기지 말지니라.
5:18 하나님은 아프게 하시다가 싸매시며, 상하게 하시다가 그의 손으로 고치시
나니,
5:19 여섯 가지 환난에서 너를 구원하시며, 일곱 가지 환난이라도 그 재앙이 네
게 미치지 않게 하시며,
5:20 기근 때에 죽음에서, 전쟁 때에 칼의 위협에서 너를 구원하실 터인즉,

엘리바스의 웃음: 그의 웃음은 싸늘하다. 고통에서 한 걸음 물러난 자의 여유다. 일견 그는 하나님을 아는 지식이 있다. 예를 들면 욥기 5:19 같은 경우인데, 이는 시편 91편의 한 구절을 연상시킨다(참고. Alter 2010:29).

그가 너를 위하여 그의 천사들을 명령하사, 네 모든 길에서 너를 지키게 하심이라. 그들이 그들의 손으로 너를 붙들어, 발이 돌에 부딪치지 아니하게 하리로다.

시편 91:12–13

그러나 그는 중요한 하나님의 속성의 하나, 곧 불쌍히 여김이 없다. 마치 예수님을 시험했던 마귀가 결여했던 것처럼!(참고. 마태복음 4:6). 그러므로 그가 아는 하나님은 오해다.

지금 그가 주장하는 것은 하나님의 구원의 근거는 "회개"다. 그러나 아니다. 하나님의 구원 근거는 은혜다. 엘리바스의 말은 일리는 있지만 은혜가 없다.

▶ 5:21-26, 평안

5:21 네가 혀의 채찍을 피하여 숨을 수가 있고, 멸망이 올 때에도 두려워하지 아니할 것이라.
5:22 너는 멸망과 기근을 비웃으며, 들짐승을 두려워하지 말라.
5:23 들에 있는 돌이 너와 언약을 맺겠고, 들짐승이 너와 화목하게 살 것이니라.
5:24 네가 네 장막의 평안함을 알고, 네 우리를 살펴도 잃은 것이 없을 것이며,
5:25 네 자손이 많아지며, 네 후손이 땅의 풀과 같이 될 줄을 네가 알 것이라.
5:26 네가 장수하다가 무덤에 이르리니, 마치 곡식단을 제 때에 들어 올림 같으니라.

엘리바스의 위로: 하나님께서 너를 보호하실 것이다.

어째서 이것은 그렇게 진정한 위로가 되지 않는가? 어째서 이 목소리는 광야에서 예수님을 시험했던 마귀의 거짓 위로처럼(참고. 마태복음 4:6) 와 닮지를 않는가?

▶ 5:27, 너는 들어 보라

5:27 볼지어다. 우리가 연구한 바가 이와 같으니, 너는 들어 보라. 그러면 네가 알리라.

엘리바스의 연구: 엘리바스는 지식이 있다. 확실히 세 친구 중의 대표다. 하나님께서 세 친구 대신 그를 상대하셨다(참고. 욥기 42:7).

우리가 연구한 바에 따르면! 이것은 그 스스로의 말마따나 혀의 채찍이다(5:21a). 자기들의 휘두르는 채찍이다. 가련한 예배인간 욥은 그 채찍에 맞아 쓰러진다. 예배 중인 인간에게 혀의 채찍을 휘두르는 그들은 누구인가!

● 예배 중

욥은 내내 예배 중이었다. 고난 전에도, 고난 중에도, 친구들의 독설 화살을 맞는 지금 이 시간에도! 기억하라. 예배 중인 사람만 불가해한 고난을 이기는 법이다. 눈물을 삼키며 성경책 끼고 예배드리러 하나님의 전으로 나아가는 사람만!

Ⅱ-2-1-1b 욥 → 엘리바스, 6:1-7:21

▶ 6:1, 엘리바스에게 1

6:1 욥이 대답하여 이르되

엘리바스의 대담한 발언을 염두에 두고, 욥이 입을 열기 시작한다.

그런데 욥의 대답은 엘리바스의 질문을 그치게 하지 않는다. 물론 빌닷과 소발도 순서를 기다리고 있다.

▶ 6:2-3, 나의 괴로움

6:2 나의 괴로움을 달아 보며 나의 파멸을 저울 위에 모두 놓을 수 있다면
6:3 바다의 모래보다도 무거울 것이라. 그러므로 나의 말이 경솔하였구나.

나의 괴로움과 나의 파멸은 세상 무엇보다 무겁다. 차라리 내 말이 경솔했다. 신음소리도 내 고통을 정확하게 반영하지 못한다.

▶ 6:4, 전능자의 화살

6:4 전능자의 화살이 내게 박히매 나의 영이 그 독을 마셨나니, 하나님의 두려움이 나를 엄습하여 치는구나.

하나님께서 나를 치셨다. 하나님께서 화살을 날리셨고, 내 가슴에 명중했다. 나는 그가 준 독배를 마셨다. 하나님의 두려움이 준비 없는 나를 쳤다.

하나님의 손길을 경험하는 욥은 지금 거룩하다(S). 하나님 부재가 아니라 하나님의 실재를 경험하는 것이다. 포수기 예언자들은 하나님의 부재를 절망하지 않았다. 오히려 예루살렘은 여호와 하나님의 손으로 치셨다고 선포했다. 그것이 오히려 소망이 되는 근거는 거룩함 때문이다. 하나님께서 치셨으므로 하나님께서 회복시키실 것이다. 모든 것은 하나님의 손에 있다.

▶ 6:5-9, 내 슬픔

6:5 들나귀가 풀이 있으면 어찌 울겠으며, 소가 꼴이 있으면 어찌 울겠느냐?
6:6 싱거운 것이 소금 없이 먹히겠느냐? 닭의 알 흰자위가 맛이 있겠느냐?
6:7 내 마음이 이런 것을 만지기도 싫어하나니, 꺼리는 음식물 같이 여 김 이 니

라.
6:8 나의 간구를 누가 들어 줄 것이며, 나의 소원을 하나님이 허락하시랴?
6:9 이는 곧 나를 멸하시기를 기뻐하사, 하나님이 그의 손을 들어 나를 끊어 버리실 것이라.

내 슬픔은 이유가 있다. 또 다른 '인과율'인가?

가장 큰 슬픔은 하나님과 소통이 끊긴 것이다. 하나님께서 나를 치셨으므로 내가 아프다. 욥은 자기의 아픔 이유를 하나님의 손에서 찾는다. "왜?"가 아니라 "누가?"를 묻는 것이다.

그래서 맛있는 풀 없는 들 나귀나 소에 스스로 비교되었고, 싱거운 것, 닭의 알 흰자위, 이런 것이 마음에 만지기도 싫고 꺼리게 되었다. 한마디로 식욕을 잃은 것이다!

▶ 6:10, 그러할지라도

6:10 그러할지라도 내가 오히려 위로를 받고, 그칠 줄 모르는 고통 가운데서도 기뻐하는 것은, 내가 거룩하신 이의 말씀을 거역하지 아니하였음이라.

욥은 멈추지 않는다. 예배인간의 길은 길에서 멈추지 않는다.

욥은 스스로 하나님의 길에 서 있다. 이 사실이 그에게는 의의 근거다. 나는 의롭지 않으나, 의로우신 하나님의 길에 서 있다! 말씀의 강물을 거스르지 않는다. 오히려 나는 그분께 모든 것을 맡겨드렸다. 그가 당연히 예배인간이다(S).

▶ 6:11-13, 내게 도움이 없다!

6:11 내가 무슨 기력이 있기에 기다리겠느냐? 내 마지막이 어떠하겠기에 그저 참겠느냐?
6:12 나의 기력이 어찌 돌의 기력이겠느냐? 나의 살이 어찌 놋쇠겠느냐?

6:13 나의 도움이 내 속에 없지 아니하냐! 나의 능력이 내게서 쫓겨나지 아니하였느냐!

나는 그저 힘없는 인간이다. 나는 돌도 아니요, 나는 놋쇠도 아니다. 나는 지금 도움이 없다. 나는 능력이 사라졌다. 나는 기다림에 지쳤다. 얼마나 더 기다릴 수 있는지 나는 모른다.

▶ 6:14-15, 다른 사람들은

6:14 낙심한 자가 비록 전능자를 경외하기를 저버릴지라도 그의 친구로부터 동정을 받느니라.
6:15 내 형제들은 개울과 같이 변덕스럽고, 그들은 개울의 물살 같이 지 나 가 누나.

어째서 하나님을 저버리는 자가 동정을 받는가? 안타까운 일이지만 사실이다. 사람들은 하나님을 욕하는 자를 동정한다.

나는 예외다. 나는 아직도 예배를 드린다(S). 그런데 내 가까운 사람들은 변덕스럽다. 무상하다. 나를 떠나버렸다. 사람은 왜 예배인간을 멸시하는가? 풍파 많은 이 세상에서 예배인간은 고독하다.

▶ 6:16-20, 얼음이 녹으면

6:16 얼음이 녹으면 물이 검어지며, 눈이 그 속에 감추어질지라도,
6:17 따뜻하면 마르고, 더우면 그 자리에서 아주 없어지나니,
6:18 대상들은 그들의 길을 벗어나서 삭막한 들에 들어가 멸망하느니라.
6:19 데마의 떼들이 그것을 바라보고, 스바의 행인들도 그것을 사모하다가,
6:20 거기 와서는, 바라던 것을 부끄러워하고, 낙심하느니라.

얼음과 눈처럼 자연에는 소망이 없다. 시들고, 사라지고, 잊혀지는 법이다. 데마와 스바의 대상들처럼, 결국 인생에도 소망이 없다. 부끄러움과 낙심뿐이다. (데마는 아라비아 반도의 북쪽, 스바는 그 반도의 남서 끝이다. 욥이 동방 사람이라는 사실을 뒷받침한다. 참고. Alter 2010:33)

욥이 정녕 기다리는 것은 창조주 하나님의 개입이다. 영화 "아바타"(Avatar, 2009)의 주제는 자연치유다. 그러나 그건 아니다. 인간은 자연과 동화되는 긴장이완(natural relax)이 아니라 하나님을 닮은 창조적 긴장(creative tension)으로써 치유되고 구원 받는 것이다. 예배인간은 강이나 바다에 나가서도, 숲에 들어가거나 산에 올라서도 여호와 하나님 뵙기를 간절히 구한다. 말씀이 있어야 자연도 하나님의 계시임을 알 수 있다. 말씀 없는 자연은 그 자체로 하나님에 대하여 아무것도 전해주지 않는다. 예배인간 욥은 하나님의 치유를 기다린다.

▶ 너희는 누구냐?

6:21 이제 너희는 아무것도 아니로구나. 너희가 두려운 일을 본즉 겁내는구나.

너희는 아무것도 아니로구나. 히브리어로 읽어보자.

키 앗타 헤이템 로 로.
너희는 그분께 속하지 않았다.

여기서 첫 번째 "로"는 "아니"(no), 두 번째 "로"는 "그분께(to him)"이다. 여기서 그분은 물론 여호와 하나님이시다. 6:21은 욥의 평가다. 예배인간 욥의 오히려 당연한 자존감에서 난 판결이다.

▶ 6:22-25, 옳은 말이?

6:22 내가 언제 너희에게 무엇을 달라고 말했더냐? 나를 위하여 너희 재물을 선

물로 달라고 하더냐?
6:23 내가 언제 말하기를 원수의 손에서 나를 구원하라 하더냐? 폭군의 손에서 나를 구원하라 하더냐?
6:24 내게 가르쳐서 나의 허물된 것을 깨닫게 하라. 내가 잠잠하리라.
6:25 옳은 말이 어찌 그리 고통스러운고? 너희의 책망은 무엇을 책망함이냐?

그들이 공격하는 것은 두려움 때문이다.

욥은 친구들에게 무얼 부탁한 것이 없다. 그런데 그들은 욥에게 고통을 준다. 책망한다. 욥은 이해할 수가 없다. 무슨 목적이냐?

▶ 6:26-27, 실망한 자의 말

6:26 너희가 남의 말을 꾸짖을 생각을 하나, 실망한 자의 말은 바람에 날아가느니라.
6:27 너희는 고아를 제비 뽑으며, 너희 친구를 팔아넘기는구나!

그들은 소망이 없다. 예배가 없는데 무슨 축복이 있으랴! 축복할 줄 모르는 자들이 어찌 소망을 품으랴! 기껏 한다는 것이 비판이다. 그들은 꾸짖는데, 허망하다. 정이 없다. 누구도 동정하지 않는다. 잔인하다. 고아를 제비뽑고, 친구를 팔아넘긴다.

예배의 본질은 불쌍히 여김이다. 예배에서 만나 뵙는 분은 예수 그리스도시다. 그분은 인간을 불쌍히 여기셔서 하늘 보좌를 버리고 이 땅에 오신 분이시다. 십자가에 모든 피를 흘리신 분이시다. 우리를 위해 기도하신 분이시다.

예수께서 이르시되, 아버지, 저들을 사하여 주옵소서. 자기들이 하는 것을 알지 못함이니이다. 누가복음 23:34.

예배 중에 예수님을 뵌 사람은 그 사랑을 품는다. 그 사랑은 예배인간을 간절하게 한다.

▶ 6:28-30, 내게로 얼굴을 돌리라

6:28 이제 원하건대, 너희는 내게로 얼굴을 돌리라. 내가 너희를 대면하여 결코 거짓말하지 아니하리라.
6:29 너희는 돌이켜 행악자가 되지 말라. 아직도 나의 의가 건재하니 돌아오라.
6:30 내 혀에 어찌 불의한 것이 있으랴! 내 미각이 어찌 속임을 분간하지 못하랴!

차가운 논리를 버리라. 나를 꾸짖을 생각을 버리라. 내 얼굴을 직접 보라! 나는 의롭다. 내게 친구로 돌아오라. 나를 속이지 말라. "분간"의 히브리어 뜻은 "이해"다. 함부로 대하지 말라. 예배인간 욥은 지혜자다.

● 7:1-21, 욥 → 엘리바스 1B

● 기도

제7장에서 욥이 기도를 드린다. 욥의 상대는 애초에 친구들이 아니었다. 그는 이제 하늘을 향하여 하나님께 호소한다.

▶ 7:1-5, 병사는, 품군은

7:1 이 땅에 사는 인생에게 힘든 노동이 있지 아니하겠느냐? 그의 날이 품꾼의 날과 같지 아니하겠느냐?
7:2 종은 저녁 그늘을 몹시 바라고, 품꾼은 그의 삯을 기다리나니,
7:3 이와 같이 내가 여러 달째 고통을 받으니, 고달픈 밤이 내게 작정되었구나!
7:4 내가 누울 때면 말하기를, 언제나 일어날까, 언제나 밤이 갈까, 하며, 새벽까지 이리 뒤척, 저리 뒤척 하는구나!
7:5 내 살에는 구더기와 흙덩이가 의복처럼 입혀졌고, 내 피부는 굳어졌다가

터지는구나!

7:1a의 "힘든 노동"보다 "군대복무"가 더 좋은 번역이다(참고. Alter 2010:35). 병사와 품군이 동시에 동원되어 하급 인생의 고달픔을 묘사한다. 자기는 기껏해야 그들의 처지에 다름 아닌 것이다.

이제 자기의 집에 있던 종들과 자기를 비교한다. 심지어 그들보다 못한 처지를 한탄한다. 시간이 더디다.

7:5는 2:7-8에 나타났던 피부병이 발전한 증상이다. 사람은 소망이 없을 때 더 아픈 법이다. 견딜 이유가 사라졌기 때문이다. 고독한 사람이 가장 아프다. 나눌 사람이 없기 때문이다. 형식적 문병은 통증만 유발한다. 혼자만 져야 하는 짐인데 구경꾼은 또 다른 고통이다. 이럴 때는 모두를 물리치는 게 상책이다.

▶ 7:6, 베틀의 북

7:6 나의 날은 베틀의 북보다 빠르니, 희망 없이 보내는구나!

몸이 아프면 시간이 느리다. 안 그런가?

다른 한편 아픈 사람의 시간은 빨리, 덧없이 흘러간다. 베틀의 북처럼. 그의 세월은 밤과 낮으로 짜는 베틀이다. 지나고 보면 고독한 사람의 시간이 가장 허망하다. 그는 꿈보다 더 짧은 꿈을 꾸고 만 것이다.

▶ 7:7-8, 기도 1

7:7 내 생명이 한낱 바람 같음을 생각하옵소서. 나의 눈이 다시는 행복을 보지 못하리이다.
7:8 나를 본 자의 눈이 다시는 나를 보지 못할 것이고, 주의 눈이 나를 향하실지라도 내가 있지 아니하리이다.

나는 바람, 구름 같이 허무한 인생입니다. 사람이나 주님께서나 나를 더 이상 보지 못할 것입니다.

▶ 7:9-10, 기도 2

> 7:9 구름이 사라져 없어짐 같이 스올로 내려가는 자는 다시 올라오지 못할 것이오니,
> 7:10 그는 다시 자기 집으로 돌아가지 못하겠고, 자기 처소도 다시 그를 알지 못하리이다.

갈 수 없는 집! 나의 집은 돌아갈 수 없습니다. 스올로 내려갈 뿐입니다.

이것은 절망이 아니다. 오히려 하나님의 불쌍히 여기심을 간구한다. 그는 돌아가고 싶은 것이다. 그는 살고 싶은 것이다. 예배인간은 끝까지 살 희망을 버리지 않는다.

나는 여태껏 임종기도를 거부했다. 환자를 붙들고 끝까지 살려달라고 기도했다. 어떤 때는 의사가 내 기도를 바꾸라고 했다. 나는 생명의 주님 편에 서서 그의 요청을 거부했다.

▶ 7:11, 기도 3

> 7:11 그런즉 내가 내 입을 금하지 아니하고, 내 영혼의 아픔 때문에 말하며, 내 마음의 괴로움 때문에 불평하리이다.

내 불평에는 이유가 있습니다. 내 기도는 까닭이 있습니다. 나는 거룩하신 하나님 앞에 나아가 주께서 말씀하실 때까지 침묵할 수가 없습니다.

▶ 7:12, 기도 4

7:12 내가 바다니이까? 바다 괴물이니이까? 주께서 어찌하여 나를 지키시나이까?

7:12의 개역개정 "바다"는 히브리어 "얌"(yamm)이다. 얌은 바다와 일치하는 고대 가나안의 신명이다(참고. Alter 2010:36.) 그런데 델리취(Delitzsch 1982:123)는 이 '바다'를 '나일강'으로 읽는다. 그러고 보니 성경에 나일강을 바다로 묘사한 데가 종종 있다. 더구나 창조//출애굽 다이내믹스에서 보면 델리취의 이론을 수용 가능하다. 창세기 1–2장의 '바다'는 출애굽 컨텍스트에서 '나일강'이 일반 '바다'보다 더 설득력 있다(참고. 이사야 19:5). 그러나 "바다괴물"의 히브리어 "탄닌"은 확실히 강물에 사는 동물이 아니다. 바다동물이다. 따라서 개역개정의 "바다"를 "바다 신"이라고 번역해야 옳다.

"나는 바다 신도 아니요, 바다 괴물도 아닙니다." 말하자면 바다를 갈라내어(S) 세상을 지어내신 창조주 하나님의 원수가 못 된다는 말이다. 나는 정말 대단한 존재가 못 된다. 그런데 왜 창조주 하나님께서 나를? 그런데 왜 이렇게?

▶ 7:13–15, 기도 5

7:13 혹시 내가 말하기를, 내 잠자리가 나를 위로하고 내 침상이 내 수심을 풀리라, 할 때에
7:14 주께서 꿈으로 나를 놀라게 하시고, 환상으로 나를 두렵게 하시나이다.

하나님의 관심이 부담이다. 도무지 쉴 틈을 주지 않으시니, 기쁘거나 감사하지 않고 도리어 놀라고 두려울 뿐이다.

▶ 7:15, 기도 6

7:15 이러므로 내 마음이 뼈를 깎는 고통을 겪느니 차라리 숨이 막히는 것과 죽는 것을 택하리이다.

차라리 죽는 것이 낫다(참고. 모세, 엘리야). 바다 신이나 바다괴물은(이 둘은 창조과정에서 동격으로 처리된다) 하나님의 손에서 창조 제2일과 제3일에 각각 수직과 수평으로 분리된다.

▶ 7:16-19, 기도 7

7:16 내가 생명을 싫어하고 영원히 살기를 원하지 아니하오니, 나를 놓으소서. 내 날은 헛 것이니이다.

내 생명을 놓으소서. 욥기 3장을 연상케 한다. 주님의 보호하심을 부담스러워 한다.

▶ 7:17-19, 기도 8

7:17 사람이 무엇이기에 주께서 그를 크게 만드사 그에게 마음을 두시고,
7:18 아침마다 권징하시며 순간마다 단련하시나이까?
7:19 주께서 내게서 눈을 돌이키지 아니하시며 내가 침을 삼킬 동안도 나를 놓지 아니하시기를 어느 때까지 하시리이까?

예배인간은 하나님의 무소부재(無所不在)를 고백한다. 동시에 하나님께서 항상 동행하심을 고백한다. "주께서 내가 앉고 일어섬을 아시고, 멀리서도 나의 생각을 밝히 아시오며, 나의 모든 길과 내가 눕는 것을 살펴 보셨으므로, 나의 모든 행위를 익히 아시오니"(시편 139:2-3).

말하자면 지금 욥은 하나님의 지극한 관심이 힘든 것이다. 그는 아프고 고독하다. 그는 지쳤다.

▶ 7:20a, 기도 9: 어째서 하나님께서?

7:20 사람을 감찰하시는 이여, 내가 범죄 하였던들 주께 무슨 해가 되오리이까?

겨우 먼지 같은 하나의 인간 욥이 범죄 하였던들 주께 무슨 해가 될까? 이것은 얼마 후 나타나 던질 엘리후의 말과 비슷하다.

그대가 범죄 한들 하나님께 무슨 영향이 있겠으며, 그대의 악행이 가득한들 하나님께 무슨 상관이 있겠으며, 그대가 의로운들 하나님께 무엇을 드리겠으며,그가 그대의 손에서 무엇을 받으시겠느냐? 욥기 35:6-7

그러나 다르다. 태도가 다르다. 엘리후의 말에는 하나님께 긍휼을 비는 기도가 없다. 엘리후는 냉혹한 심판자다.

▶ 7:20b, 기도 10

7:20b 어찌하여 나를 당신의 과녁으로 삼으셔서, 내게 무거운 짐이 되게 하셨나이까?

묻는다: 그런데 어째서 하나님께서 욥을 겨냥하셨을까? 어째서 욥에게 그토록 지기 힘든 짐을 주셨을까? 그래서 욥이 하나님께 기도드린다. 기도는 하나님께 아뢰어 들을 말씀이 있을 때 드리는 다이얼로그다.

▶ 7:21, 기도 11

7:21 주께서 어찌하여 내 허물을 사하여 주지 아니하시며, 내 죄악을 제거하여 버리지 아니하시나이까? 내가 이제 흙에 누우리니, 주께서 나를 애써 찾으실지라도 내가 남아 있지 아니하리이다.

주님의 사죄를 구한다. 죽기 전에 구한다. 이것은 차라리 생명과 치유를 위한 기도다.

주는 나를 용서하사, 내가 떠나 없어지기 전에 나의 건강을 회복시키소서.

시편 39:13

바로 이것이 내가 임종기도를 거부하는 이유다. 마지막 순간까지 생명을 구해야 옳다. 안락사는 안 된다. 어떤 신학적 명분도 획득할 수 없다.

● 6:1-7:21, 예배인간 욥의 예배방정식 SPRx-C/E=0

이제 욥은 흙에 눕는다. 심지어 주님께서 애써 찾으실지라도 남아있지 않다. 제로다.

욥도 어쩔 수 없는 보통 인간임을 드러내는가? 이것이 그의 인내의 한계인가? 그러면 더 읽어 볼 필요도 없지 않을까? 아니다. 이건 보통 불평으로 정의할 수 없다. 다르다. 무엇이 그의 불평을 보통 사람의 불평과 차별화시키는가? 예배다. 그가 누운 흙은 예배의 자리다. 남아 있지 않음은 온전한 헌신, 다 드림이다.

자기를 비워내기를 소망하는 예배인간은 비로소 비존재(*非存在*)로써 말씀드린다. 기도 외에 달리 말을 아끼는 예배인간의 언어는 끝내 침묵이다.

● 예배인간

사람이 인내한들 얼마나 할까? 사람이 의로운들 얼마나 할까? 사람이 착하고 아름다워도 그는 언제나 인간일 뿐이다.

인간에게 볼 것이 남아있다면 그건 그를 의롭게 만드시는, 의롭지 않은 죄인을 의롭다 칭하시는 예수 그리스도의 보혈 때문이다.

아무리 "행위"를 강조해도 나는 동의할 수 없다. 복음서 여기저기에서 "열매"나 "돌봄"을 읽지만, 그건 분명히 의롭다 하심보다 앞서는 신학 주제가 아니다. 죄인의 행위는 죄악이다. 의롭다 하심을 얻는 자는 숨쉬기조차 주님의 일이다. 그의 생존으로 하나님께 영광을 돌리는 것이다. 그러므로 말한다. 죄 사함이 제일 중요하다. 급선무다.

죄 사함의 길이 예배 말고 달리 있을까? 하나님의 어린양이 대신 피흘려 제단에 피 흘림이 되지 않고 도대체 죄인 중 죄인인 내가 하나님 앞에 의로울 길이 있을까? 없다. 결코 그런 길은 없다. 나보고 찾으라고 하면 일어나 구하기 전에 절망할 것이다. 답을 알고 있는 사람에게 방정식을 풀라는 것은 그 목에 밧줄 걸고 사형대로 올라가라는 명령이다. 그 길을 내가 알고 있는데 모른 척 할 수 없다. 나는 권능과 사랑을 동시에 가지신 예수 그리스도께서 대신 죽지 않으시고는 절대로 괜찮을 수 없다. 그 자리, 주님의 죽으심의 자리, 주님의 피 흘림 대속의 자리는 예배다. 아무리 누추해도, 아무리 수가 적어도, 예배의 자리는 거룩하다.

지금 욥은 예배인간이다. 하나님께서 그것을 인정하셨다(욥기 1-2장). 하나님의 인정받는 예배인간 됨이 가장 중요하다. 나머지는 선택사항이다.

-큰 죄를 저지르고도 예수님만 믿으면 천국 가는가?

나는 이 질문의 무게를 모르지 않는다. 함축된 내용을 모르지 않는다. 그렇지만 내 대답은 일정하다.

-그렇다. 예수님을 믿는 것이 죄지음보다 나중이라면!

억울해 할 사람이 많겠지만, 엄연한 이는 사실진술이다. 예수님 곁 어떤 강도가 그 인생 마지막 순간에 천국 초청을 받았다. 문제는 사람은 언제가 그의 마지막일지 아무도 모른다는 것이다. 예배인간은 언제나, 항상, 때를 놓치지 않고 예배드리는 사람이다.

Ⅱ-2-1-2a 빌닷→ 욥 1, 8:1-22

● **8:1-22, 빌닷 → 욥 1**

★ 다이어그램 15, "빌닷 → 욥 1"

주제	내용	비고
비판	2. 네가 어찌 거센 바람 같은 말을 계속하겠는가?	
병	3. 하나님은 정의를 굽게 하지 않으신다. 4. 네 자녀들이 죄로 벌을 받았다.	인 과 율
약	5. 네가 하나님께 간구하면 6. 청결하고 정직하면 너를 돌보시고 너를 평안하게 하실 것이다. 7. 회개-용서. 네 시작은 미약하였으나 나중은 창대하리라.	비웃음
병	8. 옛 시대 사람에게 물으라. 9. 우리 모두는 아는 것이 없다. 10. 그들이 가르쳐주지 않겠느냐? 11. 왕골은 진펄에서, 갈대는 물에서 자란다. 12. 이런 것은 다른 풀보다 일찍 마른다. 13. 하나님을 잊어버린 자의 길은 이와 같고, 저속한 자의 희망은 무너진다. 14. 그가 믿는 것은 끊어지고, 거미줄 같다. 15. 그 집이 서지 못하고 보존되지 못한다. 16. 그는 햇빛을 받고 그 가지가 동산에 뻗으며 17. 뿌리가 돌무더기에 서리어 돌 가운데 들어갔어도 18. 그 곳에서 뽑히면 그 자리도 모른체 하리라. 19. 그 길의 기쁨은 이와 같고, 그 후에 다른 것이 흙에서 나리라. 20. 하나님은 순전한 사람을 버리지 않으시고, 악한 자를 버리신다.	상식
약	21. 웃음을 네 입에, 즐거운 소리를 네 입술에 채우시리라. 22a. 너를 미워하는 자는 부끄러움을 당하리라.	비웃음
비판	22b. 악인의 장막은 없어지리라.	저주

이것은 소위 "병 주고 약 주는" 격이다. 그러나 그가 내리는 결론은 "거센 바람 같은 말을 계속하는 욥은 악인"이다. 이런 구도 내에서 제시하는 "약"이 무슨 효험이 있을 것인가? 그를 "위로자"로 인정할 수 있는가?

● 8:1-22, 대칭구도

이것을 교차대구법(chiasmus) 구도로 보자.

비판
  병
    약
    병
  약
비판

빌닷은 때리고 어르는 방식으로 욥을 다루고 있다. 못된 인간이 가난한 사람을 학대하는 전형이다.

▶ 8:1, 빌닷이 욥에게 1

8:1 수아 사람 빌닷이 대답하여 이르되

이 사람은 차갑다. 얼음장보다 차갑다. 동토처럼 얼붙은 심장에서 목이 곧은 자세로 활시위처럼 잔뜩 긴장한 입술로 서릿발 같은 언어를 쟁쟁거리며 튕겨낸다. 대개 논리를 신뢰하고 인간성을 포기하는 모든 사람의 자화상이다.

▶ 8:2-3, 어느 때까지?

8:2 네가 어느 때까지 이런 말을 하겠으며, 어느 때까지 네 입의 말이 거센 바람과 같겠는가?

빌닷의 책망: 어느 때까지? 입 닥치라는 거다. 사람이 말도 못하나? 논

리인간은 말 되지 않는 말은 들어 줄 수 없다. 그의 인내는 논리가 되는 문단을 결코 벗어나지 않는다. 말도 안 되는 말은 곧바로 그의 눈앞에서 책장을 덮어야 한다.

▶ 8:3, 하나님의 정의

> 8:3 하나님이 어찌 정의를 굽게 하시겠으며, 전능하신 이가 어찌 공의를 굽게 하시겠는가?

얼어붙은, 차가운 논리로 사는 사람은 하나님께 마주서서 말하는 가슴 뜨거운 욥을 용납할 수가 없다.

▶ 8:4, 네 자녀들은

> 8:4 네 자녀들이 주께 죄를 지었으므로, 주께서 그들을 그 죄에 버려두셨나니,

욥의 자녀들 죽음을 평가한다. 그들의 죽음은 그들의 죄 때문이다! 이처럼 무서운 논리가 또 있는가! 이제는 그 칼을 자녀에게까지 댄다.

논리는 사람을 찌르는 칼이다. 이 칼은 누구라도 삼킨다. 논리의 허점 중에 허점은 그게 상대를 가리지 않는다는 것이다. 마음이 담기지 않은 언어논리는 참 허망한 일이다. 보라. 상처 입은 사람에게는 논리가 필요하지 않다. 짐승이라도 자식 잃었을 때는 창자가 끊어지는 고통이다. 말없이 그냥 손이라도 잡아 주었으면!

▶ 8:5-6, 네가 만일 하나님을 찾으면

> 8:5 네가 만일 하나님을 찾으며 전능하신 이에게 간구하고,
> 8:6 또 청결하고 정직하면, 반드시 너를 돌보시고, 네 의로운 처소를 평안하게

하실 것이라.

지금은 그가 하나님을 찾지 않는다는 전제다. 지금은 그가 청결하지 않고, 지금은 정직하지 않다는 말이다. 그러나 그걸 어떻게 아는가? 이처럼 손쉽게 판단하고 편견으로 뭉친 사람이 비는 축복이란 도대체 무엇인가?

▶ 8:7, 시작과 나중

8:7 네 시작은 미약하였으나, 네 나중은 심히 창대하리라.

지금은 시작이다. 욥의 지금은 미약하다. 하나님을 찾지 않고 있기 때문에! 그러나 나중은 창대할 것이다. 하나님을 찾으면! 그런데 이 "나중"은 영원히 오지 않을 시간이다. 헤겔의 논리처럼 빌닷의 수학적 결론은 현실로 잡아당기는 힘이 없다.

이 축복을 빙자한 이 언어는 얼음장보다 차갑다. 송곳날처럼 아프다. 이 부분만 잘라내 놓고 보면 그럴 듯하다. 그래서 벽에 걸고들 보는가!

▶ 8:8-10, 옛 사람에게

8:8 청하건대 너는 옛 시대 사람에게 물으며, 조상들이 터득한 일을 배 울 지 어다.
8:9 (우리는 어제부터 있었을 뿐이라. 우리는 아는 것이 없으며, 세상에 있는 날이 그림자와 같으니라.)
8:10 그들이 네게 가르쳐 이르지 아니하겠느냐? 그 마음에서 나오는 말을 하지 아니하겠느냐?

빌닷 생각에 욥은 옛 사람의 지혜조차 지니지 못했다. 그러므로 기초 지혜를 터득하라고 도전한다. 빌닷은 짐짓 모세의 자리에 섰다(참고. 신명기 32).

▶ 8:11-12, 자연의 이치

8:11 왕골이 진펄 아닌 데서 크게 자라겠으며 갈대가 물 없는 데서 크게 자라겠느냐?
8:12 이런 것은 새순이 돋아 아직 뜯을 때가 되기 전에 다른 풀보다 일찍이 마르느니라.

자연으로 인생을 재단하는 자는 하나님을 알지 못한다. 자연을 먼저 보았다면 인간은 생로병사, 자연의 일부다. 짐승을 먼저 보았다면 인간은 그저 짐승이다. 그러나 하나님을 먼저 뵙고 인간을 보는 사람은 다르다. 인간에게서 하나님의 손길을 읽는다. 빌닷은 사람을 만나기 전에 교과서를 먼저 읽었다. 사람에게 묻기 전에 결론을 내렸다.

▶ 8:13-15, 추론

8:13 하나님을 잊어버리는 자의 길은 다 이와 같고 저속한 자의 희망은 무너지리니
8:14 그가 믿는 것이 끊어지고 그가 의지하는 것이 거미줄 같은즉
8:15 그 집을 의지할지라도 집이 서지 못하고 굳게 붙잡아 주어도 집이 보존되지 못하리라.

자연계의 이치는 인과율이다. 욥은 자연의 일부다. 따라서 자연으로 평가받아야 한다. 자연의 잣대로 재면 욥은 틀렸다. 욥은 하나님을 잊어버렸고, 저속한 자가 되었다. 따라서 그의 집은 설 수 없다.

빌닷은 욥이 하나님을 잊어버린 자라고 평가절하 한다. 그런데 이상하다. 그의 추론이 지나치게 강하다. 대개 자연과학자는 가설을 의지한다. 정상이라면 과학자는 가설을 항상 의심한다. 그런데 빌닷의 확신은 도를 넘었다. 대개 이런 자가 사람 잡는다.

▶ 8:16-22, **욥은 사라질 것이다**

8:16 그는 햇빛을 받고 물이 올라 그 가지가 동산에 뻗으며
8:17 그 뿌리가 돌무더기에 서리어서 돌 가운데로 들어갔을지라도
8:18 그 곳에서 뽑히면 그 자리도 모르는 체하고 이르기를, 내가 너를 보지 못하였다, 하리니
8:19 그 길의 기쁨은 이와 같고, 그 후에 다른 것이 흙에서 나리라.

빌닷의 예언: 하나님을 잊어버린 자는 사라질 것이다. 흔적도 남기지 못할 것이다. 빌닷은 지금 그의 친구 욥을 버리는 것이다. 잘라 내고 부셔서 바람에 날리는 것이다. 홍의병처럼 그는 신봉하는 것이 있는 것이다. 자기논리다. 그래서 지금 그의 언어는 부러지지 않는 강철이다.

▶ 8:20-22, **축복?**

8:20 하나님은 순전한 사람을 버리지 아니하시고, 악한 자를 붙들어 주지 아니하시므로
8:21 웃음을 네 입에, 즐거운 소리를 네 입술에 채우시리니
8:22a 너를 미워하는 자는 부끄러움을 당할 것이라.

욥은 순전한가? 그러면 하나님께서 욥을 버리지 않을 것이다. 웃음과 즐거움을 복으로 주실 것이다. 욥을 미워하는 자는 부끄러움을 피할 수 없다. 그런데 문제는 그의 판단에 지금의 욥은 순전하지 않다는 데 있다. 욥을 향한 부드러운 미소에 칼끝이 보인다.

▶ 8:22b, **악인의 장막은**

8:22b 악인의 장막은 없어지리라.

욥은 악인이다. 하나님께 버림받았다. 그런 유형을 설명하고 욥을 거기 포함시켰다. 아니, 빌닷은 하나님께 여쭙지 않았다. 자기 판단이다. 그러므로 그는 허락도 없이 욥의 장막을 허물고 있다. 누가 세운 집인데 감히 누가 허는가! "여호와께서 집을 세우지 아니하시면"(시편 127:1a).

Ⅱ-2-1-2b 욥 → 빌닷, 9:1-10:22

▶ 9:1, 빌닷에게 1

9:1 욥이 대답하여, 이르되,

철저하게 내려놓고 평가절하 한 빌닷. 그를 향해 욥이 고개를 돌린다. 그리고 입을 열어 말한다.

▶ 9:2-3, 인생은

9:2 진실로 내가 이 일이 그런 줄을 알거니와, 인생이 어찌 하나님 앞에 의로우랴!
9:3 사람이 하나님께 변론하기를 좋아할지라도, 천 마디에 한 마디도 대답하지 못하리라.

의로움이 본래 없는 인생이다. 누구도 말로써 하나님 앞에 서지 못한다. 예배 외에 하나님 앞에 설 일이 없다.

▶ 9:4-10, 하나님은

9:4 그는 마음이 지혜로우시고 힘이 강하시니, 그를 거슬러 스스로 완악하게 행하고도 형통할 자가 누구이랴!
9:5 그가 진노하심으로 산을 무너뜨리시며 옮기실지라도 산이 깨닫지 못하며,
9:6 그가 땅을 그 자리에서 움직이시니, 그 기둥들이 흔들리도다.
9:7 그가 해를 명령하여 뜨지 못하게 하시며 별들을 가두시도다.
9:8 그가 홀로 하늘을 펴시며 바다 물결을 밟으시며
9:9 북두성과 삼성과 묘성과 남방의 밀실을 만드셨으며
9:10 측량할 수 없는 큰 일을, 셀 수 없는 기이한 일을 행하시느니라.

빌닷이 아는 바를 욥이 모르는 것이 아니다. 여호와 하나님께서 천지를 지으신 하나님이시라는 것은 어린아이도 다 안다.

▶ 9:11, 하나님과 나 1

9:11 그가 내 앞으로 지나시나 내가 보지 못하며, 그가 내 앞에서 움직이시나 내가 깨닫지 못하느니라.

그런데 지금 나는 그분을 보지 못한다. 그런데 지금 나는 그분을 깨닫지 못한다. 내가 분명히 아는 것은, 그러나, 하나님께서 내 앞으로 지나신다. 그분께서 내 앞에서 움직이신다. 내 지각을 나는 신뢰하지 않는다. 내게는 믿음이 있는 것이다.

▶ 9:12-14, 하나님과 나 2

9:12 하나님이 빼앗으시면 누가 막을 수 있으며, 무엇을 하시나이까, 하고 누가 물을 수 있으랴?
9:13 하나님이 진노를 돌이키지 아니하시나니, 라합을 돕는 자들이 그 밑에 굴

복하겠거든,
9:14 하물며 내가 감히 대답하겠으며, 그 앞에서 무슨 말을 택하랴?

하나님께서 주시면 받는다. 하나님께서 가져가시면 드린다. 그 외에 달리 할 일이 없다.

라합(히브리어, "라하브")은 물속의 괴물 중 하나다. (참고로, 여호수아기 2:1의 창녀 이름은 아쉽게도 한국어 소리번역으로 "라합"이다. 히브리어 발음 "라카브"다. 혼동을 피하도록 차별화해야 한다.) 그 엄청난 괴물 라합을 돕는 자들이라도 하나님 발아래 굴복한다. 나는 감히 그런 자들과 견줄 수 없다. 그러니 내가 하나님 앞에 아뢸 말씀이 무엇일까?

▶ 9:15-16, 가령 내가 의로울지라도

9:15 가령 내가 의로울지라도 대답하지 못하겠고, 나를 심판하실 그에게 간구할 뿐이며,
9:16 가령 내가 그를 부르므로 그가 내게 대답하셨을지라도, 내 음성을 들으셨다고는 내가 믿지 아니하리라.

예배인간이 받는 고난은 예배를 통해 얻은 칭의와 상관이 없다. 의롭지만 고난이 온다. 그게 현실이다.

주님께 드리는 예배를 받으시고 그에게 응답해 주셨을 때도, 자기의 소원을 들으심이 아니다. 주님 당신의 뜻을 이루심이다.

▶ 9:17-20, 까닭 없이

9:17 그가 폭풍으로 나를 치시고, 까닭 없이 내 상처를 깊게 하시며,
9:18 나를 숨 쉬지 못하게 하시며, 괴로움을 내게 채우시는구나.
9:19 힘으로 말하면 그가 강하시고, 심판으로 말하면 누가 그를 소환하겠느냐?

9:20 가령 내가 의로울지라도 내 입이 나를 정죄하리니, 가령 내가 온전할지라
도 나를 정죄하시리라.

하나님은 나에 대하여 당신의 뜻을 실현하신다. 하나님의 역사하심의 까닭은 인간에게 있지 않다. 인간은 하나님을 원격조정할 수 없다.

하나님의 뜻은 하늘처럼 높으시다. 인간은 땅 아래 살 수 밖에 없다.

▶ 9:21-24, 나는

9:21 나는 온전하다마는 내가 나를 돌아보지 아니하고 내 생명을 천히 여기는구
나!
9:22 일이 다 같은 것이라. 그러므로 나는 말하기를, 하나님이 온전한 자나 악한
자나 멸망시키신다, 하나니,
9:23 갑자기 재난이 닥쳐 죽을지라도 무죄한 자의 절망도 그가 비웃으시리라.
9:24 세상이 악인의 손에 넘어갔고, 재판관의 얼굴도 가려졌나니, 그렇게 되게
한 이가 그가 아니시면 누구냐?

나는 온전하다. 내 예배에서 나는 온전하다. 그러나 나는 재앙을 맞는다. 나는 무죄하다. 그러나 죄 있는 자가 당하는 벌과 똑같은 벌이 내게 왔다. 세상의 재판관은 나를 유죄를 입증했다. 사람은 결코 할 수 없는 일이 벌어졌다. 하나님께서 하신 일이 아니면 누가 그럴 수 있는가?

예배인간이 보고 겪는 모든 불합리는 하나님의 손으로 하심이라는 대답 앞에 완전히 해소된다. 불합리가 해소되는 날은 품고 왔던 모든 질문을 버리는 날이다.

왜 나에게? Why me?
왜 지금? Why now?
왜 이렇게? Why this way?

주님 뜻대로 하옵소서! 주님의 뜻을 이루소서! 제가 주님의 손에 붙들렸다면, 저는 기꺼이 주님 뜻대로 살겠사옵나이다.

내 주여 뜻대로 행하시옵소서
온 몸과 영혼을 다 주께 드리니
이 세상 고락 간 주 인도 하시고
날 주관하셔서 뜻대로 하소서 찬송가 549장 1절

▶ 9:25-26, 나의 인생

9:25 나의 날이 경주자보다 빨리 사라져 버리니 복을 볼 수 없구나!
9:26 그 지나가는 것이 빠른 배 같고 먹이에 날아 내리는 독수리와도 같구나!

덧없이 흘러가는 인생! 고난 중에 사람은 비로소 환상의 커튼을 열어젖힌다. 괴로움 중에 하나님을 진심으로 만나 뵙는다. 사람의 날은 빠르다. 경주자보다 빠르다. 빠른 배, 수직으로 내려 꽂히는 독수리다.

허무하다. 허무하다. 덧없이 늙어버렸고, 바람을 잡으려던 두 손이 허공을 맴돈다.

▶ 9:27-28, 기도 1

9:27 가령 내가 말하기를, 내 불평을 잊고 얼굴 빛을 고쳐 즐거운 모양을 하자, 할지라도
9:28 내 모든 고통을 두려워하오니, 주께서 나를 죄 없다고 여기지 않으실 줄을 아나이다.

하나님께서 죄를 찾기로 하시면 피할 수 없다. 이 말에는 하나님께서 용서하시면 죄가 없다는 뜻이 함축되어 있다.

▶ 9:29-31, 기도 2

9:29 내가 정죄하심을 당할진대, 어찌 헛되이 수고하리이까?
9:30 내가 눈 녹은 물로 몸을 씻고, 잿물로 손을 깨끗하게 할지라도,
9:31 주께서 나를 개천에 빠지게 하시리니, 내 옷이라도 나를 싫어하리이다.

사람들의 판단도 두렵지 않다. 다 반박하고 싸우며 이길 수 있으나, 하나님은 이길 도리가 없다. 하나님 앞에서는 내 스스로 정결할 수 없다. 심지어 내 옷도 나를 싫어할 것이다. 내가 개천에 빠져 건져 올린 내 옷을 싫어하듯이.

▶ 9:32-33, 하나님은 재판장

9:32 하나님은 나처럼 사람이 아니신즉, 내가 그에게 대답할 수 없으며, 함께 들어가 재판을 할 수도 없고,
9:33 우리 사이에 손을 얹을 판결자도 없구나!

하나님의 판결은 절대적이다. 나는 그것을 거스를 수가 없다.

▶ 9:34-35, 내 두려움은

9:34 주께서 그의 막대기를 내게서 떠나게 하시고, 그의 위엄이 나를 두렵게 하지 아니하시기를 원하노라.
9:35 그리하시면 내가 두려움 없이 말하리라. 나는 본래 그렇게 할 수 있는 자가 아니니라.

결국 나는 하나님을 두려워하는 것뿐이다. 하나님께서 나를 풀어주시고, 내 고난의 막대기를 치워 주신다면, 나는 두려움 없이 말할 수 있다. 하나님 아니고는 나는 한 마디도 말할 수 없는 존재다.

Ⅱ-2-1-2b 욥 → 빌닷

▶ 10:1, 불평 토로

> 10:1 내 영혼이 살기에 곤비하니, 내 불평을 토로하고 내 마음이 괴로운 대로 말하리라.

예배인간은 속에 감추는 것이 없다. 감추는 대신 토로하고, 숨기는 대신 말한다. 그것은 탄식이며, 그것은 탄원이다.

시편 150편중에 절반 이상이 이런 종류, 곧 탄식시다. 말하자면 욥은 오히려 친구가 많은 것이다!

▶ 10:2, 주님 앞에 의로움

> 10:2 내가 하나님께 아뢰오리니, 나를 정죄하지 마시옵고, 무슨 까닭으로 나와 더불어 변론하시는지 내게 알게 하옵소서.

알고 싶다. 무슨 이유로 내게 대하여 상대편 변호사 혹은 검사로 일어서셨는지! 알고 싶다. 그 깨달음으로 일어서고 싶은 것이다.

▶ 10:3-6, 구원의 주님께서 나를?

> 10:3 주께서 주의 손으로 지으신 것을 학대하시며 멸시하시고, 악인의 꾀에 빛을 비추시기를 선히 여기시나이까?
> 10:4 주께도 육신의 눈이 있나이까? 주께서 사람처럼 보시나이까?
> 10:5 주의 날이 어찌 사람의 날과 같으며 주의 해가 어찌 인생의 해와 같기로
> 10:6 나의 허물을 찾으시며 나의 죄를 들추어내시나이까?

주님께서 나를 정죄하시면 나는 죄인이다. 주님께서 내 허물을 찾으시

면 찾으실 것이다. 주님께서 내 죄를 들추시면 나는 죄를 숨기지 못할 것이다.

그런데 왜 주님께서는 그렇게 하셔야 하는가? 나는 처음부터, 예배드릴 때부터 나는 분명히 주님께 엎드린 죄인 아니었던가? 주님께서는 내가 죄인임을 아셨을 뿐 아니라, 내 모든 죄를 어린양의 보혈로 씻어주시지 않으셨던가?

▶ 10:7, **주님의 칭의**

> 10:7 주께서는 내가 악하지 않은 줄을 아시나이다. 주의 손에서 나를 벗어나게 할 자도 없나이다.

주님께서는 내가 악하지 않은 줄을 아신다! 이것은 그저 담대함 정도가 아니다. 예배인간이 품을 수 있는 당당함이다. 어린양의 보혈로 씻어 정결케 해 주심을 믿는 때문이다.

▶ 10:8-12, **창조** vs **반 창조?**

> 10:8 주의 손으로 나를 빚으셨으며 만드셨는데, 이제 나를 멸하시나이다.
> 10:9 기억하옵소서. 주께서 내 몸 지으시기를 흙을 뭉치듯 하셨거늘, 다시 나를 티끌로 돌려보내려 하시나이까?
> 10:10 주께서 나를 젖과 같이 쏟으셨으며 엉긴 젖처럼 엉기게 하지 아니하셨나이까?
> 10:11 피부와 살을 내게 입히시며, 뼈와 힘줄로 나를 엮으시고,
> 10:12 생명과 은혜를 내게 주시고, 나를 보살피심으로 내 영을 지키셨나이다.

창조하신 나를 이제 멸하신다. 그것을 이해할 수가 없다. 어찌하여? 욥이 하나님께 드리는 일련의 질문 중 하나다. 욥이 주로 "창조"에 대하여 질문 드린다. 하나님의 응답(욥 38-41장)도 주로 창조에 관계되었음을 기억하라.

주님의 창조의 때, 내게 피부와 살을 입히셨다. 뼈와 힘줄로 엮으셨고,

생명과 은혜를 주셨다. 내 영을 지켜 보살피셨다. 그런데 이제 왜?

▶ 10:13-17, 내가 의로울지라도

10:13 그러한데 주께서 이것들을 마음에 품으셨나이다. 이 뜻이 주께 있는 줄을 내가 아나이다.
10:14 내가 범죄 하면 주께서 나를 죄인으로 인정하시고, 내 죄악을 사하지 아니하시나이다.
10:15 내가 악하면 화가 있을 것이오며, 내가 의로울지라도 머리를 들지 못하는 것은, 내 속에 부끄러움이 가득하고, 내 환난을 내 눈이 보기 때문이니이다.

설령 내가 의로울지라도 하나님 앞에는 의롭지 못합니다. 내 의는 하나님께서 거저 주신 은혜였기 때문입니다. 사죄함 받은 내게 죄가 있다면 하나님의 은혜를 저버린 죄가 있을 뿐입니다. 주님, 주님께서 아시듯 나는 주님의 긍휼을 날마다 기다리는 예배인간입니다.

▶ 주께서 젊은 사자처럼

10:16 내가 머리를 높이 들면 주께서 젊은 사자처럼 나를 사냥하시며, 내게 주의 놀라움을 다시 나타내시나이다.
10:17 주께서 자주자주 증거 하는 자를 바꾸어 나를 치시며, 나를 향하여 진노를 더하시니, 군대가 번갈아서 치는 것 같으니이다.

먹이를 노리는 젊은 사자처럼, 주님께서 저를 치시는 것은 저의 죄 때문입니까? 그 죄는 사함 받은 것 아닙니까? 사함 받은 죄인 저를 대항하여 군대를 일으키심은 가당합니까?

▶ 10:18-19, 생명 주신 주님께서 죽음을?

10:18 주께서 나를 태에서 나오게 하셨음은 어찌함이니이까? 그렇지 아니하셨
더라면 내가 기운이 끊어져 아무 눈에도 보이지 아니하였을 것이라.
10:19 있어도 없던 것 같이 되어서 태에서 바로 무덤으로 옮겨졌으리이다.

그러면 왜 저를 태어나게 하셨습니까? 이 괴로운 질문은 지금 경험하는 죽음의 고통에서 온 것이다.

▶ **10:20-22, 저를 버려두시옵소서**

10:20 내 날은 적지 아니하니이까? 그런즉 그치시고 나를 버려두사, 잠시나마
평안하게 하시되,
10:21 내가 돌아오지 못할 땅, 곧 어둡고 죽음의 그늘진 땅으로 가기 전에 그리
하옵소서.
10:22 땅은 어두워서 흑암 같고, 죽음의 그늘이 져서 아무 구별이 없고, 광명도
흑암 같으니이다.

하나님의 손으로 나를 편안하게 하시는 것은 너무도 쉬운 일이다. 그것이 잠시일지라도 원하는 바다. 죽음의 땅으로 가기 전에. 어차피 인생은 모두 죽음의 땅으로 갈 것 아닌가. 그 전에, 잠시라도 안식을 주님께 비는 것이다.

주는 나를 용서하사 내가 떠나 없어지기 전에 나의 건강을 회복시키소서.
시편 39:13

● **제9-10장, 예배인간 욥의 예배방정식 SPRx-C//E=0**

하나님 앞을 피할 수 없다. 내가 하나님께 나아온 것이 아니라 하나님께서 나를 찾으셨다. 도망칠 길이 없다! 폭풍으로(9:17) 막대기로(9:34) 치신다. 그분은 젊은 사자와 같다(10:16).

내가 하늘에 올라갈지라도 거기 계시며, 스올에 내 자리를 펼지라도 거기 계시

니이다. 내가 새벽 날개를 치며 바다 끝에 가서 거주할지라도, 거기서도 주의 손 이 나를 인도하시며, 주의 오른손이 나를 붙드시리이다. 시편 139:8-10

내가 부르짖기 전에 주님께서 응답하셨다. 나는 사망 길로 도망칠지라도 주님은 생명 막대기로 막아서셨다. 주님의 도우심은 주님의 의지에서 온다. 아, 주님의 구원의지는 사랑이다.

하나님께 호소하는 근거는 내 의가 아니라 하나님의 의다. 예배인간이 붙들고 끝까지 매달리는 근거는 하나님의 의의 약속이다. 나는 날마다 변할지라도 하나님은 불변하시다. 그분의 사랑에 매달리며 생명을 이 땅에 내려놓고 땅에 바싹 엎드리는 내 이름은 예배인간이다.

Ⅱ-2-1-3a 소발 → 욥, 11:1-20

▶ 11:1, 소발이 욥에게 1

11:1 나아마 사람 소발이 대답하여 이르되

소발은 상대적으로 논리가 빈약하다. 마음도 그렇게 강하지 않다. 그러나 유약한 사람의 특징은 떨면서도 상대의 약점을 물고 늘어지는 것이다.

이런 사람에게 맞는 펀치는 약할지라도 고통스럽다. 차라리 안 보고 싶은 종류의 사람이다.

▶ 11:2-4, 사람이 의롭다는 것을 이해할 수가 없다

11:2 말이 많으니 어찌 대답이 없으랴? 말이 많은 사람이 어찌 의롭다 함을 얻겠느냐?
11:3 네 자랑하는 말이 어떻게 사람으로 잠잠하게 하겠으며, 네가 비웃으면 어찌 너를 부끄럽게 할 사람이 없겠느냐?
11:4 네 말에 의하면, 내 도는 정결하고 나는 주께서 보시기에 깨끗하다, 하는구나.

하나님 앞에 죄 사함 받은 확신을 견딜 수 없다.
말이 많다니? 고난 받는 사람은 말도 못 하나? 고통 중인 사람은 심음소리도 못 내나? 죄인이니까 무조건 침묵해야 한다? 그건 누구를 위한 침묵일까?

언제 욥이 자기의 도가 정결하고, 그가 주님 보시기에 깨끗하다고 했는가? 설령 그 말을 그대로 했더라도 인용하는 자는 우선 마음이 다르다. 그 말을 인용할 자격이 없다. 예배를 모르는 인간에게서 예배용어가 이해되지 않는다. 예배 응답의 기쁨을 모르는 자가 어찌 기도소리를 이해할 수 있으랴? 기도로 주님께 물쏟는 소리를 무슨 음성기호로 분석하겠다는 말인가? 어리석은 자는 지혜인간의 말을 말이 많다고 논박한다. 말이 많으면, 무슨 말이 어떻게 잘못되었는지 밝히는 것이 순서다.

▶ 11:5-6, 하나님께 바라는 것

11:5 하나님은 말씀을 내시며, 너를 향하여 입을 여시고,
11:6 지혜의 오묘함으로 네게 보이시기를 원하노니, 이는 그의 지식이 광대하심이라. 하나님께서 너로 하여금 너의 죄를 잊게 하여 주셨음을 알라.

소발이 판단하는 바, 욥은 지혜가 없다. 지혜 없는 자는 하나님의 은혜도 모른다는 뜻이다. 과연 그런가?

▶ 11:7–11, 네가 하나님을 어찌 알랴?

11:7 네가 하나님의 오묘함을 어찌 능히 측량하며, 전능자를 어찌 능히 완전히 알겠느냐?
11:8 하늘보다 높으시니 네가 무엇을 하겠으며, 스올보다 깊으시니 네가 어찌 알겠느냐?

소발은 몽상가다. 그가 아는 하나님은 어차피 누구와도 나눌 수 없다. 그가 깨닫는 천지창조는 그가 아는 세계뿐이다. 그러므로 그가 이해하는 '하나님'과 '전능자'는 그의 세계 안에 있는 어떤 존재일 뿐이다. 그가 말하는 '하늘'과 '스올'은 현실적이지 않다. 그런데도 묻는다: 네가 하나님을 어떻게 알겠느냐?

고통 중에 있는 사람을 위로하려면 그의 처지로 내려와야 한다. 의사도 환자의 고통 자리로 내려오지 않으면 실력과 관계없이 돌팔이다. 치료자가 아니기 때문이다. 하물며 치료의 기술도 익히지 않은 소발임에랴!

▶ 하나님은

11:9 그의 크심은 땅보다 길고, 바다보다 넓으니라.
11:10 하나님이 두루 다니시며 사람을 잡아 가두시고 재판을 여시면 누가 능히 막을소냐?
11:11 하나님은 허망한 사람을 아시나니, 악한 일은 상관하지 않으시는 듯하나, 다 보시느니라.

구원의 기쁨 없이 창조를 말하는 사람은 그의 지식을 자랑한다. 하늘의 별을 다 센들 그게 무슨 의미가 될까? 나는 하나님을 모르는 세상 지식이 부럽지 않다. 하나님을 아는 지식이 가장 고상하고 가장 기쁘다(참고. 골로새서 1:10).

소발은 하나님을 알고 있다. 그는 욥과 스스로를 차별하고 있다. 욥이 그와 다른 것은 그가 받는 고난이 근거다. 우습다. 고난 중인 사람은 다 미련한가?

소발의 판단이다: 욥은 허망하며 악하다. 그래서 고난이다. 참으로 바람 같은 이야기다. 소발의 현실은 꿈인가, 생시인가? 그가 그리는 하나님은 수채화 같다. 희뿌옇고 불투명하다. 무엇에 취한 사람 아니고야 현실을 이렇게 흐리게 보지 않는다.

▶ 11:12, 들나귀 새끼

11:12 허망한 사람은 지각이 없나니, 그의 출생함이 들나귀 새끼 같으니라.

소발의 그림: 그의 화폭에 잡힌 욥은 허망하며 지각이 없다. 들나귀 새끼와 다르지 않다. 초라하고 말랐으며, 비에 젖었다. 오갈 데 없는 들나귀 새끼 한 마리. 무섭다. 이런 평가를 내리면서도 내내 곁에 앉아 친구를 자처하는 그는 정말 현실성이 없다. 그의 눈동자를 들여다보라. 초점이 없을 테다.

▶ 11:13-19, 회개하라

11:13 만일 네가 마음을 바로 정하고 주를 향하여 손을 들 때에
11:14 네 손에 죄악이 있거든 멀리 버리라. 불의가 네 장막에 있지 못하게 하라.
11:15 그리하면 네가 반드시 흠 없는 얼굴을 들게 되고, 굳게 서서 두려움이 없으리니,
11:16 곧 네 환난을 잊을 것이라. 네가 기억할지라도 물이 흘러감 같을 것이며,
11:17 네 생명의 날이 대낮보다 밝으리니, 어둠이 있다 할지라도 아침과 같이 될 것이요,
11:18 네가 희망이 있으므로 안전할 것이며, 두루 살펴보고 평안히 쉬리라.
11:19 네가 누워도 두렵게 할 자가 없겠고, 많은 사람이 네게 은혜를 구하리라.

소발의 선포: 지금보다 나중이 나을 것이다. 회개하면. 불의를 버리고 나면. 그가 제시하는 소망은 조건이 달렸다. 그를 만족시켜야 하는 조건이다. 이

건 차라리 족쇄다. 왜 욥은 하나님을 두고 소발을 만족시켜야 하는가?

네로를 보는 것 같다. 현실정치의 긴장을 불타는 로마 시가지에서 해소해 버리는 그의 비현실이 비슷하다. 환난을 어떻게 잊는가? 당장 아픈 사람에게 마약이라도 주사하겠다는 말인가? 예배인간이 또 어떻게 더 하나님을 바라보는가? 그가 주문하는 실체는 도대체 무엇인가?

▶ 11:20, 욥은 악한 사람

11:20 그러나 악한 자들은 눈이 어두워서 도망할 곳을 찾지 못하리니, 그들의 희망은 숨을 거두는 것이니라.

허망한 사람, 죄인, 악한 자. 이 모두는 욥에 대한 적용이다.

욥은 도망할 곳을 찾지 못할 것이다. 죽음으로 도망치기 전에는 끝내 도망에 성공하지 못할 것이다. 저주다. 욥이 하나님 저주를 거부했더니, 이 친구가 욥을 저주한다.

Ⅱ-2-1-3b 욥 → 소발, 12:1-14:22

▶ 12:1, 욥이 소발에게 1

12:1 욥이 대답하여, 이르되,

욥은 쓸데없이 말이 많은 사람이 아니다. 그는 받은 은혜가 있고, 품은 증거가 있다. 그러므로 입을 열면 말할 수 있다. 자주자주 입을 열지 않을 뿐이다. 상대하기 싫어서요, 기도할 시간이기 때문이다.

그런데 지금은 상대할 수 있다. 현실이 비현실을 이기며, 기도가 명상을 거절하는 법이다. 예배인간 욥의 두 눈은 온통 비현실 상상으로 뿌리 없이 공중에 떠 있는 이 친구를 정조준한다. 그는 땅에 내려와야 하는 것이다.

▶ 12:2-3, 너희와 지혜

12:2 너희만 참으로 백성이로구나! 너희가 죽으면 지혜도 죽겠구나!
12:3 나도 너희 같이 생각이 있어 너희만 못하지 아니하니, 그 같은 일을 누가 알지 못하겠느냐?

비판자는 스스로를 지혜와 동일시한다.

지혜인간과 백성은 동일하다. 여기서 백성은 "예배드리는 무리"다. 따라서 지혜인간은 예배인간이다. 이런 점에서 욥기가 그토록 "지혜"에 집중하는 것이다. 친구들은 지혜인간을 자처한다.

욥의 지혜도 물러서지 않는다. 그는 "적어도" 스스로가 친구들과 대등하다고 여긴다. 친구들이 주장하는 것을 자기도 모르지 않는다.

▶ 12:4-5, 하나님과 소통, 이웃과 불통

12:4 하나님께 불러 아뢰어 들으심을 입은 내가 이웃에게 웃음거리가 되었으니, 의롭고 온전한 자가 조롱거리가 되었구나.
12:5 평안한 자의 마음은 재앙을 멸시하나, 재앙이 실족하는 자를 기다리는구나.

하나님과 통하는 자가 세상에서 멸시받는다. 십자가에 달리신 주님께서 세상의 조롱을 당하셨다. 저들의 눈으로 보면 예배인간은 가장 미련한 것이다. 그러나 하나님께서는 누구의 곁에 계신가?

▶ 12:6, 악인의 장막

> 12:6 강도의 장막은 형통하고, 하나님을 진노하게 하는 자는 평안하니, 하나님이 그의 손에 후히 주심이니라.

악인이 잘된다. 무슨 뜻이냐? 도수장 갈 소에게 여물을 충분히 주는 것과 다르지 않다!

▶ 12:7-10, 짐승, 새, 땅 물고기

> 12:7 이제 모든 짐승에게 물어 보라. 그것들이 네게 가르치리라. 공중의 새에게 물어 보라. 그것들이 또한 네게 말하리라.
> 12:8 땅에게 말하라. 네게 가르치리라. 바다의 고기도 네게 설명하리라.
> 12:9 이것들 중에 어느 것이 여호와의 손이 이를 행하신 줄을 알지 못하랴?
> 12:10 모든 생물의 생명과 모든 사람의 육신의 목숨이 다 그의 손에 있느니라.

지혜는 분명하다. 얼마나 분명한지, 모든 짐승, 공중의 새, 땅, 바다의 고기, 이 모두가 다 알고 있다. 창조에 관한 한 친구들의 지혜는 전혀 새로울 것이 없다.

구원의 주님 하나님을 모르는 것이 근본 문제일 뿐이다. 허물이 있으나 그 허물을 덮으시고, 죄가 있으나 그 죄를 가리시는 참 사람의 하나님을 모르는 것은 부끄러움이다. 안 그런가?

▶ 12:11-13, 지혜와 권능, 계략과 명철은 하나님께

12:11 입이 음식의 맛을 구별함 같이 귀가 말을 분간하지 아니하느냐?
12:12 늙은 자에게는 지혜가 있고, 장수하는 자에게는 명철이 있느니라.
12:13 지혜와 권능이 하나님께 있고, 계략과 명철도 그에게 속하였나니,

늙은 자, 장수하는 자, 그는 하나님을 경외하는 자다. 지혜와 명철이 그에게 있다. 하나님께 속한 자다.

▶ 12:14, 창조의 주//구원의 주

12:14 그가 헐으신 즉 다시 세울 수 없고, 사람을 가두신 즉 놓아주지 못하느니라.

창조주//구원주: 이 세상을 구원하시는 그 주님께서는 이 세상을 지어내신 분이시다.

지금 욥은 하나님의 창조와 하나님의 구원을 말하고 있다. 이것은 하나님의 절대의지에 속한 일이다. 하나님을 모르는 자는 그분에 대하여 입을 열지 말아야 한다. 예배 없이 어떻게 하나님을 알겠는가?

이하 15-25절에서 욥은 창조//구원의 지혜를 말한다. 창조//구원의 다이내믹스를 아는 것은 하나의 지혜다. 욥이 품은 이 지혜에 세 친구는 미치지 못했다. 들어보라.

▶ 12:15-16, 창조의 주

12:15 그가 물을 막으신즉 곧 마르고, 물을 보내신즉 곧 땅을 뒤집나니,
12:16 능력과 지혜가 그에게 있고, 속은 자와 속이는 자가 다 그에게 속하였으므로,

제3일의 창조다. 이로써 창조주 하나님은 능력과 지혜의 주님이심을 안

다. 세상의 지혜자는 다 그분의 아래 있다.

▶ 12:17-19, 구원의 주

12:17 모사를 벌거벗겨 끌어가시며, 재판장을 어리석은 자가 되게 하시며,
12:18 왕들이 맨 것을 풀어 그들의 허리를 동이시며,
12:19 제사장들을 벌거벗겨 끌어가시고, 권력이 있는 자를 넘어뜨리시며,

다니엘서의 뚜렷한 주제다(참고. 다니엘 4:34-37). 한나의 기도에 드러난 주님의 능력이다(참고. 사무엘기상 2:1-10). 마리아의 기도가 묘사한 하나님의 통치다(참고. 누가복음 1:46-55).

▶ 12:20-21, 지혜의 주

12:20 충성된 사람들의 말을 물리치시며, 늙은 자들의 판단을 빼앗으시며,
12:21 귀인들에게 멸시를 쏟으시며, 강한 자의 띠를 푸시며,

보라. 얼마나 무서운 분이신가? 따라서 여호와 하나님을 두려워하는 것이 지혜의 근본이다(참고. 잠언 1:7).

▶ 12:22, 창조의 주

12:22 어두운 가운데에서 은밀한 것을 드러내시며, 죽음의 그늘을 광명한 데로 나오게 하시며,

제1일의 창조다. 빛을 어둠에서 분리해 내셨으며, 혼돈을 갈라내셨다.

▶ 12:23, 구원의 주, 심판의 주

12:23 민족들을 커지게도 하시고, 다시 멸하기도 하시며, 민족들을 널리 퍼지게도 하시고, 다시 끌려가게도 하시며,

강대한 나라 애굽을 벌하시고 약한 자 이스라엘을 구원하셨다. 강대한 나라로 만드셨다. 그렇지만 불순종 한 이스라엘을 포로 되게 하셨다.

▶ 12:24, **지혜의 주**

12:24 만민의 우두머리들의 총명을 빼앗으시고, 그들을 길 없는 거친 들에서 방황하게 하시며,

인간이 그 지혜로 통치하는 것이 아니다. 인간의 명철로 도성을 건설한 것이 아니다. 하나님의 뜻이면 그들은 어리석은 자로 전락하고, 하나님의 두려운 손으로 도성은 삽시간에 야생동물의 거처가 된다.

▶ 12:25, **창조의 주**

12:25빛 없이 캄캄한 데를 더듬게 하시며, 취한 사람 같이 비틀거리게 하시느니라.

빛을 만드신 분이 어둠도 만드셨다(참고. 이사야 45:7). 어둠 속에서 인간은 술 취한 사람과 다를 바 없다.

Ⅱ-2-1-3b 욥 → 소발 1B,

▶ 13:1-2, **나를 가볍게 여기지 말라**

13:1 나의 눈이 이것을 다 보았고, 나의 귀가 이것을 듣고 깨달았느니라.

13:2 너희 아는 것을 나도 아노니, 너희만 못하지 않으니라.

나는 지혜인간이다. 너희가 업신여길 수 있는 사람이 아니다.
첫째로, 너희의 지혜는 새롭지 않다. 만물이 다 아는 것이다.
둘째로, 나는 하나님과 소통한다. 나를 함부로 대하지 말라. 나는 예배인간이다.

▶ 13:3, 나는 하나님과

13:3 참으로 나는 전능자에게 말씀하려 하며 하나님과 변론하려 하노라.

욥의 목적은 하나님과 마주하는 것이다. 하나님을 아는 지식. 이것이 욥이 추구하는 것이다. 욥은 하나님을 만남으로써(encountering) 이것을 얻는다. 친구들은 사색하거나 상식으로써 하나님에 관하여 말한다. 이 차이는 크다.

나를 놓아라. 나는 전능자 하나님과 대화할 일이다.

▶ 13:4-5, 너희는 누구냐?

13:4 너희는 거짓말을 지어내는 자요, 다 쓸모없는 의원이니라.
13:5 너희가 참으로 잠잠하면 그것이 너희의 지혜일 것이니라.

주님의 기쁨인 내가 악하다니? 죄 씻음 받은 내가 죄인이라니? 너희 말은 거짓말이다.

차라리 조용히 있는 것이 너희에게는 지혜다. 입 다물라!

▶ 13:6, 내 변론과 변명

13:6 너희는 나의 변론을 들으며, 내 입술의 변명을 들어 보라.

C. S. 루이스(C. S. Lewis, 1898-1963)의 그리스도를 위한 변명을 나는 좋아한다. 팀 켈러(Timothy Keller, 1950-)의 고고한 목소리를 나는 아낀다. 이제는 하나님 편에 선 자들도 입을 열어야 한다.

▶ 13:7-8, **하나님을 위하여?**

13:7 너희가 하나님을 위하여 불의를 말하려느냐? 그를 위하여 속임을 말하려느냐?
13:8 너희가 하나님의 낯을 따르려느냐? 그를 위하여 변론하려느냐?

예배 없는 인간이 하나님을 위한다면 그것은 불의 아니겠느냐? 그를 위한다면 속임수 아니겠느냐?

감히 예배 없이 하나님의 얼굴을 바라보겠다고? 예배 없이, 주님을 알지 못하면서 주님을 위해 무슨 변론을 내겠다고? 가당하지 않다.

▶ 13:9-11, **하나님은 중심을 보신다**

13:9 하나님이 너희를 감찰하시면 좋겠느냐? 너희가 사람을 속임 같이 그를 속이려느냐?
13:10 만일 너희가 몰래 낯을 따를진대, 그가 반드시 책망하시리니,
13:11 그의 존귀가 너희를 두렵게 하지 않겠으며, 그의 두려움이 너희 위에 임하지 않겠느냐?

하나님께서는 너희의 위장술이 넘어가지 않으신다. 사람은 멋지게 속였으나 하나님은 그럴 수 없다. 예배 없이 하나님의 얼굴을 구하면 책망 외에 달리 없다.

존귀하신 하나님, 거룩하신 하나님, 그분은 두려운 분이시다. 너희가 그 두려움을 피할 수 있으랴?

▶ 13:12, 너희의 말은

13:12 너희의 격언은 재 같은 속담이요, 너희가 방어하는 것은 토성이니라.

알아야 한다. 너희가 사용하는 격언은 재다. 너희가 지키려는 것은 흙무더기다. 쓸데없는 일이다. 한마디로 너희는 지혜가 없다.

▶ 13:13, 내 말을 막지 말라

13:13 너희는 잠잠하고, 나를 버려두어 말하게 하라. 무슨 일이 닥치든지 내가 당하리라.

나는 내 말로 기도한다. 내 기도를 막아서지 말라. 내가 당하는 일은 너희와 상관이 없다. 하나님께서 내게 허락하신, 그 일이 무슨 일이라도 내가 당한다.

세 친구가 갖춘 무기는 격언이지만, 재와 같다. 토성일 뿐이다. 잠잠하라. 나는 말 하리라.

▶ 13:14, 너희가 바라는 것은?

13:14 내가 어찌하여 내 살을 내 이로 물고, 내 생명을 내 손에 두겠느냐?

결국 너희가 바라는 것은, 내가 내 살을 내 이로 물고, 내 생명을 내 손에 두는 것이냐? 내가 너희 바라는 대로 할 것 같으냐?

어떤 연예인의 간증이다. 지난 7년 동안 수많은 댓글이 올라왔다고 했다.

—사라져 줘라.

—꼴도 보기 싫다.
—스스로 목숨을 끊어라.

이게 인간이다. 인간은 약한 자에게 강하다. 고난 받는 자에게 말을 놓는다. 병자와 노약자에게 반말하는 의사는 돌팔이다.

—죽어라. 제발 죽어라.

이런 것을 매일 읽다 보면 사람은 그대로 할 것이다. 그대로 한 사람도 많다. 그처럼 인간은 연약하다. 그들이 항변했다. 그 말을 내 언어로 바꿨더니 이랬다:

—우리는 하나님을 믿었습니다. 하나님께 예배드렸습니다. 예배인간은 사람이 원하는 대로 하지 않습니다. 우리는 하나님께서 원하는 대로 해 드릴 뿐입니다.

▶ 13:15-16, 변론과 변명의 끝: 하나님 앞에서

13:15 그가 나를 죽이시리니, 내가 희망이 없노라. 그러나 그의 앞에서 내 행위를 아뢰리라.
13:16 경건하지 않은 자는 그 앞에 이르지 못하나니, 이것이 나의 구원이 되리라.

하나님께서 나를 죽이시면 내게 희망이 없다. 그러나 하나님께서 나를 살리신다. 이것이 내 희망이다. 나는 경건하다. 이것이 내 구원 확신이다.

▶ 13:17, 분명한 말

13:17 너희들은 내 말을 분명히 들으라. 내가 너희 귀에 알려 줄 것이 있느니라.

성도의 말은 분명해야 한다. 성도는 허공에 대고 말하지 말아야 한다. 하나님께 아니면 세상에 대고 말한다. 우리는 메시지가 있다. 들어보라.

▶ 13:18–19, 칭의 확신

13:18 보라. 내가 내 사정을 진술하였거니와, 내가 정의롭다 함을 얻을 줄 아노라.
13:19 나와 변론할 자가 누구이랴? 그러면 내가 잠잠하고 기운이 끊어지리라.

예배인간의 정의는 하나님께서 주신다. 나와 변론할 자 없다. 있다면 나는 잠잠하고 기운이 끊어져 죽고 말 것이다. 그러나 나는 죽지 않는다. 나는 나를 위해 변론해 주시는 분이 계시기 때문이다. 하늘에 계신 나의 대속자시다(참고. 욥기 19:25). 이제 욥은 바로 그분께 아뢴다.

▶ 13:20, 두 가지 기도

13:20 오직 내게 이 두 가지 일을 행하지 마옵소서. 그리하시면 내가 주의 얼굴을 피하여 숨지 아니하오리니,

욥의 기도는 구체적이다. 딱 두 가지다. 하나님의 얼굴을 피하지 않을 두 가지 간구다.

▶ 13:21, 첫째 간구

13:21 곧 주의 손을 내게 대지 마시오며, 주의 위엄으로 나를 두렵게 하지 마실 것이니이다.

사랑의 주님. 사랑으로만 내게 오셔야 합니다. 그래야 내가 주님의 오심

을 감당할 수 있습니다. 진노의 손과 위엄으로 오시면 나는 죽을 수밖에 다른 도리가 없습니다.

주님께서 치신 것을 아는 자의 간구다. 이제 주님께서 손을 거두시면 곧 회복될 것을 믿는다.

▶ 13:22, 둘째 간구

> 13:22 그리하시고 주는 나를 부르소서. 내가 대답하리이다. 혹 내가 말씀하게 하옵시고, 주는 내게 대답하옵소서.

하나님 앞에 나아가는 담대함을 요구한다. 이 담대함은 스스로 획득하는 것이 아니다. 하나님께서 주셔야 한다. 홀을 내미는 왕처럼.

우리는 하나님께 응답하는 자로서 예배의 자리에 나아간다: 불쌍한 한나처럼, 어린 사무엘처럼, 두려워 떠는 다윗처럼, 시냇물을 찾아 골짜기 달리는 사슴처럼, 말씀의 빛을 좇아 사막을 달리는 예언자 엘리야처럼, 몸부림치며 주님 앞에 떨며 그 음성을 사모하는 예레미야처럼. 말씀하옵소서!

성경을 펼쳐들고 눈물을 떨어뜨린다. 주님, 말씀하옵소서. 주의 종이 듣겠나이다.

● 두 가지 기도 정리

그의 기도는 두 가지다.

1. 하나님의 손을 내게 대지 마소서. 지금 이 고난은 하나님께로부터 온 것을 아는 것이다.

2. 나를 부르소서! 내가 대답하겠습니다. 예배인간. 그는 하나님의 부르심에 응답하는 자다.

▶ 13:23, 주제 1

13:23 나의 죄악이 얼마나 많으니이까? 나의 허물과 죄를 내게 알게 하옵소서.

예배인간 욥은 자기의 무죄를 무조건 주장하지 않는다. 하나님 앞에서 죄인이다. 사함 받은 이후 사람 앞에서 무죄다.

이제 자기의 허물과 죄를 깨닫기를 구한다. 조용히 하라. 이 사람 욥은 이제 예배 중이다.

▶ 13:24–25, 주제 2

13:24 주께서 어찌하여 얼굴을 가리시고, 나를 주의 원수로 여기시나이까?
13:25 주께서 어찌하여 날리는 낙엽을 놀라게 하시며, 마른 검불을 뒤쫓으시나
이까?

반복하지만, 히브리어로 "욥"은 그 뜻이 "원수"다. 하나님께서 지금 그를 원수로 여기셨다. 그 말은 하나님 외에 누구도 그를 막아설 수 없다는 말이다. 그의 예배의 길을!

–물러서라! 누구도 내 예배의 길을 가로막을 수 없다.

–주님, 저는 날리는 낙엽입니다. 마른 검불입니다.

–제가 예배드릴 수 없다면 그건 주님께서 놀라게 하시고 뒤쫓으실 때뿐입니다.

–저는 지금 엎드렸습니다. 예배드리고자 합니다. 주님, 제 예배 받으시지요?

▶ 13:26–27, 주제 3

13:26 주께서 나를 대적하사 괴로운 일들을 기록하시며, 내가 젊었을 때에 지은
죄를 내가 받게 하시오며,

13:27 내 발을 차꼬에 채우시며, 나의 모든 길을 살피사, 내 발자취를 점검하시나이다.

—엎드려 기억합니다. 저는 괴로운 일이 많습니다. 젊은 날 죄로 가득하였습니다.

—주님 앞에 엎드려, 주님의 차꼬에 제 발이 채였습니다.

—저의 모든 날이 드러났습니다. 주님, 제 발자취를 점검하시는 줄 저는 압니다.

예배인간, 그는 주님 앞에 하나도 숨기지 않는다.

▶ **13:28, 주제 4**

13:28 나는 썩은 물건의 낡아짐 같으며, 좀 먹은 의복 같으니이다.

창조주 하나님 앞에 나는 날리는 낙엽, 마른 검불에 불과하다.

예배로 온전히 회복해 주실 주님만을 기다린다. 썩어지는 물건이 바라는 것은 무엇인가? 좀 먹은 의복이 사모하는 것은 무엇인가? 회복, 회복 아닌가!

● 14:1-22, 욥 → 소발 1C

▶ **14:1–3, 사람, 여인의 아들**

14:1 여인에게서 태어난 사람은 생애가 짧고, 걱정이 가득하며,
14:2 그는 꽃과 같이 자라나서 시들며, 그림자 같이 지나가며, 머물지 아니하거늘,
14:3 이와 같은 자를 주께서 눈여겨보시나이까? 나를 주 앞으로 이끌어서 재판하시나이까?

여인의 아들, 인간은 하나님께서 상대하실 가치가 없는 존재다. 주님의 재판이 필요하지 않다. 오로지 주님의 은혜와 긍휼만 필요하다.

▶ 14:4-6, **창조주 하나님 앞에 인간을 홀로**

14:4 누가 깨끗한 것을 더러운 것 가운데에서 낼 수 있으리이까? 하나도 없나이다.
14:5 그의 날을 정하셨고 그의 달 수도 주께 있으므로, 그의 규례를 정하여 넘어가지 못하게 하셨사온즉,
14:6 그에게서 눈을 돌이켜, 그가 품꾼 같이 그의 날을 마칠 때까지 그를 홀로 있게 하옵소서.

누구도 거룩함을 스스로 얻을 수 없다. 창조주 하나님 뿐이시다. 인간을 홀로 두시기를 구한다. 고통에서 벗어나 예배인간으로 홀로 서서!

▶ 14:7-10, **나무에게 희망이**

14:7 나무는 희망이 있나니, 찍힐지라도 다시 움이 나서 연한 가지가 끊이지 아니하며,
14:8 그 뿌리가 땅에서 늙고 줄기가 흙에서 죽을지라도
14:9 물 기운에 움이 돋고 가지가 뻗어서 새로 심은 것과 같거니와,
14:10 장정이라도 죽으면 소멸되나니, 인생이 숨을 거두면 그가 어디 있느냐?

나무를 바라보면서 오히려 나무가 부럽다. 인생은 소멸되고, 인생은 숨을 거둔다. 남는 것이 없다.

SPRx-C//E=0. 아무것도 남기지 않는 예배, 예배인간은 제로로 자기의 현주소를 매김한다.

▶ **14:11-12, 죽음의 물줄기**

14:11 물이 바다에서 줄어들고 강물이 잦아서 마름 같이
14:12 사람이 누우면 다시 일어나지 못하고, 하늘이 없어지기까지 눈을 뜨지 못하며 잠을 깨지 못하느니라.

사람이 눕고 못 일어나는 것은, 물이 땅으로 잦아들어감과 같다. 콜로라도강은 바다로 들어가지 못한다.

▶ **14:13-14, 나를 기억하옵소서**

14:13 주는 나를 스올에 감추시며, 주의 진노를 돌이키실 때까지 나를 숨기시고, 나를 위하여 규례를 정하시고 나를 기억하옵소서.
14:14 장정이라도 죽으면 어찌 다시 살리이까? 나는 나의 모든 고난의 날 동안을 참으면서 풀려나기를 기다리겠나이다,

기다림. 그것은 소망이다. 예배. 그것은 기다림이다. 하나님께서 "기억"을 명령하신 것처럼(참고. 신명기의 "기억"과 "순종" 명령), 예배인간은 하나님께 "기억"을 간구한다. 기억을 구하는 예배인간은 기다림의 긴 세월을 감내한다.

▶ **14:15, 제 이름 부르실 때**

14:15 주께서는 나를 부르시겠고, 나는 대답하겠나이다. 주께서는 주의 손으로 지으신 것을 기다리시겠나이다.

주님의 기억은 내 이름을 부르심이다. 예배인간 나는 하나님께 대답하며 나아간다. 창조주 하나님께 예배하면서 그분께서 당신의 손으로 지으신 것을 기다리심을 믿는다. 얼마나 아름다운 기다림이며, 얼마나 소중한 믿음이냐!

▶ 14:16-17, 감찰-용서

14:16 그러하온데 이제 주께서 나의 걸음을 세시오니, 나의 죄를 감찰하지 아니
하시나이까?
14:17 주는 내 허물을 주머니에 봉하시고, 내 죄악을 싸매시나이다.

주님께서 완전하게 감찰하시고, 이제는 온전하게 용서하신다.

체킹(checking) 하시고 밸런싱(balancing) 하신다. 정확한 진단 후에 완벽한 치유가 온 것이다.

▶ 14:18-19, 산, 바위, 돌, 티끌

14:18 무너지는 산은 반드시 흩어지고, 바위는 그 자리에서 옮겨가고,
14:19 물은 돌을 닳게 하고, 넘치는 물은 땅의 티끌을 씻어버리나이다. 이와 같
이 주께서는 사람의 희망을 끊으시나이다.

사람이 산(mountain)일지라도 흩어져서 바위(rock)가 된다. 사람이 바위일지라도 깨어져서 돌(stone)이 된다. 사람이 돌일지라도 닳아져서 티끌(dust)이 된다.

하나님의 두려운 손길 아래 사람은 이렇게 된다.

사람의 모든 희망을 철저하게 끊어내시는 하나님만 우리의 소망이시다. 놀랍게도 이 역설(逆說, paradox)은 진리다.

▶ 14:20-22, 주님의 손으로

14:20 주께서 사람을 영원히 이기셔서 떠나게 하시며, 그의 얼굴 빛을 변하게 하
시고 쫓아보내시오니,
14:21 그의 아들들이 존귀하게 되어도 그가 알지 못하며, 그들이 비천하게 되어

도 그가 깨닫지 못하나이다.
14:22 다만 그의 살이 아프고, 그의 영혼이 애곡할 뿐이니이다.

욥은 지금 현실로 돌아온다. 지금 살이 아프다. 지금 영혼이 애곡한다. 예배 중 예배인간은 언제나 현실이다.

● 제12-14장, 예배인간 욥의 예배방정식 SPRx-C/E=0

욥이 만난 하나님은 창조주이시다. 그분은 동시에 구원주시다. 그분은 지혜의 신이시며, 모략의 신이시다.

욥은 산이었다. 흩어져져 바위가 되었다. 욥은 바위였다. 옮겨져 돌이 되었다. 욥은 돌이었다. 닳아져 티끌이 되었다. 아무것도 남기지 않는 인생여정 내내 욥은 주님과 동행 중이었다.

● 수평 다이얼로그 사이클 1 정리

인과율은 유치한 지혜다. 동물도, 새도, 물고기도 다 아는 이치다. 왜 인간이 더 높은 지혜를 구하지 않는가?

천지창조는 출애굽 컨텍스트에서 주신 것이다.

창조를 말하려면, 그래서 인과율을 말하려면 먼저 구원의 은혜를 말하라! 그래야 한다. 그래야 창조 이야기에서 인과율 같은 차가운 논리가 아니라 전지전능하신 하나님의 손에서 새롭게 창조되는 새 창조의 구원을 말하게 될 것이다.

수평 다이얼로그 사이클 1에서 세 친구는 판정패다. 그들이 지혜가 조금이라도 있다면 거기서 물러섰을 것이다. 그러나 사정은 그렇지 않았다. 어리석음은 벼랑 끝까지 몰리지 않고는 결코 깨우치지 못하는 법인가!

Ⅱ-2-2. 사이클 2, 15:1-21:34

Ⅱ-2-2-1a 엘리바스 → 욥

▶ 15:1, 엘리바스가 욥에게 2

15:1 데만 사람 엘리바스가 대답하여 이르되

순서를 기다렸다. 2회전이다.

엘리바스가 나쁘다. 그가 나서지 않았더라면 게임은 첫 번째 사이클로 끝났을지도 모른다. 무슨 일이든 앞잡이가 있는 법이다. 악한 일에는 더더구나 그렇다.

▶ 15:2-3, 간사한 자의 혀

15:2 지혜로운 자가 어찌 헛된 지식으로 대답하겠느냐? 어찌 동풍을 그의 복부에 채우겠느냐?
15:3 어찌 도움이 되지 아니하는 이야기, 무익한 말로 변론하겠느냐?

입을 열어 자기를 변명하는 것은 지혜 없는 증거다. 감히 누구 앞이라고 입을 놀리느냐는 말이다.

▶ 15:4-5, 참고 들을 수가 없구나!

15:4 참으로 네가 하나님 경외하는 일을 그만두어 하나님 앞에 묵도하기를 그치게 하는구나.

히브리어로 읽는다: 아프 앝타 타페르 이르아, 웨티그라 시카 리페네이엘. 그 뜻은 "정말 네게 하나님 두려움이 없더니, 끝내 내가 [나의] 묵상[시간]을 멈추게 해 버리는구나."

말하자면 본인 엘리바스는 스스로 하나님을 묵상하던 중('묵상'은 '기도'와 다르다) 이었는데, 하나님을 두려워하지 않는 욥을 두고 어쩔 수 없이 나서서 말할 수밖에 없다, 그런 뜻이다.

▶ 15:5, 네 죄악이 네 입을

15:5 네 죄악이 네 입을 가르치나니, 네가 간사한 자의 혀를 좋아하는구나.

네 죄악이 그 입을 가르치다. 이건 그 입에서 나는 말이 바로 그 사람이 죄인임을 증명한다는 표현이다. 게다가 욥은 간사한 자가 하는 말 따위를 좋아하는 사람이다!

▶ 15:6, 너는 스스로를 정죄한다

15:6 너를 정죄한 것은 내가 아니요, 네 입이라. 네 입술이 네게 불리하게 증언하느니라.

욥 스스로가 자승자박(自繩自縛)이라는 말이겠다. 지금 욥을 정죄하는 그는 아무런 책임이 없다는 말이다.

▶ 15:7–9, 네 지혜는 근거가 없다

15:7 네가 제일 먼저 난 사람이냐? 산들이 있기 전에 네가 출생하였느냐?
15:8 하나님의 오묘하심을 네가 들었느냐? 지혜를 홀로 가졌느냐?
15:9 네가 아는 것을 우리가 알지 못하는 것이 무엇이냐? 네가 깨달은 것을 우리가 소유하지 못한 것이 무엇이냐?

창조를 다시 강조한다.

그런데, 보라! 엘리바스의 창조론에는 출애굽의 은혜가 없다. 공허한 우주론이며, 허공을 떠도는 인생론이다.

▶ 15:10, 나이가 지혜?

15:10 우리 중에는 머리가 흰 사람도 있고, 연로한 사람도 있고, 네 아버지보다 나이가 많은 사람도 있느니라.

사람은 나이가 많다고 지혜가 생기지 않는다. 예배 없는 인간은 늙어갈 뿐이다. 안 그런가? 그런데 이건 무슨 소리냐?

▶ 15:11-13, 하나님의 크신 위로를 거스르다니!

15:11 하나님의 위로와 은밀하게 하시는 말씀이 네게 작은 것이냐?
15:12 어찌하여 네 마음에 불만스러워하며, 네 눈을 번뜩거리며,
15:13 네 영이 하나님께 분노를 터뜨리며, 네 입을 놀리느냐?

하나님을 대신한다고 스스로 여기는 교만한 그가, 욥이 지금 하나님을 대적하고 있다고 여긴다. 마음이 불만하고, 눈이 번뜩거리며, 영으로 분노하며, 입을 놀리는 것, 그것이 대적의 근거다. 내 생각에 이 모든 것은 끝내 엘리바스 자기 자신의 표상이다.

사람은 자기가 보고 싶은 것을 보는 법이다. 대개 사람은 남에게서 자기

의 형상을 찾아내는 데 실패하지 않는다. 돼지는 돼지를 알아보고, 원숭이는 원숭이를 알아보는 법이다.

▶ **15:14-16, 사람은 깨끗하지 않다!**

> 15:14 사람이 어찌 깨끗하겠느냐? 여인에게서 난 자가 어찌 의롭겠느냐?
> 15:15 하나님은 거룩한 자들을 믿지 아니하시나니, 하늘이라도 그가 보시기에 부정하거든
> 15:16 하물며 악을 저지르기를 물 마심 같이 하는 가증하고 부패한 사람을 용납하시겠느냐?

보편성으로 도전한다. 사람은 모두 의롭지 않다. 이 보편성 내지 상식은 옳다. 예배드림 없는 인간에게 적용했을 때 그렇다.

그러나 구원하심을 맛본 사람은 의롭다. 본인은 의롭지 않으나 의롭다 인정하신 하나님을 뵌 사람은 의롭다.

하나님께서는 모세를 통해 율법을 주시기 훨씬 이전에 아브라함을 불러 의롭다 인정하셨다(참고. 창세기 15:6). 예배 없는 사람이 그걸 알겠는가!

▶ **15:17-19, 지혜로운 내 말을 들으라!**

> 15:17 내가 네게 보이리니, 내게서 들으라. 내가 본 것을 설명하리라.
> 15:18 이는 곧 지혜로운 자들이 전하여 준 것이니, 그들의 조상에게서 숨기지 아니하였느니라.
> 15:19 이 땅은 그들에게만 주셨으므로 외인은 그들 중에 왕래하지 못하였느니라.

내가 본 것을 보고 말하리라! 그러나 물어보자. 엘리바스가 무엇을 보았다는 말이냐? 하나님께서 보여주신 것이 아니라면 결국 자기가 보고자 하는 것뿐

이다. 자기가 보고 싶은 것이라면 새삼 남에게 보여주겠다고 할 필요가 없다. 사람은 자기가 보고 싶은 것은 자기가 가장 잘 보니까.

진정한 지혜는 하나님을 두려워함이다(참고. 잠언 1:7). 하나님을 만나 뵌 자는 하나님을 두려워한다. 하나님께서 얼마나 무서우신 분인지 아는 것이다. 하룻강아지는 범 무서운 줄 모른다. 예배 없는 인간은 강아지로 치면 하룻강아지다.

▶ 15:20-25, 악인과 포악자의 길

> 15:20 그 말에 이르기를, 악인은 그의 일평생에 고통을 당하며, 포악자의 햇수는 정해졌으므로
> 15:21 그의 귀에는 무서운 소리가 들리고, 그가 평안할 때에 멸망시키는 자가 그에게 이르리니,
> 15:22 그가 어두운 데서 나오기를 바라지 못하고, 칼날이 숨어서 기다리느니라.
> 15:23 그는 헤매며 음식을 구하여 이르기를, 어디 있느냐, 하며, 흑암의 날이 가까운 줄을 스스로 아느니라.
> 15:24 환난과 역경이 그를 두렵게 하며, 싸움을 준비한 왕처럼 그를 쳐서 이기리라.
> 15:25 이는 그의 손을 들어 하나님을 대적하며, 교만하여 전능자에게 힘을 과시하였음이니라.

엘리바스는 욥을 악인으로 몰아간다. 이것은 수평 다이얼로그 사이클 3의 주제가 되었다.

악인은 일평생 고통을 당한다. 그의 귀는 무서운 소리를 듣는다. 그는 어두운 데서 헤맨다. 그는 음식을 구하나 얻지 못한다. 환난과 역경으로 두려워 떤다. 누구도 그를 쳐서 이길 수 있다.

왜 욥이 "악인"이요 "포악자"(20절)라는 말인가? 욥이 손을 들어 하나님을 대적했기 때문이라고 했다. 교만하여 전능자에게 힘을 과시했다고 했다. 정말

그랬을까? 예배인간이 손을 든 것은 찬양의 손이다. 예배인간이 힘껏 부르짖은 것은 기도다. 그게 대적이며, 그게 교만일까? 반복한다. 사람은 저가 보고 싶은 것을 보고, 듣고 싶은 것을 듣는 법이다.

▶ 15:26, 마차바퀴에 대드는 사마귀처럼

> 15:26그는 목을 세우고 방패를 들고 하나님께 달려드니,

당랑거철(螳螂車轍): 마차바퀴에 대드는 사마귀가 어리석다. 욥이 꼭 그 꼴이라는 말이다. 하나님께 나아가는 자가 이렇게 오해 받을 수도 있구나!

▶ 15:27-30, 악인의 결국은

> 15:27 그의 얼굴에는 살이 찌고, 허리에는 기름이 엉기었고,
> 15:28 그는 황폐한 성읍, 사람이 살지 아니하는 집, 돌무더기가 될 곳에 거주하였음이니라.
> 15:29 그는 부요하지 못하고, 재산이 보존되지 못하고, 그의 소유가 땅에서 증식되지 못할 것이라.
> 15:30 어두운 곳을 떠나지 못하리니, 불꽃이 그의 가지를 말릴 것이라. 하나님의 입김으로 그가 불려가리라.

저주다. 신명기 28:20-68의 요약 같다. 그러나 다르다. 욥은 예배인간이다. 의인을 향해 날리는 저주의 화살은 결코 그의 옷깃도 뚫지 못할 것이다. 예배인간의 입에 퍼부은 독물은 결코 그의 몸을 상하지 못할 것이다(참고. 마가복음 16:18b).

▶ 15:31-35, 악인의 열매는

15:31 그가 스스로 속아 허무한 것을 믿지 아니할 것은, 허무한 것이 그의 보응
이 될 것임이라.
15:32 그의 날이 이르기 전에 그 일이 이루어질 것인즉, 그의 가지가 푸르지 못
하리니,
15:33 포도 열매가 익기 전에 떨어짐 같고, 감람 꽃이 곧 떨어짐 같으리라.
15:34 경건하지 못한 무리는 자식을 낳지 못할 것이며, 뇌물을 받는 자의 장막은
불탈 것이라.
15:35 그들은 재난을 잉태하고, 죄악을 낳으며, 그들의 뱃속에 속임을
준비하느니라.

이게 위로인가? 어째서 위로자가 저주자로 돌변했는가?

그의 눈에 건방지게도 욥이 예배를 멈추지 않았기 때문이었다. 그가 차라리 "하나님을 저주하고 죽으려고" 했다면 그를 뜯어 말리면서 그를 위로했을 것이다. 위로자로 계속 남아있을 명분을 거기서 얻었을 것이며, 그들의 마음은 훨씬 만족했을 것이다. 그러나 욥의 예배는 그들의 기대를 짓밟아 버렸다. 상하고 더러운 몸으로 먼지 구덩이에서도 하늘을 향하는 욥의 두 팔과 부르짖는 입술은 혐오감을 더했을 것이다. 예배 없는 자가 보는 예배는 불쾌하다. 이제 목 끝까지 차오르는 것은 분노다.

재난을 잉태하고, 죄악을 낳으며, 뱃속에 속임을 준비한 자는 바로 그 자신이다.

Ⅱ-2-2-1b 욥 → 엘리바스, 16:1-17:16

▶ 16:1, 욥이 엘리바스에게 2

> 16:1 욥이 대답하여 이르되

수평 다이얼로그 사이클 2를 맞는 욥은 대단히 여유가 생겼다. 판정승 이후다.

▶ 16:2-4, 너희 말은 새롭지 않다

> 16:2 이런 말은 내가 많이 들었나니, 너희는 다 재난을 주는 위로자들이로구나.
> 16:3 헛된 말이 어찌 끝이 있으랴? 네가 무엇에 자극을 받아 이같이 대답하는가?
> 16:4 나도 너희처럼 말할 수 있나니, 가령 너희 마음이 내 마음 자리에 있다 하자. 나도 그럴 듯한 말로 너희를 치며, 너희를 향하여 머리를 흔들 수 있느니라.

너희 말은 새롭지 않다. 악한 자의 정략은 일정한 패턴이 있기 때문이다. 나도 너희 같이 할 수 있다. 나도 조롱할 수 있다. 비참한 가운데 처한 자가 흙먼지 날리며 퍼붓는 저주와 조롱이 얼마나 더 무섭고 섬뜩한가!

그러나 나는 그렇게 하지 않는다. 왜냐하면, 나는 너희와 다르기 때문이다. 나는 예배인간이다. 예배인간으로서의 높은 영적 자존감이 내게는 있다. 물러나라!

▶ 16:5, 나는 다르다

> 16:5 그래도 입으로 너희를 강하게 하며, 입술의 위로로 너희의 근심을 풀었으리라.

나는 그래도 너희에게 도움이 되었을 것이다. 내가 너희 입장이었다면 나는 정말 달랐을 것이다. 도대체 이게 뭐냐? 건강한 너희가 내게 던져주는 이것이 도대체 무엇이냐?

▶ 16:6, 아무리 말해도

16:6 내가 말하여도 내 근심이 풀리지 아니하고, 잠잠하여도 내 아픔이 줄어들
지 않으리라.

말로는 풀리지 않는다. 침묵으로도 지나가지 않는다.

말은 해야겠는데, 너희는 상대가 아니다. 그러므로 나는 내 주 하나님을 바라본다. 저리 비켜라. 햇볕이 가린다. 저리 비켜라. 거긴 내 하나님께 무릎 꿇을 자리다.

▶ 16:7-8, 기도

16:7 이제 주께서 나를 피로하게 하시고, 나의 온 집안을 패망하게 하셨나이다.
16:8 주께서 나를 시들게 하셨으니, 이는 나를 향하여 증거를 삼으심이라. 나의
파리한 모습이 일어나서 대면하여 내 앞에서 증언하리이다.

이제 우리는 하나님만 바라보고, 하나님께만 말씀드리는 욥을 만난다. 그의 기도소리가 들린다.

주님의 손에서 내가 피로하고, 주님의 손으로 내 온 집안을 패망시키셨다. 주님께서 나를 시들게 하셨다. 보라. 이 파리한 모습 이것이 주님께서 치신 증거다.

예배인간은 하나님의 손길 아니면 이렇게 좌절하지 않는다. 예배인간은 어떤 고난이 와도 기뻐하고 즐거워한다. 지금 내 절망과 좌절은 하나님 앞에서 정당하다. 나를 하나님 떠난 자로 오해 말라. 내 절망은 오히려 기도다.

이제 하나님께 호소한다. 하나님과 사람이 힘을 합하여 교대로 달려드는 모습이, 욥기 1:1-2:13에서 겪은 고난의 패턴이다. 아니다. 이번은 반전이다.

잘 보라. "하나님–무리들–하나님–무리들"이 아니다. 마지막 "무리들"의 자리에 여전히 "하나님"이시다: "하나님–무리들–하나님–하나님."

▶ 16:9, **원수 1: 하나님**

> 16:9 그는 진노하사 나를 찢고 적대시 하시며, 나를 향하여 이를 갈고 원수가 되어 날카로운 눈초리로 나를 보시고,

두렵고 떨린다. 내가 지금 하나님 앞에 서 있다. 그분은 나를 모든 힘을 다하여 치고 계시다. 무서운 눈으로.

▶ 16:10, **원수 2: 무리들**

> 16:10 무리들은 나를 향하여 입을 크게 벌리며, 나를 모욕하여 뺨을 치며 함께 모여 나를 대적하는구나.

하나님의 힘을 얻은 듯, 저들의 입이 크게 열렸다. 힘껏 나를 모욕하며 마음껏 내 뺨을 친다. 아, 흩어졌던 무리들이 오히려 나를 인하여 모여들었다. 저 무서운 것들!

▶ 16:11, **원수 3: 하나님**

> 16:11 하나님이 나를 악인에게 넘기시며, 행악자의 손에 던지셨구나.

하나님께서 나를 그들에게 던지지 않으셨다면 어찌 저들의 당당함을 이해할 수 있을까! 하나님께서 저 악한 무리의 손에!

▶ 16:12–15, **원수 3: 하나님**

16:12 내가 평안하더니 그가 나를 꺾으시며, 내 목을 잡아 나를 부숴뜨리시며 나를 세워 과녁을 삼으시고,
16:13 그의 화살들이 사방에서 날아와 사정없이 나를 쏨으로 그는 내 콩팥들을 꿰뚫고, 그는 내 쓸개가 땅에 흘러나오게 하시는구나!
16:14 그가 나를 치고, 다시 치며 용사 같이 내게 달려드시니,
16:15 내가 굵은 베를 꿰매어 내 피부에 덮고, 내 뿔을 티끌에 더럽혔구나!

하나님이 나를 치실 때 그분은 차라리 용사시다! 하나님의 모든 힘을 다 사용하셔서, 나를 원수처럼 무너뜨리신다.

살아계신 하나님의 손에 빠져 들어가는 것이 무서울진저! 히브리서 10:31

하나님의 손으로 지음 받았더니, 이제 하나님의 손에서 나는 죽는다.

▶ 16:16, 그 결과는

16:16 내 얼굴은 울음으로 붉었고, 내 눈꺼풀에는 죽음의 그늘이 있구나.

내 얼굴은 울음으로 붉고, 내 눈꺼풀에는 죽음의 그늘이 있다. 울다 울다 지쳐, 이제는 죽음 밖에 달리 없다.

▶ 16:17, 반전: 그러나 나는

16:17 그러나 내 손에는 포학이 없고, 나의 기도는 정결하니라.

그러나 나는 정결하다. 내 손에는 포학이 없다. 나는 누구인가? 나는 예배인간이다. 내 죄는 사함 받았다. 나는 정결하다.

▶ 16:18-22, 나의 증인과 나의 중보자

16:18 땅아 내 피를 가리지 말라. 나의 부르짖음이 쉴 자리를 잡지 못하게 하라.
16:19 지금 나의 증인이 하늘에 계시고, 나의 중보자가 높은 데 계시니라.
16:20 나의 친구는 나를 조롱하고, 내 눈은 하나님을 향하여 눈물을 흘리니,
16:21 사람과 하나님 사이에와 인자와 그 이웃 사이에 중재하시기를 원하노니,
16:22 수년이 지나면 나는 돌아오지 못할 길로 갈 것임이니라.

내 증인이 하늘에 계시다. 내 중보자가 높은 데 계시다. 나와 하나님 사이에, 그리고 나와 이웃 사이에 중재해 주시기를 구한다. 조금만 지체하시면, 나는 결코 살아 돌아오지 못할 길로 가고야 말 것이기 때문이다.

여기서 욥은 그리스도를 찾아 구한다. 그분은 "증인"이시고, 그분은 "중보자"시다. 욥기읽기에서 예수 그리스도를 만나 뵙는 것은 오히려 당연한 일이다. 그것이 욥에게 소망이기 때문이다. 진정한 예배에 거룩한 제물이 필수다. 예수 그리스도의 보혈이다.

Ⅱ-2-2-1b 욥 → 엘리바스

▶ 17:1-2, 죽음 앞에서

17:1 나의 기운이 쇠하였으며, 나의 날이 다하였고, 무덤이 나를 위하여 준비되었구나.
17:2 나를 조롱하는 자들이 나와 함께 있으므로, 내 눈이 그들의 충동함을 항상 보는구나.

좌절이다. 이제는 끝이다. 무덤이 마련되었다. 나를 조롱하는 자들이 나를 떠나지 않는다.

그러나 이때도 예배인간은 예배다. 다시 예배다. 일곱 번 넘어져도 다시 일어난다(잠언 24:16a).

▶ 17:3, 기도

17:3 청하건대 나에게 담보물을 주소서. 나의 손을 잡아 줄 자가 누구리이까?

담보물을 주십시오. 나의 손을 잡아 줄 자가 누구인지 보내 주십시오. 이런 당당한 요구는 자녀의 몫이다. 구속 받은 자녀는 울음 끝에 요구한다. 그 크신 은혜를 의지하여.

▶ 17:4, 그들을 높이지 마소서

17:4 주께서 그들의 마음을 가리어 깨닫지 못하게 하셨사오니, 그들을 높이지 마소서.

여기서 지혜 없는 자들이 높아지는 것은 비참한 일이다. 지혜없는 자들의 발언권이 세어지는 것은 슬픈 일이다.

예배의 기쁨을 모르는 사람들이 지도력을 행사하는 것은 불행한 일이다. 하나님께 간구 드린다. 그들을 높이지 마소서!

▶ 17:5, 저주

17:5 보상을 얻으려고 친구를 비난하는 자는 그의 자손들의 눈이 멀게 되리라.

욥의 친구들은 이 비난으로써 무슨 보상을 바라는가? 이런 저주는 합당한가?

합당하다. 사람의 인정을 구하고 예배인간을 매도하는 자는 미래가 없다. 미래 없는 자의 자손은 앞을 보지 못하는 자와 같다.

▶ 17:6-8, 하나님과 그들

17:6 하나님이 나를 백성의 속담거리가 되게 하시니, 그들이 내 얼굴에 침을 뱉는구나.
17:7 내 눈은 근심 때문에 어두워지고, 나의 온 지체는 그림자 같구나.
17:8 정직한 자는 이로 말미암아 놀라고, 죄 없는 자는 경건하지 못한 자 때문에 분을 내나니,

불공평하다. 어째서 의로운 자가 이 세상에서 학대를 피하지 못하는가?

▶ 17:9, 그러나 의인은

17:9 그러므로 의인은 그 길을 꾸준히 가고, 손이 깨끗한 자는 점점 힘을 얻느니라.

"그러므로"는 "그러나"로 번역해야 옳다. (17:8은 "분을 내는구나."로 마치도록 번역해야 한다.)

아무리 악인이 성해도, 의인은 그 길을 꾸준히 간다! 아무리 불의한 자가 득세를 해도, 손이 깨끗한 자가 결국은 끝내 힘으로 승리할 것이다.

▶ 17:10, 다시 오라. 지금은 아니다.

17:10 너희는 모두 다시 올지니라. 내가 너희 중에서 지혜자를 찾을 수 없느니라!

"지금은 가라." 지금은 그들과 동행이 필요하지 않기 때문이다. 지혜 없는 자와 대화는 고통이다. 고통은 하나면 족하다. 이전 것은 피할 수 없었다. 지금은 피할 수 있으니, 너희가 물러가라!

"다시 올지니라!" 이 말은 적확했다. 하나님께서 욥에게 세 친구를 용서하게 하셨다. 이들은 화해했다. 지혜를 모두 회복한 것이다!

▶ 17:11-16, 내게 소망이 없다

17:11 나의 날이 지나갔고, 내 계획, 내 마음의 소원이 다 끊어졌구나!
17:12 그들은 밤으로 낮을 삼고 빛 앞에서 어둠이 가깝다 하는구나!
17:13 내가 스올이 내 집이 되기를 희망하여 내 침상을 흑암에 펴놓으매
17:14 무덤에게 너는 내 아버지라, 구더기에게 너는 내 어머니, 내 자매라 할지
라도
17:15 나의 희망이 어디 있으며, 나의 희망을 누가 보겠느냐?
17:16 우리가 흙 속에서 쉴 때에는 희망이 스올의 문으로 내려갈 뿐이니라.

욥기 3장을 연상하는가? 아니다. 다르다. 욥은 이미 예배인간으로서의 높은 자존감을 회복했다. 이것은 소망 주시는 주님께 부르짖음이다.

● 제16-17장, 예배인간 욥의 예배방정식 SPRx-C//E=0

예배 중에 욥은 그의 증인을, 그의 중보자를 구한다. 하늘 높은 데 계신 그분께서 중재하실 것을 바란다.

그의 날은 지나갔고, 그의 계획, 마음의 소원이 다 끊어졌다. 거룩한 제단 위에 올려 바친 제물로서 욥은 모든 세상 희망을 버리고, 모든 영의 희망을 주님께 드렸다.

Ⅱ-2-2-2a 빌닷 → 욥, 18:1-21

● 18:1-21, 빌닷 → 욥 2

★ 다이어그램 16, "빌닷이 욥에게 2"

주제	내용	비고
지혜 없는 자	2. 너희가 언제 말을 그칠까? 깨달으라. 그러면 말하리라.	나만 지혜롭다.
부정한 자	3. 어찌 우리를 짐승으로 여기며 부정하게 보는가? 4. 울분으로 자기를 찢는 사람아! 너 때문에 땅이 버림 받는가? 바위가 그 자리에서 옮겨질까?	우리는 정결하다.
악인	5. 악인의 빛은 꺼지고, 그의 불꽃은 사라진다. 6. 그의 장막 빛은 어두워지고, 그 등불은 꺼진다. 7. 활기찬 걸음이 피곤해지고, 미련한 꾀에 스스로 빠진다. 8. 그의 발이 그물에 빠지고, 올가미에 걸려든다. 9. 그의 발 뒤꿈치는 덫에 치이고, 몸은 올무에 얽힌다. 10. 그를 잡을 덫이 땅에 숨겨 있고, 함정이 길목에 있다. 11. 무서운 것이 사방에서 그를 놀라게 하고, 그 뒤를 쫓아간다. 12. 그의 힘은 기근으로 쇠약하고, 곁에는 재앙이 기다린다. 13. 질병의 피부를 삼킨다. 사망의 장자가 지체를 먹을 것이다. 14. 의지하던 것이 장막에서 뽑히고, 공포의 왕에게 끌려간다. 15. 남이 장막에 거하고, 유황이 처소에 뿌려진다. 16. 밑으로 뿌리가 마르고, 위로 가지가 시든다. 17. 땅에서 그를 기억하지 않고, 거리에서 이름이 사라진다. 18. 광명에서 흑암으로 쫓겨나가고, 세상에서 쫓겨난다. 19. 후손도 없고 후에도 없다. 거주지에 남은 자가 없다. 20. 모든 이가 그의 운명을 보고 놀란다.	이 사람 욥은 악인이다.
저주 받은 자	21. 불의한 자의 집이 이렇고, 하나님을 알지 못하는 자의 집이 이렇다.	특수에서 보편으로 결론이다.

▶ 18:1, 빌닷이 욥에게 2

18:1 수아 사람 빌닷이 대답하여 이르되,

차가운 인과율 논리로 욥의 죽은 자녀들까지 비판의 입에 올렸던 그다. 그가 이제 두 번째로 입을 열었다. 그의 언어는 짧다. 그러나 아프다. 그의 눈초리는 찰나에 스친다. 그러나 남은 상처가 깊다.

▶ 18:2a, 친구들 책망

18:2a 너희가 어느 때에 가서 말의 끝을 맺겠느냐?

먼저 두 친구들에게 칼끝을 겨눈다. 내 차례가 되었으니, 너희는 잠잠하라.

▶ 18:2b-4, 깨달으라. 너는 스스로 해치고 있다.

18:2b 깨달으라. 그 후에야 우리가 말하리라.
18:3 어찌하여 우리를 짐승으로 여기며, 부정하게 보느냐?
18:4 울분을 터뜨리며 자기 자신을 찢는 사람아, 너 때문에 땅이 버림을 받겠느냐? 바위가 그 자리에서 옮겨지겠느냐?

이제 욥에게 그 칼을 들이댄다.

-너는 아무것도 아니다.

부정한 자는 잠잠해야 할 것이 아니냐? 저주 받은 자의 최소한 양심은 침묵 아니냐? 땅이나 바위에 대하여 네 힘은 아무것도 아니다. 욥의 존재감 자체를 부정한다.

이 모든 저주에 대하여 이제 욥은 악인이다. 보라. 얼마나 치열하게 그를 악인으로 몰아붙여 묘사하는가!

▶ 18:5, 악인은 1: 빛

18:5 악인의 빛은 꺼지고, 그의 불꽃은 빛나지 않을 것이요,

첫째 날 창조가 그와 관계 없다. 그의 생명 빛은 영원히 소멸되었다.

▶ 18:6, 악인은 2: 장막

18:6 그의 장막 안의 빛은 어두워지고, 그 위의 등불은 꺼질 것이요,

그는 안에도 위에도 빛이 없다.

▶ 18:7-11, 악인은 3: 걸음

18:7 그의 활기찬 걸음이 피곤하여지고, 그가 마련한 꾀에 스스로 빠질 것이니,
18:8 이는 그의 발이 그물에 빠지고, 올가미에 걸려들며,
18:9 그의 발 뒤꿈치는 덫에 치이고, 그의 몸은 올무에 얽힐 것이며,
18:10 그를 잡을 덫이 땅에 숨겨져 있고, 그를 빠뜨릴 함정이 길목에 있으며,
18:11 무서운 것이 사방에서 그를 놀라게 하고, 그 뒤를 쫓아갈 것이며,

그가 당한 저주는 자승자박이다. 누구도 책임이 없다. 그의 걸음은 언제나 악한 자의 추격을 피하지 못할 것이다.

▶ 18:12-13, 악인은 4: 힘

18:12 그의 힘은 기근으로 말미암아 쇠하고, 그 곁에는 재앙이 기다릴 것이며,

18:13 질병이 그의 피부를 삼키리니, 곧 사망의 장자가 그의 지체를 먹을 것이며,

그는 기근을 피하지 못하고, 그는 재앙을 면하지 못한다. 그는 죽고 살지 못할 것이다. 이것이 그의 운명이다.

▶ 18:14-15, 악인은 5: 장막

18:14 그가 의지하던 것들이 장막에서 뽑히며, 그는 공포의 왕에게로 잡혀가고,
18:15 그에게 속하지 않은 자가 그의 장막에 거하리니, 유황이 그의 처소에 뿌려질 것이며,

그는 생명의 자리에서 영원히 추방된다. 돌아오지 못한다. 그의 장막은 남의 터가 된다. 영원한 형벌이다.

▶ 18:16-17, 악인은 6: 이름

18:16 밑으로 그의 뿌리가 마르고, 위로는 그의 가지가 시들 것이며,
18:17 그를 기념함이 땅에서 사라지고, 거리에서는 그의 이름이 전해지지 않을 것이며,

철저한 멸망이다. 하나님의 전능한 팔 아래서 완전한 파멸이다. 누구도 그를 기억하지 않는다.

▶ 18:18-19, 악인은 7: 후손

18:18 그는 광명으로부터 흑암으로 쫓겨 들어가며, 세상에서 쫓겨날 것이며,
18:19 그는 그의 백성 가운데 후손도 없고, 후예도 없을 것이며, 그가 거하던 곳에는 남은 자가 한 사람도 없을 것이라.

이미 죽고 없는 자식들만 아니다. 꿈에도 상상에도 욥의 후손은 없을 것이다. 기왕에 죽은 자녀들에게도 희망은 사라지고 없다. 저주는 그 뿌리까지 미친 것이다.

▶ 18:20, 악인은 8: 사람들의 놀람

18:20그의 운명에 서쪽에서 오는 자와 동쪽에서 오는 자가 깜짝 놀라리라.

사람들을 놀라게 하는 운명이다. 온 세상 사람들은 욥을 결코 끝내 이해하지 못할 것이다. 욥의 위선적인 자기 의는 스스로 증언할 것이다.

▶ 18:21, 불의한 자, 하나님을 알지 못하는 자

18:21참으로 불의한 자의 집이 이러하고, 하나님을 알지 못하는 자의 처소도 이러하니라.

결론이다. 욥은 저주를 받은 것이다. 회복이 불가능하도록 파괴된 그의 집은 저주의 결과다.

Ⅱ-2-2-2b 욥 → 빌닷, 19:1-29

▶ 19:1, 욥이 빌닷에게 2

19:1 욥이 대답하여 이르되,

그 지독한, 무수한 펀치를 맞고도 할 말이 있다. 그에게 하나님이 계시기 때문이다.

▶ 19:2-4, 나만 허물이 있느냐?

19:2 너희가 내 마음을 괴롭히며, 말로 나를 짓부수기를 어느 때까지 하겠느냐?
19:3 너희가 열 번이나 나를 학대하고도 부끄러워 아니하는구나!
19:4 비록 내게 허물이 있다 할지라도, 그 허물이 내게만 있느냐?

욥은 친구들의 공격을 차단한다. 공격 받을 이유가 없다는 항변이다. 누가 누구에게 돌을 던지겠는가?

너희 중에 죄 없는 자가 먼저 돌로 치라. 요한복음 8:7b

▶ 19:5-6, 나는 하나님께 맞는다

19:5 너희가 참으로 나를 향하여 자만하며, 내게 수치스러운 행위가 있다고 증언하려면 하려니와,
19:6 하나님이 나를 억울하게 하시고, 자기 그물로 나를 에워싸신 줄을 알아야 할지니라.

욥은 친구들에 비하여 열등하거나 더 큰 악을 자행한 죄인이 아니다. 그는 스스로 비교당하지 않는다. 보라. 욥은 하나님께 맞는다. 이것은 도리어 소망이다.

▶ **19:7, 정의란 무엇인가?**

19:7 내가 폭행을 당한다고 부르짖으나 응답이 없고, 도움을 간구하였으나 정의가 없구나.

불쌍한 사람을 돕지 않는 것이 무슨 정의인가? 도움을 청하는 자에게 손을 내미는 데는 아무 조건이 없어야 마땅하다.

▶ **19:8-11, 나를 원수 취급하시는 하나님**

19:8 그가 내 길을 막아 지나가지 못하게 하시고, 내 앞길에 어둠을 두셨으며,
19:9 나의 영광을 거두어가시며, 나의 관모를 머리에서 벗기시고,
19:10 사면으로 나를 헐으시니, 나는 죽었구나. 내 희망을 나무 뽑듯 뽑으시고,
19:11 나를 향하여 진노하시고, 원수 같이 보시는구나.

욥은 놀라운 하나님의 손길을 경험한다. 다른 누가 아니라 바로 하나님께서 그를 치셨다! 그런데 이 사실이 왜 소망이 되는가? 성전이 파괴되었을 때 예레미야와 에스겔은 그 손길이 여호와 하나님임을 보고 믿었다. 그렇게 선포했다. 그것이 이스라엘에게 소망이다. 여호와 하나님께서는 패배하신 것이 아니다. 그

분께서 치신 것이다. 이제는 모두 물리치고 하나님을 만나 뵈면 되는 것이다. 상처내신 분께서 치유하실 것이다. 그분 외에 달리 치유자가 없는 것이다.

▶ 19:12–15, **하나님의 군대**

> 19:12 그 군대가 일제히 나아와서 길을 돋우고 나를 치며, 내 장막을 둘러 진을 쳤구나!
> 19:13 나의 형제들이 나를 멀리 떠나게 하시니, 나를 아는 모든 사람이 내게 낯선 사람이 되었구나!
> 19:14 내 친척은 나를 버렸으며, 가까운 친지들은 나를 잊었구나!
> 19:15 내 집에 머물러 사는 자와 내 여종들은 나를 낯선 사람으로 여기니, 내가 그들 앞에서 타국 사람이 되었구나!

하나님께 버림받은 사람은 모든 사람에게서 버림받은 것이다. "여호와여, 나의 대적이 어찌 그리 많은지요! 일어나 나를 치는 자가 많으니이다" (시편 3:1).

▶ 19:16–20, **다들 내 원수가 되었다**

> 19:16 내가 내 종을 불러도 대답하지 아니하니, 내 입으로 그에게 간청하여야 하겠구나.
> 19:17 내 아내도 내 숨결을 싫어하며, 내 허리의 자식들도 나를 가련하게 여기는구나.
> 19:18 어린 아이들까지도 나를 업신여기고, 내가 일어나면 나를 조롱하는구나.
> 19:19 나의 가까운 친구들이 나를 미워하며, 내가 사랑하는 사람들이 돌이켜 나의 원수가 되었구나!
> 19:20 내 피부와 살이 뼈에 붙었고, 남은 것은 겨우 잇몸뿐이로구나!

하나님을 원수로 둔 사람은 모든 사람이 원수다. 종도, 아내도, 자식도,

어린 아이들도, 친구도. 모든 사랑하는 사람들이 내게서 돌이켰다. 나는 고통스런 몸밖에 아무것도 없다.

▶ 19:21–22, 나를 불쌍히 여겨다오

> 19:21 나의 친구야 너희는 나를 불쌍히 여겨다오. 나를 불쌍히 여겨다오. 하나님의 손이 나를 치셨구나!
> 19:22 너희가 어찌하여 하나님처럼 나를 박해하느냐? 내 살로도 부족하냐?

나를 불쌍히 여겨다오! 얼마나 처참한 말인가? 하나님께 맞는 것으로 충분하다. 사람들이 어째서 하나님의 자리에 앉았다는 말인가!

불쌍히 여김. 이것 말고 달리 친구에게서 기대할 것이 무엇인가? "하나님처럼" 박해자의 자리에 선 자들은 얼마나 불경한가!

▶ 19:23–24, 나의 말이

> 19:23 나의 말이 곧 기록되었으면, 책에 씌어졌으면,
> 19:24 철필과 납으로 영원히 돌에 새겨졌으면 좋겠노라.

죽음의 자리에서, 이제 곧 세상을 떠나는 생각에, 자기의 말을 남기기를 원한다. 자기의 삶을 통해 하나님의 역사가 드러나기를 원하는 증인의 자세다.

▶ 19:25-27, 나의 대속자

19:25 내가 알기에는 나의 대속자가 살아 계시니, 마침내 그가 땅 위에 서실 것이라.
19:26 내 가죽이 벗김을 당한 뒤에도, 내가 육체 밖에서 하나님을 보리라.
19:27 내가 그를 보리니, 내 눈으로 그를 보기를 낯선 사람처럼 하지 않을 것이라. 내 마음이 초조하구나.

내가 기다리는 나의 대속자. 그분은 예수 그리스도시다. 그분은 마침내 나의 의를 위하여 당신의 삶을 내려놓으실 것이다. 그분께서 이 땅에 서실 것이다. 하늘 보좌를 버리시고 이 땅에 성육신하실 것이다.

내 가죽이 벗김을 당한 뒤에도, 내가 죽임을 당한 후에도, 나는 하나님을 뵐 것이다. 그 때도 나는 예배인간으로 남을 것이다. 여기 부활(復活)의 소망이 있다.

● **고엘, 대속자**

욥기 19:25의 "대속자"는 히브리어 "고엘"이다. 이것은 욥기 3:5에서 "자기 것이라 주장하는 자"다. 그에게 권리와 의무가 공존한다. 창조주 하나님께서 욥의 생명의 창조주시다. 그러므로 그에게 권리가 있다. 동시에 약속에 신실한 하나님께서는 (이것은 구원 받은 욥의 확신이다) 욥의 생명을 구원하실 의무가 있다. 구원의 약속을 이미 받았기 때문이다.

성도가 하나님의 구원을 놀라운 은혜로 받아들임과 동시에 하나님의 자녀로서(역설적으로!) 당신의 의무를 지적하며 자기의 권리를 주장, 끝내 그것을 쟁취하기도 한다. 천국을 침노하는 당돌함의 신학적 근거다. 지금 욥이 대속자 뵙기를 요구하는 대목도 이런 맥락에서 이해가 가능하다.

영적 당돌함. 오해가 없기를 바란다. 이는 하나님께서 허락하신 확실한 은혜라는 범위 안에서, 그리스도의 보혈로 구속함 받은 확신을 근거로 낼 수 있는 말이다. 예배인간만 지닐 수 있는 당돌함인데, 이것은 확실히 예배 밖의 사람에게는 비밀이다. 세 친구는 그것을 끝내 이해할 수 없었다.

▶ 19:28–29, **너희는 심판장이 아니다**

> 19:28 너희가 만일 이르기를, 우리가 그를 어떻게 칠까, 하며, 또 이르기를, 일의 뿌리가 그에게 있다, 할진대
> 19:29 너희는 칼을 두려워 할지니라. 분노는 칼의 형벌을 부르나니, 너희가 심판장이 있는 줄을 알게 되리라.

욥의 의는 그가 하나님 앞에 서 있다는 확신이다. 예배인간의 확신이다. 다니엘은 그 히브리어 이름이 "하나님은 나의 재판자"다. 다니엘에게도 이 확신이 있다.

사람은 누구도 누구의 재판자가 될 수 없다. 하나님의 최후의 심판을 기다리는 인간은 서로에게 심판할 수 없다(참고. 마태복음 7:1–5).

● **제19장, 예배인간 욥의 예배방정식 SPRx-C//E=0**

욥은 안다. 그의 대속자가 살아계시다. 마침내 그분께서 땅에 서실 것이다. 이 땅, 슬픔과 좌절이 깃든 이 땅, 땅거미가 올라와 마침내 흑암으로 돌변해 버릴 이 땅. 풀벌레 소리도 들리지 않는 이 땅 위에, 그분께서 서실 것이다. 밤새 뒤척이며 한숨도 잠 못 이룬 욥, 예배인간 그 앞에!

욥의 그분이 살아 계시다면 나의 그분도 마땅히 살아 계시다. 욥의 그분께서 그 땅에 서셨다면, 나의 그분께서도 이 땅에 서실 것이다. 나의 믿음을 저버리지 않으실 예수님 나의 구주를 나는 사랑한다.

Ⅱ-2-2-3a 소발 → 욥, 20:1-29

▶ 20:1, 소발이 욥에게 2

20:1 나아마 사람 소발이 대답하여 이르되,

인과율 공격이 먹히지 않는다! 마음이 급하다. 소발이 손을 들어 욥을 제지한 것은 그의 마음이 급했다.

▶ 20:2-3, 비현실의 마음

20:2 그러므로 내 초조한 마음이 나로 하여금 대답하게 하나니, 이는 내 중심이

조급함이니라.
20:3 내가 나를 부끄럽게 하는 책망을 들었으므로, 나의 슬기로운 마음이 나로 하여금 대답하게 하는구나.

그는 초조하고 조급하다. 스스로 쫓기는 것이다. 책망을 들었다고? 언제 욥이 소발을 책망했던가? 비현실의 세계는 언제나 과장과 왜곡이다.

욥은 대속자가 살아계심을 믿었다. 욥은 심판장이 따로 계심을 말했다. 그것이 어찌 책망인가? 예배 없는 자는 엉뚱한 피해의식에 사로잡힌다. 웃어도 비웃는다고, 찬양해도 비방이라고 한다. 그게 아니다. 그런데도 그게 그렇다. 쳐다본다고 살인했다. 모든 눈길을 오해하는 것, 그건 정말 악인의 비극이다.

▶ 20:4-5, 속담

20:4 네가 알지 못하느냐? 예로부터 사람이 이 세상에 생긴 때로부터
20:5 악인이 이긴다는 자랑도 잠시요, 경건하지 못한 자의 즐거움도 잠깐이니라.

인격적인 만남을 피하기는 속담이 제격이다. 말은 맞다. 악인과 경건하지 못한 자는 순간에 사라진다. 소발의 문제는 주객전도(主客顚倒)의 문제다. 그의 문제는 그의 피가 차갑다는 데 있다.

▶ 20:6-11, 그처럼 욥 너도

20:6 그 존귀함이 하늘에 닿고, 그 머리가 구름에 미칠지라도,
20:7 자기의 똥처럼 영원히 망할 것이라. 그를 본 자가 이르기를, 그가 어디 있느냐, 하리라.
20:8 그는 꿈 같이 지나가니 다시 찾을 수 없을 것이요, 밤에 보이는 환상처럼 사라지리라.

20:9 그를 본 눈이 다시 그를 보지 못할 것이요, 그의 처소도 다시 그를 보지 못할 것이며,
20:10 그의 아들들은 가난한 자에게 은혜를 구하겠고, 그도 얻은 재물을 자기 손으로 도로 줄 것이며,
20:11 그의 기골이 청년 같이 강장하나, 그 기세가 그와 함께 흙에 누우리라.

욥은 그 존귀함이 하늘에 닿았었다. 그 머리가 구름에 미쳤었다. 하나님께서 인정하신 바요, 친구들이 사모했던 바였다.

그러나 소발은 욥이 자기 똥처럼 영원히 망했다고 판단했다. 욥이 제시한 바 재판장이 따로 계시다는데 그는 스스로 재판장의 자리에 섰다. 그리고 선포한다: 욥은 악인이다!

▶ 20:12-16, 독사의 쓸개

20:12 그는 비록 악을 달게 여겨 혀 밑에 감추며,
20:13 아껴서 버리지 아니하고 입천장에 물고 있을지라도,
20:14 그의 음식이 창자 속에서 변하며, 뱃속에서 독사의 쓸개가 되느니라.
20:15 그가 재물을 삼켰을지라도 토할 것은, 하나님이 그의 배에서 도로 나오게 하심이니,
20:16 그는 독사의 독을 빨며 뱀의 혀에 죽을 것이라.

그의 논리에 따르면 악인은 망한다. 악인은 모든 원수의 손에 죽는다. 그의 음식은 뱃속에서 독사의 쓸개가 된다. 맞다. 그런데 그 악인이 욥이라는 게 문제다.

▶ 20:17-22, 결국 멸망

20:17 그는 강 곧 꿀과 엉긴 젖이 흐르는 강을 보지 못할 것이요,
20:18 수고하여 얻은 것을 삼키지 못하고 돌려주며, 매매하여 얻은 재물로 즐거

움을 삼지 못하리니,

20:19 이는 그가 가난한 자를 학대하고 버렸음이요, 자기가 세우지 않은 집을 빼앗음이니라.

20:20 그는 마음에 평안을 알지 못하니, 그가 기뻐하는 것을 하나도 보존하지 못하겠고,

20:21 남기는 것이 없이 모두 먹으니, 그런즉 그 행복이 오래 가지 못할 것이라.

20:22 풍족할 때에도 괴로움이 이르리니, 모든 재난을 주는 자의 손이 그에게 임하리라.

악인은 빼앗긴다. 악인은 기쁨이 없다. 학대와 속임수가 능했기 때문이다. 자기의 올무에 스스로 걸렸다. 지금 욥이 바로 그렇다는 말이다.

▶ 20:23-26, 하나님의 진노 1

20:23 그가 배를 불리려 할 때에 하나님이 맹렬한 진노를 내리시리니, 음식을 먹을 때에 그의 위에 비 같이 쏟으시리라.

20:24 그가 철 병기를 피할 때에는 놋 화살을 쏘아 꿰뚫을 것이요,

20:25 몸에서 그의 화살을 빼낸즉 번쩍번쩍하는 촉이 그의 쓸개에서 나오고, 큰 두려움이 그에게 닥치느니라.

20:26 큰 어둠이 그를 위하여 예비 되어 있고, 사람이 피우지 않은 불이 그를 멸하며, 그 장막에 남은 것을 해치리라.

악인의 멸망은 하나님의 손에서 났다. 우연히 망한 것이라면 일어설 수 있겠지. 그러나 욥은 하나님의 계획안에 무너졌다. 하나님의 맹렬한 진노를 누가 감히 피할까?

▶ 20:27-29, 하나님의 진노 2

20:27 하늘이 그의 죄악을 드러낼 것이요, 땅이 그를 대항하여 일어날 것인즉,

20:28 그의 가산이 떠나가며, 하나님의 진노의 날에 끌려가리라.
20:29 이는 악인이 하나님께 받을 분깃이요, 하나님이 그에게 정하신 기업이니라.

욥이 숨기고 있는 것은 죄악이다. 사람이 꺼내지 못해도 하늘이 그럴 것이다. 하나님께서 그에게 주시려고 준비하신 것은 멸망이며 끌려감이다.

Ⅱ-2-2-3b 욥 →소발, 21:1-34

▶ 21:1, 욥이 소발에게 2

21:1 욥이 대답하여 이르되,

욥이 소발을 바라보는 마음은 도리어 측은지심이다. 욥을 악인으로 정죄했으나, 욥은 안다. 소발이 바로 그 사람임을! 그는 결국 자기 이야기를 꺼내고 만 것이다. 어쩐지 묘사에 그처럼 상세하고 분명하더라니!

▶ 21:2-3, 내 말을 자세히

21:2 너희는 내 말을 자세히 들으라. 이것이 너희의 위로가 될 것이니라
21:3 나를 용납하여 말하게 하라 내가 말한 후에 너희가 조롱할지니라

이런 상황에서 오히려 욥은 친구들을 위한다. 그들의 "위로"가 될 말을

전한다. 듣고 영혼이 유익한 말이 참 위로다. 바람 같은 허탄한 말이 아니라, 진정한 말이다. 이런 말을 품은 사람은 조급하다.

▶ 21:4, 조급함

> 21:4 나의 원망이 사람을 향하여 하는 것이냐? 내 마음이 어찌 조급하지 아니하겠느냐?

시간이 얼마 없다!

2012년 4월 17일, 화요일. 오전 10:30. 아버지에게 전화 걸었다. 점심 같이 하자고 했다.

–아니야. 나 시간이 없어.

–뭐 하시는데 그리 바쁘세요?

–이루 말로 할 수 없어. 빨리 전화 끊자우.

올해 아흔 둘 된 아버지가 바쁘다. 마음이 급하다. 전할 말은 많은데 시간이 없는 것이다. 긴박감(sense of urgency). 이것은 모든 예배인간의 공통분모다. 그건 비현실주의자의 환상과 다른 것이다. 사명 감당 의지다. 죽어가는 영혼에 대한 관심이다.

▶ 21:5–6, 나는

> 21:5 너희가 나를 보면 놀라리라. 손으로 입을 가리리라.
> 21:6 내가 기억하기만 하여도 불안하고, 두려움이 내 몸을 잡는구나!

내 처지가 지금 엉망이다. 너희가 놀라고 손으로 입을 가리듯, 내가 생각만으로도 불안하고 두렵다. 나는 지금 최악이다.

▶ 21:7–11, 그러나 악인은

21:7 어찌하여 악인이 생존하고, 장수하며, 세력이 강하냐!
21:8 그들의 후손이 앞에서 그들과 함께 굳게 서고, 자손이 그들의 목전에서 그
러하구나!
21:9 그들의 집이 평안하여 두려움이 없고, 하나님의 매가 그들 위에 임하지 아
니하며,
21:10 그들의 수소는 새끼를 배고, 그들의 암소는 낙태하는 일이 없이 새끼를
낳는구나!
21:11 그들은 아이들을 양 떼 같이 내보내고, 그들의 자녀들은 춤추는구나!

나와 달리 악인은!

악인이 잘되는 것이 미스테리다. 그들은 이 세상에서 번성한다. 왜 그럴까? 악한 세상, 저들의 세상이기 때문이다. 그러나 그 설명이 이 미스테리를 다 풀어내지 못한다.

욥은 이 미스테리를 품고 의인이 당하는 고난문제를 풀어낸다. 말하자면 "불로 불을 끄는" 격이다. 예고하지만, 이는 수평 다이얼로그 3이 다루게 될 주제다.

▶ 21:12-13, 악인의 결국

21:12 그들은 소고와 수금으로 노래하고 피리 불어 즐기며,
21:13 그들의 날을 행복하게 지내다가, 잠깐 사이에 스올에 내려가느니라.

악인의 노래하며 즐긴다. 그들은 일생은 행복하다. 그들은 병도 오래 앓지 않고 "잠간 사이에" 죽는다.

▶ 21:14, 악인의 기도

21:14 그러할지라도 그들은 하나님께 말하기를, 우리를 떠나소서. 우리가 주의

도리 알기를 바라지 아니하나이다.

그러할지라도! 그렇게 악한 자들이 세상에서 모두 잘되는 것 같을지라도, 그들은 바르지 않다. 예배 없는 그들이 제대로 설 리가 없다.

악인의 기도는 하나님의 부재다. 악인의 소원은 하나님의 뜻 무지다.

▶ 21:15, 악인의 교만

21:15 전능자가 누구이기에 우리가 섬기며, 우리가 그에게 기도한들 무슨 소용이있으랴, 하는구나.

악인은 하나님을 섬기지 않는다. 그는 스스로를 위할 뿐이다. 악인은 하나님께 기도하지 않는다. 그는 이기적 욕망을 위해 궁리할 뿐이다.

▶ 21:16-20, 그들은 행복한가?

21:16 그러나 그들의 행복이 그들의 손 안에 있지 아니하니, 악인의 계획은 나에게서 멀구나!
21:17 악인의 등불이 꺼짐과, 재앙이 그들에게 닥침과, 하나님이 진노하사 그들을 곤고하게 하심이 몇 번인가!
21:18 그들이 바람 앞에 검불 같이, 폭풍에 날려가는 겨 같이 되었도다!
21:19 하나님은 그의 죄악을 그의 자손들을 위하여 쌓아 두시며, 그에게 갚으실 것을 알게 하시기를 원하노라.
21:20 자기의 멸망을 자기의 눈으로 보게 하며, 전능자의 진노를 마시게 할 것이니라.

악인은 행복할 수 없다. 악인은 하나님의 진노를 피할 수 없다. 악인은 자기의 멸망을 눈으로 보며, 하나님의 진노를 마셔야 한다.

▶ 21:21-26, 하나님의 심판

21:21 그의 달 수가 다하면 자기 집에 대하여 무슨 관계가 있겠느냐?
21:22 그러나 하나님께서는 높은 자들을 심판하시나니, 누가 능히 하나님께 지식을 가르치겠느냐!
21:23 어떤 사람은 죽도록 기운이 충실하여 안전하며, 평안하고,
21:24 그의 그릇에는 젖이 가득하며, 그의 골수는 윤택하고,
21:25 어떤 사람은 마음에 고통을 품고 죽으므로 행복을 맛보지 못하는도다.
21:26 이 둘이 매 한 가지로 흙 속에 눕고, 그들 위에 구더기가 덮이는구나.

이 세상에서 고생하거나 잘 살 거나, 모두 하나님께 심판 받을 것이다. 모두 죽음을 피할 수 없다. 생명을 주관하시는 분이 하나님이시듯, 죽음도 하나님의 손에 있다.

참새 두 마리가 한 앗사리온에 팔리지 않느냐? 그러나 너희 아버지께서 허락하지 아니하시면 그 하나도 땅에 떨어지지 아니하리라. 마태복음 10:29

사람은 모두 죽는다. 그러나 누구도 죽음으로 하나님의 손을 떠날 수 있는 것이 아니다.

▶ 21:27-28, 너희 속셈

21:27 내가 너희의 생각을 알고, 너희가 나를 해하려는 속셈도 아노라.
21:28 너희의 말이, 귀인의 집이 어디 있으며, 악인이 살던 장막이 어디 있느냐, 하는구나!

둘러선 자들의 속셈을 이미 파악했다. 그들은 예배인간을 해치려고 계획한다. 던지는 질문을 보면 안다. 그들의 수사의문에 비꼼과 비웃음의 칼끝이 엿보인다. 귀인과 악인을 동일시하는 질문은 욥을 나무에 올렸다가 흔들어 떨어뜨

림이다.

▶ 21:29-30, 그들의 증거

21:29 너희가 길 가는 사람들에게 묻지 아니하였느냐? 그들의 증거를 알지 못하느냐?
21:30 악인은 재난의 날을 위하여 남겨둔 바 되었고, 진노의 날을 향하여 끌려가느니라.

악인의 미래는 재난이다. 그들의 길은 진노다.

▶ 21:31-34, 헛된 위로

21:31 누가 능히 그의 면전에서 그의 길을 알려 주며, 누가 그의 소행을 보응하랴!
21:32 그를 무덤으로 메어 가고, 사람이 그 무덤을 지키리라.
21:33 그는 골짜기의 흙덩이를 달게 여기리니, 많은 사람들이 그보다 앞서 갔으며, 모든 사람이 그의 뒤에 줄지었느니라.
21:34 그런데도 너희는 나를 헛되이 위로하려느냐? 너희 대답은 거짓일 뿐이니라.

욥은 이미 파악했다. 하나님 두려운 줄 모르는 인간의 위로는 헛되다. 욥의 대응은 예배인간으로서 자기를 지킴이다. 그것은 하나님께 구함으로써만 가능한 일이다.

● 제21장, 예배인간 욥의 예배방정식 SPRx-C//E=0

예배인간은 세상의 헛된 위로를 알았다. 그는 헛된 위로에 마음 두지 않는다. 그는 세상을 기대하지 않는다. 세상 사람들 속에 무엇이 있는지 모르지 않는데, 왜 그들의 말과 행동에 기대를 걸겠는가!

> 예수는 그의 몸을 그들에게 의탁하지 아니하셨으니, 이는 친히 모든 사람을 아심이요, 또 사람에 대하여 누구의 증언도 받으실 필요가 없었으니, 이는 그가 친히 사람의 속에 있는 것을 아셨음이니라. 요한복음 2:24-25

사람이 칭찬한다고 우쭐할 일이 아니다. 표를 적게 받았다고 기죽을 일도 아니다. 다 부질없는 일이다. 고독하신 예수님의 등을 바라보고 당신도 그렇게 걸으라. 고독을 부끄러워하지 말라. 고독을 감추지 말라.

● 수평 다이얼로그 사이클 2 정리

세 친구는 욥을 악인으로 몰아간다. 악인은 상대하지 말아야 했다. 그런데도 그들이 욥을 계속 상대하는 이유가 무엇인가? 스스로 악인이라는 반증 아닌가?

그에 대한 욥의 대응책은 무엇인가? 스스로 적어도 이 고난에 대하여 무죄라는 확신과 고난 자체에서 오는 고통 사이의 갈등에서 벗어난 것 같지 않다. 그러나 끝끝내 그가 부르짖는바 무죄의 확신 근거는 무엇인가? 악인이 생존하고 장수하며 세력이 강한 의구심(욥기 21:7)을 뒤집으면, 의인이 죽고 병들며 연약한 문제가 풀린다! 악인이 잘되는 것이 인간논리의 범위를 벗어났다면 의인이 잘못되는 것도 인간논리의 범위를 벗어나게 해야 한다! 안 그런가! 세 친구는 인생의 양면 가운데 하나만 물고 늘어진다. 곧 악인이 잘되는 것을 의심하지 않으면서 의인이 고난 받는 것을 이해하지 못한다. 이것이 그들의 결정적인 문제다. 수평 다이얼로그 사이클 3에서 욥이 물고 집중해서 파고들어가는 주제는 바로 사이클 II에서 터득한 진리다.

Ⅱ-2-3 사이클 3, 22:1-27:23

Ⅱ-2-3-1a 엘리바스 → 욥, 22:1-27:23

▶ 22:1, 엘리바스가 욥에게 3

22:1 데만 사람 엘리바스가 대답하여 이르되,

마지막 사이클이다. 수세에 몰리던 엘리바스가 결정타를 준비했다.

▶ 22:2-3, 너는 결국 혼자다

22:2 사람이 어찌 하나님께 유익하게 하겠느냐? 지혜로운 자도 자기에게 유익할 따름이니라.
22:3 네가 의로운들 전능자에게 무슨 기쁨이 있겠으며, 네 행위가 온전한들 그에게 무슨 이익이 되겠느냐?

욥의 지혜는 하나님께 아무것도 아니다.

엘리바스는 하나님과 욥을 분리시킨다. 욥의 의로움은 전능자와 상관이 없다. 욥의 온전함도 그분께는 아무것도 아니다.

▶ 22:4-5, 하나님의 책망과 심문

22:4 하나님이 너를 책망하시며, 너를 심문하심이 너의 경건함 때문이냐?
22:5 네 악이 크지 아니하냐? 네 죄악이 끝이 없느니라.

하나님의 심판은 엄정하다. 죄인 아닌 자를 심판하지 않으신다.

▶ 22:6-9, 너의 죄를 알렸다!

22:6 까닭 없이 형제를 볼모로 잡으며, 헐벗은 자의 의복을 벗기며
22:7 목마른 자에게 물을 마시게 하지 아니하며, 주린 자에게 음식을 주지 아니하였구나.
22:8 권세 있는 자는 토지를 얻고, 존귀한 자는 거기에서 사는구나.
22:9 너는 과부를 빈손으로 돌려보내며, 고아의 팔을 꺾는구나.

현재를 보고 과거를 추측한다. 그는 불쌍한 사람을 돕지 않았다. 그 벌이 지금 그에게 임한 것이다.

현재를 보고 지금 상황도 단정한다. 그는 권세가 없고 존귀하지도 않다. 그는 과부와 고아를 돌보는 마음이 없다.

▶ 22:10-11, 죄의 결과

22:10 그러므로 올무들이 너를 둘러 있고, 두려움이 갑자기 너를 엄습하며,
22:11 어둠이 너로 하여금 보지 못하게 하고, 홍수가 너를 덮느니라.

올무, 두려움, 어둠, 홍수. 일련의 고통과 고난이 욥을 덮치고 있다. 이것은 이미 그에게 임한 네 가지 고난을 달리 표현함이다.

다이어그램 17, "사면초가" 4

	1	2	3	4
상실	소, 나귀, 종	양, 종	낙타, 종	자녀
덮침	올무	두려움	어둠	홍수

치사하지 않은가? 기왕에 겪은 고통을 다시 기억하게 하다니! 이게 위로자의 말인가? 이것이 동행자의 길인가?

▶ **22:12, 높으신 하나님**

22:12 하나님은 높은 하늘에 계시지 아니하냐? 보라 우두머리 별이 얼마나 높은가!

하나님은 높으시다. 이건 사실이다. 그러나!

같은 사실이라도 무슨 마음으로 언급하느냐에 따라 체감온도가 달라진다. 엎드려 통곡하는 자에게 하나님은 오히려 가까이 계시다. 그렇게 말해야 위로다. 아닌가?

▶ **22:13-15, 어리석은 욥**

22:13 그러나 네 말은 하나님이 무엇을 아시며, 흑암 중에서 어찌 심판하실 수 있으랴!
22:14 빽빽한 구름이 그를 가린즉 그가 보지 못하시고, 둥근 하늘을 거니실 뿐이라, 하는구나.
22:15 네가 악인이 밟던 옛적 길을 지키려느냐?

욥은 어리석다. 악인이 밟던 옛적 일을 지키는 욥은 정말 어리석다.

내 생각이다. 고통을 겪으며, 견디며, 소망만 붙들고 있는 사람은, 그 자체로 지혜가 있다. 완전한 지혜는 하나님을 바라볼 때 얻는 법이지만, 적어도 고난을 모르는 사람보다 상대적인 지혜가 있다. 위로자라고 와서는, 미련하다고 추궁하는 이 사람은 도대체 누구냐?

▶ 22:16-18, 옛적 악인들처럼

> 22:16 그들은 때가 이르기 전에 끊겨 버렸고, 그들의 터는 강물로 말미암아 함몰되었느니라.
> 22:17 그들이 하나님께 말하기를, 우리를 떠나소서, 하며, 또 말하기를, 전능자가 우리를 위하여 무엇을 하실 수 있으랴, 하였으나,
> 22:18 하나님이 좋은 것으로 그들의 집에 채우셨느니라. 악인의 계획은 나에게서 머니라.

악인은 끊기고 그 터는 함몰되었다. 악인은 하나님께 떠나기를 요청한다. 또 전능자께서 하시는 일을 의심한다. 엘리바스의 말이다: 그러나 나는 악인이 아니다. 바로 네가 악인이다.

지금 세 번째 사이클에서 엘리바스는 지혜를 말해야 할 차례다. 참 지혜인간은 자기를 선하다 하고 상대를 악하다 하지 않는다. 지혜인간은 하나님 편에 선다. 하나님은 긍휼의 주님이시다. 불쌍히 여기시는 분이시다.

▶ 22:19-20, 의인은

> 22:19 의인은 보고 기뻐하고, 죄 없는 자는 그들을 비웃기를,
> 22:20 우리의 원수가 망하였고, 그들의 남은 것을 불이 삼켰느니라, 하리라.

엘리바스의 말이다: 우리가 바로 의인이다. 죄가 없다. 원수가 망하고, 그의 남은 것을 불이 삼켜 버렸다. 보라. 네가 바로 그 꼴 아니냐!

▶ 22:21-24, 하나님과 화목하라

22:21 너는 하나님과 화목하고 평안하라. 그리하면 복이 네게 임하리라.
22:22 청하건대 너는 하나님의 입에서 교훈을 받고, 하나님의 말씀을 네 마음에 두라.
22:23 네가 만일 전능자에게로 돌아가면 네가 지음을 받을 것이며, 또 네 장막에서 불의를 멀리 하리라.
22:24 네 보화를 티끌로 여기고, 오빌의 금을 계곡의 돌로 여기라.

엘리바스는 욥이 하나님과 화목하지 않다고 결론 내린다. 하나님께 배우고, 그 말씀을 마음에 두고, 하나님께 돌아가야 한다고 말한다. 그는 욥의 예배를 결코 인정할 수 없다. 죄인은 마땅히 절망해야 옳다. 가슴을 뜯으며 하나님을 욕해야 정상이다. 감히 하나님 앞으로 나아가 예배라니! 가증한 짓이다!

▶ 22:25-28, 그리하면

22:25 그리하면 전능자가 네 보화가 되시며 네게 고귀한 은이 되시리니,
22:26 이에 네가 전능자를 기뻐하여 하나님께로 얼굴을 들 것이라.
22:27 너는 그에게 기도하겠고 그는 들으실 것이며, 너의 서원을 네가 갚으리라.
22:28 네가 무엇을 결정하면 이루어질 것이요, 네 길에 빛이 비치리라.

하나님과 화목하라. 그러면 주님께서 회복시켜 주실 것이다.

지금 엘리바스는 욥을 제대로! 가르치고 있는 것이다. 그의 생각에 욥은 어리석다. 어리석어 고난에 빠졌고, 어리석어 아직도 거기에서 빠져나오지 못하고 있는 것이다.

▶ 22:29-30, 회개하라

22:29 사람들이 너를 낮추거든, 너는 교만했노라고 말하라. 하나님은 겸손한 자를 구원하시리라.

22:30 죄 없는 자가 아니라도 건지시리니, 네 손이 깨끗함으로 말미암아 건지심을 받으리라.

지혜 하나를 배우라는 말이다. 지금 욥의 문제는 교만이다. 하나님께서는 겸손한 자를 구원하신다. 지금 욥은 겸손해야 한다. 엘리바스의 판단이다.

Ⅱ-2-3-1b 욥→ 엘리바스, 23:1-24:25

▶ 23:1, 욥이 엘리바스에게 3

23:1 욥이 대답하여 이르되,

엘리바스는 욥의 말을 들어야 한다.

▶ 23:2, 반항하는 마음과 근심

23:2 오늘도 내게 반항하는 마음과 근심이 있나니, 내가 받는 재앙이 탄식보다 무거움이라.

지금 욥에게는 반항하는 마음과 근심이 생겼다. 생명의 의지요, 잡초의 생명력이다. 일곱 번 넘어져도 일곱 번째 일어나는 의지다.

이유는 무엇인가? 안에서 우러난 탄식보다 밖에서 오는 억압이 더 크다. 안으로 자기 생을 저주하던 태도를 버리고 이제는 밖을 향해 공격할 차례다.

▶ 23:3–5, **하나님 찾기**

> 23:3 내가 어찌하면 하나님을 발견하고, 그의 처소에 나아가랴!
> 23:4 어찌하면 그 앞에서 내가 호소하며, 변론할 말을 내 입에 채우고,
> 23:5 내게 대답하시는 말씀을 내가 알며, 내게 이르시는 것을 내가 깨달으랴!

그의 공격은 하나님께 나아감이다. 상대의 칼을 빼앗아 그를 찌르는 대결구도가 아니다. 인간을 떠나 하나님께로 향함이다.

하나님께 호소할 말, 그분께 나아가 드릴 말로 입에 채울 것이다.

▶ 23:6–7, **하나님은 나를 아신다**

> 23:6 그가 큰 권능을 가지시고 나와 더불어 다투시겠느냐? 아니로다. 도리어 내 말을 들으시리라.
> 23:7 거기서는 정직한 자가 그와 변론할 수 있은즉, 내가 심판자에게서 영원히 벗어나리라.

예배인간의 확신이다. 하나님은 나를 아신다! 그분은 내 말을 들으실 것이다.

> 여호와여, 나의 기도에 귀를 기울이시고, 내가 간구하는 소리를 들으소서.
>
> 시편 86:6

하나님을 비껴 선 "심판자." 곧 세 친구들이다. 욥이 하나님과 대화하는 한, 심판자는 결코 그에게 다가갈 수 없다.

▶ 23:8–9, **하나님 부재**

> 23:8 그런데 내가 앞으로 가도 그가 아니 계시고, 뒤로 가도 보이지 아니하며,
> 23:9 그가 왼쪽에서 일하시나 내가 만날 수 없고, 그가 오른쪽으로 돌이키시나 뵈올 수 없구나!

그런데 하나님이 안 계시다! 이것은 엄청난 놀라움이다. 고통이다.

하나님의 침묵이다(참고. 엔도 슈사꾸 2003). 그러나 하나님의 침묵은 인간 편의 불통이다. 하나님께서는 계속 말씀하고 계시다.

> 밟아도 좋다. 네 발은 지금 아플 것이다. 오늘까지 내 얼굴을 밟았던 인간들과 똑같이 아플 것이다. 하지만, 그 발의 아픔만으로 이제는 충분하다. 나는 너희의 아픔과 고통을 함께 나누겠다. 그것 때문에 내가 존재하니까. 나는 침묵하고 있었던 게 아니다. 함께 고통을 나누고 있었을 뿐. 엔도 슈사꾸 2003:293

이럴 때 예배인간은 무엇을 하는가? 그는 듣는다. 그의 귀로 하나님의 선하시고 기뻐하시고 온전하신 뜻을 분별한다.

▶ 23:10, 나를 단련하신 후에는

> 23:10 그러나 내가 가는 길을 그가 아시나니, 그가 나를 단련하신 후에는 내가 순금 같이 되어 나오리라.

히브리어로 읽는다.

키 야다 데레크 임마디 브카나니 캇자하브 에쩨

브카나니의 원형은 바칸이다. 이것은 "단련"(refining)보다는 "시험"(test, examination)이다.

개정의 "순금 같이 되어 나오리라"에서 "되어"가 히브리어 본문에 없다. 차라리 "순금 같이 나오리라"가 맞다. 본래 의미는 "내가 예전부터 순금이라"는 말

이다.

알터(Robert Alter 2010)의 번역을 참고한다.

> He knows the way with me, tests me—I come out as gold.
> 그분은 나와 함께하시는 길을 아신다.
> 그분은 나를 시험하시고, 나는 금처럼 나온다.

여기는 어떤 조건절도 아니고, 의지도 없다. 사실을 사실대로 기술할 뿐이다.

▶ 23:11-12, 내 발은

> 23:11 내 발이 그의 걸음을 바로 따랐으며, 내가 그의 길을 지켜 치우치지 아니하였고,
> 23:12 내가 그의 입술의 명령을 어기지 아니하고, 정한 음식보다 그의 입의 말씀을 귀히 여겼도다.

예배인간의 자기 의다. 예배가 기쁜 사람의 자기표현이다. 이것은 히스기야의 기도에도 등장하는 고백이다.

> 히스기야가 얼굴을 벽으로 향하고, 여호와께 기도하여 이르되, 여호와여 구하오니 내가 주 앞에서 진실과 전심으로 행하며 주의 목전에서 선하게 행한 것을 기억하옵소서, 하고, 히스기야가 심히 통곡하니, 이사야서 38:2-3

그뿐 아니다. 다윗도 시편에서 수도 없이 자기 의를 주장했다. 무엇보다도 그는 여호와 하나님께서 자기의 목자 되심을 고백했다(시편 23편). 어떻게 간음죄와 살인죄를 함께 저지른 인간 다윗이 이런 고백을 드릴 수 있을까? 교만의 극치 아닌가? 다윗에게 욥의 세 친구 같은 동료가 없었기 망정이다! 정말 그럴까?

다윗은 "예배인간"이었다는 사실 외에 이 부분을 이해할 길이 없다.

▶ 23:13-14, 하나님은

23:13 그는 뜻이 일정하시니 누가 능히 돌이키랴! 그의 마음에 하고자 하시는 것이면 그것을 행하시나니,
23:14 그런즉 내게 작정하신 것을 이루실 것이라. 이런 일이 그에게 많이 있느니라.

예배인간이 아는 하나님은 그 뜻이 일정하시다! 확신한다: 내게 작정하신 일을 이루실 것이라!

나는 내게 말씀하신 그대로 되리라고 하나님을 믿노라. 사도행전 27:25b

파선한 배 위에서 외친 사도 바울의 고백이다. 매일매일 불확실성 중에 빛을 찾아 나서는 나의 고백이기도 하다.

▶ 23:15-17, 나는 하나님 앞에 떠는 예배인간

23:15 그러므로 내가 그 앞에서 떨며, 지각을 얻어 그를 두려워하리라.
23:16 하나님이 나의 마음을 약하게 하시며, 전능자가 나를 두렵게 하셨나니,
23:17 이는 내가 두려워하는 것이 어둠 때문이나 흑암이 내 얼굴을 가렸기 때문이 아니로다.

호모 베네라분두스는 "하나님 앞에 떨며 예배드리는 인간"이다.

어둠 때문이나 흑암이 그의 얼굴을 가렸기 때문이 아니다. 그건 창조 이전 이야기다(참고. 창세기 1:2b). "빛이 있으라!"(창세기 1:3b) 말씀하신 여호와 하나님, 창조주 하나님을 두려워함이다.

오늘 예배인간은 세상을 두려워하지 않는다. 오직 여호와 하나님만 두려워한다.

Ⅱ-2-3-1b 욥 → 엘리바스

▶ 24:1, 전능자는

24:1 어찌하여 전능자는 때를 정해 놓지 아니하셨는고! 그를 아는 자들이 그의 날을 보지 못하는고!

그를 아는 자들, 예배인간이라 해도 하나님의 때를 알 수 없다.

때와 시기는 아버지께서 자기의 권한에 두셨으니, 너희가 알 바 아니요
사도행전 1:7

하나님의 때는 미스테리다. 알 수 없다. 그런데 이 미스테리가 우리 선교사명의 본질이다.

오직 성령이 너희에게 임하시면 너희가 권능을 받고, 예루살렘과 온 유대와 사마리아와 땅 끝까지 이르러 내 증인이 되리라. 사도행전 1:8

몰라야 할 것은 몰라야 한다. 약이 아니라 독이기 때문이다. 알아야 할 것은 알아야 한다. 사명이기 때문이다.

▶ 24:2–5, 악한 자는

24:2 어떤 사람은 땅의 경계표를 옮기며, 양 떼를 빼앗아 기르며,
24:3 고아의 나귀를 몰아 가며, 과부의 소를 볼모 잡으며,
24:4 가난한 자를 길에서 몰아내나니, 세상에서 학대 받는 자가 다 스스로 숨는구나!
24:5 그들은 거친 광야의 들나귀 같아서 나가서 일하며, 먹을 것을 부지런히 구하니, 빈 들이 그들의 자식을 위하여 그에게 음식을 내는구나!

악한 자가 세상에서 잘 되는 이유는 무엇인가? 이 세상이 악하기 때문이다.

▶ 24:6-11, 학대 받는 자는

24:6 밭에서 남의 꼴을 베며, 악인이 남겨 둔 포도를 따며,
24:7 의복이 없어 벗은 몸으로 밤을 지내며, 추워도 덮을 것이 없으며,
24:8 산중에서 만난 소나기에 젖으며, 가릴 것이 없어 바위를 안고 있느니라.
24:9 어떤 사람은 고아를 어머니의 품에서 빼앗으며, 가난한 자의 옷을 볼모 잡으므로,
24:10 그들이 옷이 없어 벌거벗고 다니며, 곡식 이삭을 나르나 굶주리고,
24:11 그 사람들의 담 사이에서 기름을 짜며, 목말라 하면서 술틀을 밟느니라.

학대 받는 자가 끊임없이 학대 받는 이유는 무엇인가? 주님의 사랑 외에 달리 소망이 없기 때문이다.

너희 가난한 자는 복이 있나니, 하나님의 나라가 너희 것임이요
누가복음 6:20b

▶ 24:12, 그럴 때 하나님은

24:12 성 중에서 죽어가는 사람들이 신음하며, 상한 자가 부르짖으나, 하나님이 그들의 참상을 보지 아니하시느니라.

정말 그러실까? 하나님께서 신음소리와 부르짖음을 듣지 않으시고, 참상을 보지 않으실까? 정말일까?

▶ 24:13-17, 광명을 배반하는 그 사람들은

24:13 또 광명을 배반하는 사람들은 이러하니, 그들은 그 도리를 알지 못하며
그 길에 머물지 아니하는 자라.
24:14 사람을 죽이는 자는 밝을 때에 일어나서 학대 받는 자나 가난한 자를 죽
이고, 밤에는 도둑 같이 되며,
24:15 간음하는 자의 눈은 저물기를 바라며, 아무 눈도 나를 보지 못하리라, 하
고 얼굴을 가리며,
24:16 어둠을 틈타 집을 뚫는 자는 낮에는 잠그고 있으므로 광명을 알지 못하나
니,
24:17 그들은 아침을 죽음의 그늘 같이 여기니, 죽음의 그늘의 두려움을 앎이니
라.

광명 없이 사는 악한 자들은 밤을 사모한다. 그들은 광명을 모른다. 그들은 아침을 기다리지 않는다. 소망을 버리는 사람은 그 자체가 형벌이다.

▶ 24:18-21, 그들은

24:18 그들은 물 위에 빨리 흘러가고, 그들의 소유는 세상에서 저주를 받나니,
그들이 다시는 포도원 길로 다니지 못할 것이라.
24:19 가뭄과 더위가 눈 녹은 물을 곧 빼앗나니, 스올이 범죄자에게도 그와 같
이 하느니라.
24:20 모태가 그를 잊어버리고, 구더기가 그를 달게 먹을 것이라. 그는 다시 기
억되지 않을 것이니 불의가 나무처럼 꺾이리라.
24:21 그는 임신하지 못하는 여자를 박대하며 과부를 선대하지 아니하는도다.

그들은 죽고 일어서지 못할 것이다. 그들은 하나님 말씀을 순종하지 않는다. 그들은 죽음을 벗어나지 못할 것이다.

▶ 24:22-25, 하나님은 결국

24:22 그러나 하나님이 그의 능력으로 강포한 자들을 끌어내시나니, 일어나는 자는 있어도 살아남을 확신은 없으리라.
24:23 하나님은 그에게 평안을 주시며 지탱해 주시나, 그들의 길을 살피시도다.
24:24 그들은 잠깐 동안 높아졌다가 천대를 받을 것이며, 잘려 모아진 곡식 이삭처럼 되리라.
24:25 가령 그렇지 않을지라도, 능히 내 말을 거짓되다고 지적하거나 내 말을 헛되게 만들 자 누구랴?

하나님은 끝내 보응하신다. 악한 자의 득세는 잠간뿐이다. 내 말은 확실하다. 누구도 내 말을 뒤집을 수 없다.

● 제23-24장, 예배인간 욥의 예배방정식 SPRx-C//E=0

예배인간 나는 하나님께 모든 죄를 사함 받았다. 하나님께서 나를 시험해 보시고, 순금처럼 되지 않는다면 예배당 밖으로 내보내지 않으실 것이다. 나는 순금처럼 나올 것이다!

세상에서 득세한 자들을 부러워하지 않는다. 그들의 미래는 하나님께서 주장하신다. 예배인간을 복 주시지만, 예배 방해자들은 벌을 피할 수 없다.

Ⅱ-2-3-2a 빌닷 → 욥, 25:1-6

● 25:1-6, 빌닷 → 욥 3

★ 다이어그램 18, "빌닷이 욥에게" 3

주제	내용	비고
거룩하신 하나님	2. 하나님께는 주권과 위엄이 있다. 높은 곳에서 화평을 베푸신다. 3. 그의 군대는 크다. 그의 광명은 모두에게 미친다	욥을 차별화
하나님 vs 인간	4. 하나님 앞에서 사람이 어찌 의로우며, 여자에게서 난 자가 어찌 깨끗하냐? 5. 하나님의 눈에는 달도 별도 밝지 않다.	하나님의 긍휼로써 의롭게 하심 부정
인간	6. 구더기 같은 사람, 벌레 같은 인생이 하나님 앞에서랴!	어떻게 해도 달라지지 않는 인생. 예배인간의 진가 부정.

빌닷은 욥을 하나님과 대비시킨다. 적어도 그의 말은 맞다. 그런데 문제는 빌닷 스스로는 하나님 편에 서 있다는 데 있다. 빌닷은 하나님을 빌어 욥을 구더기와 벌레로 평가하는 것이다.

▶ 25:1, 빌닷이 욥에게 3

25:1 수아 사람 빌닷이 대답하여 이르되,

잔인한 사람 빌닷의 세 번째 발언이다. 그런데 이번에는 풀이 많이 죽었다. 길이도 짧다.

▶ 25:2-3, 하나님은

25:2 하나님은 주권과 위엄을 가지셨고, 높은 곳에서 화평을 베푸시느니라.
25:3 그의 군대를 어찌 계수할 수 있으랴? 그가 비추는 광명을 받지 않은 자가
누구냐?

하나님은 높은 곳에 계시다. 지금 여기는 아니라는 말이다.

▶ 25:4-5, 하나님 앞에서 사람은

25:4 그런즉 하나님 앞에서 사람이 어찌 의롭다 하며, 여자에게서 난 자가 어찌
깨끗하다 하랴!
25:5 보라. 그의 눈에는 달이라도 빛을 발하지 못하고 별도 빛나지 못하거든, 하
물며 구더기 같은 사람, 벌레 같은 인생이랴!

그의 말은 면면이 옳다. 사람은 의롭지 못하다. 그런데 옳은 말이 항상 위로가 되는 것은 아니다.

그가 묘사한 구더기와 벌레에서 자기 자신은 예외다. 이런 언어는 도리어 교만이다.

Ⅱ-2-3-2b 욥 → 빌닷, 26:1-27:23

▶ 26:1, 욥이 빌닷에게 3

26:1 욥이 대답하여 이르되,

▶ 26:2-3, 너는 누구냐

26:2 네가 힘없는 자를 참 잘도 도와주는구나! 기력 없는 팔을 참 잘도 구원하여 주는구나!
26:3 지혜 없는 자를 참 잘도 가르치는구나! 큰 지식을 참 잘도 자랑하는구나!

풍자다. 비꼼이다. 사람을 무시하고 논리를 앞세우는 자가 돕는 이라는 말이냐? 사랑 없는 논리는 꼬챙이나 못처럼 자루 밖으로 튀어나온다. 그건 사람을 상하게 하는 일이다. 빌닷은 자기의 존재가 남에게 상처 됨을 모른다. 욥은 빌닷의 현존을 고통스럽게 경험하는 중이다. 입이 있으니 말로 하는 것이다.

▶ 26:4-5, 죽은 자가 말하는 것처럼

26:4 네가 누구를 향하여 말하느냐? 누구의 정신이 네게서 나왔느냐?
26:5 죽은 자의 영들이 물 밑에서 떨며, 물에서 사는 것들도 그러하도다.

욥은 이미 간파했다. 저들이 욥에 대하여 비판의 화살을 날리고 있지만, 결국 그 과녁은 하나님께 있음을.

▶ 26:6-10, 하나님 앞에서는

26:6 하나님 앞에서는 스올도 벗은 몸으로 드러나며, 멸망도 가림이 없음이라.
26:7 그는 북쪽을 허공에 펴시며, 땅을 아무것도 없는 곳에 매다시며,
26:8 물을 빽빽한 구름에 싸시나, 그 밑의 구름이 찢어지지 아니하느니라.
26:9 그는 보름달을 가리시고, 자기의 구름을 그 위에 펴시며,
26:10 수면에 경계를 그으시니, 빛과 어둠이 함께 끝나는 곳이니라.

하나님은 창조주시다. 욥이 말하는 창조주 하나님은 바로 그들이 여태껏 상대하던 분이시다. 교만하게, 예배 없이!

▶ 26:11-14, **창조주 하나님**

26:11 그가 꾸짖으신즉, 하늘 기둥이 흔들리며 놀라느니라.
26:12 그는 능력으로 바다를 잔잔하게 하시며, 지혜로 라합을 깨뜨리시며,
26:13 그의 입김으로 하늘을 맑게 하시고, 손으로 날렵한 뱀을 무찌르시나니,
26:14 보라! 이런 것들은 그의 행사의 단편일 뿐이요, 우리가 그에게서 들은 것도 속삭이는 소리일 뿐이니, 그의 큰 능력의 우렛소리를 누가 능히 헤아리랴!

하나님은 창조주시다. 그분은 누구도 헤아릴 수 없는 크신 분이시다. 지금까지 그분에 대하여 말하고 논쟁한 너희들은 회개해야 한다. 감히 진흙덩이가 토기장이를 대하여!(참고. 로마서 9:20-21)

▶ 27:1, **욥의 풍자**

27:1 욥이 또 풍자하여 이르되,

욥은 여기서 짧은 경구로 자기의 속마음을 감추지 않는다. 히브리어로 "메샬"인데, 개역개정은 이 말을 "풍자"로 번역했다. 그러나 이것은 "지혜" 혹은 "예언의 말" 등이 더 낫다. 그런데 여기서는 "자기변호의 말"이다. 참고로 29:1은 자기를 한걸음 물러서서 바라봄이다. 말씀의 빛에 비추어 스스로 검증함이다.

▶ 27:2-6, **의**

27:2 나의 정당함을 물리치신 하나님, 나의 영혼을 괴롭게 하신 전능자의 사심을 두고 맹세하노니,

27:3 (나의 호흡이 아직 내 속에 완전히 있고 하나님의 숨결이 아직도 내 코에 있느니라.)
27:4 결코 내 입술이 불의를 말하지 아니하며 내 혀가 거짓을 말하지 아 니 하 리 라.

나는 정직하다. 전능자께서 내 예배를 받으셨다. 내 모든 죄는 사함 받았다. 내 입술과 내 혀는 정결하다. 한마디로 나는 의롭다. 이는 의롭다 하시는 이인 하나님을 믿음이다. 예수 그리스도의 십자가 보혈을 믿음이다.

▶ 27:5–6, 나의 온전함을 버리지 않으리라

27:5 나는 결코 너희를 옳다 하지 아니하겠고, 내가 죽기 전에는 나의 온전함을 버리지 아니할 것이라.
27:6 내가 내 공의를 굳게 잡고 놓지 아니하리니, 내 마음이 나의 생애를 비웃지 아니하리라.

원수 마귀는 우리의 공의를 의심한다. 그러나 예배인간의 공의는 스스로 획득한 노획물이 아니라 선물로 받은 "칭의"다. 예배인간 욥이 버리지 않겠다는 "온전함"은 인테그리티(integrity)다. 이것은 불로 불을 끄는 해법에서 났다. 이 세상에서 악한 자가 잘되는 것을 결코 설명해 낼 수 없다면(참고. 욥기 21:7–13) 의로운 자가 받는 고난도 해명요구를 그쳐야 한다(참고. Clines 2006:522). 안 그런가? 그렇다면 이제부터 인테그리티 싸움이다. 악한 자와 의로운 자를 구별해 내는 객관적인 기준이 사라진 이상, 내면적인 인테그리티가 쟁점이라는 말이다. 여기서 예배인간의 진면목이 드러난다. 상황에 의존하지 않는, 논리에 기대지 않는, 상식의 힘을 빌지 않는, 내면의 진정한 인테그리티, 곧 "온전함"이 전면에 나서야 하는 진정한 영적 전쟁이다.

▶ 27:7, 나의 원수는

27:7 나의 원수는 악인 같이 되고, 일어나 나를 치는 자는 불의한 자 같이 되기를 원하노라.

어느 틈엔가 욥은 하나님 편에 서 있다. 아니, 처음부터 그는 하나님 곁에 서 있었다. 욥이 여태껏 주장해 온 것은 그가 악인이 아니라는 것이 아니다. 오히려 그는 스스로가 무죄하다고 했다(참고. Clines 2006:522). 악인이 아니라는 말과 무죄하다는 말은 같지 않다. "악인"과 "불의한 자"는 무죄한 자의 항변을 듣지 않는 자다. 그가 곧 욥의 원수다.

▶ 27:8-10, 불경건한 자가

27:8 불경건한 자가 이익을 얻었으나, 하나님이 그의 영혼을 거두실때에는 무슨 희망이 있으랴!
27:9 환난이 그에게 닥칠 때에 하나님이 어찌 그의 부르짖음을 들으시랴!
27:10 그가 어찌 전능자를 기뻐하겠느냐! 항상 하나님께 부르짖겠느냐!

무죄한 자는 하나님께 부르짖는다. 그의 무죄는 "예배"에서 획득한 "은혜"이기 때문이다. 그러나 악인과 불의한 자는 하나님께 나아갈 수 없다. 그는 예배에서 비껴선 사람이다. 스스로 아무리 의로운 행위를 크레딧으로 쌓았다고 해도, 그는 하나님 앞에 설 수 없다. 인생은 예배가 아니면 하나님 앞에 그 얼굴 뵐 일이란 없는 것이다.

이 세상의 이익은 사라진다. 소망이 없기 때문이다. 그는 불행하다. 하나님과 소통이 없기 때문이다. 하나님을 기뻐하지 않는 자는 하나님께 기도할 수 없다.

▶ 27:11-12, 하나님 편에서

27:11 하나님의 솜씨를 내가 너희에게 가르칠 것이요, 전능자에게 있는 것을 내

가 숨기지 아니하리라.
27:12 너희가 다 이것을 보았거늘, 어찌하여 그토록 무익한 사람이 되었는고?

악인은 배워도 배우지 못하며, 보아도 보지 못한다. 무익한 사람이다.

▶ 27:13-19, 악인은

27:13 악인이 하나님께 얻을 분깃, 포악자가 전능자에게서 받을 산업은 이것이라.
27:14 그의 자손은 번성하여도 칼을 위함이요, 그의 후손은 음식물로 배부르지 못할 것이며,
27:15 그 남은 자들은 죽음의 병이 돌 때에 묻히리니, 그들의 과부들이 울지 못할 것이며,

악으로 지은 것은 모래성이다. 그는 결국 한바탕 꿈을 꾼 것이다. 죽음을 피할 수 없다. 악인이 잘되는 것은 하나님께서 그의 악행을 정당화하심이 아니다. 그는 버림받은 것이다. 그것은 하나님께서 곧 치신다는 예고일 뿐이다.

▶ 악인과 의인

27:16 그가 비록 은을 티끌 같이 쌓고 의복을 진흙 같이 준비할지라도,
27:17 그가 준비한 것을 의인이 입을 것이요, 그의 은은 죄 없는 자가 차지할 것이며,
27:18 그가 지은 집은 좀의 집 같고, 파수꾼의 초막 같을 것이며,
27:19 부자로 누우려니와, 다시는 그렇지 못할 것이요, 눈을 뜬즉 아무것도 없으리라.

오히려 의인이 악인을 이긴다. 악인이 잃어버린 것을 의인이 차지한다.

▶ 27:20-23, 하나님께서 악인을 치신다

27:20 두려움이 물 같이 그에게 닥칠 것이요, 폭풍이 밤에 그를 앗아갈 것이며,
27:21 동풍이 그를 들어 올리리니, 그는 사라질 것이며 그의 처소에서 그를 몰아
내리라.
27:22 하나님은 그를 아끼지 아니하시고 던져 버릴 것이니, 그의 손에서 도망치
려고 힘쓰리라.
27:23 사람들은 그를 바라보며 손뼉치고, 그의 처소에서 그를 비웃으리라.

보라. 하나님의 판단은 옳으시다. 하나님은 예배인간 나를 치지 않으신다. 두려움, 폭풍, 동풍이 그를 쫓아낼 것이다(-P). 하나님의 손에서 던져버림을 받아, 예배의 자리에 영영 들어오지 못할 것이다(-R).

● 26:1-27:23, 예배인간 욥의 예배방정식 SPRx-C//E=0

지혜 없는 자는 미래가 없다. 현재에 눈 멀어 내일을 준비하지 못한 것이다. 예배인간은 주님께서 주신 공의를 굳게 잡는다. 그는 자신을 비웃지 않는다. 대신 비웃음은 미련한 자의 소유다.

● 수평 다이얼로그 사이클 3 정리

욥의 KO 승이다. 빌닷은 짧은 말을 겨우 흘렸을 뿐이며, 소발은 나서지도 못했다. 욥은 승리를 확신했다.

이제 승리자로서 지혜에 대하여 선언한다. 이어지는 그의 독백을 들어보라. 욥기 3:1-26의 독백과 비교해 보라. 여전히 불투명한 삶에 대한 걱정과 염려가 있으나, 하나님께 대한 보다 큰 두려움으로 이를 이겨내고 있다.

● 소발의 침묵

사이클 3에서 비현실적인 이상주의자 소발이 침묵했다. 빌닷 같은 차가운 논리주의자라면 논리가 바닥났을 때다. 소발의 침묵은 무슨 이유인가?

예배는 현실이기 때문이다. 이상주의자는 현실을 직시하지 못한다. 예배는 그 자체가 현실이다. 예배인간 앞에 뿌리 없는 꿈은 깨고 말았다. 그러므로 소발은 할 말을 잃은 것이다.

● 세 가지 사이클 정리

이론으로 무장한 세 친구들은 욥을 당해내지 못했다. 욥은 예배경험을 앞세웠다. 그의 모든 예배를 기뻐 받으신 하나님께서 그가 모르는 환난을 주실 리가 없는 것이다!

우리는 하나님에 대하여(about God) 아는 것으로 만족할 수 없다. 하나님 그분을 알아야 한다. 예배로 만나 뵙는 길 외에 달리 그 방법이 없다.

하나님을 아는 지식. 이것이 가장 귀하고 소중하다. 이것이 가장 놀라운 지혜다. 이 세상 모든 지식은 하나님 지식 아래 내려서야 한다.

Ⅱ-3 욥 모놀로그 2, 28:1-31:40

● 28:1-31:40, 욥 모놀로그 2

★ 다이어그램 19, "욥의 모놀로그 2"

장	주제	구분	내용
28	보물 vs 지혜	1-11	땅 속 보물은 인간만 안다.
		12-28	지혜는 하나님만 아신다.
29	과거회상	1-5a	하나님께서 동행하셨다.
		5b-25	사람들이 동행했다.
30	내가 깊은 곳에서	1-15	젊은이들이 비웃는다.
		16-23	하나님께서 나를 꺾으셨다.
		24-31	하나님께 부르짖는다.
31	죄가 있다면 벌을 받겠다. 하나님께 상소하다.	1-14	악을 금하기로 약속하다.
		5-15	죄가 있다면 벌을 구하다.
		16-34	나는 죄가 없다. 내 행실이 옳았다.
		35-40	하나님께 상소하다.

● 28:1-28, 욥 모놀로그 2A

▶ 28:1-6, 보물은

28:1 은이 나는 곳이 있고, 금을 제련하는 곳이 있으며,

28:2 철은 흙에서 캐내고 동은 돌에서 녹여 얻느니라.

28:3 사람은 어둠을 뚫고 모든 것을 끝까지 탐지하여 어둠과 죽음의 그늘에 있는 광석도 탐지하되,

28:4 그는 사람이 사는 곳에서 멀리 떠나, 갱도를 깊이 뚫고 발길이 닿지 않는 곳 사람이 없는 곳에 매달려 흔들리느니라.

28:5 음식은 땅으로부터 나오나 그 밑은 불처럼 변하였도다.
28:6 그 돌에는 청옥이 있고, 사금도 있으며,

은과 금은 땅 속 깊은 곳에서 얻는다. 이것은 사람에게만 주신 지혜로 알 수 있다. 갑자기 보물을 말하는 의도는 무엇인가? 부자였던 욥이 옛날을 그리워함인가? 아니다. 그는 보물보다 귀한 지혜를 말함이다.

▶ 28:7-8, 짐승은 보물을

28:7 그 길은 솔개도 알지 못하고, 매의 눈도 보지 못하며,
28:8 용맹스러운 짐승도 밟지 못하였고, 사나운 사자도 그리로 지나가지 못하였느니라.

눈 밝은 새나 용맹한 짐승이라도 땅 속 보물을 알지 못한다.

▶ 28:9-11, 사람이 보물을

28:9 사람이 굳은 바위에 손을 대고 산을 뿌리까지 뒤엎으며,
28:10 반석에 수로를 터서 각종 보물을 눈으로 발견하고,
28:11 누수를 막아 스며 나가지 않게 하고, 감추어져 있던 것을 밝은 데로 끌어내느니라.

사람은 땅을 파고, 감추어져 있는 것을 이끌어낸다. 사람은 어떤 짐승보다 지혜로운 것이다.

▶ 28:12-14, 참 지혜는

28:12 그러나 지혜는 어디서 얻으며, 명철이 있는 곳은 어디인고?
28:13 그 길을 사람이 알지 못하나니 사람 사는 땅에서는 찾을 수 없구나!

28:14 깊은 물이 이르기를, 내 속에 있지 아니하다, 하며, 바다가 이르기를, 나
와 함께 있지 아니하다 하느니라.

그런데 참 지혜는 보물과 다르다. 사람이 모른다. 깊은 물에도 없다. 바다에도 없다.

▶ 28:15-19, 지혜의 값은

28:15 순금으로도 바꿀 수 없고, 은을 달아도 그 값을 당하지 못하리니,
28:16 오빌의 금이나 귀한 청옥수나 남보석으로도 그 값을 당하지 못하겠고,
28:17 황금이나 수정이라도 비교할 수 없고, 정금 장식품으로도 바꿀 수 없으
며,
28:18 진주와 벽옥으로도 비길 수 없나니, 지혜의 값은 산호보다 귀하구나.
28:19 구스의 황옥으로도 비교할 수 없고 순금으로도 그 값을 헤아리지 못하리
라.

지혜의 값은 이 세상 무엇과 비길 수 없다.

▶ 28:20-22, 지혜가 나는 곳

28:20 그런즉 지혜는 어디서 오며, 명철이 머무는 곳은 어디인고?
28:21 모든 생물의 눈에 숨겨졌고, 공중의 새에게 가려졌으며,
28:22 멸망과 사망도 이르기를, 우리가 귀로 그 소문은 들었다, 하느니라.

지혜는 어디 있는가? 눈 밝은 새도, 아무도 모른다. 죽었다 깨어나도 알 수 없다.

▶ 28:23-27, 하나님께서 지혜를

28:23 하나님이 그 길을 아시며 있는 곳을 아시나니

28:24 이는 그가 땅 끝까지 감찰하시며 온 천하를 살피시며
28:25 바람의 무게를 정하시며 물의 분량을 정하시며
28:26 비 내리는 법칙을 정하시고 비구름의 길과 우레의 법칙을 만드셨음이라
28:27 그 때에 그가 보시고 선포하시며 굳게 세우시며 탐구하셨고

하나님께서만 지혜의 자리를 아신다. 그분만 창조주시기 때문이다. 이 진술의 강조점은 지혜는 하나님께만 있는 것이라는 데 있지 않다. 하나님께서 품으신 지혜가 예배인간에게도 있다는 것이 강조다. 예배인간은 하나님의 지혜를 품었다. 지금 하나님의 절대지혜를 진술할 수 있는 자, 그가 곧 예배인간 아닌가!

▶ 28:28, 주님을 경외함

28:28 또 사람에게 말씀하셨도다: 보라 주를 경외함이 지혜요, 악을 떠남이 명철이니라.

하나님을 두려워함이 지혜다. 악에서 벗어남이 지혜다. 예배인간은 창조//구원 다이내믹스에서 지혜의 뿌리를 이해한다. 욥은 예배인간이다.

● 29:1-25, 욥 모놀로그 2B

▶ 29:1, 욥의 풍자

29:1 욥이 풍자하여 이르되,

두 번째 "메샬"이다. 욥기 27:1에서와 달리 여기서는 "자기를 돌아보는 지혜"다. 사람은 고난의 때 말씀의 빛 아래 서야 한다. 자기 그림자를 면밀히 살피고, 거기서 부끄러움이 없어야 한다. 윤동주가 "참회록"을 쓸 때처럼 우리는 스스로의 삶을 짚어나가야 한다. 물 위에 비친 내 얼굴을 나르시시즘(narcissism, 자기 망상)이 아니라 리플렉션(reflection, 자기반성)의 그림틀에 넣어야 한다. 내 머리 위에 가로 쳐진 저것은 윤동주의 "한 점 부끄럼이 없는" 하늘이어야 한다. 누구도 말씀의 빛 없이는 스스로 허상만 볼 뿐이다. 아침이나 비난 같은 세상 빛은 그림자를 남기지만 말씀의 빛은 투명한 영혼을 드러낸다.

▶ 29:2, 회복을 구함

29:2 나는 지난 세월과 하나님이 나를 보호하시던 때가 다시 오기를 원하노라.

단지 옛날을 그리워함이 아니다. 하나님의 회복하심을 간구함이다. 이스라엘의 출애굽처럼 진정한 구원에 대한 기억이다.

▶ 29:3-4, 그 때에는 1

29:3 그 때에는 그의 등불이 내 머리에 비치었고, 내가 그의 빛을 힘입어 암흑에서도 걸어 다녔느니라.
29:4 내가 원기 왕성하던 날과 같이 지내기를 원하노라. 그 때에는 하나님이 내 장막에 기름을 발라 주셨도다.

하나님과 동행하던 때다. 하나님께서 신명기에서 이스라엘에게 요구하신 두 가지 중 첫 번째 것, 즉 "기억하라!"는 명령을 오늘 욥이 지키는 것이다. (두 번째는, 순종하라!) 기억은 즐거운 순종을 위한 절대조건이다.

▶ 29:5-6, 그 때에는 2

29:5 그 때에는 전능자가 아직도 나와 함께 계셨으며, 나의 젊은이들이 나를 둘러 있었으며,
29:6 젖으로 내 발자취를 씻으며, 바위가 나를 위하여 기름 시내를 쏟아냈으며,

그때는 주 동행의 때다. 그래서 나는 풍성했다.

▶ 29:7-12, 그 때에는 3

29:7 그 때에는 내가 나가서 성문에 이르기도 하며, 내 자리를 거리에 마련하기도 하였느니라.
29:8 나를 보고 젊은이들은 숨으며, 노인들은 일어나서 서며,
29:9 유지들은 말을 삼가고, 손으로 입을 가리며,
29:10 지도자들은 말소리를 낮추었으니, 그들의 혀가 입천장에 붙었느니라.
29:11 귀가 들은즉 나를 축복하고, 눈이 본즉 나를 증언하였나니,
29:12 이는 부르짖는 빈민과 도와 줄 자 없는 고아를 내가 건졌음이라.

모든 존귀와 대우가 주 동행의 결과였다. 나는 하나님을 사랑하듯 이웃을 돌보았다. 모세오경에 기록한 율법을 지켰다.

▶ 29:13-17, 그 때에는 4

29:13 망하게 된 자도 나를 위하여 복을 빌었으며, 과부의 마음이 나로 말미암아 기뻐 노래하였느니라.

29:14 내가 의를 옷으로 삼아 입었으며, 나의 정의는 겉옷과 모자 같았느니라.
29:15 나는 맹인의 눈도 되고, 다리 저는 사람의 발도 되고,
29:16 빈궁한 자의 아버지도 되며, 내가 모르는 사람의 송사를 돌보아 주었으며,
29:17 불의한 자의 턱뼈를 부수고, 노획한 물건을 그 잇새에서 빼내었느니라.

욥은 율법을 순종하는 자였다. 고아와 과부를, 맹인과 불구자를, 가난한 자와 나그네의, 약한 자와 힘없는 자를 돌보라는 주님의 명령을 지켰다(참고. 신명기 15, 26).

▶ 29:18-20, 그 때에는 5

29:18 내가 스스로 말하기를, 나는 내 보금자리에서 숨을 거두며 나의 날은 모래 알 같이 많으리라, 하였느니라.
29:19 내 뿌리는 물로 뻗어나가고, 이슬이 내 가지에서 밤을 지내고 갈 것이며,
29:20 내 영광은 내게 새로워지고, 내 손에서 내 화살이 끊이지 않았노라.

욥은 예배인간이었다. 예배의 기쁨으로써 의, 정의, 긍휼, 영광을 얻었고 그것을 이웃과 나누었고 함께 누렸다.

▶ 29:21-25, 그 때에는 6

29:21 무리는 내 말을 듣고 희망을 걸었으며, 내가 가르칠 때에 잠잠하였노라.
29:22 내가 말한 후에는 그들이 말을 거듭하지 못하였나니, 나의 말이 그들에게 스며들었음이라.
29:23 그들은 비를 기다리듯 나를 기다렸으며, 봄비를 맞이하듯 입을 벌렸느니라.

나는 그들의 희망이었다. 나는 비, 특히 봄비였다.

▶ 29:24-25, 그 때에는 7

> 29:24 그들이 의지 없을 때에 내가 미소하면 그들이 나의 얼굴빛을 무색하게 아니하였느니라.
> 29:25 내가 그들의 길을 택하여 주고, 으뜸 되는 자리에 앉았나니, 왕이 군대 중에 있는 것과도 같았고, 애곡하는 자를 위로하는 사람과도 같았느니라.

그때는 지금과 달랐다. 그때는 그가 권위가 있었고, 사람들이 존경했다. 정말이지 왕이 부럽지 않았다.

● 30:1-31, 욥 모놀로그 2C

▶ 30:1, 이제는

> 30:1 그러나 이제는 나보다 젊은 자들이 나를 비웃는구나! 그들의 아비들은 내가 보기에 내 양 떼를 지키는 개 중에도 둘 만하지 못한 자들이니라.

보라. 예배인간 욥은 이 세상에서 가장 낮은 곳에 내려와 있다. 그는 한때 가장 큰 자였으나(욥기 1:3c) 지금은 가장 작다.

성전에 올라가던 이스라엘은 여호와 하나님께 두 손 들고 외쳤다.

> 여호와여, 내가 깊은 곳에서 주께 부르짖었나이다. 시편 130:1

사람이 깊은 곳에 떨어지지 않고야 어찌 간절함이 있을까! 목마른 사슴이 시냇물을 사모하듯(시편 42:1a) 예배인간은 누구도 도울 수 없는 바닥에서 울부짖는다. 주님만 의지하도록, 스스로 일어설 수 없도록, 주님만 바라보도록 나를 약하게 만드신 주님을 찬양한다.

▶ 30:2-4, 그들은

30:2 그들의 기력이 쇠잔하였으니, 그들의 손의 힘이 내게 무슨 소용이 있으랴!
30:3 그들은 곧 궁핍과 기근으로 인하여 파리하며, 캄캄하고 메마른 땅에서 마른 흙을 씹으며,
30:4 떨기나무 가운데에서 짠 나물을 꺾으며, 대싸리 뿌리로 먹을거리를 삼느니라.

그들은 아무것도 아니었다. 그들은 하나님의 은혜 바깥에 살던 자들이었다. 그들은 낮고 천했다. 지금의 바로 나처럼!

▶ 30:5-8, 무리가

30:5 무리가 그들에게 소리를 지름으로 도둑 같이 사람들 가운데에서 쫓겨나서,
30:6 침침한 골짜기와 흙구덩이와 바위굴에서 살며,
30:7 떨기나무 가운데에서 부르짖으며, 가시나무 아래에 모여 있느니라.
30:8 그들은 본래 미련한 자의 자식이요, 이름 없는 자들의 자식으로서 고토에서 쫓겨난 자들이니라.

그들의 비웃음이 문제가 아니다. 바로 그들에게 도움을 청할 수 없는 상태가 문제다. 능력 있는 자가 무시한다면, 자존심을 꺾고 그들에게 손을 내밀 수 있다. 저들의 큰 소리는 허공만 친다. 이게 무서운 일이다.

▶ 30:9-10, 나는 놀림거리

30:9 이제는 그들이 나를 노래로 조롱하며, 내가 그들의 놀림거리가 되었으며,
30:10 그들이 나를 미워하여 멀리 하고, 서슴지 않고 내 얼굴에 침을 뱉는도다.

이전에 아무것도 아니었던 자들이, 이제도 두렵지 않은 그들이, 이제 나를 조롱한다. 놀린다. 미워하며 한걸음 물러선다. 내 얼굴에 침 뱉기를 주저하지 않는다. 이게 아프다.

▶ **30:11, 하나님께서 나를**

30:11 이는 하나님이 내 활시위를 늘어지게 하시고, 나를 곤고하게 하심으로 무리가 내 앞에서 굴레를 벗었음이니라.

이것은 하나님의 일이다. 하나님께서 나를 낮은 자리로 내려오게 하셨다. 내 활이 기능을 잃었다. 나는 아무 무기가 없다. 나는 이빨이 다 빠졌다. 이제 누구도 나를 두려워하지 않는다. 내 말이 먹히지 않는다.

▶ **30:12-15, 그들이 나를**

30:12 그들이 내 오른쪽에서 일어나, 내 발에 덫을 놓으며, 나를 대적하여 길을 에워싸며,
30:13 그들이 내 길을 헐고, 내 재앙을 재촉하는데도, 도울 자가 없구나!
30:14 그들은 성을 파괴하고, 그 파괴한 가운데로 몰려드는 것 같이 내게로 달려드니,
30:15 순식간에 공포가 나를 에워싸고 그들이 내 품위를 바람 같이 날려 버리니, 나의 구원은 구름 같이 지나가 버렸구나!

내 도움을 받던 그들이, 이제는 내 대적이 되었다. 내게 공포를 안겨 줄 만큼 크고 놀라운 세력이 되었다. 승냥이 떼처럼, 여우 무리처럼, 그들은 내 눈물을 기회로 여기고 달려든다. 아, 하나님. 저들을 치워 주시고, 나를 얼굴과 얼굴을 대하여 바로 만나 주십시오!

▶ **30:16-17, 내 아픔을**

30:16 이제는 내 생명이 내 속에서 녹으니, 환난 날이 나를 사로잡음이라.
30:17 밤이 되면 내 뼈가 쑤시니, 나의 아픔이 쉬지 아니하는구나.

이제 생명의 위협을 느낀다. 고통이 밤과 낮으로 나를 떠나지 않는다. 아프다. 내 아픔의 근원을 내신 그분 생각, 버릴 수가 없다. 쉴 수 없는 기도. 쉬지 못하게 하시는 내 기도. 그 기도의 때가 귀하고 또 귀하다.

▶ **30:18-19, 하나님께서**

30:18 그가 큰 능력으로 나의 옷을 떨쳐 버리시며, 나의 옷깃처럼 나를 휘어잡으시는구나.
30:19 하나님이 나를 진흙 가운데 던지셨고, 나를 티끌과 재 같게 하셨구나!

하나님의 손에서 내가 고난을 당하고 있다. 이처럼 하나님의 손길을 직접적으로, 강하게, 구체적으로, 뚜렷하게 느끼는 때가 바로 은혜의 날이다. 지금 욥은 얍복강 가의 야곱처럼 하나님의 손길을 그의 온 몸으로 체험하는 것이다!

▶ **30:20-22, 기도 1: 주님의 손길**

30:20 내가 주께 부르짖으나 주께서 대답하지 아니하시오며, 내가 섰사오나 주께서 나를 돌아보지 아니하시나이다.
30:21 주께서 돌이켜 내게 잔혹하게 하시고, 힘 있는 손으로 나를 대적하시나이다.
30:22 나를 바람 위에 들어 불려가게 하시며, 무서운 힘으로 나를 던져 버리시나이다.

주님, 주님의 손으로 나를 치십니다. 그런데 주님께서 치심은 당신의 허락 하에 달려드는 원수, 곧 예배 방해자들의 손길이다. 그러므로 얻어맞는 욥은 하나님께 호소할 길 외에 다른 방법이 없다. 여기서 우리는 하나님께 맞는 사람의 역설적 기도를 보는 것이다.

이사야와 예레미야 같은 예언자들이 애굽, 바벨론, 그리고 앗시리아 같은 적들을 막대기로 사용하시는 주님을 선포한다. 이스라엘은 맞으면서도 주님 앞으로 달려나가야 했다. 그것이 예언자가 선포하는 이스라엘의 살 길이었다. 바로 이런 점에서 욥기에 제시된 구원의 길은 성경 전체의 흐름 중에 예외가 아니라 오히려 정석이다.

▶ 30:23-24, **기도 2: 하나님께 호소**

> 30:23 내가 아나이다. 주께서 나를 죽게 하사, 모든 생물을 위하여 정한 집으로 돌려보내시리이다.
> 30:24 그러나 사람이 넘어질 때에 어찌 손을 펴지 아니하며, 재앙을 당할 때에 어찌 도움을 부르짖지 아니하리이까?

주님의 뜻이면 나는 죽을 수밖에 없습니다. 그러나 주님께 도움을 구하며, 주님의 구원을 사모하는 내가 정상이 아닙니까?

▶ 30:25, **나의 과거를 돌아봄**

> 30:25 고생의 날을 보내는 자를 위하여 내가 울지 아니하였는가? 빈궁한 자를 위하여 내 마음에 근심하지 아니하였는가?

지금, 아픈 때, 지난날을 돌아본다. 그때 나는 어떠했는가? 내게 무슨 잘못이 있는가?

▶ 30:26-31, **탄식 1**

> 30:26 내가 복을 바랐더니 화가 왔고, 광명을 기다렸더니 흑암이 왔구나!
> 30:27 내 마음이 들끓어 고요함이 없구나! 환난 날이 내게 임하였구나!
> 30:28 나는 햇볕에 쬐지 않고도 검어진 피부를 가지고 걸으며, 회중 가운데 서서

도움을 부르짖고 있느니라.

복을 구하던 내게 화가 왔다. 밝은 빛이 아니라 흑암이다. 도와주던 내가 도움을 청한다. 아무도 없는 이 깊은 곳에서 나는 도움을 부르짖는다.

▶ 30:29-31, 탄식 2

30:29 나는 이리의 형제요, 타조의 벗이로구나!
30:30 나를 덮고 있는 피부는 검어졌고, 내 뼈는 열기로 말미암아 탔구나!
30:31 내 수금은 통곡이 되었고, 내 피리는 애곡이 되었구나!

욥 모놀로그 1(욥기 3장)을 연상시킨다. 그러나 여기서는 훨씬 "살림기도"에 가깝다. 탄식이지만 밝다. 통곡소리지만 음이 높다. 그는 지금 "수금"을 타고 있는 것이다. 지금쯤 사탄이 승리의 개가를 부르겠지만, 아니다, 그건 너무 이른 것이다. 이제부터 욥은 묵상이다. 하나님 말씀 묵상이다. 거룩한 하나님의 율법을 마음에 새긴다. 반전이다.

● **31:1-40, 욥 모놀로그 2D**

▶ 31:1, 서약 1: 처녀

31:1 내가 내 눈과 약속하였나니, 어찌 처녀에게 주목하랴!

갑자기 이 무슨 말이냐? 내 눈과 약속하다니, 처녀에게 주목하지 않다니? 무슨 뚱딴지같은 소리냐? 잘 보라. 그는 지금 율법 묵상 중이다.

▶ **31:2-4, 그가 내 길을 살피지 아니하시느냐?**

31:2 그리하면 위에 계신 하나님께서 내리시는 분깃이 무엇이겠으며, 높은 곳의 전능자께서 주시는 기업이 무엇이겠느냐?
31:3 불의한 자에게는 환난이 아니겠느냐? 행악자에게는 불행이 아니겠느냐?
31:4 그가 내 길을 살피지 아니하시느냐? 내 걸음을 다 세지 아니하시느냐?

내가 내 눈과 약속하였다. 처녀에게 주목하지 않기로! 가정 있는 남자 욥이 결혼 때의 약속, 곧 서약(誓約)을 지키는 것이다. 창세기 2장을 읽으신 예수님의 말씀이다:

그런즉 이제 둘이 아니요 한 몸이니, 그러므로 하나님이 짝지어 주신 것을 사람이 나누지 못할지니라, 하시니 마태복음 19:6

그러므로 하나님이 짝지어 주신 것을 사람이 나누지 못할지니라, 하시더라. 마가복음 10:9

욥이 신실한 예배인간이라는 것을 이로써도 알 수 있다. 하늘 아버지께서 모든 예배인간의 길을 살피시고, 예배인간의 걸음을 다 세신다. 그러므로 사람의 눈을 속이고 하나님을 피하려는 모든 헛된 노력을 버린다.

예배인간은 그 마음이 하나님께 가 있다. 그러므로 영혼을 상처내고 가정을 파괴하는 어떤 음행도 거부한다.

잠언은 보다 적극적으로 아내사랑을 은유한다.

> 너는 네 우물에서 물을 마시며, 네 샘에서 흐르는 물을 마시라. 어찌하여 네 샘물을 집 밖으로 넘치게 하며, 네 도랑물을 거리로 흘러가게 하겠느냐? 그 물이 네게만 있게 하고, 타인과 더불어 그것을 나누지 말라. 잠언 5:15–17

여기서 아내는 "네 우물의 물"이며 "네 샘의 흐르는 물"이다. 자기의 샘물이 집 밖으로 넘치고 자기의 도랑물이 거리로 흐르는 경우가 있다. 바로 그 사람은 지혜가 없다. 다른 여자에게 눈길을 줄 경우 자기의 아내가 집 밖으로, 넘치고 흘러나가는 법이다. 소탐대실(小貪大失)이다.

> 네 샘으로 복되게 하라. 네가 젊어서 취한 아내를 즐거워하라. 그는 사랑스러운 암사슴 같고 아름다운 암노루 같으니, 너는 그의 품을 항상 족하게 여기며 그의 사랑을 항상 연모하라. 잠언 5:18–19

진정한 지혜는 하나님께서 허락하신, 자기의 샘을 복되게 하는 것이다. 젊었을 때 만난 아내를 즐거워하라! 그는 사랑스러운 암사슴, 아름다운 암노루와 같다. 마치 아가(雅歌)의 한 장면 같은 묘사다. 지혜인간은 아내의 품을 항상 족하게 여기며, 아내의 사랑을 항상 연모한다.

> 내 아들아 어찌하여 음녀를 연모하겠으며, 어찌하여 이방 계집의 가슴을 안겠느냐? 대저 사람의 길은 여호와의 눈앞에 있나니, 그가 그 사람의 모든 길을 평탄하게 하시느니라. 잠언 5:20–21

음녀와 이방 계집을 사모하지 말라. 여호와 하나님께서는 모든 인간의 길을 아신다. 그분의 눈에 정직하라. 요셉처럼 스스로에게 말하라: "그런즉 내가 어찌 이 큰 악을 행하여 하나님께 죄를 지으리이까?"(창세기 39:9b).

> 악인은 자기의 악에 걸리며, 그 죄의 줄에 매이나, 그는 훈계를 받지 아니함으로 말미암아 죽겠고, 심히 미련함으로 말미암아 혼미하게 되느니라. 잠언 5:22-23

악은 걸려 넘어지게 하는 걸림돌이다. 죄는 얽어매는 사슬이다. 그가 훈계를 받았다면, 그래서 미련함을 버리고 지혜를 얻었다면, 그는 살게 되고 모든 것이 명쾌해지는 것이다. 지혜는 생명이며, 지혜는 밝음이다.

▶ 31:5-6, 서약 2: 나를 판단하사

> 31:5 만일 내가 허위와 함께 동행하고, 내 발이 속임수에 빨랐다면,
> 31:6 하나님께서 나를 공평한 저울에 달아보시고, 그가 나의 온전함을 아시기를 바라노라!

5절과 6절 사이에 생략된 부분이 있다. 재구성해 보자. 아니다. 나는 허위와 함께 동행 하지 않았고, 내 발이 속임수에 빠르지 않았다.

예배인간은 하나님 앞에 진실하다. 투명하다. 예배인간은 하나님께서 자기를 오히려 측정하시고, 하나님 앞에 드러나기를 바란다. 그 마음에 주님 사랑함과 그 은혜 사모함이 알려지기를 바란다. 이것이 그의 온전함이다.

▶ 31:7-8, 서약 3: 만일 내 걸음이

> 31:7 만일 내 걸음이 길에서 떠났거나, 내 마음이 내 눈을 따랐거나, 내 손에 더러운 것이 묻었다면,
> 31:8 내가 심은 것을 타인이 먹으며, 나의 소출이 뿌리째 뽑히기를 바라노라.

7절은 5절의 가정을 받아들일 때를 전제한 것이다. 그랬다면 8절대로 되기를 바란다. 7절의 가정은 타당하지 않다; 8절의 바람은 이뤄지지 않을 것이다.

하나님 앞에 진실한 예배인간은 곁눈질 하지 않는다.

"내 걸음이 길에서 떠났거나." 예배인간은 길을 따라 걷지, 걷는 대로 길을 만들지 않는다. 길은 도(道)다. 도는 하나님의 말씀이다.

> 나에게 주의 법도들의 길을 깨닫게 하여 주소서. 그리하시면 내가 주의 기이한 일들을 작은 소리로 읊조리리이다. 시편 119:27

"내 마음이 내 눈을 따랐거나." 예배인간은 마음으로 눈을 컨트롤하지, 눈으로 마음이 끌리지 않는다.

"내 손에 더러운 것이 묻었다면." 예배인간의 손은 거룩하다. 거룩한 손은 주님의 보혈로 더러움을 날마다 씻음 받는다.

▶ 31:9-10, 서약 4: 만일 내 마음이

> 31:9 만일 내 마음이 여인에게 유혹되어 이웃의 문을 엿보아 문에서 숨어 기다렸다면,
> 31:10 내 아내가 타인의 맷돌을 돌리며, 타인과 더불어 동침하기를 바라노라.

욥이 기억하는 것은 결혼서약이다. 자녀를 위해 날마다 때마다 예배드리는 욥이, 서약에 충실한 신실한 예배인간 남편이라는 점도 우리는 기억해야 한다. 욥이 가정하는 것은 이웃집 여인을 탐함이다. 그랬다면 자기 아내가 타인의 여자가 되기를 바란다는 말이다. 둘 다 불가능한 일이다. 예배인간에게는!

여기서 우리는 모세오경의 법을, 특히 십계명을 그의 컨텍스트에 적용하는 판례법을 읽는다. 욥은 "간음하지 말라"는 제7계명과 "이웃의 아내를 탐내지 말라"는 제10계명을 순종하고 있는 것이다. 고난의 때, 앞이 캄캄한 그 때에도 하나님의 계명을 하나씩 둘씩 떠올리면서 묵상하는 것, 이것이 고통을 이기는 비결

이다. 과연 주님의 말씀은 꿀보다 더 단 것이다!

▶ 31:11-12, 서약 5: 음란-죄-불

31:11 그것은 참으로 음란한 일이니, 재판에 회부할 죄악이요,
31:12 멸망하도록 사르는 불이니, 나의 모든 소출을 뿌리째 뽑기를 바라노라.

가정이 깨어지고, 어린 아이들이 거리에 내몰리는 세대다. 음욕이 정당화되고 동성애가 인정받는 때다. 그러나 그것은 참으로 음란한 일이며, 하나님의 재판을 피할 수 없는 죄악이요, 멸망하도록 사르는 불이다.

하나님의 말씀이 나를, 가정을, 교회를 주장하도록, 온전히 거룩함에 거해야 한다. SPRx=C//E다.

▶ 31:13-15, 만일 남종이나 여종이

31:13 만일 남종이나 여종이 나와 더불어 쟁론할 때에 내가 그의 권리를 저버렸다면,
31:14 하나님이 일어나실 때에 내가 어떻게 하겠느냐? 하나님이 심판하실 때에 내가 무엇이라 대답하겠느냐?
31:15 나를 태 속에 만드신 이가 그도 만들지 아니하셨느냐? 우리를 뱃속에 지으신 이가 한 분이 아니시냐?

나의 하나님, 그의 하나님. 인간은 한가지다. 주인과 종이 하나요, 고용주와 종업원이 하나다.

예배인간은 모두 함께 예배드리는 인간 중에 평등이다.

▶ 31:16-17, 내가 언제 1

31:16 내가 언제 가난한 자의 소원을 막았거나, 과부의 눈으로 하여금 실망하게 하였던가?
31:17 나만 혼자 내 떡덩이를 먹고 고아에게 그 조각을 먹이지 아니하였던가?

예배인간은 가난한 자, 과부, 고아를 불쌍하게 여긴다. 베풀고 나누며 결코 혼자 먹지 않는다. 예배로 은혜 받은 사람은 세상에 소망을 두지 않는다. 이 세상을 의지하지 않는다. 이 세상의 원리를 믿지 않는다. 도리어 하늘의 소망이다.

참 예배의 때, 초대교회는 사랑의 구제를 실천했다. 지금도 새로운 사랑을 가지고 일어서는 선교지의 교회는 사랑이 살아있다.

▶ 31:18, 실상은 1

31:18 실상은 내가 젊었을 때부터 고아 기르기를 그의 아비처럼 하였으며, 내가 어렸을 때부터 과부를 인도하였노라.

우리는 욥의 이 말을 믿는다. 진실한 예배인간이라면 이렇게 살 수 밖에 없다. 예배의 때마다 하나님을 뵙던 이 사람은 분명히 고아와 과부를 불쌍히 여기고 돕고 사랑했을 터다.

▶ 31:19-23, 만일 내가 1

31:19 만일 내가 사람이 의복이 없이 죽어가는 것이나 가난한 자가 덮을 것이 없는 것을 못 본 체 했다면,
31:20 만일 나의 양털로 그의 몸을 따뜻하게 입혀서 그의 허리가 나를 위하여 복을 빌게 하지 아니하였다면,
31:21 만일 나를 도와주는 자가 성문에 있음을 보고 내가 주먹을 들어 고아를 향해 휘둘렀다면,
31:22 내 팔이 어깨뼈에서 떨어지고, 내 팔 뼈가 그 자리에서 부스러지기를 바라노라.

31:23 나는 하나님의 재앙을 심히 두려워하고, 그의 위엄으로 말미암아 그런 일을 할 수 없느니라.

욥의 항변이다. 이것은 친구들에 대하여 자기 의를 내세움이 아니다. 지금 받는 고난이 이런 정의를 행하지 않은 까닭에서 난 것이 아니라는 항변일 뿐이다. 우리는 마땅히 이런 정의를 행해야 한다. 심판 자리에 서신 예수님의 말씀이다:

내 아버지께 복 받을 자들이여, 나아와 창세로부터 너희를 위하여 예비된 나라를 상속받으라. 내가 주릴 때에 너희가 먹을 것을 주었고, 목마를 때에 마시게 하였고, 나그네 되었을 때에 영접하였고, 헐벗었을 때에 옷을 입혔고, 병들었을 때에 돌보았고, 옥에 갇혔을 때에 와서 보았느니라. 마태복음 25:34b–36

예배인간 욥은 하나님께서 무엇을 원하시는지 알았다. 하나님을 사랑하는 길이 무엇인지 알았다. 하나님을 두려워하는 사람은 하나님께서 예비하신 재앙이 얼마나 겁나는지 알고 있다. 적어도 세상이 보는 기준이 틀렸다는 것을 입증하기 위해서라도 예배인간은 스스로의 정당성을 최소한이라도 확보해야 한다. 세상 윤리 기준을 반드시 넘어서야 한다. 세상 사람들보다 더 의로워야 한다.

▶ 31:24–28, 만일 내가 2

31:24 만일 내가 내 소망을 금에다 두고, 순금에게, 너는 내 의뢰하는 바라, 하였다면,
31:25 만일 재물의 풍부함과 손으로 얻은 것이 많음으로 기뻐하였다면,
31:26 만일 해가 빛남과 달이 밝게 뜬 것을 보고,
31:27 내 마음이 슬며시 유혹되어 내 손에 입 맞추었다면,
31:28 그것도 재판에 회부할 죄악이니, 내가 그리하였으면 위에 계신 하나님을 속이는 것이리라.

재물로써 기뻐했거나, 해나 달의 밝음에 자기 손에 입맞춤을 했다면, 그건 하나님께 죄악이다.

26-27절에 암시된 것은 해나 달을 섬기는 이교의 가르침을 따라 재물을 추구함이다. 자기 손에 입맞춤은, 손과 입의 일치다. 하나님의 뜻과 일치를 추구함 아니라, 손으로 얻는 재물과 일치를 추구함이다. 물질주의요, 우상숭배다. 그것은 죄다.

▶ 31:29, 내가 언제 2

31:29 내가 언제 나를 미워하는 자의 멸망을 기뻐하고, 그가 재난을 당함으로 즐거워하였던가!

원수가 망하는 것을 기다리고, 그의 고난을 즐거워함은 인지상정이다. 보통사람들의 상식이다.

사촌이 땅을 사면 배가 아프다.
남 잘 되는 꼴을 못 본다.

그러나 보라! 예배인간은 상식인간이 아니다. 예배인간은 "보통사람" 혹은 "평균인간"을 자처하지 않는다.

▶ 31:30-32, 실상은 2

31:30 실상은 나는 그가 죽기를 구하는 말로 그의 생명을 저주하여 내 입이 범죄하게 하지 아니하였노라!
31:31 내 장막 사람들은, 주인의 고기에 배부르지 않은 자가 어디 있느뇨, 하지 아니하였는가!
31:32 실상은 나그네가 거리에서 자지 아니하도록 나는 행인에게 내 문을 열어

주었노라.

"나는 무죄하다!" 나는 선행을 베풀었다. (이것은 그가 행위로 의롭다는 주장이 아니다. 그가 당하는 고난이 어떤 사악한 행위의 결과가 아니라는 말이다.) 우리는 그의 항변을 믿는다.

▶ 31:33–34, 내가 언제 3

31:33 내가 언제 다른 사람처럼 내 악행을 숨긴 일이 있거나 나의 죄악을 나의 품에 감추었으며,
31:34 내가 언제 큰 무리와 여러 종족의 수모가 두려워서 대문 밖으로 나가지 못하고 잠잠하였던가?

예배인간은 자기의 죄를 낱낱이 고백한다. 죄를 숨기는 사람은 예배드릴 수 없다. 예배드리는 인간은 자기의 죄 고백이 부끄럽지 않다. 사죄하시는 주님의 능력을 믿기 때문이다. 간증집회 때 그 부끄러운 죄가 쏟아져 나오는 것도, 듣고도 오히려 주님께 찬양을 드리는 것도 이런 맥락이다.

▶ 31:35, 고소장

31:35누구든지 나의 변명을 들어다오. 나의 서명이 여기 있으니, 전능자가 내게 대답하시기를 바라노라. 나를 고발하는 자가 있다면, 그에게 고소장을 쓰게 하라.

히브리어로 읽는다.

미 잇텐-리 쇼메아 리
헨-타위
샤다이 야아네니

웨세페를 캇타브 이쉬 리이비이

내 사역이다.

누군가 내 말을 들어줄 사람이 있다면!
여기 내 서명을 보라.
전능자께서 내게 대답하시기를!
나를 대적하는 자여, 그 문서를 작성하라!

히브리어 본문은 훨씬 더 간절하다. 개역개정의 "누구든지"는 무대 위의 사람들로 한정한다. 그러나 히브리어는 이 세상 모두를 포함한다. "나의 서명이 여기 있으니"보다는 "여기 내 서명을 보라"가 강렬하다. "나를 고발하는 자가 있다면"은 약하다. 분명히 대적자, 그들은 존재한다. 따라서 그들의 존재를 "가정"할 필요가 없다. 그동안 그들에게 쫓겨다녔다면 이제 돌아서서 외친다: "그 문서를 작성하라!"

드디어 욥이 하나님께 드리는 그 문서에 서명했다. 그 글은 원수들이 작성한 것이다. (욥의 원수는 내내 예배 방해자다. 욥이 그런 상황에도 좌절하거나 굴복하지 않고 예배를 드리고 있는 모습에서 혐오감을 느낀 그런 사람들이다. 욥이 절망의 눈물을 흘렸다면 그들은 욥을 끌어안고 온갖 위로의 말을 던졌을 것이다.) 조목조목 욥의 죄악을 적었다. 현재 고난에 근거한 "추정치" 죄목이다. 욥은 자신 있다. 그런 추정치는 나와 단 하나의 관계도 없다! 하나님께서 응답하신다면, 그분께서는 정의로써 판단하실 것이다. 사람의 속을 아시는 분이시다!

이건 사람의 일이 아니다. 인간의 송사가 아니다. 영적인 문제다. (예배인간은 모든 일을, 사소하거나 크거나 관계없이, 모두 영으로 푼다.) 하나님께 달린 문제다. 포악한 자가 잘 사는 것이나, 의로운 예배인간이 고난을 겪는 일이나, 모두 한 결 같이 하나님의 손에 달렸다. 하나님께 여쭙지 않고 이론이나 세상경험을 앞세우는 것은 예배인간답지 않다. 예배인간은 모든 일을 하나님께 여쭙는다. 사람의 의견을 따르지 않는다. 예배인간이 악인들의 꾀를 따르거나, 죄인들의 길에 서거나, 오만한 자들의 길에 앉을 이유가 무엇이냐?(참고. 시편 1:1) 천만에!

보라! 이제 하나님께서 응답하실 차례다: 전능자가 내게 대답하시기를!

● 하나님의 음성을

욥은 사람의 말을 그치게 했다. 그들의 언변을 원하지 않았다. 이제 하나님의 음성만 기다린다.

▶ 31:36-37, **고소장을**

> 31:36 내가 그것을 어깨에 메기도 하고, 왕관처럼 머리에 쓰기도 하리라.
> 31:37 내 걸음의 수효를 그에게 알리고, 왕족처럼 그를 가까이 하였으리라.

고소장을 깃발처럼 하늘 높이 쳐든다. 배낭처럼 어깨에 메거나, 왕관처럼 머리에 쓴다. 그의 고소에 모든 것을 숨기지 않는다. 걸음걸이의 수까지 밝힌다. 왕족(prince)이나 된 것처럼, 두려움 없이, 그는 그분 하나님께 다가간다.

▶ 31:38-40, **만일 내가 3**

> 31:38 만일 내 밭이 나를 향하여 부르짖고, 밭이랑이 함께 울었다면,
> 31:39 만일 내가 값을 내지 않고 그 소출을 먹고, 그 소유주가 생명을 잃게 하였다면,
> 31:40a 밀 대신에 가시나무가 나고, 보리 대신에 독보리가 나는 것이 마땅하리라, 하고,

욥은 자기의 고소에 대하여 단서를 단다. 고소장이 사실과 틀림없음을 입증한 것이다. 그가 감춘 죄악이 있다면 그 결과를 달게 받겠다.

▶ 31:40b, **침묵 속으로**

31:40b 욥의 말이 그치니라.

이제 할 말을 다 했다. 할 말이 없다. 이제부터는 기다림이다. 하나님께서 말씀하실 차례다.

● 제28-31장, 예배인간 욥의 예배방정식 SPRx-C//E=0

세상이 주는 지혜를 예배인간은 구하지 않는다. 예배인간은 음란한 세상에 눈길을 주지 않는다. 예배인간은 예배로써 전능하신 하나님, 창조와 구원의 하나님께 직접 말씀 듣기를 사모한다. 하나님께서 그의 소원을 이루실 것이다.

좋은 것으로 네 소원을 만족하게 하사, 네 청춘을 독수리 같이 새롭게 하시는다.

시편 103:5

Ⅱ-4 엘리후 모놀로그, 32:1-37:24

"

● 32:1-37:24, 엘리후 모놀로그

★ 다이어그램 20, "엘리후 모놀로그"

장	제목	절	내용
32	등장	1-5	(엘리후, 화 내며 등장하다.)
		6-22	내 말을 들으라.
33	욥에게	1-7	나는 정직하다.
		8-12	그대는 무죄를 주장했다.
		13-18	하나님은 옳으시다.
		19-22	사람은 징계를 받는다.
		23-28	회개하면 회복된다.
		29-33	하나님의 뜻을 내가 가르치리라.
34	지혜자 들에게	1-9	지혜자들에게: 욥은 유죄다
		10-15	행위대로 벌 받는다.
		16-20	인간은 순간적 존재다 .
		21-30	하나님은 다 아신다. 끝까지 침묵하지는 않으신다.
		31-37	욥은 무식하다. 끝까지 시험 받을지어다!
35	욥의 의 부정	1-8	그대의 의는 도대체 어디서 왔는가?
		9-13	하나님은 악인을 돌보지 않으신다. 욥이 예배로써 사죄하심 받은 사실을 부정한다.
		14-16	욥은 지혜 없는 악인이다.
36	하나님 vs 욥	1-16	하나님은 회개하는 자를 회복시키신다.
		17-23	욥은 악인이다. 악을 사모한다. 그는 차라리 가인 같은 사람이다.
		24-33	하나님은 높으시다. 창조주시다.
37	창조주 하나님을 알라	1-13	창조주 하나님은 무서우시다
		14-20	창조주 하나님을 아느냐?
		21-24	전능자는 스스로 지혜롭다는 자를 무시하신다.

● **전체 그림**

엘리후는 욥의 예배가 못마땅하다. 무서운 하나님을 우습게 여기는 처사 아니냐?

당연히 엘리후는 예배를 모른다. 형벌 받은 사람이 하나님께 나아와 예배드리는 것은 가증하다는 판단이다. 엘리후는 결국 죄인들이 주님의 은혜로 나아와 예배드림을 모르고 있다.

어째서 그런가? 그는 죄인을 불쌍히 여기시는 하나님을 모르는가? 엘리후가 아는 하나님은 전능한 창조주시다. 구원주 하나님이 그의 마음에는 없다. 창조//출애굽 다이내믹스가 그의 동력이 아니다. 그러므로 그는 비판적이다. 하나님께 대한 그의 이론은 부분적이므로 그의 하나님은 날카롭기만 하다. 논리만 신뢰하는 사람은 항상 이게 문제다. 하나님께서는 인간의 논리 그물로 잡힐 분이 아니시다.

기왕에 거룩하게 된 자가 예배를 드린다면 예배는 자기 확증 의식에 다름 아니다. 죄인이 나아와 예배로써 거룩하게 된다면 예배의 본질이 회복된 것이다. 엘리후는 스스로 거룩한 자다. 바리새인이나 율법사처럼.

● **엘리후**

엘리후는 누구인가? 그의 이름 뜻은 "그는 나의 하나님"이다. 그의 연설은 어떤 내용인가? 욥기 32-37장 외에 등장하지 않는 그 이름, 엘리후는 어떤 역할을 맡은 사람인가?

학자들의 세계에서 엘리후는 대개 후대에 첨가된 부분의 등장인물이다(참고. Collins 2004:506). 그래서 그는 욥기 전체 구도 안에 소속이 없다. 그러나 나는 그런 류의 비판적 성경읽기에 관심이 없다. 욥기에서 엘리후는 실존이다.

욥기가 책이라면, 엘리후는 독자다. 독자는 책 내용에 포함되지 않는다. 그러나 독자가 책을 손에 들고 책을 읽는 "도서관"이라면, 그 도서관 안에 책이 있고 독자가 그 책을 읽는다. 이런 점에서 독자는 책과 "상관"이 있다. 독자는 책의 내용을, 그리고 책의 등장인물을 분석하고 비평하고 평가한다.

욥기가 연극 대본이라면, 엘리후는 관객이다. 조명 없는 객석에 앉아서 개미새끼 한 마리도 피해갈 수 없는 무대 위, 거기서 숨소리 고르는 것도 들킬 수밖에 없는 등장인물을 분석하고 비판하는 관객이다. 확실히 관객은 무대 위에 없다. 그래서 이름도 없고 존재가 없다. 그러나 분명히 관객은 존재한다.

그래서 엘리후는 "엘리후 모놀로그" 이전과 이후에 존재하지 않는다. 누구도 그의 이름을 불러주지 않는다. 그들 안중에는 엘리후가 없다. 그러나 엘리후는 모든 사람에게 다 관심이 있다. 적어도 무대에 올라간 사람들은 엘리후의 관심의 영역이다. 엘리후의 비판은 거의 하나님의 자리에까지 올랐다. 독자나 관객이라면 전지적(全知的) 시점을 스스로 확보한다. 사실 그에게는 하나님조차 반드시 필요한 것은 아니다. 스스로 하나님을 상정하고, 그 자리에 앉아 무대 위 사람을 판별한다.

특히 엘리후는 우선 세 친구가 못마땅하다. 그들은 욥을 제대로 상대하지 못했다. 욥의 오만과 그의 교만을 파괴시킬 수 있는 결정타가 없었다. 오히려 사력을 다한 욥의 손톱과 이빨에 상처입고, 할 말 잃고 전전긍긍하는 그 꼬락서니라니!

엘리후는 기왕에 한켠으로 물러난 세 친구를 판정패 시켰다. 그 스스로가 욥을 상대해야 했다. 보무도 당당하게 무대에 올랐다. 엘리후의 지금 목표는 욥을 KO시키는 것이다. 예배인간으로서 스스로 가지는 의로움은 정말 아니다. 욥은 지금 벌벌 떨면서 절망해야 마땅한 것이다. 그게 인간적이다. 그런데 욥은 교만하다. 욥은 이단적이다. 그가 하나님을 믿는 사람이라는 증거는 어디도 없다. 그걸 깨우쳐 주어야 한다. 욥이 지금 가지는 소망을 부셔버리고, 그의 손에 절망의 가시를 들려주어야 한다. 욥의 머리에 쓴 면류관을 내동댕이치고 가시관을 씌워야 한다. 사람은 스스로에게 걸 맞는 이름이 있다. 지금 욥은 그 벌에 합당한 타이틀을 입어야 한다. 예배인간 대신 절망인간이어야 한다.

● **엘리후 모놀로그**

엘리후는 세 친구의 이론을 한층 강화한다. 세 친구를 침묵시킨 욥에 대항하는, 대단히 무서운 세력이다.

엘리후 모놀로그의 특징은(참고. Alter 2010:137) 두 가지다. 첫째로, 공식적이다. 틀에 짜 맞춘 공식이다. 둘째로 반복적이다. 전후의 욥기 시에 비하여 문학적 수준이 떨어진다. 신학적 논리도 빈약하다. 아마도 화를 내면서 시작한 연설이어서 유치한 수준에 머문 듯싶다. 그러나 반복의 효과는 크다. 잔소리도 반복될 때 파괴력이 있다.

● 엘리후, 편견을 못 버린 사람

엘리후는 "고난이 형벌"이라는 전통적인 구도를 결코 벗어나지 못한다(참고. Clines 2006:888). 의인도 고난을 받을 수 있다는 것은 그의 생각에 없다. 이것은 독자 혹은 관객이 욥기라는 이야기책을 읽거나 연극을 관람할 때 처음부터 지니고 온 생각이었다. 그는 자기의 생각을 버릴 계획이 전혀 없다. 따라서 처음에 그와 비슷한 생각을 품고 달려든 세 친구들이 점점 뒤로 물러나는 것을 지켜보다가 끝내 그가 개입한다. 그의 정서는 당연히 "분노"다. 감히 하나님께 형벌 받는 자가 입을 놀리다니!

악인도 잘 될 수 있다는 것, 바로 그 점 때문에 의인도 잘못될 수 있다는 것, 이 두 가지가 인생의 양면이라는 것을 그는 처음부터 인정하지 않았다. 엘리후가 수평 다이얼로그의 과정에 전혀 참여하지 않은 인물이라는 것은 자명하다. 그는 세 사람이 파상공격을 통해 욥을 공격하면서도 욥의 SPR 대응으로 저들 스스로가 무너져가고 있음을 경험했다. 그러나 엘리후의 자리는 욥과 같은 무대 위가 아니라 잔디밭(독자)이거나 객석(관객)이다. 욥의 숨결을 느낄 수 있었고 그의 눈물을 가까이에서 볼 수 있었고 바이올린 G선으로 밀려오는 욥의 떨림을 가슴으로 맞아야 했던 친구들과 전혀 달리, 엘리후는 "충분히" 욥으로부터 멀리 떨어져 있었던 것이다!

● 엘리후, 편견을 버릴 때까지

당신이 독자라면 욥기를 계속해서 읽을 일이다. 그렇게 함으로써 뿌리

깊은 편견을 벗어 던질 수 있다.

당신이 관객이라면 이 연극을 다시 보러 아구아 데 디오스로 오라. 미겔 페르난데스 목사가 그 보고타 강물이 휘감아 돌아가는 한센병 마을에서 "연례 욥기연극제"를 기획하는 이유가 그렇다. 1. 우선 사람들이 한센병에 대한 편견을 버려야 한다. 하나님 안에서 모두가 평등하다. 예배인간이라면 누구보다 우선 그것을 안다. 2. 자신의 한센병을 부끄러움과 수치로 여기지 않기를 바란다. 기왓장으로 몸을 긁던 욥을 다시 만나면서 형벌로 다가왔던 한센병이 오히려 축복으로 돌변할 것이다.

● 당신이 편견 버린 엘리후라면

어떤 꿈

첼리타 (Chelita, 1932–) 시, 조은석 역

꿈꾼다, 내 꿈에
어떤 배 하나가 쓸쓸하게 혼자 바다로 나간다.
바다 속에 쓸어 넣으려 끊임없이 밀려오는 파도를 기어오른다.

멀리 아주 멀리 배는 떠나기로 작정했다.
자부심과 용기를 가지고 그 배는 그의 항구에 도착했다.
이글거리는 태양빛 아래
탄식의 노래가 들린다.
그 빛은 내 얼굴에 더 이상 정열을 쏟아 붓지 않는다.

나는 되돌아가지 못할 것이다.
나는 속 깊은 곳에 도사린 상처를 품고

거기서 나 홀로 죽음을 맞아야 할 것이다.
물결들은 내게로 몰려온다.
나를 죽이려 한다.
내다보고 또 본다.
누가 나를 구원해 줄 것인가?
혼자서 고독하다.
내 눈에서 눈물이 흐르기 시작한다.

아, 얼마나 슬픈 꿈인가? 배는 떠나가고
거대한 바다 위에 나 홀로 남았는데.
파도가 내게로 다가와
하얀 물결은 뒤집어 제단을 만든다.

그들이 나를 들어올린다.
내 눈이 그 영광을 본다.
여기서 나는 그들을 기다려 나누고자 한다.
여기는 슬픔이 없다.
여기는 눈물이 없다.
여기서 우리는 하나님의 은혜를 입는다.

이 시대, 동시대인 욥을 만날 수 있다. 그는 어디나 있다. 한국에도 미국에도, 아프리카에도 콜롬비아에도 있다. 당신이 편견을 버린 엘리후라면, 그의 기도를 들으며, 그의 찬양에 동참할 수 있다. 그가 엎드린 자리에 당신도 무릎 꿇을 것이다(SPR). 그를 밀쳐내 판단하지 않고 그를 품에 안고 사랑할 것이다. 당신이 예배인간 엘리후라면.

● 32:1-22, 엘리후 모놀로그 A

▶ 32:1, 세 사람의 침묵

32:1 욥이 자신을 의인으로 여기므로 그 세 사람이 말을 그치니,

욥과 세 친구의 게임은 이미 수평 다이얼로그 사이클 3 후반부에 끝났다. 어떤 논쟁에서도 본래 이성은 경험에 밀린다.

▶ 32:2a, 엘리후

32:2a 람 종족 부스 사람 바라겔의 아들 엘리후가

엘리후는 람 종족이다. 그는 또한 부스 사람이다. 엘리후는 바라겔의 아들이다. 엘리후, 그 뜻은? "그분은 나의 하나님이시다." 자기의 거룩한 이름에 걸맞는 사람은 복이 있으라!

▶ 32:2b, 엘리후의 화 1

32:2b 화를 내니,

엘리후의 성격의 일단이다. 그는 화를 내며 무대 위에 등장했다. 화를 내는 사람이 좋을 수 있을까? 화는 어떤 경우에도 정당화 될 수 없다.

▶ 32:2c, 엘리후의 화 2

33:2c 그가 욥에게 화를 냄은, 욥이 하나님보다 자기가 의롭다 함이요,

아니다. 욥은 하나님보다 자기가 의롭다 한 적이 없다. 그런데 엘리후는

어떻게 그렇게 들었을까? 하나님께서 의롭다 하심을 붙드는 것, 그것이 마땅치 않았던 것이다. 죄인이 하나님 앞에 기뻐하는 것, 의인을 자처하는 사람은 그것을 견딜 수 없는 것이다. 벌을 받았으면 벌 받은 사람답게 두려워하며 떨어야 하는 것이다. 놀랍게도 욥의 아내가 요구했던 것, 그것이 바로 욥의 경우 곁에 선 사람들이 원하던 욥의 모습이었다.

> 하나님을 욕하고 죽으라! 욥기 2:9c

그러므로 온전한 예배인간은 많은 적이 있는 법이다.

사람이 보기에 죄인이 의로움을 확신하는 것, 그것은 보아주기 어렵다. 바리새인들이 예수님 주변 인물들에게 주로 던진 시선이다. 그런 "죄인들"과 어울리는 예수님도 보기 싫기는 마찬가지였다. 그냥 보는 것 자체로 "화"가 나는 것이다.

예배인간, 그 누구도 자기들을 하나님보다 의롭다 하지 않는다. 그러나 하나님의 진노는 계속되어야 마땅하다는 결론을 품은 자들에게 예배인간의 기쁨과 감사는 가중하다. 그래서 화가 나는 것이다.

▶ 32:3, 엘리후의 화 3

> 32:3 또 세 친구에게 화를 냄은, 그들이 능히 대답하지 못하면서도 욥을 정죄함이라.

엘리후의 판단에 따르면 세 친구는 두 가지 점에서 욥보다 열등했다. 첫째는 욥에게 대답을 제대로 하지 못했다. 둘째는 근거 없이 정죄했다.

엘리후는 욥이 정죄 받아야 마땅했다. 그러나 친구들은 제대로 그 죄를 지적하지 못했다. 객석 자리에서 무대로 뛰어오른(혹은, 독서하다가 연필을 꺼내 들고 행간 여백에 글을 짓기 시작하는) 엘리후는 세상 모든 사람이 못마땅했다. 참고 있어야 할 자기의 위치를 충분히 잊어버릴 만큼 그는 화가 났다. 그는 정말이지 나서서는 안되는 사람이었다.

▶ 32:4-5, 엘리후의 화 4

> 32:4 엘리후는 그들의 나이가 자기보다 여러 해 위이므로, 욥에게 말하기를 참고 있다가,
> 32:5 세 사람의 입에 대답이 없음을 보고, 화를 내니라.

엘리후는 젊은 사람이다. 나이가 젊다는 것은 동서고금을 막론하고 들어야 하는 입장이다.

그러나 젊은 그가 화 난 마지막 이유는 세 사람의 침묵 때문이다. 세 사람은 욥에게 제대로 대답하지 못했고, 무리하게 정죄했으며, 침묵으로 들어갔다. 이 세 가지 모두가 엘리후는 못마땅했다.

▶ 32:6-10, 연륜과 지혜

> 32:6 부스 사람 바라겔의 아들 엘리후가 대답하여 이르되, 나는 연소하고 당신들은 연로하므로 뒷전에서 나의 의견을 감히 내놓지 못하였노라.
> 32:7 내가 말하기를, 나이가 많은 자가 말할 것이요, 연륜이 많은 자가 지혜를 가르칠 것이라, 하였노라.
> 32:8 그러나 사람의 속에는 영이 있고, 전능자의 숨결이 사람에게 깨달음을 주시나니,
> 32:9 어른이라고 지혜롭거나 노인이라고 정의를 깨닫는 것이 아니니라.
> 32:10그러므로 내가 말하노니 내 말을 들으라. 나도 내 의견을 말하리라.

젊은 사람 엘리후다(비판적 사고가 높은 독자/관객은 항상 젊다. 안 그런가?). 그는 나이에서 비롯한 권위를 존중했다. 그러나 세 친구는 그 권위를 효과

적으로 사용하지 못했다. 세 사람은 젊은 사람 엘리후가 나설 빌미를 제공한 것이다.

그의 말 중에 들을만한 것이 있다: 어른이라고 지혜롭거나 노인이라고 정의를 깨닫는 것이 아니다.

▶ 32:11-12, 세 친구들에게

32:11 보라 나는 당신들의 말을 기다렸노라 당신들의 슬기와 당신들의 말에 귀 기울이고 있었노라.
32:12 내가 자세히 들은즉 당신들 가운데 욥을 꺾어 그의 말에 대답하는 자가 없도다.

엘리후의 평가다. 하나님께서도 동의하신 평가다. 이론이 경험을 이길 수 없다는 말이다. 적어도 세 친구의 이론은 상대를 무찌를 수 있는 파워가 없다. 상대가 누구냐? 예배인간 아니냐?

대개 이론이란 상대가 알아서 겁먹고 물러서지 않는 한 아무런 힘도 없는 허수아비다. 이론을 보고 겁먹는 사람은 학력 같은 간판에 지레 움츠러드는 사람인데, 이런 사람은 실상 이론 아니래도 물리칠 무기가 널려 있다. 어차피 누구든 논리에 감복해서 물러설 사람이 없다. 어떤 그림자라도 도망칠 준비가 되어 있는 사람에게만 논리가 파괴력 있다. "그래. 너 잘났다. 어쩔래?" 이런 말이라면 논리가 도망친다. 이기고 지는 게 논리 아니냐!

▶ 32:13-14, 당신들의 이론은 무용지물

32:13 당신들이 말하기를, 우리가 진상을 파악했으나 그를 추궁할 자는 하나님이시요 사람이 아니라, 하지 말지니라.
32:14 그가 내게 자기 이론을 제기하지 아니하였으니, 나도 당신들의 이론으로 그에게 대답하지 아니하리라.

당신들은 포기했다: 그를 추궁할 자는 하나님이시오 사람이 아니라. 그러나 엘리후는 계속하겠다는 말이다.

당신들의 이론. 더 이상 효과가 없음을 알았다. 엘리후는 세 사람의 이론을 용도 폐기한다.

▶ 32:15, 세 친구 침묵

32:15 그들이 놀라서 다시 대답하지 못하니, 할 말이 없음이었더라.

엘리후가 판정한다. 세 친구는 패배자다. 할 말이 없지 않으냐!

▶ 32:16-20, 내가 어찌 더 기다리랴!

32:16 당신들이 말없이 가만히 서서 다시 대답하지 아니한즉, 내가 어찌 더 기다리랴!
32:17 나는 내 본분대로 대답하고, 나도 내 의견을 보이리라.
32:18 내 속에는 말이 가득하니, 내 영이 나를 압박함이니라.
32:19 보라. 내 배는 봉한 포도주통 같고, 터지게 된 새 가죽 부대 같구나.
32:20 내가 말을 하여야 시원할 것이라. 내 입을 열어 대답하리라.

갑갑하여 나왔다. 세 친구의 역할은 끝났다. 모든 것을 다 가지고도 작전에 패한 자는 비켜나야 한다. 물러나라. 이제 엘리후가 나선다.

▶ 32:21-22, 나는 사람의 낯을 보지 아니하며

32:21 나는 결코 사람의 낯을 보지 아니하며, 사람에게 영광을 돌리지 아니하리 니.
32:22 이는 아첨할 줄을 알지 못함이라. 만일 그리하면 나를 지으신 이가 속히

나를 데려가시리로다.

엘리후는 객관적인 편에 설 것을 천명한다. 독자나 관객은 누구에게 치우치지 않는 평가를 다짐한다. 그의 댓글은 토론의 마침표다. 창조주 하나님께서도 인정하시는 권위가 있다.

● 33:1-33, 엘리후 모놀로그 B

▶ 33:1-3, 엘리후가 욥에게

33:1 그런즉 욥이여, 내 말을 들으며, 내 모든 말에 귀를 기울이기를 원하노라.
33:2 내가 입을 여니, 내 혀가 입에서 말하는구나.
33:3 내 마음의 정직함이 곧 내 말이며, 내 입술이 아는 바가 진실을 말하느니라.

엘리후의 첫 번째 화살은 욥을 겨냥한다. 아니, 엘리후는 처음부터 세 친구에 대하여는 평가절하하고 들어간다. 그의 목표물은 욥일 뿐이다.

▶ 33:4-5, 하나님의 영이

33:4 하나님의 영이 나를 지으셨고, 전능자의 기운이 나를 살리시느니라.
33:5 그대가 할 수 있거든 일어서서 내게 대답하고, 내 앞에 진술하라.

엘리후는 자기의 영적 권위를 하나님의 영에 근거한다. 따라서 욥은 하나님 앞에 선 인간으로서 엘리후에게 대답해야 하는 것이다!

대체로 신적 권위를 내세우는 자는 소위 "직통계시"를 내세운다. 그러나 지혜로운 자는 하나님의 말씀을 벗어나지 않는다.

형제들아. 내가 너희를 위하여 이 일에 나와 아볼로를 들어서 본을 보였으니, 이는 너희로 하여금 기록된 말씀 밖으로 넘어가지 말라, 한 것을 우리에게서 배워 서로 대적하여 교만한 마음을 가지지 말게 하려 함이라. 고린도전서 4:6

기록된 말씀. 욥의 근거는 모세오경이다. 욥기에서 모세오경의 판례법을 읽는다. 욥을 만나 주시는 하나님은 오늘 우리의 예배를 받으시는 여호와 하나님이시다. 그런데 엘리후는 지금 직통계시를 주장한다.

▶ 33:6-7, 나도 흙으로 지으심을 입었은즉

33:6 나와 그대가 하나님 앞에서 동일하니, 나도 흙으로 지으심을 입었은즉,
33:7 내 위엄으로는 그대를 두렵게 하지 못하고, 내 손으로는 그대를 누르지 못하느니라.

자기를 낮추는 방법으로 스스로를 높인다. 말하자면 겸손을 가장한 교만인 셈이다.

▶ 33:8-11, 나는 그대의 말소리를

33:8 그대는 실로 내가 듣는 데서 말하였고, 나는 그대의 말소리를 들었느니라.
33:9 이르기를, 나는 깨끗하여 악인이 아니며 순전하고 불의도 없거늘
33:10 참으로 하나님이 나에게서 잘못을 찾으시며, 나를 자기의 원수로 여기사,
33:11 내 발을 차꼬에 채우시고, 나의 모든 길을 감시하신다, 하였느니라.

말하자면, 엘리후는 욥이 스스로 순전하고 불의가 없다고 하면서 고난의 모든 책임을 하나님께 돌리는 데 분개하고 있는 것이다.

▶ 33:12-13, 내가 그대에게 대답하리라

33:12 내가 그대에게 대답하리라. 이 말에 그대가 의롭지 못하니, 하나님은 사람보다 크심이니라.
33:13 하나님께서 사람의 말에 대답하지 않으신다 하여 어찌 하나님과 논쟁하겠느냐?

사람은 하나님과 논쟁할 수 없다. 그러므로 당신의 상대는 차라리 나여야 한다. 내가 하나님을 대신하여 당신과 논쟁하려 한다.

▶ 33:14, 누가 하나님의 말씀에 귀를 기울이랴!

33:14 하나님은 한 번 말씀하시고 다시 말씀하시되, 사람은 관심이 없도다.

하나님께서는 인간에게 끝없이 말씀하신다. 인간은 무지하다. 아예 관심이 없는 것이다. 스스로 교만한 욥, 당신도 어쩔 수 없는 인간에 불과하다.

▶ 33:15-17, 하나님의 경고의 목적 1. 교만하지 않도록

33:15 사람이 침상에서 졸며, 깊이 잠들 때에나 꿈에나 밤에 환상을 볼 때에
33:16 그가 사람의 귀를 여시고, 경고로써 두렵게 하시니.
33:17 이는 사람에게 그의 행실을 버리게 하려 하심이며, 사람의 교만을 막으려 하심이라.

인간에게 내리는 고난은 하나님의 경고다. 즉, 고난 자체가 목적이 아니라, 어떤 보다 더 근본적인 환난을 막으시려는 경고다. 따라서 인간이 고난을 통해 하나님의 경고의 목소리를 듣는 것은 지혜다.

▶ 33:18, 하나님 경고의 목적 2. 멸망하지 않도록

33:18 그는 사람의 혼을 구덩이에 빠지지 않게 하시며, 그 생명을 칼에 맞아 멸망하지 않게 하시느니라.

하나님께서 인간을 경고하심으로써, 그를 죽음의 길에서 벗어나게 하시는 것이다.

▶ **33:19-26, 하나님 경고의 목적 3. 회복**

33:19 혹은 사람이 병상의 고통과 뼈가 늘 쑤심의 징계를 받나니,
33:20 그의 생명은 음식을 싫어하고 그의 마음은 별미를 싫어하며,
33:21 그의 살은 파리하여 보이지 아니하고, 보이지 않던 뼈가 드러나서,
33:22 그의 마음은 구덩이에, 그의 생명은 멸하는 자에게 가까워지느니라.
33:23 만일 일천 천사 가운데 하나가 그 사람의 중보자로 함께 있어서 그의 정당함을 보일진대,
33:24 하나님이 그 사람을 불쌍히 여기사, 그를 건져서 구덩이에 내려가지 않게 하라. 내가 대속물을 얻었다 하시리라.
33:25 그런즉 그의 살이 청년보다 부드러워지며, 젊음을 회복하리라.
33:26 그는 하나님께 기도하므로, 하나님이 은혜를 베푸사 그로 말미암아 기뻐 외치며, 하나님의 얼굴을 보게 하시고, 사람에게 그의 공의를 회복시키시느니라.

하나님께서는 경고하심으로써 사람은 젊음을 회복하고, 하나님의 공의가 회복되는 것이다.

▶ **33:27-30, 하나님 경고의 목적 4. 빛을 비추심**

33:27 그가 사람 앞에서 노래하여 이르기를, 내가 범죄하여 옳은 것을 그르쳤으나, 내게 무익하였구나.
33:28 하나님이 내 영혼을 건지사, 구덩이에 내려가지 않게 하셨으니, 내 생명이 빛을 보겠구나, 하리라.

33:29 실로 하나님이 사람에게 이 모든 일을 재삼 행하심은
33:30 그들의 영혼을 구덩이에서 이끌어, 생명의 빛을 그들에게 비추려 하심이니라.

하나님께서는 고난을 통하여 사람을 훈련시키시는 것이다. 하나님의 궁극적 목적은 어둠에 속한 인생에게 빛을 주시고, 그를 구원하시려는 것이다.

▶ **33:31, 당신은 침묵하라**

33:31 욥이여, 내 말을 귀담아 들으라. 잠잠하라. 내가 말하리라.

욥의 입을 막는다.

▶ **33:32, 당신은 대답하라**

33:32 만일 할 말이 있거든 대답하라. 내가 기쁜 마음으로 그대를 의롭다 하리니, 그대는 말하라.

대답하라. 나에게 대답하라.

▶ 33:33, 당신은 침묵하라

33:33 만일 없으면 내 말을 들으라. 잠잠하라. 내가 지혜로 그대를 가르치리라.

침묵하라. 내가 가르칠 것이다.

● **정리, 엘리후의 주장**

욥, 당신은 내게 대답해야 한다. 나는 당신을 의롭다고 인정할 수 있는

(곧, '칭의'할 수 있는!) 권위가 있다.

할 말 없으면 침묵하라. 지혜로써 내가 당신을 가르치겠다.

● 34:1-37, 엘리후 모놀로그 C

▶ 34:1-2, 지혜 있는 자들아

34:1 엘리후가 말하여 이르되,
34:2 지혜 있는 자들아 내 말을 들으며, 지식 있는 자들아 내게 귀를 기울이라.

엘리후는 그들을 "지혜 있는 자들"로 부른다. 그러나 스스로는 더 큰 지혜가 있는 것으로 자처한다.

▶ 34:3-4, 정의: 우리끼리 알아보자

34:3 입이 음식물의 맛을 분별함 같이 귀가 말을 분별하나니,
34:4 우리가 정의를 가려내고 무엇이 선한가, 우리끼리 알아보자.

엘리후는 재판을 주재한다: 정의가 무엇인지 우리끼리 알아보자. 그러면 확인된 정의는 하나님께 여쭈어 볼 일이 없다. 바로 이 점에서 엘리후의 연설은 하나님의 말씀과 대치한다.

하바드대 마이클 샌댈 교수의 〈정의란 무엇인가?〉에서 다루는 정의는 성경에서 난 것인가? 상식 수준의 정의가 다른 사회의 상식과 상치되는 법은 없는

가? 엘리후의 “우리”는 누구를 포함하는가? 욥기 컨텍스트 안에서 엘리후는 소통이 없는 개인에 불과하다. 소통없는 하나의 사회를 대변하는 “정의”와 또 다른 소통 없는 개인의 “정의”는 무엇이 같고 무엇이 다른가?

▶ **34:5–9, 어떤 사람이 욥과 같으랴?**

34:5 욥이 말하기를, 내가 의로우나 하나님이 내 의를 부인하셨고,
34:6 내가 정당함에도 거짓말쟁이라, 하였고, 나는 허물이 없으나 화살로 상처를 입었노라, 하니,
34:7 어떤 사람이 욥과 같으랴? 욥이 비방하기를 물마시듯 하며,
34:8 악한 일을 하는 자들과 한패가 되어, 악인과 함께 다니면서
34:9 이르기를, 사람이 하나님을 기뻐하나 무익하다, 하는구나!

욥은 선함이 없다. 그는 악한 자와 한 패다.

▶ **34:10–12, 그러나 하나님은**

34:10 그러므로 너희 총명한 자들아, 내 말을 들으라. 하나님은 악을 행하지 아니하시며, 전능자는 결코 불의를 행하지 아니하시고,
34:11 사람의 행위를 따라 갚으사, 각각 그의 행위대로 받게 하시나니,
34:12 진실로 하나님은 악을 행하지 아니하시며, 전능자는 공의를 굽히지 아니하시느니라.

욥의 항변에도 불구하고 하나님은 선하시다.

▶ **34:13–15, 사람은**

34:13 누가 땅을 그에게 맡겼느냐? 누가 온 세상을 그에게 맡겼느냐?
34:14 그가 만일 뜻을 정하시고, 그의 영과 목숨을 거두실진대,

34:15 모든 육체가 다 함께 죽으며, 사람은 흙으로 돌아가리라.

인생은 흙으로 돌아갈 운명이다.

▶ 34:16-20, 만일 네가 총명이 있거든

34:16 만일 네가 총명이 있거든 이것을 들으며, 내 말소리에 귀를 기울이라.
34:17 정의를 미워하시는 이시라면 어찌 그대를 다스리시겠느냐? 의롭고 전능하신 이를 그대가 정죄하겠느냐?
34:18 그는 왕에게라도 무용지물이라 하시며, 지도자들에게라도 악하다 하시며,
34:19 고관을 외모로 대하지 아니하시며 가난한 자들 앞에서 부자의 낯을 세워주지 아니하시나니, 이는 그들이 다 그의 손으로 지으신 바가 됨이라.
34:20 그들은 한밤중에 순식간에 죽나니, 백성은 떨며 사라지고, 세력 있는 자도 사람의 손을 빌리지 않고 제거함을 당하느니라.

엘리후는 하나님을 가장 잘 아는 자로 지혜자로 자처한다.

▶ 34:21-24, 주님은 감찰자 하나님

34:21 그는 사람의 길을 주목하시며, 사람의 모든 걸음을 감찰하시나니,
34:22 행악자는 숨을 만한 흑암이나 사망의 그늘이 없느니라.
34:23 하나님은 사람을 심판하시기에 오래 생각하실 것이 없으시니,
34:24 세력 있는 자를 조사할 것 없이 꺾으시고, 다른 사람을 세워 그를 대신하게 하시느니라.

누구도 하나님 앞에 피할 수가 없다. 욥도 예외가 아니다.

▶ 34:25-28, 하나님의 심판

34:25 그러므로 그는 그들의 행위를 아시고, 그들을 밤 사이에 뒤집어엎어 흩으시는도다.
34:26 그들을 악한 자로 여겨 사람의 눈 앞에서 치심은
34:27 그들이 그를 떠나고 그의 모든 길을 깨달아 알지 못함이라.
34:28 그들이 이와 같이 하여 가난한 자의 부르짖음이 그에게 상달하게 하며, 빈궁한 사람의 부르짖음이 그에게 들리게 하느니라.

하나님은 심판하신다. 그렇다. 그러나 에리후는 하나님의 긍휼을 모른다.

▶ **34:29, 주님의 침묵**

34:29 주께서 침묵하신다고 누가 그를 정죄하며, 그가 얼굴을 가리신다면 누가 그를 뵈올 수 있으랴? 그는 민족에게나 인류에게나 동일하시니,
34:30 이는 경건하지 못한 자가 권세를 잡아 백성을 옭아매지 못하게 하려 하심이니라.

지금 침묵하시는 것처럼 보이지만 어떤 중대한 일을 이미 하고 계신 것이다.

▶ **34:31-35, 회개하라**

34:31 그대가 하나님께 아뢰기를, 내가 죄를 지었사오니 다시는 범죄하지 아니하겠나이다.
34:32 내가 깨닫지 못하는 것을 내게 가르치소서. 내가 악을 행하였으나 다시는 아니하겠나이다, 하였는가?
34:33 하나님께서 그대가 거절한다고 하여 그대의 뜻대로 속전을 치르시겠느냐?그러면 그대가 스스로 택할 것이요, 내가 할 것이 아니니, 그대는 아는 대로 말하라.

34:34 슬기로운 자와 내 말을 듣는 지혜 있는 사람은 반드시 내게 말하기를,
34:35 욥이 무식하게 말하니 그의 말이 지혜롭지 못하도다, 하리라.

욥은 무식하다. 그는 신속하게 회개해야 한다. 누구도 욥이 무식하며 지혜 없는 자라는 사실을 인정할 것이다.

▶ **34:36-37, 모든 악인처럼, 나는 욥의 시험이 끝이 없기를 바란다**

34:36 나는 욥이 끝까지 시험 받기를 원하노니, 이는 그 대답이 악인과 같음이라.
34:37 그가 그의 죄에 반역을 더하며, 우리와 어울려 손뼉을 치며, 하나님을 거역하는 말을 많이 하는구나!

하나님을 거역하는 인간 욥에게 시험이 끝이 없을 것이다. 이건 저주다. 그의 회복을 바라지 않는다. 더 맞아야 한다고 생각한다. 그렇게 벌 받고도 아직도 정신을 못 차렸으니!

● **35:1-16, 엘리후 모놀로그 D**

▶ **35:1-4, 그대의 의가?**

35:1 엘리후가 말을 이어 이르되,
35:2 그대는 이것을 합당하게 여기느냐? 그대는 그대의 의가 하나님께로부터 왔다는 말이냐?
35:3 그대는 그것이 내게 무슨 소용이 있으며 범죄 하지 않는 것이 내게 무슨 유익이 있겠느냐고 묻지마는,
35:4 내가 그대와 및 그대와 함께 있는 그대의 친구들에게 대답하리라.

너의 의는 하나님과 상관이 없다. 내가 말한다. 너 뿐 아니라 네 친구들에게도 말한다. 너의 예배는 차라리 가인의 예배처럼 가증하다. 하나님께서 기뻐

받으시지 않으셨다.

▶ 35:5, 하늘을 우러러 보라

35:5 그대는 하늘을 우러러 보라. 그대보다 높이 뜬 구름을 바라보라.

하나님께서는 손에 쥔 것만 계산하고 있는 아브람에게 하늘을 보고, 별을 세게 하셨다(참고. 창세기 15:5).

엘리후는 소망의 제단을 쌓고 있는 욥을 좌절시키기 위해 하늘을 우러러, 구름을 보라고 한다. 하나님이 아니라 덧없는 뜬 구름을!

▶ 35:6–7, 인간의 미약함 강조; 하나님의 속성 오해

35:6 그대가 범죄한들 하나님께 무슨 영향이 있겠으며, 그대의 악행이 가득한들 하나님께 무슨 상관이 있겠으며,
35:7 그대가 의로운들 하나님께 무엇을 드리겠으며, 그가 그대의 손에서 무엇을 받으시겠느냐?

사실이다. 인간은 하나님의 위대하심에 비하면 정말 아무것도 아니다. 그러나 이 사실 지적은 결코 하나님께서 바로 이런 인간을 구원하시기 위해 행하신 그 놀라운 구원의 역사(구체적으로, 십자가!)를 바르게 이해할 수 없게 만든다. 예배인간이 드리는 것은 하나님께 아무것도 아니지만, 하나님께서 기뻐하신다는 사실을 망각해서는 안 되는 것이다. 엘리후는 하나님의 속성을 하나만 알지 둘은 모른 것이다!

그런데 엘리후의 논리는 죄악을 부추키는 사탄의 논리다. 6절과 7절을 바꾸어 읽으면 그렇게 된다. 아니 이대로 두 절을 늘어놓기만 해도 충분한 상상으로 사람은 이미 범죄를 시작한다.

▶ 35:8, 욥은 특별하지 않다!

35:8 그대의 악은 그대와 같은 사람에게나 있는 것이요, 그대의 공의는 어떤 인생에게도 있느니라.

스스로 뛰어난 척 하는 욥, 당신은 당신 종류의 사람에 불과하다. 당신이 내세우는 공의는 누구나 가지고 있는 것뿐이다. 당신은 결코 특별하지 않다.

사람을 대할 때, 그가 특별하지 않다고 주장하는 것은 이미 폭력이다. 주먹 한 방 날린 것이다! 특별하게 보아야 존대하고 존경한다. 존중됨 없는 사회는 얼마나 비참한가!

보편적 원칙 잣대로 욥을 상대하려 들었던 세 친구와 엘리후가 얼마나 같으며 얼마나 다른가?

▶ 35:9-11, 사람은

35:9 사람은 학대가 많으므로 부르짖으며, 군주들의 힘에 눌려 소리치나,
35:10 나를 지으신 하나님은 어디 계시냐고 하며, 밤에 노래를 주시는 자가 어디 계시냐고 말하는 자가 없구나.
35:11 땅의 짐승들보다도 우리를 더욱 가르치시고, 하늘의 새들보다도 우리를 더욱 지혜롭게 하시는 이가 어디 계시냐고 말하는 이도 없구나.

사람은 다 헛되다. 지혜 있는 자가 하나도 없다.

이것은 하나님의 지혜를 기다리는 태도가 아니다. 예배인간의 자기 약함 고백은 기다림이다. 그러나 예배 없는 자의 자기 약함 인식은 자포자기다. 지금 엘리후는 욥을 포기시키고 있다.

▶ 35:12-13, 하나님, 전능자는

35:12 그들이 악인의 교만으로 말미암아 거기에서 부르짖으나 대답하는 자가 없음은

35:13 헛된 것은 하나님이 결코 듣지 아니하시며, 전능자가 돌아보지 아 니 하 심 이라.

하나님은 헛된 것을 듣지 않으시는 분이시다.

어째서 욥이 하나님께 나아가는 것을 악으로, 교만으로 보는가? 스스로 알아차려 절망하고 말아야 할 욥이 아직도 깨닫지 못하고 하나님께 나아가, 그분의 대답을 들으려 하는 오만을 범하기 때문이다. 그러나 죄인이 하나님께 나아가는 정당성은 하나님의 아들 "대속자"가 살아계시기 때문이다(참고. 욥기 19:25.) 대속의 은혜 아니고야 인간이 어찌 죽음을 무릅쓰고 거룩하신 하나님 앞에 나아갈 수 있으랴! 욥이 확신하는 바 그의 증인이 하늘에 계시고 그의 중보자가 높은데 계시기 때문이다(참고. 욥기 17:19).

엘리후는 욥의 대속자, 욥의 증인과 중보자를 전혀 모르고 있는 것이다. 이 점에서 엘리후의 욥 이해는 오히려 정확한 엇박자를 내고 있다.

▶ 35:14-16, 욥은 헛되이 입을 열어

35:14 하물며 말하기를, 하나님은 뵈올 수 없고 일의 판단하심은 그 앞에 있으니 나는 그를 기다릴 뿐이라, 말하는 그대일까보냐?
35:15 그러나 지금은 그가 진노하심으로 벌을 주지 아니하셨고, 악행을 끝까지 살피지 아니하셨으므로,
35:16 욥이 헛되이 입을 열어, 지식 없는 말을 많이 하는구나.

감히 심판주 앞에서 욥이 입을 열어 말을 많이 하니, 그는 지식이 없고 지혜가 없는 자가 분명하다.

● **36:1-33, 엘리후 모놀로그 E**

▶ 36:1-2, 하나님을 위하여 아직도 할 말이

36:1 엘리후가 말을 이어 이르되,
36:2 나를 잠깐 용납하라. 내가 그대에게 보이리니, 이는 내가 하나님을 위하여 아직도 할 말이 있음이라.

엘리후는 할 말이 있다. 하나님을 위하여. 욥은 침묵해야 한다. 하나님을 위하여.

▶ 36:3-4, 나의 지식은

36:3 내가 먼 데서 지식을 얻고, 나를 지으신 이에게 의를 돌려보내리라.
36:4 진실로 내 말은 거짓이 아니라. 온전한 지식을 가진 이가 그대와 함께 있느니라.

엘리후는 자기의 지식과 의가 창조주 하나님께로부터 왔다고 주장한다. 그는 온전한 지식으로 말한다.

▶ 36:5-10, 악인 vs 의인

36:5 하나님은 능하시나 아무도 멸시하지 아니하시며, 그의 지혜가 무궁하사
36:6 악인을 살려두지 아니하시며, 고난 받는 자에게 공의를 베푸시며,
36:7 그의 눈을 의인에게서 떼지 아니하시고, 그를 왕들과 함께 왕좌에 앉히사 영원토록 존귀하게 하시며,
36:8 혹시 그들이 족쇄에 매이거나 환난의 줄에 얽혔으면
36:9 그들의 소행과 악행과 자신들의 교만한 행위를 알게 하시고,
36:10 그들의 귀를 열어 교훈을 듣게 하시며, 명하여 죄악에서 돌이키게 하시나니

하나님께서는 악인을 멸하시고 의인을 구원하신다. 엘리후의 판단에 욥은 악인이다. 지금 욥은 잠자코 앉아 하나님의 교훈을 들어야 한다. 지금 그는 예

배의 때가 아니라 배워야 하는 때다. 지금 욥은 하나님이 아니라 세 친구, 혹은 엘리후의 말을 들어야 한다.

하나님께 나아가는 단계가 있다. 먼저 하나님의 대변자 "우리"를 거쳐라. 우리에게서 인정받으면 그 다음에 아마 그분께 나아갈 수 있을지도 모른다. 이런 뜻이다.

▶ 36:11, **순종하면 복을 받고**

36:11 만일 그들이 순종하여 섬기면, 형통한 날을 보내며, 즐거운 해를 지낼 것이요,

순종하라. 형통할 것이다. 엘리후는 예배가 아무 일도 하지 않는 것처럼 보인다.

▶ 36:12-14, **불순종하면 망할 것이다**

36:12 만일 그들이 순종하지 아니하면 칼에 망하며 지식 없이 죽을 것이니라.
36:13 마음이 경건하지 아니한 자들은 분노를 쌓으며, 하나님이 속박할지라도 도움을 구하지 아니하나니,
36:14 그들의 몸은 젊어서 죽으며 그들의 생명은 남창과 함께 있도다.

불순종의 열매는 멸망이다. 지금 욥의 현실은 불순종의 열매다.

▶ 36:15-16, **하나님의 구원**

36:15 하나님은 곤고한 자를 그 곤고에서 구원하시며, 학대당할 즈음에 그의 귀를 여시나니,
36:16 그러므로 하나님이 그대를 환난에서 이끌어 내사, 좁지 않고 넉넉한 곳으

로 옮기려 하셨은즉, 무릇 그대의 상에는 기름진 것이 놓이리라.

하나님은 고난 중에 있는 자를 구원하신다. 그대도 그분의 구원을 기다리라! 엘리후가 제안하는 것은 세 친구와 다르지 않다.

▶ 36:17-19, 너는 악인이다

36:17 이제는 악인의 받을 벌이 그대에게 가득하였고, 심판과 정의가 그대를 잡았나니,
36:18 그대는 분노하지 않도록 조심하며, 많은 뇌물이 그대를 그릇된 길로 가게 할까 조심하라.
36:19 그대의 부르짖음이나 그대의 능력이 어찌 능히 그대가 곤고한 가운데에서 그대를 유익하게 하겠느냐?

너는 악인이다. 부르짖어도 유익하지 않고, 능력이 있어도 소용이 없다. 말하자면 하나님과의 소통이 끊어진지 벌써 오래지 않으냐? 예배인간의 수직적 소통을 그는 알지 못하는 것이다.

▶ 36:20-21, 경고

36:20 그대는 밤을 사모하지 말라. 인생들이 밤에 그들이 있는 곳에서 끌려 가리라.
36:21 삼가 악으로 치우치지 말라. 그대가 환난보다 이것을 택하였느니라.

이전과 달리 행동하라. 악으로 달려가지 말라. 엘리후 판단: 욥은 지금 밤을 사모하며, 악으로 치우쳤다. 탄식으로 울부짖는 예배인간의 눈물을 가슴 차가운 그가 어찌 알 수 있으랴?

▶ 36:22-25, 높은 데 계신 하나님과 맞서지 말라

36:22 하나님은 그의 권능으로 높이 계시나니, 누가 그같이 교훈을 베풀겠느냐?
36:23 누가 그를 위하여 그의 길을 정하였느냐? 누가 말하기를, 주께서 불의를 행하셨나이다, 할 수 있으랴?
36:24 그대는 하나님께서 하신 일을 기억하고 높이라. 잊지 말지니라. 인생이 그의 일을 찬송하였느니라.
36:25 그의 일을 모든 사람이 우러러보나니, 먼 데서도 보느니라.

엘리후 판단: 지금 욥은 권능의 하나님과 맞서고 있다. 욥은 하나님을 불의하다고 판단하는 중이다. 우리끼리 묻자: 어째서 자기 구원의 확신이 하나님께 신성모독이 되는가? 그걸 누가 판단하는가?

▶ 36:26-33, 그분은 창조주

36:26 하나님은 높으시니 우리가 그를 알 수 없고, 그의 햇수를 헤아릴 수 없느니라.
36:27 그가 물방울을 가늘게 하시며, 빗방울이 증발하여 안개가 되게 하시도다.
36:28 그것이 구름에서 내려 많은 사람에게 쏟아지느니라.
36:29 겹겹이 쌓인 구름과 그의 장막의 우렛소리를 누가 능히 깨달으랴?
36:30 보라 그가 번갯불을 자기의 사면에 펼치시며, 바다 밑까지 비치시고
36:31 이런 것들로 만민을 심판하시며, 음식을 풍성하게 주시느니라.
36:32 그가 번갯불을 손바닥 안에 넣으시고, 그가 번갯불을 명령하사 과녁을 치시도다.
36:33 그의 우레가 다가오는 풍우를 알려 주니, 가축들도 그 다가옴을 아느니라.

하나님은 창조주시다. 심지어 짐승도 안다. 누가 능하신 그분의 손을 거역하랴! 그분을 모르는 욥은 얼마나 미련한 자인가!

아, 창조//구원의 다이내믹스 없는 창조 이해는 참으로 말라버린 우주

이해다. 그런 물기 없는 이론으로 어떤 인간에게 무슨 유익이 있다는 것인가! 구원의 기쁨으로 하늘을 다시 보라! 그러면 왜 구름이 하늘에서 지금 일어나는지, 누구의 명령을 받아 왜 저 하늘에서 비가 이 자리에 떨어지는지, 그 눈물 없이는 생각조차 할 수 없는 놀라운 광경이 어떻게 이 늙은 몸으로 깨달아지는지, 비로소 알 수 있을 것이다. 날 구원하신 예수 그리스도의 은혜 안에서, 내 모든 죄에도 불구하고 끝내 내 구주가 되신 저 십자가의 예수 그리스도를 뵙는 기쁨 중에, 나는 우리 주 하나님을 창조주 하나님으로 온 세상에 선포한다.

● **37:1-24, 엘리후 모놀로그 F**

▶ **37:1-2, 무서운 창조주 하나님**

> 37:1 이로 말미암아 내 마음이 떨며, 그 자리에서 흔들렸도다.
> 37:2 하나님의 음성, 곧 그의 입에서 나오는 소리를 똑똑히 들으라.

나 엘리후는 하나님 앞에 떤다. 그러나 너 욥은 교만하다. 나는 하나님의 음성을 듣는다. 그러므로 너도 분명히 들어야 할 것이다.

▶ **37:3-4, 하나님의 역사**

> 37:3 그 소리를 천하에 펼치시며, 번갯불을 땅 끝까지 이르게 하시고,
> 37:4 그 후에 음성을 발하시며, 그의 위엄 찬 소리로 천둥을 치시며, 그 음성이 들릴 때에 번개를 멈추게 아니하시느니라.

37:5 하나님은 놀라운 음성을 내시며, 우리가 헤아릴 수 없는 큰 일을 행하시느
니라.

하나님의 소리는 온 세상에 이른다. 그 음성으로 놀라운 일을 하신다.

▶ 37:6-7, 창조주 하나님의 일

37:6 눈을 명하여, 땅에 내리라, 하시며, 적은 비와 큰 비도 내리게 명하시느니
라.
37:7 그가 모든 사람의 손에 표를 주시어, 모든 사람이 그가 지으신 것을 알게
하려 하심이라.

그 말씀으로 눈비가 내리게 하신다. 모든 인간에게 당신께서 창조주이심을 알게 하신다.

▶ 37:8-13, 하나님의 능력으로 온 세상은

37:8 그러나 짐승들은 땅 속에 들어가, 그 처소에 머무느니라.
37:9 폭풍우는 그 밀실에서 나오고, 추위는 북풍을 타고 오느니라.
37:10 하나님의 입김이 얼음을 얼게 하고, 물의 너비를 줄어들게 하느니라.
37:11 또한 그는 구름에 습기를 실으시고, 그의 번개로 구름을 흩어지게 하시느
니라.
37:12 그는 감싸고 도시며, 그들의 할 일을 조종하시느니라. 그는 땅과 육지 표
면에 있는 모든 자들에게 명령하시느니라.
37:13 혹은 징계를 위하여, 혹은 땅을 위하여, 혹은 긍휼을 위하여, 그가 이런 일
을 생기게 하시느니라.

창조의 능력은 무한하다! 그분의 능력으로 온 세상이 운영되고 있다. 보고 듣고 깨달아 알아야 할 것이다.

▶ 37:14, 창조주 하나님을 깨달아 알라!

37:14 욥이여. 이것을 듣고 가만히 서서, 하나님의 오묘한 일을 깨달으라.

창조의 신비를 깨달으라.

▶ 37:15-17, 그대는 아느냐?

37:15 하나님이 이런 것들에게 명령하셔서 그 구름의 번개로 번쩍거리게 하시는 것을 그대가 아느냐?
37:16 그대는 겹겹이 쌓인 구름과 완전한 지식의 경이로움을 아느냐?
37:17 땅이 고요할 때에 남풍으로 말미암아 그대의 의복이 따뜻한 까닭을 그대가 아느냐?

네가 알 수 없는 이치를 깨우치겠다. 너는 하나님의 창조를 아느냐?

▶ 37:18, 그대는 할 수 있느냐?

37:18 그대는 그를 도와 구름장들을 두들겨 넓게 만들어 녹여 부어 만든 거울 같이 단단하게 할 수 있겠느냐?

너는 하나님께서 하신 일의 일부라도 할 수 있느냐?

▶ 37:19, 지혜

37:19 우리가 그에게 할 말을 그대는 우리에게 가르치라. 우리는 아둔하여 아뢰지 못하겠노라.

우리가 네게 할 말이 있다. 그전에 스스로 먼저 깨닫는 것이 좋을 것이다.

▶ 37:20, 그분과 대화를?

37:20 내가 말하고 싶은 것을 어찌 그에게 고할 수 있으랴? 삼켜지기를 바랄 자가 어디 있으랴!

"그"는 곧 하나님이시다. 그분께는 말씀드릴 수 없다. 무슨 말을 꺼냈다가는 그분의 응답의 입김에 삼켜지고 말 것이다! 그런데 너 욥은 감히 입을 열어 잘도 지껄이는구나!

엘리후는 죄인이 하나님께 무얼 아뢰는 것을 상상도 하지 못한다. 인간은 그저 "알아서" 행동해야 하는 것이다. 바로 이 점에서 엘리후는 세 친구와 동류다. 아니, 세 친구를 하나로 묶은 대변인이다. 다시 무대 위로 올라설 수 없는 인간들을 대표한, 정말 쓸 데 없는 변론으로 시간만 묶어 놓은 사람이다. (물론 그 시간은 독자/관객의 의식 속에 있는 비현실일 뿐이긴 하지만!)

▶ 37:21, 인간은 무지하다

37:21 그런즉 바람이 불어 하늘이 말끔하게 되었을 때 그 밝은 빛을 아무도 볼 수 없느니라.

하나님의 영광과 그분의 사역에 인간은 참여할 수 없다.

▶ 37:22-23, 하나님은 전지전능하시다

37:22 북쪽에서는 황금 같은 빛이 나오고, 하나님께는 두려운 위엄이 있느니라.
37:23 전능자를 우리가 찾을 수 없나니, 그는 권능이 지극히 크사, 정의나 무한한 공의를 굽히지 아니하심이니라.

하나님은 두려운 분이시다. 그분은 감히 우리가 우러를 수 없는 분이시다.

▶ 37:24, 하나님 vs 사람

37:24 그러므로 사람들은 그를 경외하고, 그는 스스로 지혜롭다 하는 모든 자를 무시하시느니라.

욥은 하나님께 무시당한다. 스스로 지혜롭다 하는 어리석은 자이기 때문이다.

가만히 있는 편이 낫다. 하나님과 대화를 시도하지 말라. 자명한 이치가 있는데, 어리석도록 그분과 대화를 시도하는 무모함을 버려라!

● 엘리후 연설 정리 1, 출애굽 없는 창조의 하나님

욥기의 백미는 아무래도 욥의 구원주 하나님 경험을 무시함에 있다.

–네가 감히 창조주 하나님의 질서를 거역하느냐?
–하나님이 어찌 스스로를 위반하시는 분이시냐?
–하나님의 신실하심은 욥, 너 같은 악인의 교만을 결코 간과하지 않으심에서 잘 드러난다.
–너는 그의 진노하심을 피하지 못할 것이다.
–나는 하나님께서 나를 끝끝내 벌하시고 파괴하실 것을 볼 것이다.

이것은 상당히 많은 청중들의 가슴을 울린다. 독자들도 들고 있던 책 〈욥기〉를 책상 위에 올려놓고 두 주먹을 불끈 쥘 것이다.

–그렇다. 인간은 무조건 죄인이다.
–아무리 예배를 은혜 중에 드렸다고 해도, 인간은 끝끝내 죄인이다.

–하나님께서 의롭다고 인정해 주셨다고 자기의 의로움을 이렇게 주장하는 것은 지나치다.

–이렇게 된 마당에, 한번쯤은 자기의 죄를 고백해야 되는 것 아닌가?

–보통 고난이 아니다. 이것은 보통 문제가 아니다. 그러므로 이 사람 욥은 우리 보통 인간들조차 가지기 힘든 칭의(稱義) 확신을 얼마쯤 포기해야 마땅한 것이 아닌가?

–엘리후가 정말 속 시원하게 해 주었다. 멋져! 나는 엘리후 팬이야!

이쯤해서는 욥이 무릎을 꿇을 것이다. 욥은 땅바닥을 뒹굴면서 부르짖어야 한다. 친구들이 기대했던 것처럼, 보다 극적으로는 그의 아내가 날카롭게 쏘아붙인 말처럼, 하나님을 저주하고 자해를 시작해야 옳다. 그런데 바로 이 때다. 하늘에서 급하고 강한 바람이 불기 시작했다. 온 지축을 흔드는 흔들림과 함께 온 그것은 폭풍우였다.

● 엘리후 연설 정리 2, 예배드리지 마라

엘리후의 이론은 이렇다: 모든 것이 자명하다. 그런데 왜 하나님께 무슨 말씀을 드리는가? 기도하지 마라. 예배드리지 마라. "알아서" 행동하라. 새삼스럽게 주님께 여쭐 일이 무엇이냐?

엘리후는 "하나님을 대신하여," "하나님의 편에 서서" 욥을 좌절시키는 목적이 있다. 죄인 주제에 감히 예배의 몸짓 하는 욥을 경멸하고 저주하는 것이다.

● 엘리후 연설 정리 3, 부흥은 없다

한번 죽은 자는 살아날 수 없다. 그게 창조의 원리다. 창조주 하나님은 창조의 섭리에 갇혀 있다. 이게 엘리후의 논리다. 그렇다면 이 세상에 부흥은 없다.

그러나 욥은 믿는다. 예배로써 인간은 부흥한다. 인간은 가능하지 않으나 구속주이신 예수 그리스도의 능력으로 가능하다. 인간은 부흥할 수 있다.

● **엘리후=이어도?**

"이어도"를 생각한다. 수면 위에는 없는데 분명 존재한다. 그 존재는 해역경계를 결정한다. 이어도의 위치는 32°07'22.63"N 125°10'56.81"E다. 마라도에서 남서쪽으로 152킬로미터다. 동중국해에 위치해 있다. 해수면 4.6m 아래 잠겨 있다. 가끔씩 파도에 드러난다. 이것은 거대한 암초(暗礁)다. 가장 항해를 잘 하는 선장은 암초를 피해야 한다. 엘리후에 대하여 욥이 가장 잘 한 것은 대응(對應)하지 않은 것이다. 암초는 피하는 길 외에 달리 없다. 엘리후가 정말 이어도라면.

● **엘리후=독자(혹은, 관객)**

욥이 엘리후를 의식하지 않은 것은 오히려 당연하다. 엘리후는 본래 욥기라는 컨텍스트에서는 "존재하지 않기로 합의된" 인물이기 때문이다. 게다가 엘리후가 내세우는 논지는 전혀 새로운 것이 아니다(참고. Collins 2004:515). 전혀 새롭지 않은 것을 새롭게 제기하는 사람, 그러나 극중 누구의 주목도 받지 못하는 인간, 그가 바로 독자 혹은 관객이다. 책은 독자를, 연극은 관객을 철저히 무시하지 않는가! 그들은 돈 주고 책과 티켓을 구매하지만 구매행위 외에 달리 그들이 할 수 있는 일은 아무것도 없다.

무대를 위한 욥기에서 엘리후는 객석에 있던 관객 중 하나다.

읽기를 위한 욥기에서 엘리후는 독자다. 그것을 염두에 두고 기자는 기록했을 것이다. 독자의 반응은 아무리 뜨거워도 등장인물에게 전달되지 않는 법이다.

● **이론으로 해소(解消)하려는 것**

그러나 엘리후는 세 친구와 다르다. 전통적 지혜관을 뛰어넘는다. 이런 점에서 그는 차라리 욥과 유사하다(참고. Collins 2004:515). 그는 욥의 예배를 정면으로 문제 삼는다. 엘리후의 치밀한 이론은 예배의지 해소가 목적이다. 그러니까 세 친구들이 남의 다리 긁듯 욥의 가장 강하면서도 가장 약한 부분을 건드리지 못한 반면, 엘리후는 욥에게 정면승부를 던졌다. 그러나 그의 약점은 그가 예배를 경험이 아니라 이론으로 이해하고 있다는 것이다. 들으라: 경험 없는 이론은 방향 제시가 아니라 갈등해소가 그 목적이다. 문제는 갈등이라는 파도는 타고 넘어야 하지, 해소해서는 도무지 남는 것이 없는 것이다.

놀랍게도 대개의 논리는 설명으로 창조적 긴장을 해소한다. "이해가 돼!" 그러면 넉넉한 마음이 들고, 그리고 창문 쪽으로 고개를 돌려 구름을 본다. 기도 대신 생각에 잠긴다.

기도는 이해의 지평을 넘어야 비로소 닿는 새로운 세상이다. 예배는 오히려 "만남"이다.

만남이 부담스러운 사람이 많다. 그들은 전화를 건다. 통화도 부담스러운 사람은 문자를 날린다.

● 욥을 가만히 생각하기

욥은 출애굽 사건을 중심으로 자기의 예배경험 속에 들어오신 창조주 하나님을 선포했다. 욥이 경험한 출애굽은 물론 "구원"이다.

엘리후는 세 친구들에게서 진일보하여 창조주 하나님을 묘사하는 데 성공했다. 세 친구와 달리 엘리후는 카리스마까지 돋보였다. 엘리후가 손에 들고 나온 패는 욥이 다 이긴 게임을 완패로 돌려버릴 묘수였다.

그러나 내 생각은 다르다. 나는 예배인간의 가는 길을 알고 있다. 결과적으로 엘리후는 욥이 선 자리를 흔들지 못했다. 욥은 엘리후 등장 이전에 이미 "구원투수"의 등장을 요청해 놓았던 것이다. 그의 원군이 곧 올 것이다. 엘리후는 소리 없이 왔던 것처럼 소리 없이 사라져 버릴 운명인 셈이다.

욥을 닮은 이 세상의 모든 예배인간은 창조주 하나님을 통해 출애굽의 하나님을 경험한다. 창조//출애굽의 다이내믹스 속에 그들은 예배인간으로서 하나님께 예배드리고 있는 것이다! 어떤 상황에서도! 북한의 지하교회, 아프리카의 밀짚교회, 중국의 가정교회, 이 세상 모든 예배인간의 모임을 교회로 인정하시는 예수 그리스도께서 예배를 받으시는 것이다. 바로 지금 그것과 같은 상황에서 조차!

욥은 예배드린다. 모든 것이 자명한 고통의 상황에도 불구하고, 모든 사람이 무시하고 멸시하는 환경에도 불고하고 그는 예배드린다. 세상에 예배드리지 못할만한 상황이란 본래 없는 것이다!

–안 그렇습니까?
–내가 예배드리는 것을 이해할 수 있습니까?

욥은 그걸 독자에게 묻고 있는 것이다.

–설령 이해하지 못해도 할 수 없습니다.
–나는 예배를 피할 수 없는, 예배인간입니다.

욥은 그걸 독자에게 말하고 있는 것이다.

● 세 친구와 엘리후

세 친구과 엘리후, 이들의 공통점은 욥을 자기의 손에서 최종 판결하려고 시도했다는 데 있다. 하나님께 인도하는 자세가 없다.

예배인도자는 하나님께 인도하는 역할이 있다. 예배인도자는 최대한 자기의 투명도를 높이기 위해 힘쓴다. 감정이 아니라 말씀을 의지한다. 그런데 세 친구와 엘리후는 자기가 앞섰다. "나를 보라!"

자기의 판결에 동의하지 않는 욥에게 분노를 품었다. 세 친구의 결론은 분노였다. 엘리후는 세 친구가 끝난 자리에서 시작했으므로, 입을 연 동기부터 분노였다.

● 세 친구를 넘어, 엘리후를 넘어, 하나님께로

욥은 3장에서 하나님께 탄원의 문을 열었다. 세 친구는 차례대로 탄원의 길을 막아섰다. 세 개의 사이클에 이르도록 그들은 치밀했고 치열했다.

—여기서 그만 포기해!
—모든 것이 자명하잖아!
—너는 저주 받은 자야.
—너는 악인이라고!
—너는 예배드릴 자격이 없어.
—무엇이 더 궁금해서 하나님의 말씀을 듣자는 거야?
—우리 설명이면 충분하지 않아?
—예배드리지 마! 대신 좌절해!
—자살하라고! 그게 솔직한 거 아니야?

그러나 욥은 쓰러지지 않았다. 청문회보다 무서운 공박의 틈새를 비집고 욥은 고개를 들어 하나님께 부르짖었다.

—내게 대속자가 살아계십니다.
—내 증인이 계십니다.
—나를 의롭다고 인정해 주신 분, 나의 하나님이 계십니다.
—만나 뵙고 싶습니다. 오시옵소서. 말씀하옵소서. 주의 종이 듣겠나이다!

세 친구들이 비껴선 틈에 엘리후가 뛰어들었다.

—물러나라!
—여기는 예배자리가 아니다!
—하나님은 하늘에 계시다. 너 같은 천한 인간을 상대하실 분이 아니시다.
—이쯤해서 물러나라.
—너는 이미 큰 죄를 지어 벌을 받았다. 이제 하나님을 만나겠다는 오만으로 더 큰 죄를 저지르려느냐?
—내가 도와주마. 네 현실을 이해하도록 도와주마. 내 말을 들어라!

욥은 엘리후를 넘어섰다. 세 친구와 달리 엘리후를 넘어서는 방법은 "무시하기"였다. 참고 기다리기였다. 에스페란사! 스페인이어와 불어로 이 뜻은 "기다림"이며 "희망"이다. 하나님께서 응답하실 때까지 욥은 그 자리에 엎드려 기다렸다. 안팎에서 일어나는 논리적 회의를 물리쳐 버리고!

Ⅱ-5 수직 다이얼로그, 38:1-42:6

● 하나님께서 예배인간 욥에게

욥기 38:1-42:6의 수직 다이얼로그는 "하나님께서 예배인간 욥에게" 라는 제목을 달아도 좋다. 이것은 욥에게 주신 하나님의 응답이다. 욥은 욥 모놀로그 1(욥기 3:1-26)과 수평 다이얼로그 사이클 1-3 중의 기도에서 하나님께 대화의 문을 두드렸다. 드디어 하나님께서 그 응답을 주신 것이다.

하나님의 응답은 수직 다이얼로그 직전에 말을 마친 엘리후에게 주신 말씀이 아니다(참고. Clines 2011:1052, 1088). 또 동의할 수 없는 것은 본래는 엘리후 모놀로그(욥기 32:1-37:24)가 욥 모놀로그 2(욥기 28:1-31:40)보다 뒤에 위치했기 때문에 하나님의 응답은 욥에게 주신 것이라는 주장이다. 수직 다이얼로그에서 하나님의 대답은 바로 욥에게 주신 것이다. 욥은 욥 모놀로그 1과 수평 다이얼로그 사이클 1-3 중의 기도, 그리고 욥 다이얼로그 2에서 내내 하나님께 문을 두드리고 있었다! 특기할 것은, 그 모든 "하나님께 문 두드림"은 철저하게 친구들을 포함한 모든 등장인물들이 전혀 염두에 두지 않았다는 데 있다. 그러니까, 욥기라는 책이 묘사하는 무대에서, 욥이 하나님을 향하여 호소하는 때마다 다른 등장인물들은 "마치 아무 일도 일어나지 않고 있는 것처럼," 혹은 "그 당시 욥이라는 인물이 그들의 안중에 전혀 없는 것처럼" 행동하고 있었던 것이다! 저들은 스스로도 하나님께 구하지 않았으며, 욥이 구하는 것조차 마음에 두지 않았다. 하나님의 대답은 들을 귀가 있는 자가 들어야 한다(참고. 마태복음 13:13-17). 하나님께서는 예배인간 욥에게, 그를 마주보시며 말씀하신 것이다.

수직 다이얼로그에 욥이 하나님께 드리는 응답(욥 → 하나님 1-2)이 있다. 그러나 상대적으로 짧다. 그는 입을 가렸고(욥 → 하나님 1), 회개했다(욥 → 하나님 2).

전체적으로 수직 다이얼로그는 "하나님의 응답"이다. 욥 → 하나님 1-2에서 욥은 대화의 상대자로서 대답한 것이 아니라 "듣는 예배인간"이다.

말씀하옵소서. 주의 종이 듣겠나이다. 사무엘기상 3:10b

오늘 독자가 그 음성을 듣는가? 우리는 거룩하신 하나님 앞에 듣는 예배 인간이어야 한다. 불행하게도 누군가 세 친구의 편에 섰다면 그의 욥기 읽기는 엘리후의 연설에서 멈추고 말아야 했을 것이다.

● **38:1-42:6, 수직 다이얼로그**

★ 다이어그램 21, "수직 다이얼로그"

장	큰주제	절		내용
38		1-2	무지한 말로 생각을 어둡게 하는 자가 누구냐?	
		3	너는 내게 대답하라.	
	창조주 하나님	4-38	천지창조 1: 우주	
			4-6	땅. 네가 어디 있었느냐? 네가 아느냐? 무엇 위에 세웠으며, 누가 놓았느냐?
			7	창조의 기쁨
			8-11	바다 가둔 자가 누구냐?
			12-15	아침. 네가 명령하였느냐? 일러 주었느냐? 떨쳐버린 일이 있었느냐?
			16	바다. 샘에 들어갔었느냐? 걸어 다녀 보았느냐?
			17	사망의 문. 네게 나타났었느냐? 네가 보았느냐?
			18	땅. 너비를 측량할 수 있느냐?
			19-21	광명/흑암, 어느 길이냐? 데려갈 수 있느냐? 길을 알고 있느냐?
			22a	눈 곳간, 들어 갔었느냐?
			22b-23	우박창고 보았느냐?
			24a	광명, 어느 길로 뻗치며?
			24b	동풍, 어느 길로 땅에 흩어 지느냐?
			25	홍수, 누가 물길을 터 주었으며?
			26-28a	비, 누가 비를 내리며
			28b	이슬방울, 누가 낳았느냐?
			29a	얼음. 누구의 태에서 태어났느냐?
			29b-30	서리, 누가 낳았느냐?
			31	묘성/삼성, 매어 묶거나 풀 수 있겠느냐?
			32	별자리/북두성. 각각 제때에 이끌거나 다른 별들에게 이끌어 갈 수 있느냐?
			33	하늘의 궤도. 아느냐? 하늘로 베풀게 하겠느냐?
			34	구름. 목소리로써 물이 넘치게 하겠느냐?
			35	번개. 오가게 할 수 있느냐?
	구원주 하나님	36-38	창조//출애굽 다이내믹 지혜	
			36	지혜 1. 누가 준 것이냐? 수탉에게 슬기를 준 자가 누구냐?
			37	지혜 2. 구름의 수를 세고, 하늘의 물주머니를 기울이겠느냐?
			38	티끌/흙덩이. 덩어리를 이루거나 서로 붙게 할 수 있느냐?
	창조주 하나님	39-41	천지창조 2: 피조물 열 한 종류 1	
			39-40	사자, 위하여 먹이를 사냥하겠느냐? 식욕을 채우겠느냐?
			41	까마귀 새끼. 먹이를 마련하는 이가 누구냐?

장		절		내용
39	창조주 하나님	1-30		천지창조 2: 피조물 열 한 종류 2
			1a	산 염소. 새끼 치는 때를 아느냐?
			1b-4	암사슴. 새끼 낳는 것을 네가 본 적이 있느냐? 만삭의 때를 아느냐? 낳을 때를 아느냐?
			5-8	들나귀. 누가 자유롭게 하였느냐? 누가 매인 것을 풀었느냐?
			9-12	들소. 어찌 기꺼이 너를 위해 일하겠으며 네 외양간에 머물겠느냐? 이랑을 갈게 하겠느냐? 써레를 끌겠느냐? 의지하겠느냐? 네 수고를 맡기겠느냐? 의탁하겠느냐?
			13-18	타조. 학과 같겠느냐?
			19-25	말. 힘을 네가 주었느냐? 갈기를 네가 입혔느냐? 메뚜기처럼 뛰게 하였느냐?
			26	매. 어찌 네 지혜로 말미암음이냐?
			27-30	독수리. 어찌 네 명령을 따름이냐?

장				내용
40				누가 전능자와 다투겠느냐?
			1	여호와의 말씀:
			2a	트집 잡는 자가 전능자와 다투겠느냐?
			2b	대답할지니라!

○ 욥 → 하나님 1

40	회개	3-5	3-5	욥의 대답 2: 침묵. 나는 비천하오니, 내 입을 가릴 뿐입니다. 다시는 대답하지 않겠습니다.

○ 하나님 → 욥 2

장		절			내용
40	구원주 하나님	6-14	6		폭풍우 중에 여호와의 말씀:
			7-9		대답하라!
				7	대장부처럼 허리를 묶고
				8a	내 공의를 부인하려느냐?
				8b	네 의를 세우려고 나를 악하다 하겠느냐?
				9	네가 하나님처럼 능력이 있느냐 천둥소리를 내겠느냐?
			10-14		조건과 인정
				10-13	SPR 조건. 위엄과 존귀로 단장하며, 영광과 영화를 입을지니라. 노를 비우고, 교만한 자를 낮추고, 악인들을 짓밟으라. 그들을 진토에 묻고 얼굴을 은밀한 곳에 두라.
				14	그러면 내가 인정하리라
	창조주 하나님	15-24			천지창조 3: 피조물 열 한 종류 3
			15-24		베헤못

41	창조주 하나님	1 | 34	천지창조 3: 피조물 열 한 종류 3	
			1-34	리워야단

○ 욥 → 하나님 2

42	창조주// 구원주 하나님	1 | 6	욥의 대답 2: 창조//구원을 이루시는 여호와 하나님께 회개. 예배인간의 거듭남.

● 수직 다이얼로그, 38:1-42:6

수직 다이얼로그를 읽으면서 사람들은 여기 나타난 여호와 하나님의 말씀과 엘리후 모놀로그에 나타난 엘리후가 상당히 비슷하다는 것을 지적한다. 하나님의 말씀이 주로 "창조"에 집중된 것이, 엘리후 연설의 반복처럼 보인다.

그러나 다르다. 우선 스피치의 내용이 아니라, 하나님께서 욥에게 나타나셨다는 사실을 우리는 주목해야 한다. 어떤 누구를 보내셔서 말씀하실 수도 있었는데, 그분 하나님께서는 욥에게 직접 내려오셨다. 구원주 하나님은 이렇게 당신의 보좌 자리를 박차고 이 땅, 천하고 고통스러운 땅에 내려오신다. 출애굽 때 하나님께서 이스라엘을 찾아오신 사실을 기억하는가?

> 하나님이 그들의 고통 소리를 들으시고, 하나님이 아브라함과 이삭과 야곱에게 세운 그의 언약을 기억하사, 하나님이 이스라엘 자손을 돌보셨고, 하나님이 그들을 기억하셨더라. 출애굽기 2:24-25

여기 욥기의 신비가 있다. 세 친구나 엘리후처럼 하나님께 대하여 "설명"하고 나면, 이 세상에 당신께서 지으신 천지만물 외에 남는 것이 없다. 그러나 예배인간 욥이 경험하는 것은 하나님의 임재다. 하나님 당신께서 오늘 여기 우리와 함께 계신 것이다. 이것이 창조//출애굽 다이내믹스요, 욥기에서 우리가 풀어내는 주 동행 방정식 SPRx=C//E이다.

두 번째로, 수직 다이얼로그에 나타난 하나님께서는 "구원주"시다. 그분은 지금 고난 중에 있는 예배인간 욥을 구원하고 계신 것이다. 그 거룩하고 권능있는 말씀으로써! 천지를 지으신 그 말씀이 예배인간을 구원하신다!

● 수직 다이얼로그(38:1-42:6) 속의 출애굽

수직 다이얼로그는 주로 질문이다. 그 내용은 창조다. 구체적으로 출애굽이 관계된 질문이 있으면 창조//출애굽 다이내믹스가 분명할텐데, 출애굽 사건 질문이 없어 보인다. 어떻게 된 것일까?

욥기 40:1-8을 주목한다. 여기서 하나님께서는 욥의 잘못을 지적하신다. 욥은 스스로 미천한 자임을 인정하고, 스스로 손을 들어 자기 입을 가린다고 고백 드린다(40:4-5). 하나님께서 그를 용서하신다. 여기서 하나님께서 이스라엘을 용서하시고 회복시키심을 본다.

애굽에 머물러 있으려는 이스라엘은 불순종의 자식이다. 하나님의 강한 손으로 치신 다음에야 하나님의 뜻에 순종한, 애굽 왕 바로와 견주어 큰 차이를 보이지 않는 완고한 백성이다. 노예근성에 사로잡힌 이스라엘을 용서하시고, 새로 빚으셔서 예배인간 이스라엘로 만드신 하나님께서 욥을 용서하신다.

출애굽 제1세대에게 "창조"를 강조하신 것을 기억하라. 두 번 기록된 십계명 중에 출애굽기 20:1-17은 "창조"가 강조되었다. 특히 안식일 준수를 명령하신 제4계명 근거로 천지창조가 언급되었다. 참고로 출애굽 제2세대에게 허락하신 십계명은 "출애굽"을 강조하셨다. 제2세대에게 주신 계명인 신명기에 들어있는 십계명(신명기 5:1-21)에는 "출애굽"이 강조되었다. 여기 제4계명의 근거는 "출애굽"이다.

욥을 상대로 주신 하나님 말씀(욥기 38:1-42:6)에서 창조가 강조된 것은, 욥이 출애굽 제1세대이기 때문이다. 무슨 말인가? 욥은 "현재" 고난 중이며, "현재" 고난에서 벗어나야 하는 "당사자"라는 뜻이다. 그러므로 그에게 창조주 하나님을 계시하신 것은 하나님의 놀라우신 뜻이다.

고난의 당사자에게 새 창조를 선포한다. 고난을 모르는 평안한 세대에게는 선대의 출애굽 경험을 선포한다. 물론 바로 여기서 출애굽 경험이란 "창조"가 선포되었던 세대의 출애굽이다. 따라서 출애굽 경험이 강조되어 선포되는 세대는 당연히 창조선포도 듣는 것이다. 이때의 창조는 "창조//출애굽" 다이내믹스의 창조다. 고난의 당대 세대는 바로 자신의 경험이 창조와 다이내믹 관계가 된다. 다시 말하면, 욥은 모세오경 컨텍스트 속에서 볼 때 출애굽 제2세대보다는 제1세대에 가깝다.

욥기를 읽는 우리는 당연히 출애굽 제2세대에 가깝다. 따라서 우리가 읽는 욥기 38-41장에서 출애굽에 대한 구체적인 언급이 없다는 점에 놀랄 이유가 없다. 우리가 책에서 만나고 있는 욥이라는 사람, 그의 고난과 구원의 삶 자체가 오늘 우리가 배우고 기억해야 할 출애굽 경험이다.

● 38:1-41, 수직 다이얼로그 A

▶ 38:1a, 폭풍우 가운데에서

38:1a 그 때에 여호와께서 폭풍우 가운데에서

폭풍우. 히브리어로 "세아라"다. 이것은 "성령" 혹은 "숨"으로도 번역이 가능한 "루아크"와 다르다. 여기 폭풍우는 두려움이 서려있다. 살림이 아니라 파괴의 기운까지 느껴진다. 적어도 독자(혹은 관객)에게는 폭풍우가 엘리후의 승리를 선포하는 것처럼 보였다. 욥이 드디어 절망하여 고개를 땅에 박고 쓰러졌을 것이다.

그런데 아니다. 천지를 지으신 하나님의 능력이 폭풍우 가운데 드러나신다. 폭풍우를 동반하신 것이 아니다. 오히려 폭풍우를 제어하시면서 당신의 능력을 드러내셨다. 마치 천지창조 때 그 이전의 부정적 상태(-SPR, 창세기 1:2a)를 뒤바꾸신 것처럼.

● 여호와 하나님께서 욥에게 1, 38:1-40:2

드디어 하나님께서 욥에게 말씀하신다.

하나님의 말씀은 일견 차가워 보인다. 그러나 독자는(혹은 관객은) 고난 중에 있는 욥을 불쌍히 여기시는 그 사랑을 느껴야 한다. 하나님께서 하늘에서 내려오셔서 가장 낮은 곳에 쓰러져 있는 욥에게 다가가신 데서 그분의 사랑을 경험해야 한다.

이것은 "여호와 하나님께서 욥에게 2"(욥기 40:40:6–41:34)에 대비하여 하나님께서 욥에게 주신 말씀 제1회전이다. 여기서 중심 메시지는 창조//출애굽 다이내믹스다. 창조를 말씀하시는 하나님의 목적은 욥의 구원이다. 이것은 바로 모세를 통하여 출애굽 이스라엘 공동체에게 창조 이야기를 교육하신 목적과 통한다.

▶ 38:1b, **욥에게**

38:1b 욥에게 말씀하여 이르시되,

하나님께서 욥에게 말씀하신다! 이것이 중요하다. 정말 중요하다. 중요한 때다. 온 세상의 소리를 삼켜버린 그 폭풍우를 물리치시고, 커튼처럼 걷어버리시고, 하나님께서 말씀하신다.

목소리다. 지진, 급한 바람을 물리치시고 세미한 음성으로 말씀하셨던(참고. 열왕기상 19:12) 그분 하나님의 그 목소리다.

▶ 38:2, **너는 누구냐?**

38:2 무지한 말로 생각을 어둡게 하는 자가 누구냐?

"어둡게 하다." 히브리어 "케셰크"다. 이것은 "어둠"이라는 히브리어 "코셰크"에서 난 사역동사다. 천지창조 이전으로 되돌이키려는 너는 누구냐?

흑암이 깊음 위에 있고 창세기 1:2ac

그러니까 지금 하나님께서 상대하시는 사람은 하나님 반대편에 서서 하나님을 거스르는 자다. 예수님께서 "사탄아, 내 뒤로 물러가라!"(마태복음 16:23) 선포하셨던 것처럼.

"누구냐?" 하나님께서 모르시고 물으심 아니다. 아시지만, 욥 스스로 그가 누구인지, 지금 하나님 앞에 선 자가 누구인지 파악하게 하심이다. 이런 점에서 "너 자신을 알라!"는 오랜 경구는 지혜공부에 대단히 필요한 것이다. 소크라테스가 아니라 여호와 하나님께서, 소크라테스보다 적어도 천년도 전에, 말씀 하신다: 너는 도대체 누구냐?

그러면 이 "누구"는 누구인가? 그는 욥이다. 하나님을 "원수"로 여겼던 욥이다. 욥 → 여호와 하나님 2(욥기 42:1-6)에서 그는 결국 고백했다. "무지한 말로 이치를 가리는 자가 누구니이까? 나는 깨닫지도 못한 일을 말하였고, 스스로 알 수도 없고 헤아리기 어려운 일을 말하였나이다"(욥기 42:3).

▶ 38:3, 대장부처럼

38:3 너는 대장부처럼 허리를 묶고, 내가 네게 묻는 것을 대답할지니라.

대장부. 그는 누구인가? 욥이 대장부가 되어야 했다. 자기의 질문에 매여, 자기의 질문의 답을 기다리는 자는 졸장부다.

대장부는 하나님의 질문을 품어야 한다. 그 사람이 대장부다.

대장부가 되기 위해 우선 자기의 질문을 버려야 한다. 욥이 버려야 하는 질문은 무엇인가?

왜 제게 이런 고통을 주십니까?
예배인간 나는 의인 아닙니까?
온전한 예배로 주님은 기쁘지 않으셨습니까?
그런데 제게 이런 대접이 웬 일이십니까?

저렇게 예배도 드릴 줄 모르는 인간이 어째서 저를 무시할 수 있습니까?
저는 하나님 앞에 여쭐 말씀이 있습니다.
저를 피하지 마시고, 제게 대답해 주십시오.
대체 왜 제게 이런 고통을 주십니까?
이 고통은 언제까지입니까?

이런 질문은 졸장부 질문이다. 거룩하신 하나님 앞에 모두 다 내려놓아야 했다.

모든 질문이 다 대답되는 것은 아니다. 성경적인 질문만 대답을 얻는다.

성경적인 질문이 얻는 대답은 성경적인 것이다.

이제 하나님께서 말씀하신다. 그런데 놀랍게도 그것은 욥이 그토록 기다리던 "대답"이 아니라 "질문"이다. 욥이 여쭙던 질문은 무시당한다. 철저하게! 대신 하나님께서 욥에게 물으신다. 욥은 자기의 질문을 버려야 했다. 대신 하나님께서 주시는 질문을 품어야 했다. 모든 예배인간은 예배 때 하나님의 질문을 받아들고, 그것을 품고 살아가야 하는 것이다. 예배인간은 하나님만 두려워한다. 예배인간은 당연히 세상에 대하여 대장부다.

▶ 38:4, 네가 어디 있었느냐?

> 38:4 내가 땅의 기초를 놓을 때에 네가 어디 있었느냐? 네가 깨달아 알았거든 말할지니라.

하나님을 그렇게 만나고 싶었던 욥이 창조주 하나님 앞에 서서 듣는 첫 번째 질문이다. 지혜가 있어야 대답할 수 있는 질문이다.

▶ 38:5, 네가 아느냐?

> 38:5 누가 그것의 도량법을 정하였는지, 누가 그 줄을 그것의 위에 띄웠는지 네

가 아느냐?

욥은 스스로 무지한 자가 아니라고 생각했다. 이제 하나님께서 물으시면서, 대답을 구하는 욥은 스스로 무지한 사람일 뿐임을 깨닫게 하신다.

▶ 38:6, 그것의 주추는 무엇 위에 세웠으며

38:6 그것의 주추는 무엇 위에 세웠으며, 그 모퉁잇돌을 누가 놓았느냐?

제2일의 창조다. 당연히 하나님 외에 무엇 위에 그 주추를 세웠는지 알 사람이 없다. 그 모퉁잇돌은 하나님께서 놓으셨다.

▶ 38:7, 기뻐 노래하며

38:7 그 때에 새벽 별들이 기뻐 노래하며, 하나님의 아들들이 다 기뻐 소리를 질렀느니라.

하나님께서 기뻐하셨다. 전반부는 제4일 창조 때 이야기다. 후반부는 창조의 날마다 천상에서 일어난 일이다. 창조의 때 하나님께서는 매일 기뻐하셨다.

보시기에 좋았더라. 창세기 1:4(참고. 창세기 1:10, 12, 18, 21, 25, 31)

남자가 홀로 거하는 것이 좋지 않으셔서(창 2:18) 여자를 지으셨다. 좋아하셨을 것이다. 모든 세계가 주님의 창조를 기뻐했다.

▶ 38:8, 바다가

38:8 바다가 그 모태에서 터져 나올 때에 문으로 그것을 가둔 자가 누구냐?

제3일의 창조다. 이 창조주 하나님은 여호와시다. 인간은 아니다.

▶ 38:9-11, 한계를 정하고

38:9 그 때에 내가 구름으로 그 옷을 만들고, 흑암으로 그 강보를 만들고,
38:10 한계를 정하여 문빗장을 지르고,
38:11 이르기를, 네가 여기까지 오고 더 넘어가지 못하리니, 네 높은 파도가
여기서 그칠지니라, 하였노라.

한계를 정하심. 그것은 분리다. 자기 자리를 지키게 하셨다. 넘어오거나 건너가지 못하게 하셨다. 어둠을 빛 쪽으로 넘어오지 못하게 하셨고(창조 제1일), 물이 하늘로 침범하지 못하게 하셨다(창조 제2일). 바다는 육지를 침몰할 수 없다(창조 제3일).

▶ 38:12-15, 아침과 새벽에게

38:12 네가 너의 날에 아침에게 명령하였느냐? 새벽에게 그 자리를 일러 주었느냐?
38:13 그것으로 땅 끝을 붙잡고 악한 자들을 그 땅에서 떨쳐 버린 일이 있었느냐?
38:14 땅이 변하여 진흙에 인친 것 같이 되었고, 그들은 옷 같이 나타나되,
38:15 악인에게는 그 빛이 차단되고, 그들의 높이 든 팔이 꺾이느니라.

제1일의 창조다. 빛과 어둠을 구분하신 날, 생기지도 않은 인간이 도대체 무슨 일을 거들 수 있었을까?

제4일의 창조다. 태양에게 어둠을 물리치도록 사명 주신 그 날에 무존재 인간의 역할은 도대체 무엇이었을까?

하나님께서 하셨다. 빛과 어둠을 구분하셨다. 악인은 빛에 참여할 수 없

다. 인간이 하나님 편에 서지 않는다면 그는 악인의 모임에 들 수밖에 없다. 그렇다면 그의 길은 어둠이요, 그가 높이 든 팔은 꺾이고 마는 것이다. 말하자면 지혜 없음이요, 무기력함이 그 결론이다.

▶ 38:16, 바다의 샘에

38:16 네가 바다의 샘에 들어갔었느냐? 깊은 물 밑으로 걸어 다녀 보았느냐?

바다의 샘에 들어갔었다면, 욥은 다시 나올 수 없다.

▶ 38:17, 스올에

38:17 사망의 문이 네게 나타났느냐? 사망의 그늘진 문을 네가 보았느냐?

사망의 문 저편으로 들어갔더라면 사망은 욥을 다시 내놓지 않았을 것이다.

▶ 38:18a, 땅의 너비를

38:18a 땅의 너비를 네가 측량할 수 있느냐?

욥의 지혜는 한계가 있다. 그의 머리로는 도무지 땅의 너비를 측량할 도리가 없다.

▶ 38:18b-20, 너는 아느냐?

38:18b 네가 그 모든 것들을 다 알거든, 말할지니라.
38:19 어느 것이 광명이 있는 곳으로 가는 길이냐? 어느 것이 흑암이 있는 곳으

로 가는 길이냐?
38:20 너는 그의 지경으로 그를 데려갈 수 있느냐? 그의 집으로 가는 길을 알고 있느냐?

욥으로서는 결코 알 수 없는 질문이다. 욥은 그저 인간이다. 어떤 인간도 입을 열 수 없다.

욥이 알거든 말할 수 있다. 모른다면 입을 다물어야 한다. 광명과 흑암은 제2일의 창조다. 그 길은 하나님께서 내겼다. 그 지경, 그 집으로 가는 길은 창조주 하나님의 소관이다. 욥은 알 수도 없다. 그 때 그는 태어나지도 않았으니!

▶ 38:21, 네가 아마도 알리라

38:21 네가 아마도 알리라. 네가 그 때에 태어났으리니, 너의 햇수가 많음이니라.

욥은 스스로 나이가 많다고 여겼다. 그러나 그 때에 태어나지 않았다! 그는 창조의 때에 아예 없었다.

그런데 하나님께서는 그가 그 때에 태어났으리라고 하신다. 욥의 작은 지혜를 허물어 버리심이다. 욥은 친구들보다 나이가 많다고 주장했다. 많은 나이가 지혜를 보장한다고 생각했다. 그러나 욥의 나이는 창조의 언저리에도 미치지 못한다.

▶ 38:22-23, 너는 할 수 있었느냐?

38:22 네가 눈 곳간에 들어갔었느냐? 우박 창고를 보았느냐?
38:23 내가 환난 때와 교전과 전쟁의 날을 위하여 이것을 남겨 두었노라.

욥으로서는 결코 할 수 없던 일들이다. 그 자리에 있지도 않았는데 어떻게 할 수 있었겠는가?

눈과 우박은 하나님께서 사용하신다. 하나님의 백성의 예배를 방해했던 애굽이 재앙으로 받았다(참고. 출애굽기 9:13–35).

▶ 38:24, 너는 아느냐?

38:24a 광명이 어느 길로 뻗치며,

첫째 날 창조의 질서는 하나님의 계획에서 났다.

38:24b 동풍이 어느 길로 땅에 흩어지느냐?

바람의 길은 인간의 지혜 바깥에 있다. 예수님께서도 성령의 역사를 묘사할 때 바람 길을 제시하셨다(참고. 요한복음 3:8).

▶ 38:25–30, 물

38:25 누가 홍수를 위하여 물길을 터 주었으며, 우레와 번개 길을 내어 주었느냐?
38:26 누가 사람 없는 땅에, 사람 없는 광야에 비를 내리며,
38:27 황무하고 황폐한 토지를 흡족하게 하여 연한 풀이 돋아나게 하였느냐?
38:28 비에게 아비가 있느냐? 이슬방울은 누가 낳았느냐?
38:29 얼음은 누구의 태에서 났느냐? 공중의 서리는 누가 낳았느냐?
38:30 물은 돌 같이 굳어지고, 깊은 바다의 수면은 얼어 붙느니라.

물과 물로써 구성되는 이슬, 얼음, 서리, 그런 것은 모두 사람의 손을 한참 벗어나 있다. 하나님의 손을 거쳐, 하나님께 정복되지 않으면, 물은 결코 아침 햇살에 보석처럼 빛나며 모든 연약한 생명에게 소망을 주는 이슬이 될 수 없다. 하

나님께서 보내주시지 않은 물이라면 메마른 땅이 그토록 사모하는(시편 143) 비가 될 수 없다. 주님의 사랑을 담지 못한 물이 만든 얼음은 동네 아이들이 스케이트를 지치는 즐거움을 제공하지 않는다. 소름끼치도록 찬란한 서리는 해맑은 웃음을 하늘로 흩뿌리게 한다. 하나님의 손을 거친 물이 서리가 되는 법이다.

생각해 보자. 누가 그처럼 놀라운 일을 했는지는 알려주지 않으면 누구도 알 수 없다. 인간은 배워야 한다. 인간의 배움 끝에 만나 뵙는 분은 하나님이시다. 세상을 지으셨을 뿐 아니라 세상에 구원의 은혜를 베푸시는 하나님이시다. 인간에게 법을 주셨을 때는 이미 사랑부터 주셨다(참고. 로마서). 인간에게 창조의 질서를 주셨을 때는 이미 벌써 사랑의 질서가 있었다. 친구들과 달리, 엘리후와 달리 욥의 지혜는 거기까지 닿았다.

예배인간의 자기자리 매김은 주 동행 예배방정식이 그 답이다. 주 동행 예배방정식은 예배인간의 지혜 얻기다. 예배인간은 하나님의 기쁘심과 선하심과 온전하심을 즐거이 깨닫는다(참고. 로마서 12:1-2).

치수(治水)는 인간 교만의 표현이다. 사람이 어찌 물을 다스린다는 말이냐? 세계 곳곳의 식수오염은 인간의 노력이 어디까지 이르는지 보여준다. 하나님의 뜻을 날마다 물어야 옳다. 이기적 개발을 지양하고 상생(相生)의 길을 걸어야 옳다. 하나님을 뵙는 자는, 하나님께 예배드리는 자는, 남자나 여자, 종이나 자유자, 가진 자나 못 가진 자, 헬라인이나 유대인의 구별을 허락하지 않는다. 우리 모두는 예배인간으로서 하나님 앞에 평등할 뿐이다.

▶ 38:31-32, 너는 할 수 있느냐?

> 38:31 네가 묘성을 매어 묶을 수 있으며, 삼성의 띠를 풀 수 있겠느냐?
> 38:32 너는 별자리들을 각각 제 때에 이끌어 낼 수 있으며, 북두성을 다른 별들에게로 이끌어 갈 수 있겠느냐?

당연히 할 수 없다. 무슨 레고 같은 게임이라면 어떻게 해 볼 수 있다. 그러나 상대는 묘성이며 삼성이다. 아무리 손을 뻗어도 결코 도달할 수 없는 먼 곳에 별자리가 있다. 그들을 각각 제 때에 이끌어내는 것은 불가능하다. 각각의 때도 엄청 달라서, 그렇게 하려면 조금도 쉴 틈이 없다. 북두성을 다른 별들에게로 이끌어가는 것은 불가능하다. 그것은 스스로 움직이는 거대한 존재이기 때문이다.

생각만 해도 머리가 아프다. 숨이 턱 막히는 것이다.

▶ 38:33a, 네가 아느냐?

> 38:33a 네가 하늘의 궤도를 아느냐

당연히 모른다. 사람이 하늘의 궤도를 어찌 알겠는가? 그러나 강의실에서 나누는 대화는 실제 밖에 나갈 때와 결코 같지 않다. 커피 한 잔을 앞에 두고 감미로운 음악 틈을 비집고 주고받는 대화에 하늘 한 자락이라도 말할 수 있는 어떤 지혜가 실릴 것으로 예상하는 것은 지나치다.

욥의 고개를 들어 하늘을 보게 하신다. 찬바람 부는 밤에 하나님께서 아브람을 친히 밖으로 불러내셨다. 아브라함을 불러내시고 하늘을 우러르게 하신 것과 흡사하다.

> 여호와의 말씀이 그에게 임하여 이르시되, 그 사람이 네 상속자가 아니라, 네 몸에서 날 자가 네 상속자가 되리라, 하시고. 그를 이끌고 밖으로 나가 이르시되,하늘을 우러러 뭇별을 셀 수 있나 보라. 또 그에게 이르시되, 네 자손이 이와 같으리라. 아브람이 여호와를 믿으니 여호와께서 이를 그의 의로 여기시고
>
> 창세기 15:4-6

하늘을 우러러 질문을 품게 하신다. 하나님의 뜻이 거기 있다. 수많은 별들 중에 하나님의 계획이 들어 있다. 오늘 우리가 하나님을 생각하며, 말씀 묵상 중에 우러르는 하늘에 하나님의 뜻이 있다. 눈물이 땅에 굴러 떨어져도, 하나님의 뜻은 이루어질 것이다.

▶ 38:33b, 하늘

38:33b 하늘로 하여금 그 법칙을 땅에 베풀게 하겠느냐?

인간은 하늘에 대하여 아무것도 할 일이 없다. 오히려 하늘을 우러르면 인간의 무능이 온전히 드러날 뿐이다.

하늘의 법칙은 하나님의 뜻에서 났다.

▶ 38:34-35, 구름과 물과 번개

38:34 네가 목소리를 구름에까지 높여 넘치는 물이 네게 덮이게 하겠느냐?
38:35 네가 번개를 보내어 가게 하되, 번개가 네게, 우리가 여기 있나이다, 하게 하겠느냐?

물론 할 수 없다. 창조주 아니고야 인간이 어떻게 가능하겠는가? 하늘의 법칙을 이해하지도 못하는데 어떻게 그것을 알아서 베풀도록 할 수 있을까? 천둥이 구름을 떨게 만들어 비가 되게 한다. 인간의 목소리로 천둥을 대신할 수 있을까?

이번에는 번개다. 번개가 사람이 보낸다고 갈까? 번개를 불러내면, 그가 "여기 대령하였습니다" 할까? 번개는 인간 누구의 말을 듣지 않는다. 안 그런가?

▶ 38:36a, 가슴 속의 지혜

38:36a 가슴 속의 지혜는 누가 준 것이냐?

지혜는 땅 아래 돌 틈에 있지 않다.

지혜는 하나님께서 주신 것이다. 하나님께서 가슴 속에 주셨다. 그것은 하나님께 속했다. 하나님께서 주셔야 사람이 얻을 수 있다. 지혜를 찾는 사람은 하나님께 구해야 옳다.

▶ 38:36b, 수탉에게 지혜를

38:36b 수탉에게 슬기를 준 자가 누구냐?

다시 피조물이다. 수탉에게 슬기를 준 자는 창조주 하나님이시다. 시계보다 정확하게 새벽을 깨우는 수탉의 지혜도 하나님께로부터 난다.

수탉은 그 지혜로 수탉 됨의 삶을 산다. 사람이 그에게 어떤 직무도 맡긴 바 없다. 수탉의 수탉 됨에 대하여 인간은 아무런 지시도 내릴 수 없다. 인간은 수탉이 수탉 되는 데 아무런 기여를 한 바 없다.

▶ 38:37a, 구름

38:37a 누가 지혜로 구름의 수를 세겠느냐?

구름의 수를 셀 수 있는 지혜가 있느냐? 구름의 수는 차라리 쉬워 보인다. 그러나 그것도 가능하지 않다.

▶ 38:37b-38, 물주머니와 티끌 덩어리

38:37b 누가 하늘의 물주머니를 기울이겠느냐?
38:38 티끌이 덩어리를 이루며 흙덩이가 서로 붙게 하겠느냐?

다시 우주다. 하늘의 물주머니를 기울일 수 있느냐? 티끌이 흙덩어리 되게 할 수 있느냐? 하나님께서 행하신 창조에 대하여 인간은 손끝도 댈 수 없다.

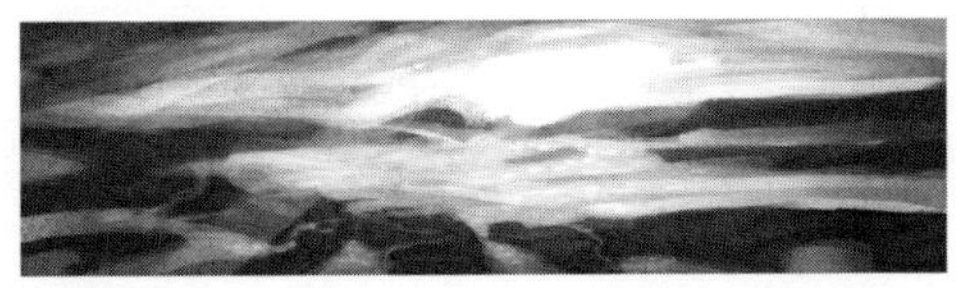

▶ 38:39-40, 사자

38:39 네가 사자를 위하여 먹이를 사냥하겠느냐? 젊은 사자의 식욕을 채우겠느냐?
38:40 그것들이 굴에 엎드리며 숲에 앉아 숨어 기다리느니라.

사람이 사자를 위하여 할 일이 있느냐? 우스운 상상 아니냐? 사냥하는 일은 그에게 맡길 수밖에 없지 않으냐?

사자는 인간으로부터 독립이다. 하나님께서 그에게 허락하신 범위 안에서 사자는 넉넉히 살아가는 것이다.

● 정리

구름의 수를 세는 지혜, 하늘의 물주머니를 기울이는 능력, 티끌이 덩어리를 이루며, 흙덩어리를 서로 붙게 하는 기술, 사자를 위해 먹이를 사냥하는 능력, 젊은 사자의 식욕을 채우는 재주, 그런 것은 인간에게 없다. 사자는 하나님께서 주신 지혜를 사용하여 스스로를 위해 사냥하는 것이다.

▶ 38:41, 까마귀 새끼

38:41 까마귀 새끼가 하나님을 향하여 부르짖으며 먹을 것이 없어서 허우적거릴 때에, 그것을 위하여 먹이를 마련하는 이가 누구냐?

창조주 하나님을 바로 안다면, 하나님께서 까마귀 새끼도 먹을 것을 주시는 분이심을 알 것이다.

> 공중의 새를 보라. 심지도 않고 거두지도 않고 창고에 모아들이지도 아니하되, 너희 하늘 아버지께서 기르시나니, 너희는 이것들보다 귀하지 아니하냐?
>
> 마태복음 6:26

지혜의 참된 교사이신 예수님께서 가르치신 지혜다. 하나님을 알아야 한다.

● 39:1-30, 수직 다이얼로그 B

▶ 39:1a, 산 염소

> 39:1a 산 염소가 새끼 치는 때를 네가 아느냐?

집짐승 염소는 혹시 몰라도 산 염소는 인간이 아는 바 없다. (사실 집에서 기르는 염소도 인간의 영역 밖이다. 자기중심적 사고 외에 무엇이 더 있는가?) 산 염소가 새끼 치는 때를 아는 지혜가 인간에게 없다.

하나님은 아신다. 하나님께서 지으셨기 때문이다. 하나님께서 돌보시기 때문이다.

▶ 39:1b-4, 암사슴

> 39:1b 암사슴이 새끼 낳는 것을 네가 본 적이 있느냐?
> 39:2 그것이 몇 달 만에 만삭되는지 아느냐? 그 낳을 때를 아느냐?
> 39:3 그것들은 몸을 구푸리고 새끼를 낳으니, 그 괴로움이 지나가고,
> 39:4 그 새끼는 강하여져서 빈들에서 크다가, 나간 후에는 다시 돌아오지 아니하느니라.

암사슴이 새끼 낳은 것을 본 적이 없다. 몇 달 만에 만삭되는지, 그 낳을

때를 모른다. 인간이 몰라도, 돌보지 않아도, 그들은 새끼를 낳고, 출산의 괴로움을 이겨낸다. 인간이 챙기지 않아도 그 새끼는 강해진다. 빈들에서 성장하고, 이후 인간의 시야를 완전히 벗어난다.

사람이 암사슴을 노래할지라도 그는 남이다. 하나님의 손에서 하나님의 사랑으로 성장하는 것이다. 그저 암사슴의 일생일지라도 인간은 그 모든 계획의 손을 놓아야 한다.

▶ 39:5, **들 나귀** 1

39:5 누가 들나귀를 놓아 자유롭게 하였느냐? 누가 빠른 나귀의 매인 것을 풀었느냐?

들나귀가 자유롭게 된 일에 인간은 한 일이 없다. 발 빠른 나귀가 매였을지라도 하나님께서 풀어놓아 자유하게 하셨다. 창조주 하나님께서 그의 구원도 책임지시는 것이다.

▶ 39:6-8, **들나귀** 2

39:6 내가 들을 그것의 집으로, 소금 땅을 그것이 사는 처소로 삼았느니라.
39:7 들나귀는 성읍에서 지껄이는 소리를 비웃나니, 나귀 치는 사람이 지르는 소리는 그것에게 들리지 아니하며,
39:8 초장 언덕으로 두루 다니며, 여러 가지 푸른 풀을 찾느니라.

들나귀를 놓아 자유롭게 하신 하나님은 인간을 자유롭게 하신다. 인간을 지어내시고 자유를 주셨다. 스스로 범죄하여 하나님의 은혜를 떠난 그들을 구속하여 불러내셨다. 빠른 나귀가 매였을지라도 하나님께서 그를 풀어주셨다!

사람이 아무리 소리쳐도 들나귀는 꿈쩍도 하지 않는다. 아무도 그를 묶어둘 수 없다.

▶ 39:9-12, 들소

39:9 들소가 어찌 기꺼이 너를 위하여 일하겠으며, 네 외양간에 머물겠느냐?
39:10 네가 능히 줄로 매어 들소가 이랑을 갈게 하겠느냐? 그것이 어찌 골짜기
에서 너를 따라 써레를 끌겠느냐?
39:11 그것이 힘이 세다고 네가 그것을 의지하겠느냐? 네 수고를 그것에게 맡기
겠느냐?
39:12 그것이 네 곡식을 집으로 실어 오며 네 타작 마당에 곡식 모으기를 그것에
게 의탁하겠느냐?

들소는 길들일 수 없다. 하나님께서 그런 천성을 허락하지 않으셨기 때문이다. 인간의 지혜를 과신하지 말라. 누구든지 노력하면 다 되는 것이 아니다. 하나니께서 허락하셔야 한다. 집에서 기르는 가축이 인간이 길들여서 된 것이 아니다. 하나님께서 그렇게 지으셨기 때문이다. 인간의 지혜를 과신하지 말라!

▶ 39:13-17, 타조 1

39:13 타조는 즐거이 날개를 치나, 학의 깃털과 날개 같겠느냐?
39:14 그것이 알을 땅에 버려두어 흙에서 더워지게 하고
39:15 발에 깨어질 것이나, 들짐승에게 밟힐 것을 생각하지 아니하고,
39:16 그 새끼에게 모질게 대함이 제 새끼가 아닌 것처럼 하며, 그 고생한 것이
헛되게 될지라도 두려워하지 아니하나니,
39:17 이는 하나님이 지혜를 베풀지 아니하셨고, 총명을 주지 아니함이라.

타조를 아는 사람의 지식은 한계가 크다.

타조는 지혜가 없다. 하나님께서 주시지 않았기 때문이다. 타조가 지혜가 없다는 것이나, 인간이 타조를 아는 지혜가 없다는 것이나, 없는 점에서 마찬가지다. 하나님께서 허락하지 않으시면 인간 세상은 없는 것을 끌어안고 살아야 한다.

▶ 39:18, 타조 2

> 39:18 그러나 그것이 몸을 떨쳐 뛰어갈 때에는 말과 그 위에 탄 자를 우습게 여기느니라.

그러나 타조는 다른 지혜가 있다. 말과 그 탄 자가 우습게 보일 정도로 빠르다. 타조에게는 예상하지 못한 지혜가 있는데, 하나님의 지혜는, 타조의 경우에서 보듯, 언제나 인간의 예상을 빗나가게 한다.

▶ 39:19-20, 말 1

> 39:19 말의 힘을 네가 주었느냐? 그 목에 흩날리는 갈기를 네가 입혔느냐?
> 39:20 네가 그것으로 메뚜기처럼 뛰게 하였느냐? 그 위엄스러운 콧소리가 두려우니라.

우리에게 익숙한 말에 대하여 인간이 할 수 있는 일은 무엇인가?

말은 힘이 있다. 말은 흩날리는 목 갈기를 입었다. 말은 메뚜기처럼 뛴다. 말은 위엄스러운 콧소리가 두렵다. 이 모든 것은 하나님께서 말에게 주셨다. 이 세상에 말을 지어내신 하나님께서 그에게 누구 못지않은 능력을 주셨다. 그에게 이 세상을 당당하게 살아갈 길을 주신 것이다.

말을 우습게 여기지 말라. 그는 메뚜기처럼 뛴다. 그의 콧소리는 위엄이 있다. 너는 그처럼 뛸 수 있느냐? 너의 콧소리는 그처럼 위엄 있느냐?

▶ 39:21-25, 말 2

> 39:21 그것이 골짜기에서 발굽질 하고, 힘 있음을 기뻐하며, 앞으로 나아가서 군사들을 맞되,
> 39:22 두려움을 모르고 겁내지 아니하며, 칼을 대할지라도 물러나지 아니하니,

39:23 그의 머리 위에서는 화살통과 빛나는 창과 투창이 번쩍이며,
39:24 땅을 삼킬 듯이 맹렬히 성내며, 나팔 소리에 머물러 서지 아니하고,
39:25 나팔 소리가 날 때마다 힝힝 울며, 멀리서 싸움 냄새를 맡고, 지휘관들의
호령과 외치는 소리를 듣느니라.

말은 골짜기에서도 발굽질 한다. 말은 힘자랑에 기쁘다. 말은 전쟁터에 전진한다. 두려움을 모른다. 겁내지 않는다. 물러나지 않는다. 머리 위에 화살통과 빛나는 창과 투창이 번쩍인다. 성낼 때는 땅을 삼킬 듯이 맹렬하다. 적군의 나팔 소리에도 멈추지 않는다. 아군의 나팔 소리가 날 때마다 힝힝 소리로 응답한다. 멀리서 나는 싸움 냄새를 맡는다. 지휘관의 호령과 외치는 소리를 분간해 듣는다.

말은 전쟁의 영웅이다. 어떤 군사인들 말 없이 승전할 수 있을까? 보병 나뽈레옹을 상상이나 할 수 있는가?

▶ 39:26, 매

39:26 매가 떠올라서 날개를 펼쳐 남쪽으로 향하는 것이 어찌 네 지혜로 말미암음이냐?

매에 대하여, 그의 삶에 대하여 인간이 관여할 수 있는 내용이란 도대체 무엇인가?

네가 지혜가 있다고 한들 매를 떠올라 날개 펼쳐 남쪽으로 향하게 할 수 있는가? 매는 매의 지혜가 있다. 하나님께서 주신 지혜다.

매에게 지혜를 왜 주셨을까? 매를 살리심이다. 하나님께서는 매를 지으시기만 하셨을 뿐 아니라 살려주신다. 이로써 하나님께서는 욥을 지어내시기만 하신 것이 아니라 "살리시는 하나님"이심을 보이신다.

욥은 하나님께서 창조주로서 이 세상에 내보내기만 하신 것으로 불평했다. 그러나 실상은 하나님께서 욥을 기르신다. 자기의 지혜가 아니라 하나님의 지

혜로써! 창조만으로써가 아니라 창조//출애굽 다이내믹으로써!

▶ 39:27-30, 독수리

> 39:27 독수리가 공중에 떠서 높은 곳에 보금자리를 만드는 것이 어찌 네 명령을 따름이냐?
> 39:28 그것이 낭떠러지에 집을 지으며, 뾰족한 바위 끝이나 험준한 데 살며,
> 39:29 거기서 먹이를 살피나니, 그 눈이 멀리 봄이며,
> 39:30 그 새끼들도 피를 빠나니, 시체가 있는 곳에는 독수리가 있느니라.

독수리는 인간의 명령대로 움직이지 않는다. 그는 인간의 지혜 밖의 영역에 있다. 그는 하나님의 지혜대로 산다.

공중에 떠서 높은 곳에 보금자리를 만든다. 네가 그렇게 명령한 것이냐? 독수리는 하나님의 명령을 순종할 뿐이다.

이제 묻는다. 어째서 하나님께서 독수리를 높은 곳에 보금자리 만들게 명령하셨을까? 낭떠러지에 집을 짓고, 뾰족한 바위 끝이나 험준한 데 살게 하셨을까? 거기서 먹이를 살피게 하시고, 멀리 볼 수 있게 하시며, 그 새끼들도 음식물을 먹게 하셨을까? 무릇 시체가 있는 곳에 독수리를 보내셨을까?

> 공중의 새를 보라. 심지도 않고 거두지도 않고 창고에 모아들이지도 아니하되 너희 하늘 아버지께서 기르시나니, 너희는 이것들보다 귀하지 아니하냐?
> 마태복음 6:26

독수리는 공중의 새다. 주님께서 새를 기르신다. 이 말씀, 곧 이것은 어찌 새를 염려함인가? 인생을 위함이다.

> 너희는 이것들보다 귀하지 아니하냐? 마태복음 6:26c

하나님께서 독수리를 말씀하심은, "네가 더 귀하지 아니하냐?" 라는 깊은 뜻이 있

다.

● 40:1-24, 수직 다이얼로그 C

▶ 40:1, 또 예배응답

40:1 여호와께서 또 욥에게 일러 말씀하시되,

여호와께서 욥에게 말씀하신다. 응답이다. 이것은 예배인간이 받는 축복이다. 그 응답은 인간이 예배 전에 예상한 그대로가 아니다. 예배인간은 하늘에서 내리는 모든 응답이 저들의 예배 전 예상을 깨고야 내릴 것임을 안다. 그 깨뜨려짐을 즐거워한다. 예배인간은 예배의 자리에서 자기의 기대를 깨고 하나님의 뜻을 이루시는 거룩하신 하나님을 뵙는다.

주여, 나를 깨뜨리소서!
주여, 나의 더러운 이기심을 부숴뜨려 주소서!
주여, 나를 새로 빚어 만들어 주소서!

예배를 마치고 일어서는 예배인간은 영 딴판 인생이다. 하나님의 손에 붙들린 혼돈이 질서가 되고 마는 것처럼. 땅이 혼돈하고, 공허하며, 흑암이 깊음 위에 있었다. 각각 –S, –P, –R이었다. 하나님의 손에서 그들은 각각 +S, +P, +R이 되었다. 예배인간은 창조주 하나님의 손길에 놀라면서 세상에 놀라지 않는다. 하나님을 두려워하면서 세상을 두려워하지 않는다.

▶ 40:2, 트집 잡는 자

40:2 트집 잡는 자가 전능자와 다투겠느냐? 하나님을 탓하는 자는 대답할지니라.

지혜는 마주보는 것이다. 꼬투리를 잡거나 말꼬리를 붙드는 행위는 건강하지 않다. 진정한 지혜는 하나님의 질문을 바르게 이해하고 바른 대답을 드려야 한다.

"트집 잡는 자," "하나님을 탓하는 자." 이 판단들은 욥을 비판하고 그 빌미로 넘어뜨리려는 것이 아니다. 오히려 욥의 현 주소를 직시하게 하시고, 그를 바로 세우시는 것이다.

● 욥이 여호와 하나님께 1, 40:3-5

수평 다이얼로그 사이클 1-3 중에 욥이 하나님께 드린 말씀이 있다. 그것은 기도의 형식이지만 동시에 독백이기도 했다. 하나님의 직접적인 응답을 받지 못한 것이다.

하나님께서 욥에 말씀하셨다. 이제 욥의 차례다. 하나님의 응답을 보장받은 욥의 말이다.

▶ 40:3-5, **여호와께**

> 40:3 욥이 여호와께 대답하여 이르되,
> 40:4 보소서. 나는 비천하오니, 무엇이라 주께 대답하리이까? 손으로 내 입을 가릴 뿐이로소이다.
> 40:5 내가 한 번 말하였사온즉 다시는 더 대답하지 아니하겠나이다.

욥이 스스로 비천하다고 했다. 이전에는 몰랐을까? 아니다. 새로운 깨달음이다. 지혜는 날마다 새로운 깨달음이다.

예배인간은 날마다 새로운 지혜를 얻는다.

● 40:3-5, 예배인간 욥의 예배방정식 SPRx-C//E=0

우선 욥은 하나님 앞에 입을 가린다. 거룩한 곳에 선 이사야가 입술의 부정을 고백한 것처럼(참고. 이사야 6:5), 욥은 자기의 손을 들어 입을 가린다.

우리의 회개는 우선 침묵부터 시작해야 한다. 자기의 언어를 버리고 자기의 버려진 언어를 돌아보아야 한다.

자기의 말을 버린 욥의 언어는 제로(0)다. 이제 그는 하나님 앞에 듣는 자가 되었다. 예배인간은 말씀을 듣는다.

● 여호와 하나님께서 욥에게 2, 40:6-41:34

하나님께서 욥에게 말씀하신다. 말하자면 수직 다이얼로그의 제2회전이다. 욥의 1차 회개를 들으신 하나님께서 다시 폭풍 가운데서 말씀하신다.

수직 다이얼로그 제1회전 때처럼 창조//출애굽 다이내믹스가 중심 내용이다.

▶ 40:6, 폭풍우 가운데에서

40:6 그 때에 여호와께서 폭풍우 가운데에서 욥에게 일러 말씀하시되,

세상의 지축을 흔드는 폭풍우라도 여호와께서 말씀하신다면! 모든 것이 산산조각 나 버린 때에도 주님께서 말씀하신다면! 집도, 자동차도, 학교도, 교회 건물도 모두 날려버린 토네이도 후에도 엎드려 예배드릴 수 있다면, 그 예배 중에 주님께서 말씀하신다면!

그러면 들을 일이다. 엎드린 그 자리에서 그 자세로 들을 일이다.

여호와께서 임하여 서서 전과 같이, 사무엘아, 사무엘아, 부르시는지라. 사무엘이 이르되, 말씀하옵소서. 주의 종이 듣겠나이다, 하니 사무엘기상 3:10

▶ 40:7, 대장부의 대답

40:7 너는 대장부처럼 허리를 묶고, 내가 네게 묻겠으니, 내게 대답할지니라.

대장부처럼. 하나님의 명령을 피하지 말고 대답하라. 폭풍우 가운데 나타나셨을 때 던지셨던 처음 요구다. 이제 그것을 반복하신다.

▶ 40:8a, 네가 내 공의를 부인하려느냐?

40:8a 네가 내 공의를 부인하려느냐?

스스로를 세우려고 하나님을 부정하는 수가 있다. 그건 지혜가 아니다.

이것은 "욥이 하나님의 공의를 부인하였다!"는 엘리후(?)의 선언을 인정하심일까? 하나님도 결국 친구들이나 엘리후를 벗어나지 못하신 걸까?

하나님의 공의는 무엇인가? 끝까지 하나님을 신뢰함 아닌가? 욥은 여태까지 친구들 앞에서 하나님의 공의를 신뢰하지 않았는가? 그런데 하나님 앞에서 무너지는 것은 무슨 까닭인가?

하나님의 추궁은 친구들의 그것과 같지 않다.

▶ 40:8b, 네 의를 세우려고 나를 악하다 하겠느냐?

40:8b 네 의를 세우려고 나를 악하다 하겠느냐?

스스로를 세우려고 하나님을 부정하는 수가 있다. 그건 지혜가 아니다.

이것은 "자기의 의를 세우려고 하나님을 악하다 했다"는 판단일까? 도리어 그런 쪽으로 나갈까 염려하신 주님의 방어벽이다. 그건 정말 안 되는 일이기 때문이다.

하나님의 은혜로 의로움을 확신하는 누구라도 이 질문을 피할 수 없다. 이 질문 없이는 교만해진다. 바리새인 같은 의로움이다. 이것은 종잇장 칼날 같은 긴장이다.

● **세 종류의 질문**

이하의 질문은 세 종류다: 너는 할 수 있느냐? 너는 어디 있었느냐? 너는 아느냐? 이 질문들은 욥이 드린 질문에 대한 대답이다. 그런데 그 대답이 질문이다.

좋은 질문을 품어야 한다. 나쁜 질문은 잘라내 버려야 한다.

▶ **40:9-10, 너는 할 수 있느냐?**

40:9 네가 하나님처럼 능력이 있느냐? 하나님처럼 천둥소리를 내겠느냐?
40:10 너는 위엄과 존귀로 단장하며, 영광과 영화를 입을지니라.

하나님 같은 능력이 인간 누구에게 있겠는가? 천둥소리는 사람이 낼 수 없다. 위엄과 존귀, 영화와 영화는 하나님의 선물이다. 하나님 없이 인간이 할 수 있는 것은 아무것도 없다.

▶ **40:11-13, 넘치는 노를 비우고**

40:11 너의 넘치는 노를 비우고, 교만한 자를 발견하여 모두 낮추되,
40:12 모든 교만한 자를 발견하여 낮아지게 하며, 악인을 그들의 처소에서 짓밟을지니라.
40:13 그들을 함께 진토에 묻고, 그들의 얼굴을 싸서 은밀한 곳에 둘지니라.

세 친구들은 노가 넘쳐났다. 엘리후는 분노 때문에 일어섰다. 욥은 우선 자신을 이겨야 했다. 그리고 교만한 자들을 모두 찾아내어 낮추어야 한다. 예배에 초청함으로써 가능하다. 이것이 교만한 자들과 악인을 낮아지게 하고 짓밟는 일이다. 그들을 함께 진토에 묻고 그들의 얼굴을 싸서 은밀한 곳에 둠이다.

▶ **40:14, 네 오른손이 너를 구원함?**

40:14 그리하면 네 오른손이 너를 구원할 수 있다고 내가 인정하리라.

욥은 자기 오른손으로 스스로를 구원할 수 없다. 세상의 자기가 자기를 구원한다는 자력신앙은 허위다. 인간은 하나님을 의지해야 한다. 인간은 예배로써 하나님 앞에 나아가 하나님의 은혜를 입는 것이다.

▶ 40:15, 베헤못 1

40:15 이제 소 같이 풀을 먹는 베헤못을 볼지어다. 내가 너를 지은 것 같이 그것도 지었느니라.

하나님께서 이제 욥의 관심을 피조물 하나로 돌이키신다: 베헤못이다. 왜 욥은 지금 베헤못에게 눈길을 주어야 하는가? 스스로 힘 센 베헤못을 하나님께서 지으셨다. 욥을 지으신 것처럼! 따라서 베헤못을 봄으로써 욥은 하나님 앞에서 스스로를 돌아볼 수 있는 것이다.

지금 베헤못을 언급하심은 욥에 대하여 말씀하시려는 것이다. 공중의 새를 보라 하신 예수님께서는 그것을 보는 "제자들"에 대하여 말씀하심이다(참고. 마태복음 6:26).

▶ 40:16-22, 베헤못 2

40:16 그것의 힘은 허리에 있고, 그 뚝심은 배의 힘줄에 있고,
40:17 그것이 꼬리 치는 것은 백향목이 흔들리는 것 같고, 그 넓적다리 힘줄은 서로 얽혀 있으며,
40:18 그 뼈는 놋관 같고, 그 뼈대는 쇠 막대기 같으니,
40:19 그것은 하나님이 만드신 것 중에 으뜸이라. 그것을 지으신 이가 자기의 칼을 가져 오기를 바라노라.
40:20 모든 들 짐승들이 뛰노는 산은 그것을 위하여 먹이를 내느니라.

40:21 그것이 연 잎 아래에나 갈대 그늘에서나 늪 속에 엎드리니,
40:22 연 잎 그늘이 덮으며 시내 버들이 그를 감싸는도다.

베헤못은 무엇인가? 바다의 라합, 리워야단과 같이 괴물이다. 하마로 추측하기도 한다. 그런데 특징은 대단히 힘이 센 동물이라는 것이다. 이것은 단지 세상에 있는 "어떤" 동물이기 때문에 제시된 것은 아니다. "욥" 자신과 비추어 보라고 하나님께서 보여주시는 피조물 중 하나다. 베헤못과 달리 욥은 특히 지금 무기력하다.

하나님께서 이 모든 힘과 능력을 주셨다. 그를 이 세상에 내어놓기만 하신 것이 아니라, 계속해서 살아남게 하시기 위함이다. 베헤못의 능력은 하나님의 구원의 능력에서 비롯했다. 창조하신 하나님께서는 구원의 하나님이시다.

▶ 40:23-24, 너는 할 수 있느냐?

40:23 강물이 소용돌이칠지라도 그것이 놀라지 않고, 요단 강 물이 쏟아져 그 입으로 들어가도 태연하니,
40:24 그것이 눈을 뜨고 있을 때 누가 능히 잡을 수 있겠으며, 갈고리로 그것의 코를 꿸 수 있겠느냐?

그러나 베헤못은 하마보다 더 크고 우람한 동물이다.

이제 물으신다. 이 베헤못과 "너" 욥을 관련지어 생각하라. 그는 놀라지 않고 태연하다. 그를 잡을 수 있느냐? 그의 코를 꿸 수 있느냐? 지금 떨고 있는 욥, 네가 말이다!

네가 할 수 없는 능력을 베헤못에게 주셨다. 그가 살아가야 하기 때문이다. 그가 욥의 손에 의해서가 아니라 그의 손이 미치지 못하는 곳에서 하나님의 손에 의해 살아가야 하기 때문이다. 베헤못은 하나님께서 기르신다.

기억해야 할 것은, 급하게 돌아간 상황에도 불구하고 욥은 예배인간으로서 태연했다(참고. 2:10)는 사실이다. 하나님께서 욥에게 질문을 던지고 계시지만, 욥은 그 질문 앞에 무지와 무기력을 고백해야 하지만, 예배인간으로서 욥은 변함없는 하나님의 사랑과 그 보호하심 안에 있는 것이다.

● 41:1-34, 수직 다이얼로그 D

▶ 41:1–5, **리워야단 1**

> 41:1 네가 낚시로 리워야단을 끌어낼 수 있겠느냐? 노끈으로 그 혀를 맬 수 있겠느냐?
> 41:2 너는 밧줄로 그 코를 꿸 수 있겠느냐? 갈고리로 그 아가미를 꿸 수 있겠느냐?
> 41:3 그것이 어찌 네게 계속하여 간청하겠느냐 부드럽게 네게 말하겠느냐?
> 41:4 어찌 그것이 너와 계약을 맺고, 너는 그를 영원히 종으로 삼겠느냐?
> 41:5 네가 어찌 그것을 새를 가지고 놀 듯 하겠으며, 네 여종들을 위하여 그것을 매어두겠느냐?

이제는 리워야단(Leviathan)이다(참고. 시편 104:25–26).

리워야단은 악어가 아니다. 바다에 살지 않는다. 호수나 늪지대에 서식한다. 또한 그렇게 두려운 존재도 아니다. 리워야단은 어떤 거대한 동물이다. 욥에게 물으신다.

–리워야단과 너의 관계는 무엇인가?

아무것도 없다. 하나님께서 함께 계시지 않는다면 그는 그요, 욥은 욥이다. 리워야단에게 욥이 할 수 있는 일은 아무것도 없다.

그런데 지금 하나님께서 리워야단을 보여주신다. 그를 보고 욥이 배워야 할 것은 무엇인가? 어떤 지혜를 얻어야 하는가? 리워야단은 하나님께서 기르시는 것이다.

온 천하 만물이 그림책 같으니
그 고운 그림 보아서 그 사랑 알아요 찬송가 566장 2절

온 천하 만물을 보여주신 것은 하나님의 사랑 때문이다. 주님의 사랑을 보아야 만물을 비로소 본 것이다. 리워야단을 보고 하나님의 사랑을 알아야 한다.

리워야단에게 욥이 할 수 있는 일은 하나도 없다. 그는 하나님과 관계 속에 존재하는 것이다. 여기서 은유다. 리워야단은 욥이다. 리워야단이 굳게 서 있다면 욥이 굳게 서야 하는 이유다. 누군가 말했다: 무소의 뿔처럼 혼자서 가라! 그가 무소를 손가락으로 가르키며 사람에게 말했다면 오늘 하나님께서 욥에게 리워야단을 지시하신다.

▶ 41:6–10, 리워야단 2

41:6 어찌 장사꾼들이 그것을 놓고 거래하겠으며, 상인들이 그것을 나누어 가지겠느냐?
41:7 네가 능히 많은 창으로 그 가죽을 찌르거나 작살을 그 머리에 꽂을 수 있겠느냐?
41:8 네 손을 그것에게 얹어 보라 다시는 싸울 생각을 못하리라.
41:9 참으로 잡으려는 그의 희망은 헛된 것이니라. 그것의 모습을 보기만 해도 그는 기가 꺾이리라.

41:10 아무도 그것을 격동시킬 만큼 담대하지 못하거든, 누가 내게 감히 대항할 수 있겠느냐?

베헤못도 상대하지 못하면서 어찌 하나님을 상대하려느냐? 베헤못의 능력은 하나님께서 주신 것이다. 하나님을 알아야 한다.

▶ **41:11, 리워야단 3**

41:11 누가 먼저 내게 주고 나로 하여금 갚게 하겠느냐? 온 천하에 있는 것이 다 내 것이니라.

결국 이 말씀이다! 온 천하에 있는 것이 다 주님의 것이다. 하나님께서 소유하신다. 만들어내시고 나 몰라라 하심 아니다. "소유"하신다.

하나님의 소유는 방치가 아니다. "관리"다. "관심"이며 "사랑"이시다.

이제 욥이 알아야 한다. 그는 이 세상에 버려짐으로 태어난 것이 아니다. 지금 그는 "삶을 저주"하던 독백의 자리를 박차고 일어나야 한다. 그가 당하는 고난은 하나님의 방치하심이 아니다. 도리어 돌보심이며 가까이하심이다. 관심하심이며 감싸 안으심이다. 새를 돌보시고 동물을 아끼시는 주님이시다.

네가 수고도 아니하였고 재배도 아니하였고 하룻밤에 났다가 하룻밤에 말라버린 이 박넝쿨도 아꼈거든, 하물며 이 큰 성읍 니느웨에는 좌우를 분변하지 못하는 자가 십이만여 명이요 가축도 많이 있나니, 내가 어찌 아끼지 아니하겠느냐?

요나서 4:10-11

하나님의 사랑은 의심할 수 없다. 욥은 자기의 인생을 통하여 그 사랑을 확증하고 또 확증해야 옳다.

▶ **41:12-14, 리워야단 4**

41:12 내가 그것의 지체와 그것의 큰 용맹과 늠름한 체구에 대하여 잠잠하지 아니하리라.
41:13 누가 그것의 겉가죽을 벗기겠으며, 그것에게 겹재갈을 물릴 수 있겠느냐?
41:14 누가 그것의 턱을 벌릴 수 있겠느냐? 그의 둥근 이틀은 심히 두렵구나.

누가?

욥 너도 아니다. 물론 그동안 너를 재판했던 세 친구도 아니다. (당연히 엘리후도 아니다. 하나님께서는 엘리후의 존재를 거론하지 않으셨지만, 하나님의 입김으로 엘리후는 먼지처럼 사라져 버린다!)

나 여호와 뿐이다. 내가 그를 관계하듯, 너를 관계할 것이다. 너를 관계할 자는 나다. 내가 네 재판관이다. 내가 너의 하나님이다.

▶ 41:15-24, 리워야단 5

41:15 그의 즐비한 비늘은 그의 자랑이로다. 튼튼하게 봉인하듯이 닫혀 있구나.
41:16 그것들이 서로 달라붙어 있어, 바람이 그 사이로 지나가지 못하는구나.
41:17 서로 이어져 붙었으니, 능히 나눌 수도 없구나.
41:18 그것이 재채기를 한즉 빛을 발하고, 그것의 눈은 새벽의 눈꺼풀 빛 같으며
41:19 그것의 입에서는 횃불이 나오고, 불꽃이 튀어 나오며
41:20 그것의 콧구멍에서는 연기가 나오니, 마치 갈대를 태울 때에 솥이 끓는 것과 같구나.
41:21 그의 입김은 숯불을 지피며, 그의 입은 불길을 뿜는구나.
41:22 그것의 힘은 그의 목덜미에 있으니, 그 앞에서는 절망만 감돌 뿐이구나.
41:23 그것의 살 껍질은 서로 밀착되어 탄탄하며, 움직이지 않는구나.
41:24 그것의 가슴은 돌처럼 튼튼하며, 맷돌 아래짝 같이 튼튼하구나.

하나님께서 리워야단에게 자랑을 주셨다. 그에게 능력을 주셨다. 그에게 위엄을 주셨다. 그는 공격할 무기가 있으며, 방어할 수 있는 장치가 있다. 이것은 모두 하나님께서 그에게 주신 것이다.

사람을 세상에 내실 때, 하나님께서는 그를 누구도 해할 수 없는 모든 권세와 위엄도 함께 주셨다. 그는 고아로 태어난 것이 아니다. 그는 하나님의 아들이다. 그는 버려진 것이 아니다. 그는 사랑을 입었다.

더욱이 예수 그리스도께서 그를 위해 죽으심으로써 당신의 인생을 향한 사랑을 확증해 주셨다. 욥은 무기력하지 않다. 욥은 치명적이지 않다. 욥은 누구에게나 조롱거리가 될 수 없다. 욥은 스스로를 지켜낼 무기가 있다. 욥은 권세가 있다. 이 모든 것은 하나님께서 주신 것이다. 예배인간 하나하나에게 모두 주신 주님의 은혜다.

▶ 41:25-34, 리워야단 6

41:25 그것이 일어나면 용사라도 두려워하며 달아나리라.
41:26 칼이 그에게 꽂혀도 소용이 없고, 창이나 투창이나 화살촉도 꽂히지 못하는구나.
41:27 그것이 쇠를 지푸라기 같이, 놋을 썩은 나무 같이 여기니,
41:28 화살이라도 그것을 물리치지 못하겠고, 물맷돌도 그것에게는 겨 같이 되는구나.
41:29 그것은 몽둥이도 지푸라기 같이 여기고, 창이 날아오는 소리를 우습게 여기며
41:30 그것의 아래쪽에는 날카로운 토기 조각 같은 것이 달려 있고, 그것이 지나갈 때는 진흙 바닥에 도리깨로 친 자국을 남기는구나.
41:31 깊은 물을 솥의 물이 끓음 같게 하며, 바다를 기름병 같이 다루는도다.
41:32 그것의 뒤에서 빛나는 물줄기가 나오니, 그는 깊은 바다를 백발로 만드는구나.
41:33 세상에는 그것과 비할 것이 없으니, 그것은 두려움이 없는 것으로 지음 받았구나.
41:34 그것은 모든 높은 자를 내려다보며, 모든 교만한 자들에게 군림하는 왕이니라.

리워야단의 자기보호장치, 그의 생존능력, 그의 존재가 이미 포함하고 있는 "지혜," 이 모두는 창조주 하나님께서 그들을 이 세상에 "방출"하신 것이 아님을 증거한다. 창조주 하나님은 구원자 하나님도 되시는 것이다.

욥을 이 세상에 내보내신 하나님께서는 환난과 시련, 눈물과 고통, 괴로움과 고독이 많은 세상을 오히려 충분히 사랑하며, 충분히 감사하며, 충분히 기뻐하며 살아갈 수 있도록 보호장치와 은혜, 돌보심과 사랑을 베풀어 주신 것이다. 날마다 새로운 기쁨을 허락하셔서, 날마다 파고드는 의심과 두려움의 공격을 차단해 버리시는 것이다. 하나님께서 방패와 산성, 반석과 날개그늘이 되어 주셔서, 의로운 사람, 곧 예배인간을 지키시고 사랑하시는 것이다.

이제 욥이 깨달았다. 자기 자신의 상처만 보고, 자기가 세상에서 가장 불행한 사람이라고 판단했던 것을 거둬들인다. 자기의 고독의 방을 박차고 나왔다. 세상 여기저기에 거하는 독수리와 매, 말과 타조, 베헤못과 리워야단을 쳐다보면서 하나님의 세계를 알았다. 이제 욥이 해야 할 일은 회개다. 자기의 아픔의 껍질을 깨고 일어나 도리어 치유의 은혜를 베푸시는 하나님 앞에 한걸음 더 나아가는 것이다.

● **어찌 소를 위하여 염려하심이냐?**

이쯤해서 생각하는 말씀이 있다.

> 모세의 율법에 곡식을 밟아 떠는 소에게 망을 씌우지 말라 기록하였으니, 하나님께서 어찌 소들을 위하여 염려하심이냐? 고린도전서 9:9

신명기 25:4의 말씀을 인용한 사도 바울의 수사의문문이다. 하나님께서 날짐승과 들짐승을 이처럼 많이 언급하신 것이 어찌 그들을 염려하심인가? 오히려 당신의 형상대로 지으신 인간, 그들의 죄 사함을 마음에 두심 아닌가? 예배인간 욥이 그걸 이제 알아들은 것이다.

● **영성설교**

수직 다이얼로그의 하나님 말씀을 "설교"라면, 이것은 어떤 종류의 설교인가? 소위 감동의 눈물을 자아내는 "감성설교"인가? 고개를 끄덕이게 만드는 "이성설교"인가? 당연히 영성설교다. 에스겔 골짜기에 말라 쌓인 죽은 뼈를 살려내시는 하나님의 말씀이다(참고. 에스겔 37). 불의한 자를 물리쳐 내시고, 절망한 욥을 일으켜 세우시며, 눈물로 뒹구는 그를 두 다리로 벌떡 일어서게 만드는, 하나님의 영적 능력이다.

일어나 네 자리를 들고 걸어가라. 요한복음 5:8b

죽은 자를 살려내신 부활의 주님이시다. "나사로야, 나오라"(요한복음 11:43b). 예수 그리스도. 그분은 하나님의 거룩한 말씀이시다. 말씀이 육신이 되신 분이시다(참고. 요한복음 1). 우리의 설교에서 예수 그리스도가 없다면 그건 그저 감성이거나 이성이다. 그건 인간에게 주는 아첨이다. 이런 설교자는 더 이상 비굴할 수 없다.

하나님의 권위를 입으라. 예수 그리스도께서 당대 서기관 같지 않으셨던 바로 그 권위(참고. 마태복음 7:29), 그 영적 권위를 의지하라.
그 근거는 창조//출애굽 다이내믹스다. 창조하신 하나님께서 오늘 구원하신다. 나는 이것을 믿는다. 이 믿음이 나로 강단에 서게 하고, 거기서 가장 기쁘다.

● **42:1-6, 수직 다이얼로그 E**

● **욥이 여호와 하나님께 2, 42:1-6**

40:3-5에 이어 욥이 다시 회개했다. 예배인간 욥이 진정으로 회개했다. 그렇다면 친구들과 엘리후가 그토록 주장했던 바, 욥의 숨겨진 죄가 결국 드러난 것인가?

회개 없는 예배가 따로 있는가? 거룩한 사람은 날마다 회개한다. 욥은 그 예외가 아니다.

▶ 42:1, 깨달음

42:1 욥이 여호와께 대답하여 이르되,

욥의 얼굴은 여호와 하나님께로 향했다. 세상을 향하여 원망하던 그의 얼굴은 이제 하나님을 바라본다. 땅바닥을 뒹굴던 그의 두 발은 가지런히 모아져 주님께 두 무릎으로 드린다.

이제 비로소 욥은 하나님의 말씀을 들었다. 이제 비로소 욥은 자기 자기를 매김하시는 하나님을 뵈었다. 이제 비로소 욥은 최종 재판권자인 여호와 하나님을 뵈었다. 이제 그동안 원고로, 검사로, 거짓 증인으로 자기 앞을 가로막았던 (하나님께 나아가지 못하도록, 예배를 드리지 못하도록, 스스로 포기하고 물러서도록, 스스로 죽음의 길로 걸어 들어가도록) 세 친구를 물리치고 (당연히 엘리후까지도!) 욥은 여호와 하나님 앞에 입을 열었다.

▶ 42:2, 주께서는

42:2 주께서는 못 하실 일이 없사오며, 무슨 계획이든지 못 이루실 것이 없는 줄 아오니,

주님의 뜻에 대한 완전한 이해다. 고난을 통해 깨달은 것이다. 예배를 통해 배운 것이다. 세 친구의 칼끝 충고에서 얻은 지혜가 아니다.

> 고난당한 것이 내게 유익이라. 이로 말미암아 내가 주의 율례들을 배우게 되었나이다. 시편 119:71

배운 것이다. 사람은 죽을 때까지 배운다. 하나님에 대하여 배우는 것이라면 지혜다. 참된 지혜는 날마다 새롭다. 그런데 모든 고난당한 자가 다 학생은 아니다. 하나님 앞에 서야 고난이 학습이다. 사람은 예배 중에 진정으로 배운다. 예배인간이어야 한다는 말이다.

▶ 42:3a, 무지한 말로

> 42:3 무지한 말로 이치를 가리는 자가 누구니이까?

히브리어로 다시 읽고 직역한다:

미 제 말림 에체 블리 다아트.
누가 지식 없이 지혜를 가립니까?

이것은 욥기 38:2에서 하나님 말씀에서 첫 번째 들려주신 음성과 비교할 필요가 있다:

미 제 미케쉬크 에체 브밀린 블리 다아트.
누가 지혜 없는 말로써 지혜를 어둡게 하는가?

여기서 욥은 하나님의 "미케쉬크"(어둡게 하다)를 "말림(감추다)"으로 바꾸고, "에체 브밀린"(말로써 지혜를)에서 "브밀린"(말로써)을 생략했다. 특히 하나님께서 사용하신 미케쉬크는 "어둠"이라는 케쉐크에서 난 동사다. 개역개정은 이 케쉐크를 "흑암"으로 번역했다. 클라인스는 이 차이에 큰 의미가 없다고 했다(Clines 2011:1214). 말하자면 욥은 하나님의 질문을 자기가 이해한 질문으로 약간 변경했는데, 그 차이가 심각하지 않다는 말이다.

그러나 내 생각은 다르다. 케쉐크는 창세기 1:2a에 처음 사용된 "창조언어"다: "흑암이 깊음 위에 있고." 욥이 그 창조언어 케쉐크 사용을 포기하고 대신 "감춤"의 뜻인 "말림"을 사용한 것은, 그가 창조주 하나님의 절대주권을 인정하겠다는 신앙고백이다.

욥이 하나님의 음성을 여기 자기의 신앙고백 언어로 인용하는 까닭은 무엇인가?

1. 하나님께서 처음 입을 여시고 하신 말씀부터 지금 욥이 마지막으로 대답 드리는 이 말까지 일관된 "하나님-욥 다이얼로그"가 있음을 인정하고,

2. 욥기 전체는 결국 여호와 하나님과 그분께 예배 드리는 예배인간의 다이얼로그가 중심 주제임을 강조하는 것이다(참고. Alter 2010:176).

3. 예배인간은 자기 스스로가 하나님 앞에서 응답해 드려야 하는 존재라는 것을 분명히 안다. 이사야가 성전에서 하나님의 음성을 듣고 곧바로 응답 드린 것처럼!: "내가 여기 있나이다. 나를 보내소서"(이사야 6:8c).

4. 욥 모놀로그 1(3:1-26)에서 하나님의 창조를 정면으로 맞섰던 자신을 부정하고 이제 창조주 하나님의 절대주권을 인정하여, 그분의 손에 다시 빚어지는 자신을 기다리는 것이다.

욥은 그 어리석은 자가 바로 자기 자신임을 깨달았다. 예배인간은 하나님의 모든 말씀이 자기 자신을 겨냥하는 줄 분명히 아는 것이다!

▶ 42:3b, 무지함

> 42:3b 나는 깨닫지도 못한 일을 말하였고, 스스로 알 수도 없고 헤아리기도 어려운 일을 말하였나이다.

보라. 그는 이제 하나님 앞에 자기 지혜가 얼마나 어리석은가, 고백 드린다. 예외 없다. 하나님 앞에서는 누구나 스스로 무지함을 깨닫다. 하나님 두려워하는 지혜가 있는 사람이라면.

▶ 42:4, 대화

> 42:4 내가 말하겠사오니 주는 들으시고, 내가 주께 묻겠사오니 주여 내게 알게 하옵소서.

욥기 42:3a에서처럼 욥기 42:4에서 욥은 욥기 38:3에 말씀하신 하나님의 명령을 여기 암시한다: "너는 대장부처럼 허리를 묶고 내가 네게 묻는 것을 대답할지니라." 바로 위에 설명했다. 욥은 그 모든 사람들 중에 자기 자신이 곧 하나님께 응답 드려야 할 인간임을 깨달은 것이다. 예배인간은 이와 같이 하나님과의 다이얼로그 중에 있다.

이와 같이 욥이 42:1–6 중에 하나님께 드린 말씀 중에 38:2와 38:3을 각각 인용하여 두 차례나 하나님의 질문(38:2)과 명령(38:3)에 응답 드렸다. 하나님의 말씀에 예민한 자, 그가 예배인간이다.

예배인간은 말씀을 듣는다. 우리 예배에 말씀 들음이 상당한 비중인 것은 이 뜻이다. 어린 사무엘처럼 늙은 욥이 하나님 앞에 엎드린다.

> 말씀하옵소서. 주의 종이 듣겠나이다. 사무엘상 3:10b

하나님의 말씀을 기다리는 사람, 이런 사람이 지혜인간이다.

▶ 42:5, 이제는 눈으로

42:5 내가 주께 대하여 귀로 듣기만 하였사오나, 이제는 눈으로 주를 뵈옵나이다.

예배인간의 고백이다. 예배를 통하여 인간은 주님을 뵙는 것이다. "하나님의 얼굴" 뵙기. 이것은 모든 예배인간의 공통된 소망이다.

은혜로 주 얼굴 뵈옵나니, 지극한 영광 내 영광일세.

찬송가 601장 중에서

주여 지난 밤 내 꿈에 뵈었으니, 그 꿈 이루어 주옵소서.
나의 놀라운 꿈 정녕 이루어져, 주의 얼굴을 뵈오리라.

찬송가 490장 중에서

죄인은 하나님의 얼굴을 뵐 수 없다. 곧바로 죽음이다. 그러나 예배로 사죄함 받은 예배인간은 하나님의 얼굴을 뵙는 은혜가 있다.

욥은 제1장에서부터 제42장에 이르도록, 처음부터 끝까지, 항상성을 품고 하나님께 예배를 드렸다.

▶ 42:6, 회개하나이다

42:6 그러므로 내가 스스로 거두어들이고, 티끌과 재 가운데에서 회개하나이다.

스스로 거두어들이고. 스스로 자기의 죄를 자복하고. 스스로 낮은 자리를 인정하고. 욥은 그 자리에서 티끌과 재를 무릅쓰고 회개한다.

처음 고난을 당해 티끌과 재를 날릴 때와(참고. 욥기 1:20; 2:8) 전혀 다른 상황이다. 지금은 자기의 죄가 아프고, 하나님을 괴롭게 해 드린 것이 슬프다.

여기서 "욥이 무슨 죄를 지었나?" "이렇게 회개할만한 무슨 죄가 있구나!" 이런 질문은 합당하지 않다. 버려라. 이제부터 여러분이 또 다른 세 친구가 될 생각이 아니라면. 생각하라. 모든 예배인간은 하나님 앞에 죄인으로 서는 것이다. 모든 예배인간은 하나님의 어린양 예수 그리스도의 보혈로 죄 씻음 받는 것이다.

● 회개와 의

욥이 회개했다. 이것은 그동안 품어왔던 "자기 의"를 버림이 아니다. 그는 의롭지 못하나 대속자께서 살아계셨다. 대속자께서는 그를 의롭게 하셨다. 진정한 예배로써 욥은 하나님 앞에 섰다.

오해하지 말라. 회개는 자기의 의를 버림이 아니다. 오히려 회개하는 사람은 예수 그리스도께서 자기를 구원해 주셨다는 믿음의 의를 굳게 붙든다.

● 42:1-6, 예배인간 욥의 예배방정식 SPRx-C//E=0

예배인간은 세상에서 난 모든 질문을 스스로 거두어들이고, 티끌과 재 가운데서 회개한다.

그는 거룩하신 여호와 하나님 앞에 제로(0)의 모습으로 섰다. 하나님 앞에 자기를 비웠다. 모든 자존심을 내려놓았다.

따지고 보면 예수 그리스도의 성육신은 하나님께서 당신을 비우신 가장 큰 증거다. 참된 사랑은 비움이다. 가장 아름다운 예배는 독생자 예수님을 이 땅에 보내심으로써, 십자가가에 못 박히게 하심으로써, 참된 사랑을 보이심으로써 모든 것을 내려놓으신 하나님 아버지를 만나 뵙는 데 있다. 예배인간은 십자가의 길에 서서 자기에게 주신 십자가를 지고 주님 앞에 서는 것이다. 기억하라. 십자가를 짐은 모든 것을 내려놓음이다.

Ⅲ. 에필로그

● 에필로그, 42:7-17

에필로그는 프롤로그의 짝이다. 여기서 주제는 "회복"이다. 하나님께서 예배인간의 상처를 싸매시고 회복시키신다.

잊지 말아야 할 것이 있다: 여기 회복은 하나의 "원리" 내지 "공식"이 아니라는 것. 욥이 기대한 것은 그런 것이 아니라 하나님의 은혜였다. 욥기가 전하는 메시지는 하나님의 주권에서 난 긍휼히 여기심이다. 하나님께서 욥을 불쌍히 여기셨다. 그래서 당신의 자비하심으로써 그를 회복시키셨다. 그 이상도 그 이하도 아니다.

그러면 묻는다. 왜 그 친구들이 아니라 욥인가?

▶ 42:7, 여호와께서 엘리바스에게

> 42:7 여호와께서 욥에게 이 말씀을 하신 후에 여호와께서 데만 사람 엘리바스에게 이르시되, 내가 너와 네 두 친구에게 노하나니, 이는 너희가 나를 가리켜 말

한 것이 내 종 욥의 말 같이 옳지 못함이니라.

엘리바스는 세 친구를 대변한다. 결국 주님께서는 욥의 친구들 모두에게 말씀하심이다. 주님의 노함은 지혜 없는 자를 겨냥한다.

친구들은 상대적으로 욥처럼 옳지 못하다. 예배 없는 자의 말은 공허한 법이다.

● 최종판결

말하자면 "대법원 판결"이다. 여호와 하나님께서 욥의 손을 들어 주셨다! 세 친구는 욥을 정죄했다. 지방법원의 판결인 셈이다. (엘리후는 욥을 다음 단계로 끌어올렸다. 고등법원인 셈이다. 엘리후도 최종판결을 내리지 못했다.)

여호와 하나님께서 욥을 무죄로 선고하셨다. 어린양의 보혈로써 모든 죄를 사하시는 여호와 하나님의 사랑이다. 이것이 "왜 욥인가?"에 대한 대답이다. 하나님께서 욥을 불쌍히 여기셨다. 그 근거는 예배다.

그런데 사람은 그 예배로써 하나님의 은혜를 살 수 없다. 하나님의 은혜를 입은 자가 예배를 드리는 것이다. 예배가 하나님의 은혜를 얻는 "수단"으로 전락할 때, 모든 예배는 형식만 남는다. 욥의 예배는 그 앞서 하나님을 뵙고, 그분의 절대주권에서 난 긍휼하심을 입은 예배인간의 예배였다.

● 와이 미?

이제 묻는다. 왜 저를?

이 질문은 이유를 모르는 고난 받은 자가 울부짖는 한탄이 아니다. 오히려 이유를 모르는 은혜를 입은 예배인간이 주님께 올려드리는 찬양 중에 밑금 그은, 짧은, 그러나 뜨거운 질문이다.

하나님, 왜 저를 불쌍히 여기십니까?
왜 저 같이 못난 죄인을 사랑하십니까?

왜 나 같은 죄인에게 이처럼 엄청난 사랑을 베푸십니까?

그에 대한 하나님의 답이 성경말씀에 있다. 한두 군데가 아니라 창세기부터 요한계시록까지 관통하는 줄기찬 메시지다. 하나님의 절대주권에 근거한 참 사랑이다. 당신의 아들 예수 그리스도를 이 땅에 보내주신 사랑이다.

> 하나님이 세상을 이처럼 사랑하사 독생자를 주셨으니, 이는 그를 믿는 자마다 멸망하지 않고 영생을 얻게 하려 하심이니라. 요한복음 3:16

예수님과 그 십자가는 하나님의 절대사랑의 지울 수 없는 표현이다. 누구도 부인할 수 없는 흔적이다. "이후로는 누구든지 나를 괴롭게 하지 말라. 내가 내 몸에 예수의 흔적을 지니고 있노라!"(갈라디아서 6:17). 말라기는 이 같은 하나님의 절대사랑을 리브가에게 주신 당신의 말씀(참고. 창세기 25:23)에서 발견했다.

> 그러나 내가 야곱을 사랑하였고 에서는 미워하였으며 말라기 1:2d-3a

이런 사랑이 금송아지를 만들어 섬김으로써 출애굽으로 표현하신 하나님의 사랑을 배반한 이스라엘을 오히려 용서하신 사랑으로도 나타났다.

> 나는 은혜 베풀 자에게 은혜를 베풀고, 긍휼히 여길 자에게 긍휼을 베푸느니라.
> 출애굽기 33:19b

예언자 호세아는 음탕한 여자 고멜을 아내로 맞으라는 하나님의 명령에 순종했다. 그의 결혼생활은 하나님께서 이스라엘을 사랑하심의 은유로 사용되었다.

> 내가 나를 위하여 그들을 이 땅에 심고 긍휼히 여김을 받지 못하였던 자를 긍휼히 여기며 내 백성이 아니었던 자에게 향하여 이르기를, 너는 내 백성이라, 하리니, 그들은 이르기를 주는 내 하나님이시라, 하리라, 하시니라.
> 호세아 2:23; 참고. 로마서 9:25-26

이제 사도바울은 반문한다.

> 이 사람아, 네가 누구이기에 감히 하나님께 반문하느냐? 지음을 받은 물건이 지은 자에게 어찌 나를 이같이 만들었느냐, 말하겠느냐? 토기장이가 진흙 한 덩이로 하나는 귀히 쓸 그릇을, 하나는 천히 쓸 그릇을 만들 권한이 없느냐?
>
> 로마서 9:20-21

예배인간 우리는 예배 외에 달리 선택의 여지가 없다. 지음 받은 우리가 하나님을 의심하는 것은 있을 수 없다. 우리는 예배가 운명이다. 그러므로 바울은 선포한다.

> 그러므로 형제들아, 내가 하나님의 모든 자비하심으로 너희를 권하노니, 너희 몸을 하나님이 기뻐하시는 거룩한 산 제물로 드리라. 이는 너희가 드릴 영적 예배니라.
>
> 로마서 12:1

▶ 42:8, **예배명령**

> 42:8 그런즉 너희는 수소 일곱과 숫양 일곱을 가지고 내 종 욥에게 가서, 너희를 위하여 번제를 드리라. 내 종 욥이 너희를 위하여 기도할 것인즉, 내가 그를 기쁘게 받으리니, 너희가 우매한 만큼 너희에게 갚지 아니하리라. 이는 너희가 나를 가리켜 말한 것이 내 종 욥의 말 같이 옳지 못함이라.

기억하라. 예배는 명령이다! 예배는 선택사항이 아니다. 예배는 누구에게나 명령이다. 창조주 하나님이시며 구원주 하나님 여호와께서 인간에게 예배를 명령하셨다. 여기서는 욥과 세 친구들에게 "함께 예배"를 명령하셨다. 그게 살 길이기 때문이다. 회복은 예배 없이는 불가능하기 때문이다. (한반도의 평화로운 통일은 함께 예배로 가능하다. 이것을 믿는 사람들이 예배인간이다. 한반도 안에 있으나 그 밖에 사나, 예배로 평화가 오리라고 믿는 사람이 예배인간이다.)

주님께서 노하심은 죄인들을 멸망시키기 위함인가? 아니다. 죄인이 돌아와 살기를 원하신다.

> 하나님은 모든 사람이 구원을 받으며, 진리를 아는 데에 이르기를 원하시느니라.
>
> 디모데전서 2:4

> 여호와께서 이르시되, 네가 수고도 아니하였고 재배도 아니하였고 하룻밤에 났다가 하룻밤에 말라 버린 이 박넝쿨을 아꼈거든, 하물며 이 큰 성읍 니느웨에는 좌우를 분변하지 못하는 자가 십이만여 명이요, 가축도 많이 있나니, 내가 어찌 아끼지 아니하겠느냐, 하시니라. 요나서 4:10–11

하나님께서는 죄인이 돌아오는 것을 기뻐하신다. 그러므로 예배명령을 내리셨다. 이럴 때 예배인간은 즐거운 순종을 드린다. 예배인간은 예배 후에 예배를 조건으로 은혜를 요구하지 않는다. 그 반대다. 받은 은혜가 크고 중하므로 그 기억을 바탕으로 예배를 드린다.

▶ 42:9, 예배

> 42:9 이에 데만 사람 엘리바스와 수아 사람 빌닷과 나아마 사람 소발이 가서, 여호와께서 자기들에게 명령하신 대로 행하니라. 여호와께서 욥을 기쁘게 받으셨더라.

세 친구가 욥에게 나아갔다. 원수들이 이제는 예배인간으로 만난 것이다! 아름다운 회복의 첫 번째 열매다! 여호와께서 욥을 기쁘게 받으셨다. 왜 욥만? 아니다. 욥은 이 때 예배인도자다. 자녀들을 위해 자녀들을 불러 모아 예배드릴 때처럼!

—애들아, 모여라! 예배드리자.

나는 생생한 예배인간 어머니의 음성을 늘 예배 중에 기억한다.

▶ 42:10a, 중보기도

42:10a 욥이 그의 친구들을 위하여 기도할 때 여호와께서

참 재미있다. 언제 욥을 회복시켜주실까, 내내 궁금했다. 그런데 욥이 그의 친구들을 위하여 기도할 때였다! 이것은 모든 경우에 해당하는 원칙일까? 그렇다. 예수님의 음성이다.

> 그러므로 예물을 제단에 드리다가 거기서 네 형제에게 원망들을 만한 일이 있는 것이 생각나거든, 예물을 제단에 두고, 먼저 가서 형제와 화목하고, 그 후에 와서 예물을 드리라. 마태복음 5:23-24

> 너희가 너희를 사랑하는 자를 사랑하면 무슨 상이 있으리요? 세리도 이같이 아니하느냐? 또 너희가 너희 형제에게만 문안하면 남보다 더 하는 것이 무엇이냐? 이방인들도 이같이 아니하느냐? 그러므로 하늘에 계신 너희 아버지의 온전하심과 같이 너희도 온전하라. 마태복음 5:46-48

> 너희가 사람의 잘못을 용서하면 너희 하늘 아버지께서도 너희 잘못을 용서하시

려니와, 너희가 사람의 잘못을 용서하지 아니하면 너희 아버지께서도 너희 잘못을 용서하지 아니하시리라. 마태복음 6:14-15

너희는 가서, 내가 긍휼을 원하고 제사를 원하지 아니하노라, 하신 뜻이 무엇인지 배우라. 마태복음 9:13a

하나님께서 원하시는 예배는 긍휼이 먼저다. 불쌍히 여기심이 먼저다. 하나님 뵙고 만남이 먼저다. 하나님께서 먼저 내게 오셨다. 내가 주님을 만난 자리는 여기, 누추하고 죄 많은 현장이다. 성육신하신 예수님께서 내게 오셨다. 그리고 나를 예배의 자리로 이끄셨다. 십자가의 언덕이다. 거기서 나는 하나님의 어린양 되신 예수님을 뵈었다. 내 모든 죄를 씻으신 그분의 보혈을 경험했다.

● 중보기도 2

비단 세 친구에 국한되지 않는다. 사람은 누군가의 기도가 필요하다.

-짐승은 발 하나를 잃어도 끝까지 생존한다.
-눈을 모두 잃어도 살기 위해 발버둥 친다.
-벌레 한 마리의 생존노력을 연구해 보십시오.
-당신의 벌레보다 나은 점이 무엇입니까?

사람은 별거 아니다. 인생은 자기의 절망을 정당화하기 위해 사소한 실패를 핑계거리 삼는다. 곁에 선 사람도 탓한다. 심지어 기도해 주는 사람도 원망한다. 이게 인간이다. 인간은 죄인이다. 인간은 약하며, 인간은 사악하다. 이러므로 인간에게는 중보기도가 필요하다.

누군가 널 위해 누군가 기도하네. 네가 홀로 외로워서 마음이 무너질 때

하나님께서 세 친구에게 중보기도인간을 세우신 것은 은혜다. 갚을 수 없는 은혜

다. 그들은 평생 가도 결코 갚아내지 못할 것이다. 하지만, 때가 되면 다른 이를 위해 기도의 시간을 주님께 바치게 될 것이다. 주님의 선하신 때가 오면.

● **원수 6**

이제 묻는다. 그러면 욥은 모든 원수가 사라졌는가? 원수를 "예배 방해자"거나 "반(反) 예배인간"이라고 했다. 그러면 이 세상에 예배를 방해하는 모든 인간이 사라졌는가? 아니다. 그러면 그들이 모두 사라진 세상을 꿈 꿀 수 있을까? 그러면 좋겠다. 그러나 주님 나라에 들어갈 때까지 그것은 실현되지 않을 것이다.

그러면 어떻게 할까? 방법은 하나다. "공생"(共生)하는 것이다. 이 세상에서 공생하기! 무슨 말인가? 출애굽을 하여 떠나기와, 케렘하여 떠나보내기 둘 중 하나를 끊임없이 실시해야 한다. 그런데 "공생"이라니!

곡식과 가라지가 공생하는 법과 같은 것이다. 곡식은 가라지와 함께 묻혀 이 세상에서 살아갈 것이다. 다만 생존의 무서운 능력을 더욱더 강하게 길러야 한다. 가라지보다 더 강해야 한다. 이런 아이디어는 김순권 박사의 강연을 듣다가 얻은 통찰이다. "악마의 풀"(witch weed) 스트라이가 헤르몬티카(Striga Hermonthica)가 옥수수의 천적이다. 100년 동안 사람들은 실패를 거듭했다. 스트리가 헤르몬티카보다 더 강한 생존력을 가진 옥수수를 개발해야 한다.

성도의 길은 원수를 날마다 이기는 길이다. 원수 마귀가 우는 사자처럼 삼킬 자를 두루 찾으며 달려드는 이 때, 우리는 예수 그리스도의 재림의 그 날까지 이 싸움의 고삐를 늦추지 않을 것이다.

● **화해와 평화**

박해하는 자들은 도리어 고맙다.

"너희를 박해하는 자를 축복하라. 축복하고 저주하지 말라" 로마서 12:14

● **증오를 잊어라**

지금은 입 밖에 내지 말아야 한다. 누가 후투며 누가 투치인지. 누가 가해했으며 누가 피해를 입었는지. 이제는 잊어야 한다.

> 너희는 이전 일을 기억하지 말며, 옛날 일을 생각하지 말라. 이사야 43:18

욥의 아내처럼 뒤를 돌아다보면 소금 기둥이 될 뿐이다. 소금 기둥은 죽음이다. 이것은 명령이다. 창조주 하나님의 명령이다. 구원주 하나님의 명령이다.

> 보라, 내가 새 일을 행하리니, 이제 나타낼 것이라. 너희가 그것을 알지 못하겠느냐? 반드시 내가 광야에 길을, 사막에 강을 내리니 이사야 43:19

하나님의 의지다. 반드시! 하나님의 의지는 이뤄지고 만다.

> 장차 들짐승 곧 승냥이와 타조도 나를 존경할 것은, 내가 광야에 물을, 사막에 강들을 내어 내 백성, 내가 택한 자에게 마시게 할 것임이라. 이 백성은 내가 나를 위하여 지었나니, 나를 찬송하게 하려 함이니라. 이사야 43:20–21

그것은 "예배"를 위함이다. 들짐승도 "존경"한다. 이 백성은 "찬송"이다. 온 세상이 합하여 창조주와 구원주 여호와 하나님께 영광을 돌려드려야 한다. 이것이 하나님의 의지다.

지금 르완다가 그렇다. 모두 모여 하나님께 울부짖는다. 지난날을 벗어던지고, 하나님의 손에 이끌려 소돔성을 빠져나오는 롯의 식구들처럼, 우리는 옛날의 증오를 버리라는 명령을 받는다. 그것이 살 길이기 때문이다. 잊어라. 잊어야 한다. 새날을 꿈꾸라. 새날을 품으라. 그것이 생명이다. 기도하라. 들어주실 것이다.

● 욥은 기도했다

죽음의 위기에서 욥은 예배드렸다. 친형 가인의 손아귀에서 끝내 벗어나지 못한 아벨이었지만, 하나님께서 그의 예배를 받으셨다.

> 그가 죽었으나, 그 믿음으로써 지금도 말하느니라. 히브리서 11:4d

하나님께서 욥의 예배를 받으셨다. 하나님께서 욥을 살려주셨다. 그리고 그에게 사람들을 돌려보내주셨다. 이전의 친구들을, 한때 원수가 되었던 이전의 친구들을, 옛날 모습으로 돌려보내주셨다. 아니, 예배인간으로 바꾸어 새로운 사람으로 보내주셨다.

▶ 42:10b, 회복 1: 곤경을 돌이키시다

> 42:10b 욥의 곤경을 돌이키시고,

여기 회복시키신 욥의 곤경은 곧 그의 육체의 건강일 것이다. 아내가 돌아온 사건도 들었을 것이다. 그의 마음을 평안하게 해 주셨을 것이다. 대속하신 예수 그리스도께서 약속하신 그 평안!(참고. 누가복음 24:36b)

▶ 42:10c, 회복 2: 소유물회복

> 42:10c 여호와께서 욥에게 이전 모든 소유보다 갑절이나 주신지라.

경제적 회복이다. 갑절이나! 구체적인 내용은 12절에 소개된다.

● 영적예배의 길

확실히 고난에 대한 욥의 반응은 세상과 달랐다. 세상에 두 발을 디뎠던 친구들과 차별화되었다. 그는 세상을 본받지 않고, 오직 그의 구속자를 바라보았다. 사도바울의 말을 들어 보자.

> 너희는 이 세대를 본받지 말고(S), 오직 마음을 새롭게 함으로 변화를 받아(S),

하나님의 선하시고 기뻐하시고 온전하신 뜻이 무엇인지 분별하도록 하라(S).

로마서 12:2

이것이 성별(S)이다. 예배는 십자가의 보혈로 죄 씻음 경험이다. 그것은 구속이며, 그것은 구원이다. 우리를 구원하신 예수님을 날마다 찬송 드리는 것은 오히려 우리의 당연한 예배다. 안 그런가?

너희 의인들아, 여호와를 즐거워하라. 찬송은 정직한 자들이 마땅히 할 바로다.

시편 33:1

할렐루야! 우리 하나님을 찬양하는 일이 선함이여! 찬송하는 일이 아름답고 마땅하도다. 시편 147:1

우리가 만나는 욥은 특이하지 않다. 그는 오히려 우리 중에 예배드리는 예배인간이다. 나는 욥 같은 사람을 후레즈노에서, 콜롬비아에서, 중국에서, 러시아에서, 멕시코에서, 아프리카에서 만났다. 아프리카를 떠난 지금 여기 샌프란시스코에서 만나고 있다.

▶ **42:11, 회복 3: 인간관계 회복**

42:11a 이에 그의 모든 형제와 자매와 이전에 알던 이들이 다 와서 그의 집에서 그와 함께 음식을 먹고,

하나님과 회복한 예배인간의 첫 번째 회복은 인간관계다. 그의 식구들과 친구들이 다 모였다. 흩어졌던 이들이 한 자리다. 피부병으로 "격리"되었던 욥이 나았다. 그러니까 "화해"는 "치유"와 같이 이뤄진 사건이다.

● **형제의 화해**

탕자의 비유에서 하나는 풀렸고 다른 하나는 숙제다. 아버지–아들 관계는 풀렸고, 형–동생 관계는 숙제다.

순서로 치면 우선 아버지–아들 화해다. 십자가에서 수직관계다. 그리고 수평관계는 형제다. 살아가노라면 오해가 쌓인다. 그토록 아름다운 형제들도 화해가 어렵다. 열쇠는 욥이 가졌다. 그는 인내했다. 돌아선 형제가 돌아올 시간을 준 것이다. 그는 예배드렸다. 예배는 혼자 시작하지만 언제나 함께로 끝난다. 예수님께서 화목제물이시다.

● **지역성(locality)**

대개 "교회"라면 "지역교회"다. 한 지역에 자리 잡고 대를 이어가는 것이다. 가설극장 같은 교회는 이벤트에 골몰한다. 곧 지나가기 때문이다. 그러나 지역교회는 그 자리에 머문다. 유진 피터슨(2000:13–14)의 대담 일부다:

> –제가 맡은 일은 그저 그 자리에 있는 겁니다. 제가 할 수 있는 대로 성경을 가르치고 설교하며, 그들에게 솔직하게 대하고, 성령님이 그들 안에 이루어 가는 것을 방해하는 일은 아무것도 하지 않는 것입니다. 하나님께서는 제가 생각조차 못했던 일을 하실 수 있습니까? 하루, 한 주, 일년 동안 저는 조용히 있어야 합니까? 웬델 베리처럼, 50년 동안 이땅을 개간해야 합니까? 이 사람들하고요? 기독교 영성은 성숙한 복음의 온전함 속에서 살아간다는 것을 의미합니다. 그것은 삶의 모든 요소들–자녀들, 배우자, 직업, 날씨, 소유, 관계–을 부여잡고 그것들을 신앙행위로 경험하는 것을 뜻합니다. 하나님께서는 우리 삶의 모든 재료를 원하십니다.
> –우리 삶의 모든 재료들을 신앙행위로 경험해야 한다는 것은 무엇을 의미하는 것입니까?
> –바로 지금의 현장에서 하나님의 말씀에 관심을 기울일 책임이 있다는 말입니다.

욥은 우스 땅 사람이었다. 그는 거기서 고난을 겪었고, 그는 그 자리를 떠나지 않았다. 그 땅에 임하신 성령님을 기다렸고, 그 자리에 엎드려 예배를 드렸다. 그의 모든 고난이 그 자리에 닥쳐왔듯, 그는 거기서 회복을 경험했다. 목회자로 치면 욥은 부흥을 간절히 기다려 얻은 "지역교회 목사"였다.

▶ 42:11b, 슬픔과 위로

42:11b 여호와께서 그에게 내리신 모든 재앙에 관하여 그를 위하여 슬퍼하며 위로하고,

그들은 마음을 나누었다: 슬퍼하며 위로했다. 슬픈 자와 함께 슬퍼하고 고독한 자를 위로하는 마음은 이미 화해다.

▶ 42:11c, 선물

42:11c 각각 케쉬타 하나씩과 금 고리 하나씩을 주었더라.

진정한 회복은 재물을 포함한다: 그들은 욥에게 케쉬타와 금 고리 하나씩을 주었다. 땅바닥에 뒹굴던 그 어려운 밤과 낮에 누구도 선물을 가지고 오지 않았던 점을 생각하라! 마음이 담긴 선물은 소중한 보물이다. "케쉬타"(Kesita)는 세겔(Shekel)보다 큰 무게 단위. 족장시대 때 사용했다(창 33:19). "금고리"(느자밈)는 코와 귀에 걸던 장신구다. 여자와 남자가 공동으로 사용했다(출 32:3).

이 모든 재물은 하나님께서 주실 갑절의 재산 회복의 전주곡이다.

▶ 42:12, 회복 4: 갑절의 재산

42:12 여호와께서 욥의 말년에 욥에게 처음보다 더 복을 주시니, 그가 양 만 사천과 낙타 육천과 소 천 겨리와 암나귀 천을 두었고,

두 번째 회복은 재산이다. 잃어버렸던 것을 "처음보다" 정확하게 두 배

로 회복했다. “두 배”가 그렇게 중요한가? 그렇다. 적어도 하나님께서 모든 것을 낱낱이 알고계시며 모든 회복도 하나님의 철저한 섭리라는 점에서 그렇다.

이스라엘이 출애굽 할 때 애굽 사람들의 손에서 많은 보물을 받았다(참고. 출애굽기 11:2; 12:35-36). 이미 그 전에 창세기에서 아브라함과 이삭, 그리고 야곱이 출애굽 경험 때 그들이 풍성한 복을 받은 것이 기록되었다(참고. 창세기 12:16-20; 20:16; 26:12-22; 32:9-12).

오늘 우리가 상실한 많은 소중한 것들도 하나님의 손 안에서 온전히 회복될 것이다. 충분히, 차고도 넘치게! 예배인간으로 구원 받은 우리의 손에 “이미” 풍성한 은혜의 선물을 주셨음을 고백한다.

● 예수님 믿으면 부자가 되는가?

이 질문의 대답은 “예/아니오”다. 첫째로, 예다. 예수님 믿으면 부자가 되는 것이 맞다. 성경대로 살면 부지런하다. 최선을 다한다. 정성껏 일한다. 따라서 예수님 믿는 삶 자체가 그에게는 신용이다. 그러므로 그는 믿지 않는 사람보다 더 잘 산다.

둘째로, 아니오다. 예수님 믿으면 불리하다. 세금도 꼬박 내고, 어떤 편법도 사용하지 않는다.

셋째로, 예수님 믿는 것과 부자 되는 것은 상관이 없다. 실제로 부자들 중에 신앙생활 하는 사람보다 오히려 그렇지 않은 사람이 더 많은 것처럼 보인다.

내 생각은 확실히 경제도 하나님의 축복에 포함된다. 하나님께서 축복하시면 누구나 부자가 되는 것은 아니지만, 하나님께서 원하시면 누구라도 부자가 되게 하실 수 있다. 그러므로 경제도 하나님 축복에 포함된다.

공부처럼, 인간관계처럼, 질병처럼, 경제문제도 하나님께 기도하라. 간구하라. 하나님의 뜻대로 재물을 사용할 수 있게 해 달라고 간구하라. 하나님의 뜻이 무엇인지, 물질로써 하나님의 뜻을 순종할 수 있다면 그것이 무엇인지 깨닫는 지혜를 구하라. 하나님의 마음에 들기만 한다면 사랑의 주님께서 응답해 주실 것이다. 그가 물질사용의 지혜를 가지고 있다면 하나님께서 그를 사용하실 것을 나는 믿는다.

● 물질은 목적이 아니다

욥은 그 오랜 고난 중에 한 번도 물질을 구하지 않았다. 그런데 하나님께서 회복의 일환으로 물질을 배가해 주셨다. 물질은 덤이다. 부자가 되게 해 달라는 기도는 어리석다. 다만 주님께서 필요하시면 물질을 사용하실 뿐이다. 지금 욥이 다시 부자가 되게 하신 것은 그가 많은 사람들을 유익하게 할 수 있는 사람이기 때문이다. 그의 물질회복은 그가 회복한 것 중에 정말 최소한이다.

▶ 42:13, 회복 5: 아들 일곱과 딸 셋

42:13 또 아들 일곱과 딸 셋을 두었으며,

자녀를 회복했다. 여기 "일곱"은 히브리어로 "일곱의 배수"로 읽어, "열넷"이다. 다른 재산처럼 아들들을 두 배로 회복시키신 것이다.

그런데 문제는 딸들이다. 왜 이들은 이전처럼 "셋"인가? 당시 아들은 많을수록 축복이지만 딸은 없을수록 축복이었다. 그것을 반영한 것일지 모른다.

● 잃어버린 아이들 vs 새 아이들

그런데 질문이 있다. 기왕에 잃어버린 아이들이 돌아오는 것 아닌 다음에야 새로운 아이들이 무슨 회복이 될 것이며 진정한 위로가 될 것인가?

이런 부정적인 질문은 하나님을 시험하는 죄다. 한번 떠난 사람은 돌아오지 못한다. 만남의 길은 이 세상의 사람도 거기 가서야 가능하다. 그렇다면 그가 잃어버린 아이들을 생각하면서 나날을 보내는 것은 최선이 아니다. 진정한 지혜는 할 수 없는 것, 불가능한 일을 두고 스스로 불행에 잠지 않도록 하는 일이다.

▶ 42:14, 회복 6: 세 딸의 이름

42:14 그가 첫째 딸은 여미마라 이름하였고, 둘째 딸은 긋시아라 이름하였고, 셋째 딸은 게렌합북이라 이름하였으니,

세 딸의 이름. 성경은 무명의 딸들이 많다. 그러나 욥의 세 딸은 모두 이름을 남겼다. 이것은 욥이 그들을 사랑했다는 증거다. 사랑하는 사람의 이름은 지울 수 없다. 욥이 회복되었다는 증거다.

▶ 42:15a, 회복 7: 아름다운 딸들

42:15a 모든 땅에서 욥의 딸들처럼 아리따운 여자가 없었더라.

딸이 예쁘다는 것은 무슨 뜻인가? 미모는 상당히 주관적인 평가인데, 누가 이들이 예쁘다는 것인가? 분명히 그 아비 욥의 평가일 터다. 남들이 다 예쁘다고 해도 아비가 동의하지 않았다면 그게 이렇게 욥기에 실릴 리가 없다. 욥은 생명을 저주했던 사람이다. 그가 생명을 사랑하고, 생명의 기쁨을 노래하는 사람이 된 것이다. 이것이 회복이다. 얼굴이 아름다운 이들은 성경에 등장하는 수많은 무명의 여인들 중에 이름을 남겼다. 얼굴 생김새까지 묘사되었을 뿐 아니라, "모든 땅에서 가장 아리따웠다"는 극찬까지 받았다. 성경에 등장하는 미인은 사라, 리브가, 라헬, 에스더 등이 있다. 욥의 딸들은 최고였다. 사실 여부를 젖혀놓고 묻자. 이런 묘사는 무슨 뜻인가? 욥이 행복했다는 말이다. 그는 죽음을 갈구했던 사람이다(욥 3장). 그러나 이제 그는 생명을 기뻐한다. 딸들의 아름다움에 만족한다. 그의 딸들이 아름다웠다는 표현은 바로 욥의 만족을 강하게 암시한다. 그는 딸에게도 아들처럼 기업을 주었다.

딸의 아름다움을 가장 기뻐할 사람은 우선 아비일 것이다. 욥은 하나님께서 주신 딸들에게서 새로운 삶의 활기를 찾았다. 살아있는 딸을 가진 이 세상의 모든 아비는 행복하다. 딸의 재롱을 보며 모든 근심을 털어버릴 수 있는 아비는 행복하다.

▶ 42:15b, 회복 8: 딸들에게 기업을

42.15b 그들의 아버지가 그들에게 그들의 오라비들처럼 기업을 주었더라.

얼굴만 예뻤던 것이 아니다. 그 시대 컨텍스트에서 오라비들처럼 기업을 받을 수 있었다! 이건 욥이 열린 사람이라는 말이다. 남녀를 구별하지 않았다. 고난의 긴 골짜기를 지나면서 편견이 사라졌다. 아니 예배의 자리로 부르신 하나님께서는 남녀를 구별하지 않으신다는 사실을 바로 알게 되었다. 바른 신학이다.

> 너희는 유대인이나 헬라인이나 종이나 자유인이나 남자나 여자나 다 그리스도 예수 안에서 하나이니라. 갈라디아서 3:28

예배인간은 차별이 없다. 같은 예배인간으로 지으심 받았고(C) 구원을 받았다(E). 누구나 성령 받으면 사역할 수 있고, 남녀 구별 없이 말씀을 증거 할 수 있다.

▶ 42:16, 회복 9: 그 후에

42:16 그 후에 욥이 백사십 년을 살며, 아들과 손자 사 대를 보았고,

그 후에. 이때는 언제인가? 그때 하나님 만나 뵌 이후에다.

140년을 더 살다. 이것은 무슨 뜻인가? 그때 당장 죽을 수밖에 없던 사람 욥이, 스스로 자살이라도 할 것 같았던 그가 더 산 140년은 어떤 세월인가? 은혜다. 예배인간의 깊고 아름다운 영적인 주 동행 길이다.

▶ 42:17, 회복 10: 예배인간의 죽음

42: 17 욥이 늙어, 나이가 차서, 죽었더라.

사람은 죽는다. 주님께서 불러 가시면 누구나 이 세상을 떠나야 한다. 노아도 떠났고 다니엘도 떠났다. 욥이 세상을 떠나는 것은 하나님의 뜻이다. 이 글을 읽는 우리도 떠난다. 함께 예배드리던 사람들 중에 주님의 뜻 순서를 따라 이 세상을 하직한다.

나이가 차서 죽는 죽음도 회복인가? 좋은 죽음은 회복이다. 창세기의 마지막에 요셉이 그러했듯, 신명기의 마지막에 모세가 그러했듯, 예배인간 욥이 죽었다. 사람은 죽음으로 무엇을 남기는가? 호랑이에게 가죽이듯 사람에게 이름인가? 이름이라면 어떤 이름 말인가? 사람이 남기는 것은 이름일지라도 예배인간은 "제로"다. 온전한 번제 이후 예배인간은 아무것도 남기지 않는다. 우리가 욥기에서 만난 욥은 예배 외에 아무것도 없다.

한 알의 밀알이 땅에 떨어져 죽듯, 예배인간은 아무것도 남기지 않음으로써 열매를 남긴다. 첫 열매가 되신 우리 구주 예수님께서 당신의 예배의 자리 십자가 위에서 "다 이루었다" 선포하신 것처럼, 우리는 예배의 자리에서 주님께 "다 드림"이 되는 것이다.

● 김동협 목사

2012년 8월 29일 수요일 오후, 시애틀 김충일 장로가 전화했다. 한 시간 전에 그의 부친 김동협 목사가 소천한 것이다. 김동협 목사는 아버지의 오랜 친구였다. 평북 순천군 선소면 고향에서 태어나 아버지와 함께 자랐다. 그는 함께 독립운동을 했고, 순천경찰서와 평양형무소도, 공산당을 피한 월남 길도 동행했다. 목회의 길에도 함께 했고 미국 이민 길도 같이 왔는데, 이제 그가 먼저 하나님의 부르심을 받았다.

작년 봄, 내가 시애틀 시온장로교회(김경천 목사) 사경회 인도 중에 양로원에서 만난 것이 마지막이었다. 혈액투석으로 쇠약해진 그가 오히려 힘차게 기도했다. 우리 모두는 큰 감동으로 눈물을 흘렸다. 일 년 반을 이 세상에서 더 예배드리며 이 세상에 살다가 마침내 영원한 나라 천국으로 갔다. 영원한 예배의 자리로! 주님께서 유족에게 위로 주시기를!

나는 캘리포니아에서 친구 잃고 슬퍼하는 아버지를 더 크게 위로하시는 주님께 빈다. 아버지의 길도 나의 길도 그처럼 예배로 완주하기를! 김동협 목사도 아버지도 고난의 시대를 예배로 살아간 귀한 예배인간 세대였다. 우리도 곧 이 세상을 떠나거늘.

● 어떤 죽음인가?

자살은 안 된다. 사람은 자기의 손으로 죽을 수 없다. 욥이 끝끝내 사양한 것은 아내와 세 친구의 자살권면이었다.

—하나님을 욕하고 차라리 죽으라!
—스스로 목숨을 끊는 명예를 택하라!

말하자면 그들은 하나님의 손에서 저주 받은 자가 마지막 지켜낼 수 있는 자존심을 자극한 것이다. 하나님으로부터 버림받음과 동시에(혹은, 그 이전에!) 하나님을 버리라는 말이다. 이것은 바보처럼 이혼당하지 말고 "무쇠의 뿔처럼" 당당하게 이혼하라는 권면처럼 어딘지 모르게 짜릿 시원한 구석이 있다.

그러나 욥은 동의할 수 없었다. 그는 저주 받은 것이 아니기 때문이다. 예배를 기뻐 받으신 하나님께서 웃으며 옆구리에 칼 대는 조폭 같은 분이 아니라는 확신 때문이다. 예배로써 욥은 자기가 하나님의 손에 아직도 있음으로 확인했다. 그러므로 그는 자살할 이유가 없었다. 욥은 가룟유다가 아닌 것이다.

하나님의 손에서 이 세상을 떠나야 옳다. 하나님의 제단에 오른 제물로 이 세상을 하직해야 맞다. 제단에서 하늘로! 이런 수직상승(垂直上昇)이 예배인간의 길이다.

● 죽임기도?

나는 죽음을 인정하는 기도를 거부한다. 죽임기도는 가당치 않다. 모든 생명은 살기를 구해야 옳다. 누구라도 그를 돕는 자라면 살림을 힘써야 맞다. 누구도 죽임을 구할 자격이 없다. 내 기도는 오히려 끝까지 “살려주세요!”다. 살림기도다. 단 몇 초라도 살려주셔서, 이 생명으로써 하나님께 영광을 돌릴 수 있게 도와주세요! 그게 내 기도다.

●숨질 때까지 이 걸음 1

외삼촌 김윤규 정교는 가정에서 예배를 드리면서 구세군 본부에 목회자 파송을 요청했다. 집요한 기도싸움 끝에 마침내 1988년, 이환권 참령이 파송되었다. 박혁락/박주희 사관과 김옥균 사관 등을 거쳐 지금은 오관근 사관을 중심으로 아름답게 생동하는 예배공동체다. 김윤규 정교는 팔순을 두 주일 앞두고 소천 했다. 유언대로 구세군 군복을 입혔고 구세군기로 관을 감쌌다. 한 사람은 땅에 묻혔지만 기도열매는 아름답다. 주일성수 신앙의 김진수 정교가 기도의 맥을 잇는다.

●숨질 때까지 이 걸음 2

1994년 GTU 박사과정 첫해 버클리 기숙사에서 금문교회 첫 예배를 드렸다. “말씀과 찬양이 아름다운 교회”를 꿈꾸었다. 부모님과 누이, 아내와 세 살 된 아들을 포함. 모두 여덟이었다. 하와이 출신 음악가 김인성 장로는 찬양을, 교육가 강주한 장로는 성경공부를 빛냈다. 샌프란시스코 다운타운과 잉글사이드를 거쳐 2003년 데일리시티로 왔다. 죽어가던 영혼들이 예수님을 만나 구원받았고, 땅 끝까지 가는 복음전도의 기쁜 사명에 불타올랐다. 우리는 교육선교의 베이스캠프 사명을 품는다. 주님께서는 벧엘의 야곱처럼 엎드려 기도하는 종의 기도를 들으신다. 성도는 숨질 때 까지 이 걸음이다.

● 회복 11

부흥이다. 부흥이 회복이다. 죽은 자가 살아나고, 절망했던 자가 하늘을 우러르며, 교회를 빠져나갔던 무리가 돌아온다. 예배 때 졸던 사람들이 눈물을 감추지 못하며, 절망하던 때가 찬송이 되었다. 불평하던 입술에서 감사가 터져 나오고, 어둡던 하늘이 동터온다. 눈 뜨면 한낮이던 사람이 새벽을 깨운다. 나는 부흥하는 교회가 욥기에 다 들어있다고 믿는다. 교회가 부흥하면 가정이 살아나고, 가정이 부흥하면 식구들이 손뼉 친다. 나는 이런 세상을 꿈꾸며 기도한다. 내 기도는 응답될 줄 믿는다.

부흥이다. 욥이 꿈꾸고 엎드려 빌던 것이 부흥이다. 하나님께서 욥의 기도를 다 들어주셨다.

부흥은 하나님의 뜻이다. 그러므로 욥의 기도는 반드시 응답될 것이었다. 프롤로그에 이미 밑금 쳐 약속된 것이 욥의 예배부흥이었다. 그러므로 우리의 길고 긴 독서/관람은 이미 그 결론이 제시된 바였다. 부흥은 하나님의 뜻이었고, 그 뜻은 반드시 이루어진다.

● 42:7-17, 예배인간 욥의 예배방정식 SPRx-C//E=0

부자였을 때나, 그 재산 다 잃었을 때나, 열 명의 자식을 두었을 때나, 그 자식들 한꺼번에 다 잃었을 때나, 사람들의 존경을 받았을 때나, 손가락질 받으며 먼지구덩이를 뒹굴 때나, 기뻐 찬양할 때나, 슬피 울며 부르짖을 때나, 욥은 한 결같이 예배인간이었다.

> 나는 비천에 처할 줄도 알고 풍부에 처할 줄도 알아, 모든 일, 곧 배부름과 배고픔과 풍부와 궁핍에도 처할 줄 아는 일체의 비결을 배웠노라. 빌립보서 4:12

하나님께서 자부심을 가지고 칭찬하셨던 사람 욥, 사탄이 그토록 쓰러뜨리려고 애를 썼으나 결국 실패하고 만 욥, 그는 예배인간이었다.

모든 것을 회복하여 받은 그는, 140년을 살았다. 그러나 결국 그는 늙고 나이가 차서 죽었다. 예배인간 욥이 죽었다! 예배인간은 죽음으로써도 주님과 동행하는 것이다.

> 내 주를 가까이 하게 함은 십자가 짐 같은 고생이나

내 일생 소원은 늘 찬송하면서 주께 더 나가기 원합니다.
야곱이 잠깨어 일어난 후 돌단을 쌓은 것 본받아서
숨질 때 되도록 늘 찬송하면서 주께 더 나가기 원합니다.

찬송가 338장, 1, 4절

● 예배의 열매는 부흥

예배인간 욥은 언제나 어떤 상황에도 예배를 드렸다. 그가 간절히 바란 것은 예배였고, 하나님께서는 그의 소원을 들어주셨다. 예배드릴 수 없는 애굽에서 이끌어 내셔서 이스라엘을 가나안에 심어 예배드릴 수 있게 하신 여호와 하나님께서, 예배를 간절히 사모하는 욥의 기도를 들어주셨다. 예배의 열매는 부흥이다. 욥이 간절히 바란 것은 예배였다. 하나님께서 그에게 부흥을 허락하셨다.

잃어버렸던 것이 갑절로 회복되었다. 돌아섰던 친구들이 돌아왔고, 저주하며 떠났던 아내가 웃는 얼굴로 나타났다. 자식 잃은 슬픔을 돌아볼 필요 없는 새 자녀를 주셨는데, 딸들은 그렇게 예쁠 수가 없었다. 모두 모여 예배드릴 수 있게 되었다. 다들 욥의 기도를 간절히 기다렸고, 하나님께서 그의 대표기도를 들어주셨다.

리바이벌, 곧 부흥이다. 결국 욥이 꿈 꾼 것은 부흥이었다. 그것은 과거로 돌아감이 아니다. 오히려 과거의 영광을 충분히 회복하고, 지난날의 슬픔을 충분히 보상해 주는, 내일로 가는 놀라운 행진이었다.

● 욥의 SPR, 세 친구에 대하여

욥은 세 친구의 절망의 자리에 함께하지 않았다(S). 그들의 차가운 인과율 논리에 흡수되지 않았다(S). 그들의 날카로운 공격에 무너지지 않았다(S). 함께 있었으나 오히려 거리를 두었고(S), 무서운 비난의 화살이 퍼붓는 상황에서도 엎드려 예배드렸다(R).

세 친구와 다른 모습을 일관한 욥은, 끝내 그들을 위해 기도하는 사람이 되었다. 하나님께서 그의 기도를 들으셨고, 그들이 돌아오게 하셨다. 비난하던 사람들이(-R) 예배에 합류했고(R), 절망하던 사람들이(-R) 예배인간이 되었다(R).

욥은 SPR로 세 친구를 맞았다. 그 SPR은 욥이 회복되는 길이었고, 그 SPR은 세 친구가 끝내 예배를 통해 하나님을 만나는 길이 되었다. 욥과 세 친구의 관계는 부흥이 되었다. 거룩함과 파송, 그리고 안식의 아름다운 예배를 통해서!

● 선교사

욥은 선교사였다. 먼저 자기를 거룩하게 하고(S), 하나님께서 허락하신 바로 그 자리에 엎드려(P), 거룩하신 여호와 하나님 앞에 예배드렸다(R).

자기를 가장 힘들게 했던 사람들을 위해 기도했다(S). 주님께서 부르신 그 자리에 서서(P), 함께 예배드리는 아름다움을 꽃피워냈다(R).

욥이 선 자리는 예배의 자리였다. 여기서 부흥의 불길이 솟아올랐다.

● 우스 사람 욥

이스라엘의 눈으로 에돔은 열등했다. 그러나 하나님의 눈으로 에돔 땅 우스는 거룩했다. 거룩한 예배인간이 먼지구덩이에 엎드린 그 땅은 거룩했다.

백인이 흑인보다 우월한가? 어떤 인종이 다른 어떤 인종보다 가치가 더 있는가? 그래서 불이익과 차별대우가 정당한가? 돈 있는 사람의 인권은 없는 사람보다 더 귀한가? 왜 우리는 창조주와 구원주 여호와 하나님의 눈으로 사람을 보지 않는가? 욥기를 우리에게 주신 여호와 하나님의 뜻을 알아야 한다.

예배인간은 모든 생명이 귀한 것을 안다. 예수님의 피는 모든 인간을 위해 흘리신 것이다. 하나님의 어린양 예수님을 먼저 뵙고 사람을 만나라. 그러면 각질 두꺼운 편견이 사라지고 말 것이다.

● 주 안에 있는 나에게

예수님 안에서 모든 것이 다 변했다. 눈물이 변하여 기쁨이 되었고, 한숨이 변하여 찬송이 되었다.

주 안에 있는 나에게 딴 근심 있으랴. 십자가 밑에 나아가 내 짐을 풀었네. 그 두려움이 변하여 내 기도 되었고, 전날의 한숨 변하여 내 노래되었네. 주님을 찬송하면서 할렐루야, 할렐루야. 내 앞길 멀고 험해도 나 주님만 따라가리. 찬송가 370장 1-2절

욥이 만난 분, 십자가에 피 흘려 죽으심으로 욥을 살려내신 그 대속자는 예수 그리스도셨다. 예수님께서 죽을 수밖에 없는 죄인 욥을 예배인간으로 바꾸셨다면, 욥의 주변 환경 바꾸시는 일은 정말 시간문제였다.

● 붉은 꽃 2

붉은 꽃 한 송이를 피워내신 여호와 하나님께서 욥의 땅, 예배의 자리에 수많은 꽃들로 가득하게 하셨다.

예배인간의 길은 꽃길이다. 예배인간의 들은 꽃밭이다. 예배인간의 찬양은 영광과 존귀를 받으시는 여호와 하나님의 이름이다.

이 붉은 꽃은 부흥의 불꽃이다. 모든 죄를 태워버리고, 모든 부정한 것을 흔적도 없이 사라지게 하는, 놀라운 성령님의 불꽃이다. 우리는 믿는다. 온 세상에 가득한 하나님의 영광이 진정한 부흥을 일으키는 성령님의 불꽃으로 여기저기 피어오르고 있음을.

● 첼리타

첼리타(1932-)는 남미 콜롬비아 한센병 마을 아구아 데 디오스(Agua de Dios)사는 한센병 시인이다. 내가 그를 만난 건 2008년 8월 15일 오후였다. 햇빛이 따스한 날이었는데, 첼리타는 두꺼운 검은 안경을 쓰고 반쯤 누워있었다. 그는 내게 "시를 사랑하십니까?" 물었다. 그 물음에 발길을 멈추었고, 그의 시를 들었다.

"드림"은 그날 밤 내가 후사신학교 기숙사로 돌아와 영어와 한글로 번역한 두 편 중에 하나다. 일주일 후 내 아들 명인은 영어가사에 음악을 넣어 찬양했

다. 다섯 살 때 한센병에 감염되어 일평생 환자촌에서 살아온 첼리타에게서 나는 여호와 하나님만 바라보는 붉은 꽃 한 송이를 보았다.

"드림"
1973년 3월 19일

주님
주님은 저의 비통함을 아시지요.
주님은 제가 받은 형벌과 저의 고통을 아시지요.
주님은 저를 정다운 눈으로 보고 계십니다.
저는 주님 앞에 한 번의 키스와 한 송이 꽃을 드립니다.

엎드려
주님께 드립니다.
저의 고통에서 장미를
저의 쓴 잔에서 달콤함을
저의 두 손과 두 발에서 피 흘린 상처를
저의 빛 잃은 두 눈에서 거룩한 부드러움을.

저의 눈이 고통에 지쳐
더 이상 햇빛을 즐길 수 없게 되었습니다.
주님
저를 이끌어 영혼에 새기소서.

바로 그 빛
황혼에 장밋빛으로 번져가는 아름다운 빛 그 노을을.
그 빛이 하늘의 별처럼 빛나게 하소서.
거기 그 영원한 축복으로.

주님 그래서
저의 두 눈이 사랑으로 열려
밝게 볼 수 있도록 해 주소서.
이토록 그리운 소망의 에덴을.

출처:
첼리타, 〈잠 못 이루는 슬픈 밤/ Sad Sleeplessness/ Triste Insomnio〉. 조은석 역. (여호와닛시, 2010)

● **성경 판례법**

욥기는 판례법이다.

욥처럼 고난 중에도 예배를 그치지 않는다면, 하나님께서 그를 반드시 회복시켜 주실 것이다. 이것은 하나님의 말씀이요, 하나님의 법이다. 당신이 욥을 사랑한다면, 그의 예배에 동참한다면, 당신의 내일은 하나님께서 맡으신 것이다.

이것이 예배인간 레거시(legacy, 전통유산)다. 우리는 이 전통유산을 따라 갈 것이다.

욥기에서 예배를 읽고 보았다면, 나도 분명히 내 길에서 부흥의 불꽃을 만날 것이다. 욥의 하나님이 나의 하나님이시기 때문이다. 이것이 모든 성경말씀과 나를 잇는 "성경 판례법" 판결이다. 오직 거룩하신 여호와 하나님께서 나의 재판장이시기 때문이다. 아멘.

차. 욥기와 "성경으로 성경읽기"

■ **성경으로 욥기읽기**

"성경으로 성경읽기"(intertextuality)를 욥기읽기에 적용한다.

■ **시편에서 욥기읽기**

많은 시편의 시인들은 욥을 닮았다. 특히 "탄원시"로 분류되는 시에서 시인들은 하나님을 향하여 호소한다.

욥을 그 많은 시인들 그룹에 넣어도 조금도 어색하지 않다.

■ **시편 22편**

> 내 하나님이여, 내 하나님이여, 어찌 나를 버리셨나이까? 어찌 나를 멀리하여 돕지 아니하시오며, 내 신음 소리를 듣지 아니하시나이까? 시편 22:1

지금 당하는 고난이 다른 누가 아니라 바로 하나님께서 버리심이라고 주장한다. 하나님께서 멀리하셨고, 돕지 않으신다. 신음소리를 내도 듣지 않으신다.

그런데 이 탄원에 포함된 강한 확신이 있다: 이 고난은 주님께서 가까이 오셔서 도우시기만 하면 다 되는 것이다. 주님께서 내 신음소리를 듣기만 하신다면!

■ **시편 69편**

> 내가 나의 형제에게는 객이 되고, 나의 어머니의 자녀에게는 낯선 사람이 되었나이다. 시편 69:8

형제들은 나를 멀리한다. 이 책임이 주님께 있다는 호소다.

■ **시편 71편**

내 원수들이 내게 대하여 말하며 내 영혼을 엿보는 자들이 서로 꾀하여, 이르기를, 하나님이 그를 버리셨은즉 따라 잡으라. 건질 자가 없다, 하오니, 하나님이여 나를 멀리 하지 마소서. 나의 하나님이여, 속히 나를 도우소서. 시편 71:10–12

시인은 그의 원수들의 비방에 동의한다: 하나님께서 그를 버리셨다. 그 말을 듣고 시인은 하나님께 부르짖는다. 나를 멀리하지 마소서.

그런데 시인은 원칙적으로 원수들과 다르다. 그들은 하나님께 드리는 기도가 없다. 여기서 시인은 하나의 도움을 구한다: 속히 나를 도우소서!

■ **시편 77편**

내가 옛날, 곧 지나간 세월을 생각하였사오며, 밤에 부른 노래를 내가 기억하여, 내 심령으로, 내가 내 마음으로 간구하기를, 주께서 영원히 버리실까, 다시는 은혜를 베풀지 아니하실까, 그의 인자하심은 영원히 끝났는가, 그의 약속하심도 영구히 폐하였는가, 하나님이 그가 베푸실 은혜를 잊으셨는가, 노하심으로 그가 베푸실 긍휼을 그치셨는가, 하였나이다. 시편 77:5–9

시인은 옛날을 생각한다: 그때는 밤에도 노래를 불렀다. 한밤중에도 일깨나 혹은 잠들지 않고 있다가 주님을 찬양했다.

그런데 지금은 다르다. 주님께서 영원히 버리신 것이 틀림없다. 이렇게 오래 응답이 없다니! 주님께서 그때 베푸셨던 은혜를 이제는 다시는 베풀지 않으실 셈인가? 하나님은 인자하시다. 그러나 그것도 영원히 끝인가? 그분께서 주신 약속은 무엇인가? 이제는 폐기된 휴지조각인가? 이제부터 베풀어 주시겠다는 약속을 잊어버리신 것인가? 왜? 내게 화가 나실 일이 있으셨는가? 그래서 나를 더 이상 불쌍히 여기지 않으시는 것인가?

■ **시편 83편**

> 하나님이여, 침묵하지 마소서. 하나님이여, 잠잠하지 마시고, 조용하지 마소서.무릇 주의 원수들이 떠들며 주를 미워하는 자들이 머리를 들었나이다.
>
> 시편 83:1-2

시인이 불평하는 것은 하나님의 침묵이다. 그분은 잠잠하신다. 조용하시다. 상황은 심각하다. 주님을 비방하는, 주님의 원수들이 지금 오히려 떠들고 있다. 주님을 사랑하지 않는, 주님을 미워하는 자들이 머리를 들었다. 지금은 주님께서 우레같은 소리를 내실 차례다. 지금은 주님께서 그들의 입을 막으셔야 한다.

■ **시편 88편**

> 무릇 나의 영혼에는 재난이 가득하며, 나의 생명은 스올에 가까웠사오니, 나는 무덤에 내려가는 자 같이 인정되고, 힘없는 용사와 같으며, 죽은 자 중에 던져진 바 되었으며, 죽임을 당하여 무덤에 누운 자 같으니이다. 주께서 그들을 다시 기억하지 아니하시니, 그들은 주의 손에서 끊어진 자니이다. 주께서 나를 깊은 웅덩이와 어둡고 음침한 곳에 두셨사오며, 주의 노가 나를 심히 누루시고, 주의 모든 파도가 나를 괴롭게 하셨나이다. 시편 88:3-7

주님께서 들으시고 아셔야 한다: 주님께서 손으로 지어내신 내 영혼에는 오히려 재난이 가득하다. 지금 내 생명은 죽음의 문턱에 있다. 사람들은 나를 땅에 묻어야 한다고, 이제 그는 이빨 빠진 호랑이라고, 시체들 틈에서 벗어나지 못할 것이라고, 아예 땅 속 무덤에 누운 자라고 생각한다.

시체는 무엇인가? 주님께서 그들을 기억하지 않으신다. 주님의 손에서 끊어내셨다. 그래서 죽은 것 아닌가? 바로 내가 시체들 틈에 누워 있다.

주님께서 하신 일을 보라. 당신은 나를 깊은 웅덩이와 어둡고 음침한 곳,

곧 무덤 속에 두셨다. 이것은 주님께서 나를 대하여 진노하셨기 때문이다. 내가 죽게 된 것은 주님께서 직접 보내신 파도로 나를 괴롭게 하신 때문이다.

> 여호와여, 어찌하여 나의 영혼을 버리시며, 어찌하여 주의 얼굴을 내게서 숨기시나이까. 시편 88:14

이제는 대놓고 부르짖는다: 여호와 하나님이시여, 어째서 내 영혼을 버리십니까? 어째서 당신의 얼굴을 더 이상 내게 보여주지 않으십니까?

여기 들어 있는 강한 소원이 있다. 주님께서 내 영혼을 다시 건지기로 마음먹기만 하신다면! 주님께서 내게 그 얼굴빛을 비쳐 주시기만 하신다면! 그러면 나는 다시 살아날 수 있는데! 그러면 나는 원수들의 조롱을 단번에 물리칠 수 있을텐데!

■ **시편 89편**

> 여호와여, 언제까지니이까. 스스로 영원히 숨기시리이까. 주의 노가 언제까지 불붙듯 하시겠나이까. 나의 때가 얼마나 짧은지 기억하소서. 주께서 모든 사람을 어찌 그리 허무하게 창조하셨는지요. 누가 살아서 죽음을 보지 아니하고, 자기의 영혼을 스올의 권세에서 건지리이까. 시편 89:46-48

이제 하나님께 여쭙는다: 언제까지입니까? 이제는 그쳐야 할 때가 아닙니까, 그런 말이다. 벌써 늦은 것이 아닙니까, 그런 항변이다. 또 여쭙는다: 당신 스스로 영원히 숨으시렵니까? 그리고 덧붙인다: 사랑의 주님께서 분노를, 그것도 끝도 없이, 마치 장작에 불붙듯 그렇게 지속하실 것입니까?

이제 주님의 창조를 의심한다. 주님께서 모든 사람을, 지금 여기 부르짖는 나 뿐 아니라 모두를, 어떻게 그리 허무하게 지어내신 것입니까? 아예 처음부터 창조가 실패 아닙니까? 그렇다면 도대체 세상의 누가 죽지 않을 수 있으며, 누가 자기를 땅으로 이끌어가는 죽음의 권세로부터 자유로울 수 있을까요?

무서운 말이다. 하나님의 창조를 의심하다니! 그런데 이것은 욥기에서 놀라운 일이 아니다. 이미 그는 제3장에서 하나님의 창조에 의문을 제기했다. 하나님께서 축복하신 인생, 그 첫 출발을 의심했다. 독자들은 이미 알고 있다. 이런 부르짖음이 불신이 아니라 오히려 강한 믿음에서 난 것임을.

■ 예레미야서에서 욥기읽기

예레미야는 욥을 닮았다. 그는 예루살렘의 운명을 자신과 일치시킨다. 따라서 욥기의 욥과는 달라도 무척 다르다.

그러나 예배인간은 이미 개인이 아니다. 이 세상 모든 예배인간과 일치된다. 한 분 하나님 안에서 하나 되게 하심을 믿는다.

> 몸이 하나요, 성령도 한 분이시니, 이와 같이 너희가 부르심의 한 소망 안에서 부르심을 받았느니라. 주도 한 분이시오, 믿음도 하나요, 세례도 하나요, 하나님도 한 분이시니, 곧 만유의 아버지시라. 만유 위에 계시고 만유를 통일하시고, 만유 가운데 계시도다. 에베소서 4:4–6

■ 예레미야서 12장

> 여호와여, 내가 주와 변론할 때에는 주께서 의로우시니이다. 그러나 내가 주께 질문하옵나니, 악한 자의 길이 형통하며 반역한 자가 다 평안함은 무슨 까닭이니이까? 주께서 그들을 심으심으로 그들이 뿌리가 박히고 장성하여 열매를 맺었거늘 그들의 입은 주께 가까우나 그들의 마음은 머니이다. 예레미야서 12:1–2

■ 예레미야서 15장

> 내게 재앙이로다. 나의 어머니여, 어머니께서 나를 온 세계에 다투는 자와 싸우는 자를 만날 자로 낳으셨도다. 내가 꾸어 주지도 아니하였고 사람이 내게 꾸이지도 아니하였건마는 다 나를 저주하는도다. 예레미야서 15:10

나의 고통이 계속하며 상처가 중하여 낫지 아니함은 어찌됨이니이까? 주께서는 내게 대하여 물이 말라서 속이는 시내 같으시리이까? 예레미야서 15:18

■ **예레미야서 20장**

내 생일이 저주를 받았더면, 나의 어머니가 나를 낳던 날이 복이 없었더면, 나의 아버지에게 소식을 전하여 이르기를, 당신이 득남하였다 하여 아버지를 즐겁게 하던 자가 저주를 받았더면, 그 사람은 여호와께서 무너뜨리시고 후회하지 아니하신 성읍 같이 되었더며, 그가 아침에는 부르짖는 소리, 낮에는 떠드는 소리를 듣게 하였더면, 좋을 뻔하였나니, 이는 그가 나를 태에서 죽이지 아니하셨으며, 나의 어머니를 내 무덤이 되지 않게 하셨으며, 그의 배가 부른 채로 항상 있지 않게 하신 까닭이로다. 어찌하여 내가 태에서 나와서 고생과 슬픔을 보며, 나의 날을 부끄러움으로 보내는고. 예레미야서 20:14–18

■ **예레미야애가에서 욥기읽기**

예레미야는 그의 예레미야애가에서 예루살렘과 자신을 동일시한다. 그의 고난은 개인적 고난이 아니라 민족의 고난이다.

■ **예레미야애가 3장**

여호와의 분노의 매로 말미암아 고난 당하는 자는 나로다. 나를 이끌어 어둠 안에서 걸어가게 하시고, 빛 안에서 걸어가지 못하게 하셨으며, 종일토록 손을 들어 자주자주 나를 치시는도다. 나의 살과 가죽을 쇠하게 하시며 나의 뼈들을 꺾으셨고, 고통과 수고를 쌓아 나를 에우셨으며, 나를 어둠 속에 살게 하시기를 죽은 지 오랜 자 같게 하셨도다.
나를 둘러싸서 나가지 못하게 하시고, 내 사슬을 무겁게 하셨으며, 내가 부르짖어 도움을 구하나 내 기도를 물리치시며 다듬은 돌을 쌓아 내 길들을 막으사 내 길들을 굽게 하셨도다. 예레미야애가 3:1–9

나는 내 모든 백성에게 조롱거리, 곧 종일토록 그들의 노랫거리가 되었도다. 나를 쓴 것들로 배불리시고, 쑥으로 취하게 하셨으며, 조약돌로 내 이들을 꺾으시고, 재로 나를 덮으셨도다. 예레미야애가 3:14-15

내 고초와 재난, 곧 쑥과 담즙을 기억하소서. 예레미야애가 3:19

■ **예레미야애가 4장**

우스 땅에 사는 에돔아, 즐거워하며 기뻐하라. 잔이 네게도 이를지니, 네가 취하여 벌거벗으리라. 딸 시온아, 네 죄악의 형벌이 다하였으니, 주께서 다시는 너로 사로잡혀 가지 아니하게 하시리로다. 딸 에돔아, 주께서 네 죄악을 벌하시며 네 허물을 드러내시리로다. 예레미야애가 4:21-22

타. 우울증 성경치유

● 들어가면서

수년 전 만난 정신과 전문의 C 박사의 말이다.

–만일 욥이 내 환자라면 나는 그를 중증 우울증 환자로 분류합니다. 자살 가능성이 아주 높아요.

"과연 그럴까?" 2003년 미국 정신의학회 학술연차대회가 5월 18일에서 22일까지 샌프란시스코에서 열렸다. 5월 19일은 "지역사회를 위한 정신건강 포럼"이 "우울증"을 주제로 모였다. 발제자는 나를 포함해 J. J. 엘 맬러웨니 박사(정신과 전문의), 이호창 박사(잔스합킨스대 의대), 권수영 박사(현재, 연세대 상담학 교수), 김해암 박사(코넬대 의대) 등이었다. 나는 "성경에 나타난 우울증, 그 이해와 치유"를 맡았다.

한국일보 샌프란시스코는 내 원고를 그해 5월 23일부터 네 차례에 나눠 실었다. 이하는 원고의 부분이다.

● 문제제기

우울증(우울증, depression). 이 시대의 화두다. 심장병, 당뇨병과 함께 3대 질병으로 수면 위에 떠올랐다. 심하면 자살충동에 사로잡힌다. 실제로 우울증 자살자가 많다. 살기 좋아졌다고 하지만, 이 점에서 세상은 더 나빠졌다. 대개의 현대인이 우울증에 시달린다. 특히 샌프란시스코는 높은 자살률로 악명이 높다. 그런데 문제는 치료가 쉽지 않다는 데 있다. 이유는 크게 두 가지다. 첫째, 우울증 자체를 부정한다. 부끄러움 탓이다. 둘째, 치료의 방법을 모른다. 그냥 때가 되면 낫겠거니 믿거나, 평생 숙명처럼 지고 살아야 한다고 생각한다. 무지 탓이다.

감출 것은 감추고 드러낼 것만 드러낸다. 인간관계 처세술이다. 이런 "거짓"은 필요악이라고 불렀다. 그러나 자승자박이다. 이런 허위 철학이 어둠의 온상이다. 우울증을 키웠다. 밝게 살기 위해서는 솔직해야 한다. 하나님 앞에 서면 인간은 투명해질 수밖에 없다. 성경은 하나님의 책이요, 하나님은 인간의 중심을 보신다. 성경 앞에 선 인간은 다 드러난다. 성경에 그려진 하나님은 나약하고 병든 인간을 치료하시는 치유자시다. 생각해 보라. 하나님은 창조주시다. 생명을 주셨다. 그렇다면 하나님 외에 누가 뿌리 깊은 상처를 싸매고 고통의 끝이 보이지 않는 질병을 치유할 수 있는가?

성경을 읽는다. 여기 인간의 실존이 여과 없이 비쳐 보인다. 하나님 앞에 선 인간의 적나라한 모습에서, 오늘 우리가 겪는 여러 가지 고통을 읽는다. 분명 우울증이 그 중 하나다. 성경을 밑줄 쳐 가며 읽노라면, 여러 차례 놀란다. 수많은 등장인물들이 우울증 증세다. 그런데 의외로 믿음이 좋았던 사람이 많다. 모세, 다윗, 엘리야, 예레미야 등이 우선 떠오른다. 하나님께 대한 믿음이 있다고 해서 우울증이 반드시 없다고 할 수 없다. 그런데, 그들은 고통 가운데 하나님을 기억했다. 끝내 하나님 앞에 섰고, 하나님께서 치료해 주셨다. 믿음의 사람이 다른 점이다.

오늘 우리가 성경을 읽는다. 살아계신 하나님 앞에 서는 일이다. 성경 속 하나님 앞에 선 사람들과의 만남을 통해, 자신의 자화상을 바르게 그린다. 이제 우울한 우리를 치료하시는 하나님, 그분을 만나 뵙는다.

● 우울증이란 무엇인가?

벡(A. T. Beck)은 다음과 같은 스물 한 개의 우울증 증상을 나열했다. 해설은 내가 붙였다.

1. 슬픔. 모든 슬픔이 우울증에서 오지 않는다. 우울증은 정도를 넘어서는 슬픔을 유발한다.

2. 비관주의. 삶의 해석은 보는 각도에 따라 천차만별이다. 우울한 사람은 어떤 경우에도 인생은 비극이라는 결론을 내린다.

3. 실패감. 가만 돌아보면 인생은 성공과 실패가 반반이다. 대개 실패도 성공을 위한 훈련이다. 그런데 우울증 환자는 실패감의 늪에서 빠져나오지 못한다.

4. 불만족. 만족이 없다. 불평이 크다.

5. 죄의식. 주변의 모든 불행이 자기의 죄 때문에 왔다는 의식이다. 모든 사람은 죄인이다. 나 자신도 예외가 아니다. 그러나 문제는 자기의 죄는 씻을 수가 없는 숙명이라고 느끼는 데 있다. 말하자면 죄사함의 확신이 없다는 것이다.

6. 벌 받는다는 느낌. 하나님을 벌주시는 분으로, 자신을 벌 받는 존재로 각인해 버린다.

7. 자기혐오. 자기를 미워한다.

8. 자기처벌. 모든 방법을 동원해서 자기를 벌한다. 이럴 경우 자기는 하나님의 대리자다. 혹은 저주의 구렁텅이로 몰고 가는 사탄의 도구다.

9. 자살의 상상. 매일 자살을 꿈꾼다. 자살하는 구체적인 방법도 계속 강구한다.

10, 울고 싶은 마음. 누구라도 건드려 주기만 한다면 언제라도 울 준비가 되어 있다. 음악이나 드라마, 혹은 길거리 홈리스나 칭얼대는 아이도 눈물샘을 자극한다.

11. 초조감. 조급하다. 불안하다. 지금 있어야 할 자리에 와 있지 않다는 느낌을 지우지 못한다.

12. 사회적 고립. 스스로 걸어서 고립의 자리로 들어간다. 문을 걸어 잠근다. 누구에게도 문을 열어주지 않기로 한다.

13. 미결정. 확실한 결정을 내리지 못한다. 이미 내린 결정도 할 수만 있으면 번

복한다. 어쩔 수 없는 경우에도 체념하지 못한다.

14. 왜곡된 신체 이미지. 건강에 대한 통념을 받아들이지 못한다. 아름다움에 대한 왜곡된 이미지를 품고 있다. 성형중독에 걸릴 가능성이 높다.

15. 아무것도 할 수 없다는 무기력감. 실제로는 건강하다. 그러나 무기력하다.

16. 수면장애. 깊은 잠을 잘 수 없다. 꿈이 많다. 자주 깬다.

17. 피로감. 늘 지쳐있다.

18. 식욕부진. 밥맛이 없다.

19. 체중감소. 체중이 감소한다.

20. 신체 염려증. 건강체크를 반복하지만 믿을 수 없다.

21. 리비도(libido)의 상실. 삶의 의욕이 없다. 적극적인 자세가 없다.

당신은 몇 개가 해당되는가? 정도의 차이 뿐, 사람은 죄인, 누구나 우울하다.

● 우울증 환자의 습성

벡의 스물 한 가지를 코레이(Gerald Corey)는 네 가지로 압축했다. 우울증 환자의 습성 몇 가지다. 역시 해설은 내가 붙였다.

1. 자살하고 싶다는 소망. 이런 자살충동을 가진 사람은 "내 인생은 다른 사람에게 짐이다. 나는 결코 내 문제를 해결할 수 없다. 잘되는 일이란 없다. 나는 불행한 내게서 도망치고 싶다" 등과 같은 생각에 사로잡혀 있다.

2. 자기에 대하여 대단히 비판적. 자기증오 내지 자기혐오까지 이른다. 대개 심리적으로 약한 데서, 그리고 사회적 부적합성과 책임감 결여 등에서 비롯한다.

3. 고통스러운 기억과 감정. 이제 그는 고통을 더 이상 견딜 수 없는 단계에 와 있으며, 세상 어느 것으로도 자기의 기분을 전환시킬 수 없다고 믿는다.

4. 외적인 요구, 억압, 문제를 과장하는 경향. 이런 사람은 자기 자신이 대단히 큰 희생을 치르고 있다고 변명할 준비를 해놓고 있다.

● 성경과 "영혼"

성경에서 우울증은 대개 "영혼"의 내적 표현을 통해 드러난다(참고. 시편 42:5). 내밀한 고백이다. 그렇다고 정신이나 육체와 상관없는 영역이 아니다. "영혼"으로 번역하는 히브리어 "네페쉬"(nepesh)는 육체–정신–영혼을 모두 아우르는 표현이다. 따라서 우울증을 다루면서 정신과 영혼을 구별하려는 시도는 부분적인 성과밖에 거두지 못한다.

효과적인 우울증 치료를 위해서는 목회자, 심리학자, 정신과 의사 등 전문인이 서로 합력해야 한다.

● 유형별 우울증

성경에 나타난 우울증을 다음 몇 가지 위기 유형을 따라 구분할 수 있다. 우울증은 위기의식에 뿌리를 둔다. 벡이 지적한 스물한 가지 증상의 공통점은 위기다. 위기 중의 위기는 하나님과 관계단절 위기다: "어찌하여 주의 얼굴을 내게서 숨기시나이까?" 시편 22편은 다윗의 시다.

> 나의 하나님, 나의 하나님, 어찌하여 나를 버리셨나이까? 시편 22:1

이 절규는 십자가 위에서 고통 받으시는 예수님을 예언했다(참고. 마태복음

27:46; 마가복음 15:34).

사울은 하나님께로부터 버림받았다(참고. 사무엘기상 13:13-14; 15:26). 그때부터 사울은 철저히 망가졌다. 왕으로서의 책무도 버렸다. 라이벌 다윗을 잡기 위해 혈안이 되었다.

● **하나님과의 관계 위기**

우선 우울증은 하나님과의 관계위기의 산물이다. 이것은 보다 깊고 보다 어둡다. 근본적인 위기다.

1. 하나님 존재에 관련한 위기

1-1. 하나님의 부재

내 곁에 하나님께서 안 계시다는 느낌. 이건 절망이다. 한 예로 시편 88편, 고라 자손의 시다:

> 여호와여, 어찌하여 나의 영혼을 버리시며, 어찌하여 주의 얼굴을 내게서 숨기시나이까? 시편 88:1

욥은 하나님 부재를 고통 중에 경험했다.

1-2. 하나님의 징벌

욥기 3장은 하나님의 손에 고통을 겪는 욥의 독백이다.

> 어찌하여 고난당하는 자에게 빛을 주셨으며, 마음이 아픈 자에게 생명을 주셨는고? 욥기 3:20

여기서 빛과 생명은 역설적 표현이다. 다윗의 호소를 들어보자.

> 여호와여, 주의 노하심으로 나를 책망하지 마시고, 주의 분노하심으로 나를 징

> 계하지 마소서. 주의 화살이 나를 찌르고, 주의 손이 나를 심히 누르시나이다. 주의 진노로 말미암아 내 살에 성한 곳이 없으며, 나의 죄로 말미암아 내 뼈에 평안함이 없나이다. 시편 38:1-3

그는 또 시편 32:4에서 "주의 손이 주야로 나를 누르시오니, 내 진액이 빠져서…" 했다.

예루살렘의 파괴로 모든 유다 백성은 슬픔에 젖었다. 그런데 유다의 멸망은 하나님의 징벌이었다. 하나님은 당신 백성의 원수로 일어선 것이다(예레미야애가 2:5). 유다는 스스로를 정당화할 아무런 구실도 찾을 수 없었다.

1-3. 하나님의 시험

물론 하나님은 사람을 넘어뜨리는 시험을 주시지 않는다(야고보서 1:13). 그러나 불같은 시련을 통해 성도들을 단련시키신다. 키에르케고르는 〈공포와 전율〉에서 시험을 이긴 아브라함을 말했다(참고. 창세기 22장). 아브라함의 위대함은 불의 연단 과정에서 인간적인 불확실성 대신 믿음을 선택한 데 있다.

욥을 보자. 재물 몰수, 자식 죽음, 건강 상실, 아내 가출, 친구들의 배반 등의 시험을 차례대로 당했다. 하나님의 허락(욥기 1:12; 2:3b, 6) 없이는 가능하지 않은 시나리오였다.

1-4. 죄의식

다윗은 밧세바와 간음했다(사무엘기하 11:1-27). 하나님 앞에 엎드려 회개의 뜨거운 눈물을 흘렸다.

> 주의 얼굴을 내 죄에서 돌이키시고, 내 모든 죄악을 지워주소서. 하나님이여, 내 속에 정한 마음을 창조하시고, 내 안에 정직한 영을 새롭게 하소서. 나를 주 앞에서 쫓아내지 마시며, 주의 성령을 내게서 거두지 마소서. 시편 51:9-11

바울은 로마서 5-7장에서 죄 된 자신을 한탄했다.

오호라, 나는 곤고한 사람이로다. 이 사망의 몸에서 누가 나를 건져내랴!

로마서 7:24

죄는 하나님의 존재와 관련한 가장 극단적인 위기다. 죄의식을 해결하려는 목적을 품고 어떤 사람은 하나님 부재 쪽으로 소망을 둔다. 그러나 하나님은 계시다. 그것이 그에게 절망이다.

2. 사명에 관한 위기

죄 된 인간이 하나님의 사명을 받는다는 것은 확실히 정상적일 수 없는 경험이다. 스트레스다. 응답 여부에 따라 스트레스의 성격과 무게가 결정된다.

2–1. 사명의 무게

사명의 무게에 짓눌려 모세는 이집트에서 도망하여 40년을 광야생활 했다. 사실은 하나님께서 주신 사명이 아니라 스스로 일어선 길이었다. 열매가 있을 리 없었다. 벌써 그의 나이 80이 되었다. 어느 날 하나님께서 그를 만나주셨다. 그리고 새 사명을 주셨다.

이제 가라. 이스라엘 자손의 부르짖음이 내게 달하고, 애굽 사람이 그들을 괴롭히는 학대도 내가 보았으니, 이제 내가 너를 바로에게 보내어 너에게 내 백성 이스라엘 자손을 애굽에서 인도하여 내게 하리라. 출애굽기 3:9–10

출애굽기 3–4장은 모세가 하나님의 명령을 여러 차례 사양하는 장면이다. 세 번째 사양했다.

오, 주여. 나는 본래 말을 잘하지 못하는 자니이다. 출애굽기 4:10a

하나님의 말씀이다.

> 이제 가라. 내가 네 입과 함께 있어서 할 말을 가르치리라. 출애굽기 4:12

그러나 모세의 대답은 부정이다.

> 오, 주여, 보낼만한 자를 보내소서! 출애굽기 4:13

하나님께서 화를 내셨다(출애굽기 4:14). 모세를 이해할 수는 있다. 모세는 엄청난 사명감, 피할 수 없는 그 길에, 캄캄한 두려움이 엄습했다. 자신에 대한 자신감 상실이기도 했다.

예레미야는 자기를 부르신 하나님 앞에 스스로가 어리다고 고백했다(예레미야서 1:6). 더 큰 스트레스는 사람들의 박해였다. 박해를 견디며 말씀을 전하기에 그는 너무 나약했다.

2-2. 기대와 다른 하나님의 사명

니느웨 성의 멸망을 기다렸던 요나는 하나님의 용서 결정을 보고 크게 실망했다. 우울해 하던 그는 세 차례나 죽음을 간청했다.

> 여호와여, 원하건대 이제 내 생명을 거두어 가소서. 사는 것보다 죽는 것이 내게 나음이니이다. 요나서 4:3(참고. 요나서 4:8b, 9b)

하나님의 뜻과 자신의 감정이 일치하지 않았던 것이다.

2-3. 후속 사명감 부재

엘리야는 성공적인 사명완수(열왕기상 18장)에 잇따른 허탈감으로 고통스러웠다. 후속 사명감 부재 탓이다. 이세벨의 위협도 크게 작용했다. 키 낮은 로뎀나무 아래 엎드렸다. 거기서 죽기를 간청했다.

2-4. 사명 감당 실패

하나님의 사명을 올바르게 감당하지 못했을 때 오는 죄책감이다.

모세는 하나님께 생명을 거두어 달라고 기도했다. 우상을 만들어 섬긴 이스라엘을 용서하시든가 자기를 죽여 달라고 했다(출애굽기 32:32). 영적 지도자로서 책임을 통감했다.

여호수아는 아이성 패배 후에 옷을 찢었다(여호수아기 7:6-9). 약속의 땅에서 패배를 맛 본 실패는 그만큼 고통스러웠다.

예수님을 배반한 갈릴리 제자들은 고향으로 돌아갔다(요한복음 21).

네가 날 사랑하느냐? 참고. 요한복음 21:15, 16, 17

세 번이나 물으시는 예수님. 베드로는 그의 사랑이 그저 조건적인 사랑이었을 뿐임을 고백했다. 주님께서는 그 마음의 고통을 헤아려 아셨다. 배반자의 고통을.

3. 인간관계 위기

인간관계는 신-인 관계에 종속된다. 그렇기는 하지만 인간관계는 우리가 눈으로 보고 손으로 만질 수 있는 실체다. 여기서 오는 위기는 구체적인 우울증을 뿜어낸다. 신-인 관계 때처럼 처절하지는 않지만, 어떻게 해볼 수 있다고 생각했다가 당하는 그런 허망함 내지 황당함이 있다.

3-1. "왕따"

인정받으려는 욕구가 철저히 좌절된다. 소외다. 고라 자손은 무시와 고립의 고통 속에 "내 눈물이 밤낮으로 내 음식이 되었도다"(시편 42:3b) 했다.

3-2. 사랑이 미움으로

미움으로 변한 사랑은, 사랑한 깊이만큼 고통이다. 다윗은 사랑하는 아들 압살롬을 피해 산을 넘고 물을 건너야 했다. 여기서 그는 "주님만이 나의 방패"(시편 2:3)라고 고백했다. 아마 입 밖으로 소리조차 내지 못했을 것이다. 욥은 친구들이 원수로 변한 고통을 겪었다. 길고 잔인한 세월을 통과해야 했다.

3-3. 이별

사랑은 열매를 지향한다. 열매 없이 떨어지는 꽃은 처절한 슬픔이다. 고라 자손의 고백이다.

> 주는 내게서 사랑하는 자와 친구를 멀리 떠나게 하시며, 내가 아는 자를 흑암에 두셨나이다. 시편 88:18

3-4. 자기 속사람 대면

모든 사람은 알아주어도 스스로는 인정할 수 없다는 절망감이다. 일종의 “연극이 끝나고 난 뒤”의 허전함이다. 허위의식의 산물이다.

● 우울증 치유

궁극적으로, 우울증의 치료는 “하나님께 돌아감”(호세아서 12:6)이다. 하나님과 화해(고린도후서 5:19)다. 하나님과의 관계 뿐 아니라 인간관계 역시 하나님께 돌아가야 해결된다. 하나님은 창조주시다. 생명의 근원이시다(예레미야서 2:13). 하나님을 경외하면 “의로운 해가 떠올라서 치료하는 광선을 비추어 주실 것”(말라기서 4:2)이다.

어둠을 벗고 밝음 가운데 나오게 될 것이다. 우리는 “외양간에서 나온 송아지 같이 뛸 것”(말라기서 4:2b)이다. 어둔 마음이 밝아진다. 예수님의 빛이 우리에게 임하셨기 때문이다.

> 어두운 데에 빛이 비치라 말씀하셨던 그 하나님께서 예수 그리스도의 얼굴에 있는 하나님의 영광을 아는 빛을 우리 마음에 비추셨느니라. 고린도후서 3:6

말씀이 빛이다(참고. 요한복음 1:1-14).

1. 하나님과의 관계

하나님과의 관계가 치유다. 관계회복이다.

1-1. 따뜻한 위로

홀로 누운 벧엘의 야곱. 하나님은 그를 위해 하늘 문을 여셨다. 천사들이 오르락내리락 함은 그가 누운 땅과 하나님 서신 하늘의 연결이다. 기도와 그 응답이다. 그 고독의 밤을 달게 잔 야곱은 돌기둥을 세웠다. 거룩한 땅, 하나님의 전이다. 예배의 자리다.

고통에 겨워 기도하다가 잠든 엘리야를 두 차례에 걸쳐 어루만져 깨우셨다. 누구나 잠에서 깰 때 스트레스다. 고통의 현실을 피해 도망한 잠은 달지 않다. 주님의 현실로 불러내신다. 참 위로다. 이제는 숯불에 구운 떡과 물을 베풀어 주셨다(왕상 19:5-8). 정성을 다하여 방금 차리신 밥상이다. 김이 올라오는 밥상. 나를 위해 준비한 밥상. 둘러싼 원수의 눈앞에서 큰 위로의 상이다.

> 주께서 내 원수의 목전에서 내게 상을 차려주시고 시편 23:5a

배반하여 떠났던 갈릴리 제자들. 배반의 고통을 안고 밤을 지새웠다. 한 마리도 잡지 못하고 지쳤다. 주님께서는 정성껏 차린 아침식사를 마련하셨다. 불러주셨다(요한복음 21:12-13).

요나의 경우, 하나님의 치료는 친절한 설명에서 왔다(요나서 4:1-11). 직접적인 간섭이 아니라, 박넝쿨 같은 삶의 기쁨을 먼저 주셨다. 생명을 사랑하고 아끼시는 하나님 당신을 보이셨다. 배반자 요나도 그만큼 사랑해 주신 것이다! 결국 요나는 그 깊은 뜻을 깨달았을 것이다. 깨달음 직후에 따른 건강한 위로도 얻었을 것이다.

1-2. 죽임 위협

아이러니칼하게도 하나님의 위협은 죽임의 위협을 통해서 오기도 한다.

하나님의 손에 죽임이다. 죽임의 위협을 통해 1. 생명의 가치를 새롭게 깨닫게 하시고, 2. 사명의식을 뼈속 깊이 느끼게 하신다. 왜, 내가, 지금, 여기서, 무엇을 위해, 살아야 하는가? 바로 그것을 알게 하신다.

애굽으로 떠나기는 하지만 아직 확신이 없던 모세. 장인에게 인사나 하러 애굽에 간다고 했다(출애굽기 4:18). 그렇게 가서는 하나님의 뜻대로 일할 수 없다. 하나님께서는 그의 사명의식을 강화하셔야 했다. 하나님의 해결책은 놀랍다. 그를 죽이려 하셨다(출애굽기 4:24). 하나님의 생명위협은 인간의 생명의식을 깨우친다. 삶의 본래적인 의미를 되찾게 하신다. 여호수아(여호수아기 5:13-15)의 경우도 그렇다. 하나님께서 죽이려하신다는 깨달음은 많은 신앙인의 삶 속에 나타났다. 특히 영적 지도자가 그렇다. 경우에 따라 그것은 "하나님께서 버리심"이라는 주제다. 예레미야는 인간적인 위기 속에 사명을 버릴 생각을 했다. 그러나 하나님께서는 그의 속에 불을 보내셨다. 다섯 번째 탄식이다:

> 나의 마음이 불붙는 것 같아서 골수에 사무치니, 답답하여 견딜 수 없나이다.
>
> 예레미야서 20:9b

예레미야서 기록한 그의 나머지 탄식은 다음과 같다.

> 11:18-12:6,   15:10-21,   17:14-18,   18:18-23,   20:14-18

예루살렘이 철저하게 파괴되었다. 수많은 사람이 죽었다. 위기였다. 사람들은 헤어날 수 없는 스트레스에 빠져들었다. 깊은 슬픔과 함께. 예언자들은 예루살렘과 유다를 하나님께서 치셨음을 깨달았다(예레미야애가 1:12). 하나님은 원수 같이 되어 이스라엘을 삼키셨다(예레미야애가 2:5). 그러나 위로의 말씀이 잇따랐다. 이 메시지는 새로운 소망을 불러 일으켰다. 치신 자가 반드시 치료하신다는 믿음이다. 회개하면 소망이 있다는 확신이다. 하나님께서 예루살렘을 회복시키신다면 새로 주시는 사명은 인류구원을 위한 복음 선포에 있는 것이다.

1-3. 기도

고통의 원인이 하나님께 연결되어 있다는 깨달음. 이는 우리 살 길이 기도밖에 없다는 사실을 직면하게 한다. 생명의 주님께 드리는 간절한 기도다. "깊은 데서 부르짖는" 기도(시편 130:1)다.

이전의 문제는 더 이상 문제가 아니다. 우울할 때는 작은 것이 크게 보였다. 그러나 능하신 하나님의 손에서 작은 것은 작게, 큰 것을 크게 볼 수 있다.

욥의 치료는 하나님의 죽이심에서 왔다. 생명도 죽음도 하나님의 손에 있다는 믿음이다. 빛도 짓고 어둠도 창조하며, 평안도 짓고 환난도 창조하시는 여호와 하나님이시다(이사야서 45:7). 하나님의 창조와 하나님의 치료의 양면성이다. 회복의 소망을 가진 욥은 친구들을 위하여 기도했다. 하나님께서는 그의 기도를 들으셨다.

하나님께서 죽이신다. 육신 뿐 아니라 영혼까지도 죽이실 수 있는 분이시다(마태복음 10:28). 그분의 위협을 피할 수 없다. 이러므로 하나님을 두려워함이 지혜의 근본이다(잠언 1:7). 지혜는 위기에서 일어날 수 있는 힘이다. 물론 우울증을 쏟아내는 그 각종 위기 말이다.

1-4. 사명감 진작

주님 주신 밥상으로 힘을 얻은 엘리야는 하나님의 산 호렙에 당도했다. 하나님께서는 "세미한 음성" 말씀과 새로운 사명을 주심으로써 그를 도우셨다. 새 사명은 남은 칠천 명(열왕기상 19:18)이 동역하여 이룰 것이다.

낮은 나무 로뎀에 바싹 엎드려 죽음을 구하던 의기소침하던 엘리야가 불말과 불 병거를 타고 하늘까지 올라간 대목을 읽어보라!(참고. 열왕기하 2:11-12). 에벤에셀의 하나님께서(참고. 사무엘기상 7:12) 어디까지 우리를 도우시는가!

배반자 베드로는 "내 양을 먹이라"(참고. 요한복음 21:15b, 16b, 17b)는 주님의 사명을 새로 받았다. 준비도 없고 자격도 없지만, 새 사명으로써 그를 치유하셨다. 치유와 사명은 따로 있는 것이 아니다. 함께 간다. 생명이다.

생명이란 살아있으라는 명령이다. 알아야 한다. 힘써 알아야 한다. 하나님의 뜻을 깨닫지 못하는 백성은 패망한다(호세아서 4:14b). 이러므로 사명감 진작은 말씀 깨달음에서 온다. 새 사명에 초점을 맞춘 기도가 잇따라야 한다.

1-5. 광야체험

하나님께서는 상처 입은 성도를 인생의 광야로 이끌어내신다. 끝없는 사막과, 거친 모래바람과, 버려진 땅, 생명 끝난 그 자리, 죽음의 땅이다. 광야생활에서 사람은 죽음을 경험한다. 그러나 그 자리가 치유 자리다. 주님은 거기서 치유하신다. 새 창조다(이사야서 43:18-21).

모세는 40년을 광야에서 보냈다. 끝내 시내광야 하나님의 산에서 말씀을 받았다. 엘리야는 40일 간의 광야 길을 걸어 호렙산에 올랐다. 거기서 하나님의 율법을 받았다. 예수님께서는 40일간 광야에서 금식하신 후 복음전파의 길을 시작하셨다.

광야. 그런데 광야에서 하나님께서 말씀하신다. 광야는 히브리어로 "미드바르"다. "말씀으로부터"라는 뜻이기도 하다. (명사 "다바르"와 전치사 "민"의 결합이다). 이스라엘은 40년 광야생화에서 말씀을 받았다. 히브리어 "말씀"은 "사건"이기도 하다. 말씀을 주신 하나님은 사건을 일으키는 하나님이시다. 역사의 주인이시다. 그러므로 광야는 말씀의 자리요, 사건의 자리다.

다시 광야. 거기는 침묵의 자리다. 부르는 이 없고, 대답도 없다. 그래서 거기는 기도의 자리다. 모세와 엘리야의 기도처다. 예수님께서도 광야에서 기도하셨다. 하나님. 온갖 인간관계에 우선하신다. 입 막고 귀 막을 때 만나 뵙는 하나님이시다. 결국, 하나님의 치유는 광야로 상징되는 "말씀"과 "기도"다. 하나님께서는 상처 입은 성도를 말씀과 기도의 자리로 이끌어내신다. 우울한 날마다, 생명의 하나님께서는 광야가 보이는 창문을 열어주신다.

2. 인간관계

정상화 된 인간관계가 하나님 치유의 열매다. 하나님의 손에 새롭게 창조되고, 새로운 구원의 기쁨을 누린, 즉 새 창조//새 출애굽 다이내믹스의, 욥이 어떻게 인간관계 회복을 경험했는가! 세 친구를 위해 기도했다. 그들은 이제 정말 친구가 되었다. 멀리 섰던 친척들이 찾아왔다. 떠났던 아내가 돌아왔다. 예물을 주고받았다.

자녀를 새로 낳았다. 죽은 아이들이 돌아온 것은 아니다. 그러나 새로 난 자식들은 이전의 슬픈 기억 공간에 들어섰다.

인간관계 회복이 홀로 선 고독의 문제 해법이다. 이 회복은 위에서 난다. 오직 하나님의 은혜다.

2-1. 원수맞이

하나님은 왜 세 친구를 욥에게 보내셨을까? 그 길고 고통스러운 세 사이클의 대화를 왜 통과하게 하셨을까? 이미 당한 고난은 물론, 끝내 하나님께 호소할 수밖에 없는 모래바람 같은 "대화." 욥의 믿음 단련 위한 하나님의 장치였다. 자기 문제를 털어내고, 우울한 시야를 걷어내고, 끝내 일어서는 참 믿음을 강화시키신 것이다. 그러니 욥의 위대함 아니다. 하나님의 섭리를 주목해야 한다.

하나님의 배려는 무엇인가? 모래바람 사막에 홀로 버려두지 않으셨다. 세 친구들은 집요하게 욥을 괴롭혔다. 정유석 박사는 하나님께서 욥을 보내셔서, 욥의 자살을 막으셨다고 했다. 결과를 보고 한 말이겠다. 이어서 하나님께서는 그의 실존을 뒤흔드는 말씀(욥기 38-41장)을 주셨다. 누가 욥 말고 그처럼 치열한 하나님의 음성을 들었던가!

세 친구의 논리적 변론과 엘리후의 생생한 도전에도 살아남은 욥. 그의 자아를 땅바닥에 내동댕이치신 하나님의 말씀을! 살아있는 생선을 운반할 때 스트레스를 지속적으로 제공한다고 했다. 싱싱함을 유지하기 위해. 그렇다면 하나님의 치유에도 충격요법이 있는 셈이다.

그렇다. 원수에 둘러싸인 우리 삶은 그 자체가 감사다. "범사에 감사하라"(데살로니가전서 5:18a).

원수는 용서하라고 보내신 자다(마태복음 5:43-48). 용서는 대상과 그 횟수에 있어 끝이 없어야 한다(마태복음 18:22). 원수를 용서하라! 그 자리에서 당신을 이미 치료하신 하나님을 만나 뵙는다(마태복음 18:35). 어떻게 그 원수를? 기도다. 기도가 용서를 가능하게 한다. 용서는 회복이다. 회복은 심령부흥이다.

2-2. 친구맞이

너무 지쳐 먼저 손 내밀 수 없는 때다. 다윗에게 요나단처럼, 하나님께서 보낸 천사 같은 사람이 있다. 대개 친구 자신은 그 역할을 이해하지 못한다. 하나님께서 자신을 얼마나 소중하게 사용하시는지 모른 채 한줌의 미소를 흩뿌리고, 한 조각의 떡, 한 컵의 물, 한 마디의 말을 건넨다. 아무래도 그건 한 마디의 말씀 전파며, 한 마디의 중보기도다.

누군가 널 위해 누군가 기도하네.

까마귀 입에서 떨어지는 떡과 고기(열왕기상 17:6)가 얼마나 하겠는가? 과부 식구가 마지막 남긴 밀가루와 기름(열왕기상 17:8-16)이 얼마나 풍성한 식탁을 꾸미겠는가? 빛이요 소금이다. 오병이어다. 까마귀나 과부 같은 친구를 적절한 때 보내주신 분은 하나님이시다. 또 그 귀한 역할을 담당한 친구의 수고가 땅에 떨어지지 않는다. 영의 눈을 뜨면, 우리 곁에 보내주신 하나님의 천사를 만날 수 있다.

● 생명의 길

욥기는 죽음의 길을 벗어나는 책이다. 자살충동에 사로잡히는 자신을 정면으로 바라볼 수 있게 돕는다. 나는 누구인가?

그런데 나 자신은 하나님 앞에 서야 비로소 보인다. SPR에 대입해야 바른 위상을 잡을 수 있다. 곧 SPRx다. 그가 살아갈 길은 곧 창조주 하나님, 구원주 하나님을 뵙는 일이다. 곧 SPRx=C//E다.

생명의 길은 예배다. 신령(Spirit)과 진정(Truth)의 예배 후 인간에게 남겨진 것은, SPRx-C//E=0에서 얻는 함수값 "0"다. 하나님께 온전히 드린 번제(燔祭)다.

● 나가면서

성경은 현실이다. 성경에 비쳐진 현상도, 진단도, 치유도 모두 현실이다. "낙심하며 불안해하는"(참고. 시편 42:5, 11; 43:5) 자기 영혼을 바라보는 불행한 개인은 지금도 많다.

> 만일 내게 비둘기 같이 날개가 있다면 날아가서 편히 쉬리라. 시편 55:6

이렇게 한탄하던 다윗은 우울한 현실 도피자였다. 우울증으로 시달리던 믿음의 사람들은 하나님께 매달렸다. 인간적인 약점을 통해 하나님께 더 나아간 것이다.

> 나의 영혼이 잠잠히 하나님만 바람이여. 나의 구원이 그에게서 나는도다.
> 시편 62:1

성경의 기본 전제는 이렇다. "인간은 모두 죄인이다"(참고. 로마서 3:9–18). 이 말로써 나는 심리적 우울증을 영적 죄 문제로 치환하려고 시도하지는 않는다. 원인 치료하자는 말이다. 하나님께서 인간의 우울증을 치유하신다. 그 처방은 죄 사함 속에 들어있다.

우울증을 가지고 주님께 나아간 당신이 듣는 말씀이다: "네 죄 사함을 받았느니라"(마태복음 9:2b). 중풍 병자에게 하셨던 말씀이다. 죄 사함이 모든 인간 고통 문제의 근본 해결이라는 뜻이다. 또 우리 주님께서는 바로 그 근본 치료를 하실 수 있는 능하신 분이시라는 뜻이다. 뿌리 뽑기 아니고는 그저 임시처방인데, 영혼의 목마름을 해갈할 수 없다. 하나님의 능력, 그것은 "기도로 역사하는 힘"을 통해 드러난다(참고. 야고보서 5:16b).

서로 용서하라 하신 이는 예수님이시다(참고. 마태복음 5:43–48). 우울증을 치료하는 우리 노력은 용서다. 하나님의 용서를 믿을 때 가능한, 그 진정한 용서다. 그렇게 기도를 가르쳐 주셨고(참고. 마태복음 6:14–15; 누가복음 11:4) 용서의 참된 가르침을 실천해 보이셨다. 그 부끄러운 십자가 위에서(참고. 누가복음

23:34; 히브리서 12:2). 우리도 지고 가야 할 십자가다(참고. 마태복음 16:24). 말씀 순종의 철저함과 말씀에 바탕한 기도가 그 길을 가능하게 할 것이다. 말씀 읽는 사람이다. 기도하는 사람이다. 이 사람이 날마다 모든 사람에게 파고드는 우울증을 이긴다.

우울증 때는 사소한 것도 태산 같은 문제다. 위기다. 그래서 매일 걸려 넘어진다. 그런데 영적 자유를 회복하고 나니, 십자가 말고는 말할 것이 없다(참고. 고린도전서 2:2). 이제 하나님이 우리에게 주신 것은 두려워하는 마음이 아니다. 능력과 사랑과 절제하는 마음이다(참고. 디모데전서 1:7).

파. 나가면서

● 부흥을 꿈꾸면서

내가 만난 욥은 그저 고난 받는 의인이었다. 부흥을 꿈꾸면서 다시 만난 욥은 진정한 예배인간이었다. 내가 이 사람을 이 세상에 소개하는 기쁨에 충만하게 된 것은 모든 은혜 중의 은혜였다.

> 서서 신랑의 음성을 듣는 친구가 크게 기뻐하나니, 나는 이러한 기쁨으로 충만하였노라. 그는 흥하여야 하겠고, 나는 쇠하여야 하리라. 요한복음 3:29b-30

이 책을 집필하면서 나는 내내 교회의 부흥을 위해 기도하고 또 기도했다. 모든 심령의 부흥을 꿈꾸었다.

● 부흥

교회의 부흥이다. 성경 자체가 그렇듯 욥기는 교회의 책이다. 욥의 예배는 교회 예배다. 따라서 예배인간 욥이 엎드려 꿈꾸는 부흥은 교회의 부흥이다.

● 샌프란시스코 리바이벌

내가 목회하는 금문교회는 샌프란시스코를 내려다보는 언덕이다. 여기서 우리는 하나님의 부르심 받아 어둠을 밝히는 진리의 등대가 되었다.

우리가 꿈꾸는 것은 샌프란시스코의 리바이벌이다. 온 세계가 모였다가 빠른 속도로 흩어지는 샌프란시스코를 새롭게 성령님의 능력으로 변화시키는 부흥, 우리는 그 리바이벌을 꿈꾼다.

이 글은 아프리카 르완다에서 시작했다. 그리고 이 책은 콜롬비아의 후사가수가에서 마무리한다. 르완다는 중동부 아프리카 부흥의 뿌리다. 산이 많은 나라 르완다는 이웃 우간다와 함께 나일강의 젖줄이다. 여기서 일어난 부흥의 물결은 아프리카 북부를 타고 올라, 지중해까지 이르도록 여호와 하나님이 한분이심을 증거하고 증거 할 것이다. 보고타에서 나는 부흥의 꿈을 다시 꾸었다. 로스 알페스는 보고타에서 다시 30분을 거슬러 올라가는 큰 언덕이다. 여기에 세운 '사랑과 은혜교회'는 콜롬비아 선교의 젖줄이다. 내 어머니의 기도가 이 땅에 눈무로 떨어진 교회다.

강의를 위해 열한 번째 방문한 후사가수가 신학교에서 나는 부흥의 꿈을 다시 꾸었다. 수요예배 때 설교한 후사가수가장로교회는 내 학생 윌리암 로드리고 전도사가 개척담임한다. 그는 열 한 차례 내 강의 수강을 한 번도 거르지 않았다. 그 예배 때 뜨겁게 올려드린 눈물어린 기도는 부흥, 부흥, 부흥의 비전이었다. 10년 전 그가 갓 개척한 지하실 교회당 계단을 내려갈 때였다. 짐승의 울부짖는 소리를 들었다. 온 몸이 얼어붙는 전율이었다. 신혼이었던 그들 부부는 그렇게 모든 것을 내려놓고 기도했다. 그 10년 세월이 흘러 이제 교회가 반듯하게 일어섰다. 주일예배를 2부로 드리고, 세 개의 지교회를 세워 돌아가면서 예배를 인도한다. 아, 나는 남미에 흘러내리는 성령님의 놀라운 강물줄기를 남미 대륙 안데스 산맥 꼭대기 로스 알페스에서 그리고 그 중턱 후사가수가에서 보고 또 본 것이다.

히브리어와 헬라어를 가르치는 윌리암 로드리고에게 헬라어-히브리어 합본 성경을 선물했다. 그의 아들 후안이 그 책을 보더니, "아빠, 저에게 이 언어들을 가르쳐 주세요!" 했다. 거기서 나는 교회를 좋아하고 성경을 사랑하는 또 다른 예배인간을 만난 것이다!

부흥을 꿈으로 꾸는 예배인간은 다르다. 첫눈에 그는 다른 사람이다. 그는 욥처럼, 불행 중에도 끝끝내 자기 곁에 서 계실 구세주 예수님을 기다리는 사람이다. 그래서 그가 다른 것이다.

● 어떤 사람 욥

우리에게 욥은 "어떤 사람"이다. 그는 아주 먼 옛날 사람이요, 우리 대부분이 한 번도 가보지 않은 땅 우스에 살았다. 그와 내가 무슨 상관이 있는가?

그가 욥이라면 성경에 나오는 모든 사람이 그렇다. 그들 모두는 나와 관계를 말하기 어렵다. 그런 그에 대하여 이렇게 자세히 공부할 이유가 있는가? 그의 고통에 대하여, 그의 슬픔에 대하여, 그의 예배에 대하여, 그의 회복에 대하여?

있다. 우리는 안다. 가장 개인적인 것이 가장 보편적인 것이다. 욥의 가장 개인적인 모습을 보면서 우리는 인간보편에 요구되는 예배의 길을 발견한다. 잃어버린 한 마리 양에 집중하신 예수님을 읽으면서 우리는 모든 인간을 사랑하시는 그 사랑을 깨닫는다.

오늘 내가 어떤 자리에서 고독하게 예배를 드린다. 누가 알아주지 않아도, 이 길은 철저하게 개인적이면서 보편적이다. 내게 내리시는 주님의 은혜는 구체적이고 일반적이다. 욥의 고난극복은 오늘 내게도 소망이다.

● 우울한 소식

대한민국이 위기다. 2010년 15,566명이 자살했다, 하루 평균 42.6명이 스스로 목숨을 끊는다. OECD 회원국 중 1위, 전 세계에서 2위다. 노인세대를 주목한다. 2011년 9월, 〈프라임경제〉의 조민경은 노인들의 자살률 또한 OECD 회원국 중 압도적인 1위를 차지하고 있다고 보고했다. 인구 10만 명 당 74세 이하 노인 자살률은 81.8명으로 일본 17.9%, 미국 14.5%에 비해 5~6배 이상 많았으며, 75세 이상 자살률은 10만 명 당 160명이 넘는 것으로 나타났다고 했다. 어린이도 예외가 아니라는 게 더 큰 비극이다. 2011년 11월, 국민일보 기사다. 지난 3년 동안 자살문제로 상담한 초등학생이 2.6배 늘었다. 미주 한인 소식도 우울하기는 마찬가지다. 은근과 끈기를 자랑하던 한국인이 지금은 가장 약하다.

사실은 세계 여러 나라의 분위기는 별반 다르지 않다. 많은 사람이 절망의 길에 섰다는 점에서다. 안타깝지만 선교지도 다르지 않다. 다만 예배가 살아있다는 것, 그것이 다른 점이다. 하지만 그건 정말 대단한 차이다!

이럴 때 우리는 소망을 말해야 한다. 그런데 궁극적 대안 없는 희망이란 결국 신기루 아닌가? 신기루로 죽음행진을 막을 수 있는가? 우리에게 소망은 무엇인가? 예배다.

● **고난과 예배**

고난을 불평하지 말라. 알고 보면 고난이 축복이다. "고난당한 것이 내게 유익이라. 이로 말미암아 내가 주의 율례들을 배우게 되었나이다"(시편 119:71).

유럽과 미국, 한국의 교회가 힘을 잃었다. 욥기에서 실패한 사탄이 이제는 고난을 제거하는 수법을 쓰는 모양이다. 오늘 우리는 고난 없는 고난이다! 이럴 때 우리는 적어도 욥이 내세웠던 명분도 없다. 소문도 없이 우리는 속수무책으로 사탄의 계략 앞에 쓰러지고 있는 것이다. 예배가 없다면. 영과 진리의 예배를 회복하지 못한다면!

안타깝다. 교회 출석이 이제는 특권이 되었나. 신학교로 지원자가 몰린다. 놀랍게도 도리어 예배의 감격이 사라졌다. 보다 자극적인 요소를 인위적으로 도입해야 했다. 돈으로 성가대를 구성하고, 독창자와 전문 음악가를 초빙한다. 영성과 관계없이 유명인을 강단에 세운다. 거룩한 강단에 선 가수나 배우에게 기대하는 것은 복음보다는 세속적 관심이다. 그들의 말에 감동하지만 십자가 앞에 눈물 흘리지 않는다. 교회 건물도 일류 호텔만큼 편안해졌다. 영혼이 아니라 감정을 터치하는 "감성설교"가 파다하다. 이건 "내 죄를 어찌할꼬!" "주여, 나를 고쳐주시옵소서!" 울부짖게 만드는 설교가 아니다. 그저 아첨이다. 누구도 땅바닥에 무릎 꿇고 엎드리지 않는다. 이런 예배는 부흥과 관계가 없다.

사실은 부유한 나라에도 고난은 예외가 없다. 사탄이 역사하지 않던 때는 없었다. 영적 각성이 필요하다. 요시야(640-609)처럼 말씀 앞에 옷을 찢어야 한다. 지금은 오히려 개혁의 때다: 하나님께로 가서 거룩하라(S). 주님께서 파송하신 자리에 굳게 서라(P). 예배인간으로 주님 앞에 엎드려라(R).

● **의인과 예배인간**

의인, 그는 예배인간이다. 예배인간은 의인이다. 하나님 나라에 합당한 유일한 사람은 의로운 자다. 예수님의 십자가 보혈의 의 없이는 누구도 하나님 나라에 들어갈 수 없다. 그러면 이 세상에 의로운 사람이 있는가?

> 의인은 없나니 하나도 없으며, 깨닫는 자도 없고 하나님을 찾는 자도 없고 다 치우쳐 함께 무익하게 되고, 선을 행하는 자는 없나니, 하나도 없도다.
>
> 로마서 3:10b–12

아무도 의롭지 않다. 오직 예수 그리스도의 보혈로 죄 씻음 받은 성도가 의롭다. 본래부터 의로운 사람은 없지만 주님께서 "의롭다!"고 인정해 주시면 누구나 의인이다. 의인은 어떤 고난 중에도 끝까지 살아남는다. 소망이 있기 때문이다.

● 의인의 길

의인은 죄 사함 받은 사람이다. 하나님의 구속의 은혜로써 모든 죄를 사함 받은 사람이다. 이러므로 예배인간은 곧 "의롭다 하심을 얻은" 의인이다.

사람은 모두 죄인이다. 그런데 어떻게 죄 사함 받는가? 영과 진리의 예배 외에 죄 씻음의 길이 없다. 사람이 죄 사함 받는 것보다 더 중요한 것은 없다. 죄인은 의인의 회중에 들지 못하고(참고. 시편 1:) 그 죄 사함 받은 의인이 천국에 가기 때문이다(참고. 요한계시록 22:11, 14). 이러므로 예배는 모든 것이 우선한다. 하나님의 어린양 예수 그리스도의 보혈을 의지함이 참된 예배의 길이다. 예수님 외에 다른 구원의 이름이 없다(사도행전 4:12).

의인의 길은 예배다. 영적 예배다(참고. 로마서 12:1). 영과 진리의 예배다(참고. 요한복음 4:23).

● 예배의 장소

묻는다: 어디서 예배드리는가?

> 여자여, 내 말을 믿으라. 이 산에서도 말고 예루살렘에서도 말고 너희가 아버지께 예배할 때가 이르리라. 요한복음 4:21b

욥은 우스에서, 신앙의 변방에서 하나님께 예배드렸다. 묻는다: 우리가 선 자리는 어디인가?

교회다. 하나님의 전이다.

가정과 직장, 학교와 병원, 거리와 거리가 모든 자리가 다 예배의 자리다. 그러나 이 세상에서, 천국이 임할 그 때까지는, 교회가 궁극적 대안이다. 가정과 직장을 포함한 모든 예배의 자리가 교회로 통하는 대로가 있어야 한다. 교회와 통하는 대로를 구축하라.

예배의 자리가 아니면 위험하다. 어린 아기가 태어나 자라는, 노인들이 편안히 쉬는 집. 그런 안전을 보장하기 위해 울타리 높이 세운 집. 그러나 따지고 보면 예배 없는 집은 세상에서 가장 위험하다. 살인과 폭력, 뼛속 깊이 남는 언어폭력과 고통의 눈물, 가장 많이 일어나는 공간이 집이다. 가정예배로 거룩한 공간이 되라. 그러면 당신의 집이 안전할 것이다.

● 예배의 때

묻는다: 언제 예배드리는가?

아버지께 참되게 예배하는 자들은 영과 진리로 예배할 때가 오나니, 곧 이 때라. 아버지께서는 자기에게 이렇게 예배하는 자들을 찾으시느니라. 요한복음 4:23

예배는 때가 따로 없다. 항상이다. 언제나 우리는 교회를 향해야 한다. 언제 어디서나 무릎을 꿇어야 한다. 고난의 때에도, 눈물이 앞을 가려도.

● 예배의 방법

묻는다: 어떻게 예배드리는가?

하나님은 영이시니, 예배하는 자가 영과 진리로 예배할지니라. 요한복음 4:24

욥을 시험한 것은 "과연 그래도 예배를 드릴 수 있는가?"였다. 욥은 어디서나, 언제까지나, 영과 진리로 예배를 드렸다. 참된 예배로 승리한 것이다! 이렇게 하여 사탄은 물러가고 고통을 주던 친구가 함께 예배드리는 예배인간이 되었다. 놀라운 은혜다.

예수님의 이름으로 기도 드린다. 예수님의 이름으로 찬양 드린다. 예수님의 이름으로 말씀을 선포하고, 그 이름 의지하여 말씀을 받는다. 예수님의 이름으로 예물 드리고, 예수님의 이름으로 축복한다. 예배의 방법은 그 알파와 오메가가 예수님, 우리에게 은혜로 허락하신 그 이름이다.

● 언제까지?

욥은 끝까지 예배를 드렸다.

나는 욥의 늙어간 세월을 기쁘게 바라본다. 우리 모두는 주님 안에서 예배드리면서 아름답게 늙어갈 것이다.

나의 끝은 이 세상 마지막 날이 아니다. 나는 천국에 이르도록, 그 천국에서 영생토록, 우리 주님을 찬양 드리고, 또 드릴 것이다. 나의 사랑, 나의 소망, 나의 믿음, 나의 전부이신 나의 주님 예수님을 찬양하고 또 찬양할 것이다.

그분은 내가 죽음의 길을 걸을 때 내게 찾아오셨다. 내 절망의 가시덤불을 걷어내신 피 흘리시는 그 손을 내가 안다. 상처투성이 내 가슴을 끌어안으신 주님의 피 묻은 가슴을 나는 느낀다. 그 눈동자, 빛나며 맑은, 아름다우며 슬픈 주님의 눈동자에 내가 서려 있음을 나는 본다. 나는 내 예수님을 영원히 찬양 드릴 것이다. 내게는, 예배인간 나에게는 예배의 그 끝이 없다.

● 예배인간의 상급

욥은 바르게 보상되었는가?

욥의 예배가 하나님께 열납 되었다는 사실, 그 자체가 바른 보상이다.

아벨은 예배드린 일 외에 세상에 남긴 업적이 전무(全無)하다. 그런데 그는 죽음으로써 오히려 말하고 있다.

> 그가 죽었으나, 그 믿음으로써 지금도 말하느니라. 히브리서 11:4c

욥은 사업 실패자요, 열 명 자식을 모두 앞세운, 불행한 아비였다. 그러나 그는 "먼지를 뒤집어쓰고 땅바닥에 뒹굴며 예배드리는 실패"로써 오히려 말하고 있다.

예배인간의 상급은 열납된 예배 자체다. 예배로 하나님께 영광을 돌려드리는 우리는, 예배로 이 세상에서 가장 기쁜 우리는, 영원한 나라 천국에 올라가서 영원토록 우리를 구원하신 하나님께 예배드릴 영원한 소망이 있다. 우리가 이 세상에서 "이미" 받아 누리고 있는 상급이다.

김지웅, "꿈꾸는 아이들"

자기도 세 아이를 낳아 기르는 김지웅 집사는 만날 때마다 묻는다: "목사님 이번엔 어디로 선교 가세요?"
그의 아이들도 꿈을 꾸며 자랄 것이다.

● 예배의 자리 아프리카

소년을 숲에서 빼낼 수 있다. 그러나 소년에게서 숲을 빼낼 수는 없다.

미국 속담이다. 숲에서 자란 소년이 도시로 가 살게 되었다. 사람들은 그를 숲에서 빼낸 것이다. 그러나 누구도 그에게서 숲을 빼낼 수 없다. 그는 한평생 숲을 기억하며, 숲을 그리워하며 숲의 아들로서 그렇게 살아갈 것이다.

아프리카에서 그들과 함께 예배드린 사람, 그들과 호모 베네라분두스임을 확인했던 그 모든 사람은 누구도 그에게서 아프리카를 빼낼 수 없다.

2012년 6월, 나는 다시 아프리카에서, 다시 고난의 자리 르완다에서 하나님께서 사랑하시는 형제들과 함께 예배드렸다. 나는 아프리카를 떠날 것이다. 그러나 누구도 내 머리에서 아프리카를 지울 수 없다.

욥을 예배의 자리에서 밀쳐낼 수는 있다. 그의 손을 잡아끌어 무덤에 내려갈 수는 있다. 그러나 그의 머리속에서 예배를 지울 수 없다. 그러므로 그는 무덤 속에서도 엎드릴 것이다. 모든 신음과 죽음의 단말마 끝에, 도리어 두 손을 하늘로 향하고 낮은 목소리로 주님께 찬양드릴 것이다: 주신 분도 여호와시오, 거두어 가신 분도 여호와시오니, 주님께서 홀로 영광 받으소서! 아멘. 아멘. 아멘.

● 한반도의 교회

교회가 하나 되어야 한다. 부르심이 하나이므로, 우리는 하나가 되어야 한다(참고. 에베소서 4장). 부흥하는 교회는 하나로 모인다.

혹자는 말한다. 한국교회가 무너지는 소리가 여기저기 들린다고. 과연 그런가? 아직 신학교 문을 두드리는 젊은이가 많고, 아직 곳곳에 개척교회가 세워지고, 아직 세계 여러 나라에 선교사가 파송되는 나라 한국의 교회가 무너지는가?

교회의 부정과 부패를 지적한다. 교인의 수평이동을 노리는 이벤트성 행정, 세습, 성범죄, 이런 썩은 모습이 독버섯처럼 우선 드러난다. 모두 사실일 것이다.

그러나 한반도 교회의 사명은 끝나지 않았다. 이상의 지적은 적어도 한반도 이남에만 해당한다. 교회는 시련을 통해 사명을 깨닫는다. 북한 교회는 그 수가 적다. 핍박이 거세다. 그러나 생명력이 있다. 대한민국 교회는 북한 교회가 있다. 그래서 절대부패는 가능하지 않다. 북한교회를 위해 기도하고, 북한의 복음화를 위해 간구해야 한다. 북한 땅에 먼지를 뒤집어쓰고 엎드려 예배드리는 욥이 얼마나 많은가!

한반도 교회는 세계를 내다보아야 한다. 아프리카, 러시아, 중국, 남미, 멕시코, 적어도 내가 다니며 말씀을 가르친 나라로 국한해도 우리의 사명은 이제 겨우 시작이다.

할 일 많은 나라는 하나가 되어야 한다. 밖을 내다보라. 추수의 때다. 지금은 낫을 들고 나가 거두어들일 때다. 방문을 열고 나가라. 나가라. 부흥이다. 지금은 부흥의 때다. 성령님께서 역사하신다. 오순절 때처럼 온 세상이 교회에 질문을 던질 것이다: "이 무슨 일이냐?" "이 무슨 뜻이냐?"

> 이 소리가 나매, 큰 무리가 모여 각각 자기의 방언으로 제자들이 말하는 것을 듣고 소동하여, 다 놀라 신기하게 여겨 이르되, 보라. 이 말하는 사람들이 다 갈릴리 사람이 아니냐? 우리가 우리 각 사람이 난 곳 방언으로 듣게 되는 것이 어찌 됨이냐?
>
> 사도행전 2:6-8

우리는 대답해 주어야 한다. 그건 변호나 변명이 아니다. 대답이다. 거룩한 성도가 마땅히 제시해야 할 대답은 하나님 앞에 두려움이며, 사람 앞에는 온유함이다.

> 너희 마음에 그리스도를 주로 삼아 거룩하게 하고, 너희 속에 있는 소망에 관한 이유를 묻는 자에게는 대답할 것을 항상 준비하되, 온유와 두려움으로 하고
>
> 베드로전서 3:15

한반도 교회는 항상 대답할 준비를 해야 한다. 늘 깨어서 기도하고 성령님의 능력 안에서 늘 기쁘게 살아가야 한다. 빗살처럼 쏟아지는 질문에 마땅한 응답을 준비해야 한다.

● 세계의 교회

세계는 분열과 분단의 고통으로 신음한다. 우리는 세상의 모든 교회를 하나로 세우신 교회의 머리 되신 예수님께 나아가야 한다.

땅 끝에 세우신 주님의 교회는 그 사명을 감당해야 한다. 인종, 신분, 경제, 정치, 문화, 성별, 이런 분열의 골이 깊어지고 있다. 교회는 화목케 하라고 하신 사명을 감당해야 한다.

교회가 고난 중인 욥이다. 교회가 욥이라면 세 친구를 위해 기도해야 옳다. 예배의 자리에 초청해야 옳다. 주님의 회복을 함께 누림이 맞다.

세계의 교회가 부흥해야 한다. 물이 바다를 덮음 같이, 부흥의 물결이 온 세상을 덮어야 한다. 이것은 하나님의 뜻이다. 당신의 뜻이므로 반드시 이루어질 것이다. 우리가 이 거룩하고 아름다운 부흥에 쓰임 받도록 간절히 간절히 기도해야 한다.

● SPRx=C//E

예배인간 욥은 거룩했다(S), 파송 받은 자리에 섰다(P). 주님께 예배드렸다(R). 그의 삶은 창조//출애굽 다이내믹스와 일치한다.

온 세상의 예배인간이 드리는 예배는 하나님의 창조와 하나님의 출애굽, 그 다이내믹스 역사와 일치한다. 아니, 우리는 예배에서 하나님의 그 뜻(창조//출애굽)만 드러나기를 간절히 기도드린다.

● 고난과 함께 예배를

> 홍해가 가로놓여 있습니다. 원수들이 있습니다. 산들이 겹겹이 둘러싸여 있습니다. 그들은 어쩔 수 없는 상황에 처하게 됩니다. 무릎을 꿇을 수밖에 없습니다. 그것은 언제나 없어서는 안 될 필수 요건입니다. 하나님께서 역사하시는 것은 언제나 그러한 순간입니다. 마틴 로이드 존스 〈부흥〉(1988):174

고난이 떠나지 않는 이 땅이 마땅히 부흥되어야 하는 이유가 여기 있다. 여호와 하나님께서 오늘 우리와 함께 계시기 때문이다. 세상을 지어내신 거룩하신 하나님께서 우리를 예배인간 삼으시기 위해 우리를 구원하셨기 때문이다. 하나님께서 오늘 우리의 예배를 받으시기 때문이다.

> 오직 하나님의 능력을 따라 복음과 함께 고난을 받으라. 디모데후서 1:8b

고난 중에 교회를 세우고 눈물과 함께 예배드린 사도바울처럼, 오늘 우리는 복음과 함께 고난을 받아야 한다. 이것은 예수님께서 우리에게 복으로 주신 사명이다.

> 나로 말미암아 너희를 욕하고 박해하고 거짓으로 너희를 거슬러 모든 악한 말을 할 때에는 너희에게 복이 있나니, 기뻐하고 즐거워하라. 하늘에서 너희 상이 큼이라. 너희 전에 있던 선지자들도 이같이 박해하였으니라. 마태복음 5:11-12

예배드림으로 받는 모든 박해는 축복이다.

● SPRx-C//E=0

사탄은 예배인간 욥에게서 창조//출애굽 다이내믹스를 제거하는 데 성공했다. 고난으로, 온갖 논리로. 욥은 생명 주신 하나님께 울부짖었으며, 구원하신 주님 앞에 몸부림치며 뒹굴었다.

그런데 사탄이 욥에게서 얻은 것은 제로, 곧 "영"이었다. 박남수의 어떤 시 한 토막에 등장하는 포수. 그는 아름답게 노래하는 새를 겨냥했다.

> 포수는 한 덩이 납으로
> 그 순수를 겨냥하지만,
> 매양 쏘는 것은
> 피에 젖은 한 마리 상한 새에 지나지 않는다.
> 박남수 〈신의 쓰레기〉 모음출판사(1964)에서 인용

그가 얻은 것은 한줌의 핏덩어리뿐이었다!

사탄은 여러 졸개를 동원, 그를 포위했다. 그들은 욥의 심장을 향하여 정확하게 조준, 수많은 화살을 직격으로 쏘아 날렸지만, 땅바닥에 엎드린 예배인간 욥은 이 세상에 아무것도 남기지 않았다. 그는 그 심장을 그들에게 그들의 원하는 모양으로 넘겨주지 않았다. 그는 온전한 그 예배에서 자기 자신을 여호와 하나님께 다 드려, 그분의 창조//출애굽 다이내믹스 흔적 외에 아무것도 이 세상에 남기지 않았다. 아, 그의 예배는 산 제사였다. 재도 남기지 않은, 온전한 번제였다. 그의 예배는 이미 벌써 한반도는 물론 아프리카, 남미, 중국, 러시아, 멕시코, 심지어 샌프란시스코에도 부흥의 불꽃으로 피어올랐다.

오늘 나는 엎드려 예배드린다. 내가 재가 되어 아무것도 남지 않도록, 내 예배가 거룩한 산 제사가 되도록, 오늘 여기 엎드려 거룩하신 여호와 하나님께 예배드린다. 사랑하는 하나님께서 내게 주신 모든 귀한 것은 하나도 남기지 않고 그

분께만 돌려드린다. 그것은 케렘(말라기 4:6)이며, 그것은 내 거룩함(S)이다. 오늘 여기(P)서 드리는 예배다(R).

● 후레즈노에서

2012년 3월, "예배인간 욥 이야기"를 주제로 사경회를 맡았다. 9년 전 사막처럼 뜨겁던 후레즈노에서 열린 "태평양지역 목회자 세미나"에서 한 주일 동안 욥기를 강해했는데, 그때 참석했던 박광래 목사가 후레즈노에 부임하자마자 내게 그 연장선 은혜를 청한 것이다. 사경회 마지막 날, 어떤 젊은 부부가 긴 줄 끝 한걸음 지나 나를 기다렸다.

–목사님. 이번 사경회에 내 인생이 바뀌었습니다.

손가락으로 떨어지는 눈물을 가리며 황급한 그들에게서 나는 욥을 발견했다. 유유상종! 욥기읽기에서 그들은 고독한 이 세상을 함께 살아가는 같은 종류의 사람을 만난 것이다. 그 젊은 부부가 그렇게 만나고 싶었던 사람이 욥이었다. 욥이 이 세상에 나온 것이다. 살아있는 성경공부는 이렇게 생생하다. 하나님은 서로 위로가 되는 사람을 반드시 만나게 해 주신다. 아니, 무엇보다도 그들이 뵌 분은 욥의 예배를 받아주신 여호와 하나님이셨다.

내 목회는 성경 안으로 내 사람들을 인도하는 것이다. 성경의 신비하고 아름다운 세상을 자기 발로 다니는 기쁨이다. 아울러 이 세상에 나온 성경의 인물들을 그들에게 소개하는 것이다. 아니다. 여호와 하나님이시다. 내가 세상에 말하고 싶은 분은 창조주시며 구원주신 내 하나님 여호와시다. 하나님께서 지금 여기서 역사하신다! 내 사는 동네는 물론 먼 나라 선교지에서조차 처음 만난 우리 모두는 악수하고 끌어안고 등을 두드리며 여호와 하나님을 찬양드릴 것이다. 이것이 주님께서 나를 이 세상에 보내신 사명이다. 이것이 내 기쁨이다.

● **나가면서**

2012년 8월 19일 주일 새벽 1:55 샌프란시스코 공항. 보고타에서 부친 짐을 찾았다. 달라스에서 두 시간 오십 분이나 연착한 내 비행기보다 짐이 먼저 도착한 때문이다. 이번 콜롬비아 교육선교에서 나는 두 번 비행기를 갈아탔다. 먼저는 마이애미에서였다. 여섯 시간을 기다려 달라스행 비행기를 탔다. 달라스에서 샌프란시스코행 비행기는 본래 일곱 시간 오 분을 기다리는 예정이었다. 그런데 거기서 두 시간 오십 분이 연착되었다. 하나님께서 인내를 시험하고 계셨다. 열 시간 가까이 공항에 머무는 동안 나는 〈예배인간 욥記〉 원고를 상당히 손볼 수 있었다. 무엇보다 곁에 앉아 짐을 부탁하던 열일곱 살 젊은이와 한 시간 대화할 수 있었던 건 은혜였다. 이혼한 아버지와 여름을 지내고 멕시코로 돌아가던 백인 청년이었다. 돌려 쓴 모자며, 삐져나온 컬러플한 머리칼 하며, 딱 방금 만화 어떤 페이지에서 튀어나온 캐릭터였다.

—나는 세상 모든 신을 믿습니다.
—결국 신은 하나 아닙니까?

그에게 물었다: "너는 인간을 얼마나 신뢰해?" 짧은 순간, 고뇌가 지나갔다.

—아니오. 나는 인간이 얼마나 악한 짓을 저지를 수 있는지 알고 있습니다. 나는 인간 누구도 믿지 않습니다.

좋은 출발점이라고 했다.

—절망 중에도 너를 찾아오신 그분을 만나라.
—그분이 누구십니까?
—예수님이시다.

지금 수십억 인구 중에, 이 공항의 수천 명의 인파 중에 너와 내가 이렇게 곁에 앉아 하나님 이야기를 하는 것을 우연으로 생각하느냐, 물었다.

> –나는 우연을 믿지 않습니다. 잘 모르지만 섭리가 있을 것 같습니다.
> –하나님께서 너를 사랑하신다.

운동화 뒤축의 상처를 매만지던 그의 어깨가 잠시 들썩거렸다. 내가 달라스 공항에서 배운 인내의 열매는 귀했다. 욥에게 인내가 특별했던 것을 실감했다. 그는 친구들을 얻었다. 아내가 돌아왔다. 나는 조금 인내했지만 내 작은 인내가 열일곱 살 영혼을 구하는 데 사용되었다. 겨자씨처럼 작은 그 인내가!

욥을 만난다. 성경책에서 만난 욥을 오늘은 내 사는 땅에서도 만난다. 그들은 어떤 상황에도 예배드린다. 눈물을 삼키면서 찬양 드린다. 우리를 말씀으로 창조하셨고 은혜로 구원하신 여호와 하나님은 영원히 찬양 받으시기에 합당하신 분이시다.

나의 하나님은 살아계셔서, 나의 길을 인도하신다. 내가 기다려야 한다면 그건 내 목자 되신 하나님의 계획이다. 내가 인내를 배워야 하는 그분의 훈련이다. 일이 안 풀린다면 그건 풀려서는 안 되는 일이기 때문이다. 일이 안 풀리는 이 현장은 천국 훈련소다. 창조와 출애굽의 때 여호와 하나님께서 독수리 날개로 업으신 "라카프 은혜"를 나는 날마다 경험한다. 창조//출애굽의 다이내믹한 내 예배 인생의 길에서.

하. 참고문헌

조은석

2012 〈SPR. 창조//출애굽 다이내믹스〉 서울: 쿰란출판사.

Alter, Robert

2010 〈The Wisdom Books. Job, Proverbs, and Ecclesiastes. A Translation with Commentary〉 New York: W.W. Norton & Company, Inc.

Brown, Francis & S. R. Driver & C. A. Briggs

1906 〈The Brown-Driver Briggs Hebrew and English Lexicon〉 Houghton: Mifflin and Company.

2006 〈The Brown-Driver Briggs Hebrew and English Lexicon〉 Peabody, MA: Hendrickson Publishers, Inc.

Brueggemann, Walter

2003 〈An Introduction to the Old Testament. The Canon and Christian Imagination〉 Louisville & London: Westminster John Knox Press.

Calvin, John (존 칼빈)

〈Sermons from Job〉 연대 및 출처 미상.

1990 〈욥과 하나님〉 칼빈의 욥기 강해. 서문강 역. 서울: 지평서원.

Cheon, Samuel

1997 〈The Exodus Story in the Wisdom of Solomon. A Study in Biblical Interpretation〉 Sheffield Academic Press.

Childs, Brevard S.

1979 〈Introduction to the Old Testament as Scripture〉 Philadelphia: Fortress Press.

Cho, Eun Suk (조은석)

2002 "Josianic Reform in the Deuteronomistic History reconstructed in the Light of Factionalism and Use of Royal Apology." Unpublished GTU PhD dissertation.

2003 "Creation in the Book of Job: An Exegetical Essay on Job 3 from a Korean Perspective." Pp 26-76 in 〈Asia Journal of Theology〉 Vol 17, Number 1, April.

Christensen, Duane

2001 〈Deuteronomy 1:21:9 (revised & expanded)〉 WBC. Edmonds, WA: Thomas Nelson, Inc.

2002 〈Deuteronomy 21:10-34:12 (revised & expanded)〉 WBC. Edmonds, WA: Thomas Nelson, Inc.

Clines, David J.A.

1989 〈Job 1-20〉 Word Biblical Commentary. Vol 17. Nashville: Thomas Nelson.

2006 〈Job 21-37〉 Word Biblical Commentary. Vol. 18A. Nashville: Thomas Nelson.

2011 〈Job 38-42〉 Word Biblical Commentary. Vol. 18B. Nashville: Thomas Nelson.

Collins, John J.

2004 〈Introduction to the Hebrew Bible〉 Minneapolis: Fortress Press.

Delitzsch, F.

1982 〈Job〉 Commentary on the Old Testament in Ten Volumes. Vol IV. Grand Rapids: William B. Eerdmans Publishing Company.

Fishbane, Michael

1985 〈Biblical Interpretation in Ancient Israel〉 Oxford: Clarendon Press.

Guinan, Michael

1996 〈The Pentateuch〉 Abingdon Press.

Habel, Norman C.

1985 〈The Book of Job. A Commentary〉 London: SCM Press LTD.

Kaiser, Walter (월터 카이저)

1998 〈A History of Israel. From the Bronze Age through the Jewish Wars〉 Nashville, TN: Broadman &Holman Publishers.

〈이스라엘의 역사〉. 류근상 역. 서울: 크리스찬출판사, 2003.

Lloyd-Jones, D. Martyn (마틴 로이드 존스)

1959 〈Revival. Can We Make It Happen?〉 설교문. 출판사 미상.

1986 〈Revival. Can We Make It Happen?〉 Pickering and Inglis Ltd.

1988 〈부흥〉 서문강 역. 서울: 생명의말씀사.

Maurois, André (앙드레 모로아)

Histoire d'Angleterre (History of England).

1981 〈영국사〉. 신용석 옮김. 서울: 홍성사.

Perdue, Leo G.

1994 〈Wisdom & Creation. The Theology of Wisdom Literature〉 Nashville: Abingdon Press.

Peterson, Eugene H. (유진 피터슨)

1993 〈The Contemplative Pastor〉 Lakeside, MT: Wm. B. Eerdmans Publishing Company.

2000 〈묵상하는 목회자〉 차성구 역. 서울: 좋은씨앗.

엔도 슈사꾸

2003 〈침묵〉 공문혜 역. 서울: 홍성사.